M·O·S·A·I·K

THIRD EDITION

M·O·S·A·I·K

DEUTSCHE GRAMMATIK · INTERMEDIATE GERMAN

Charles M. Barrack

University of Washington, Seattle

Horst M. Rabura

Carl Duisberg Centren, Munich

Contributor: Monica D. Clyde

College of San Mateo

McGraw-Hill, Inc.

New York   St. Louis   San Francisco   Auckland   Bogotá   Caracas   Lisbon
London   Madrid   Mexico   Milan   Montreal   New Delhi   Paris   San Juan
Singapore   Sydney   Tokyo   Toronto

This is an ⬚ book.

Mosaik: Deutsche Grammatik
Intermediate German

2 3 4 5 6 7 8 9 0   DOH DOH   9 0 9 8 7 6 5 4 3 2

ISBN 0-07-003964-X

This book was set in Goudy and Futura by York Graphic Services.
The editors were Leslie Berriman, Gregory Trauth, and Stacey Sawyer;
the production supervisor was Pattie Myers;
the text designer was Janice Kawamoto;
the copyeditor was Marie Deer;
the illustrator was Axelle Fortier;
the photo researcher was Judy Mason;
the cover designer was Janice Kawamoto;
R. R. Donnelley & Sons Co. was printer and binder.

Library of Congress Cataloging-in-Publication Data

Barrack, Charles Michael, 1938–
  Deutsche Grammatik : intermediate German / Charles M. Barrack,
Horst M. Rabura : consultant, Monica D. Clyde.—3rd ed.
      p.   cm.—(Mosaik)
  Readings in German, with introductions in English.
  "This is an EBI book"—T.p. verso.
  Includes index.
  ISBN 0-07-003964-X
  1. German language—Grammar—1950– 2. German language—Textbooks
for foreign speakers—English. I. Title. II. Series.
PF3112.B37 1992   91-44143
438.2'421—dc20   CIP

CONTENTS

Mosaik: The Program

Mosaik, Third Edition, is a college-level intermediate German program consisting of two integrated texts: **Mosaik: Deutsche Grammatik** and **Mosaik: Deutsche Kultur und Literatur.** **Deutsche Grammatik** provides a comprehensive review of basic grammar together with the presentation of more advanced German structures, while **Deutsche Kultur und Literatur** presents cultural and literary texts selected for their appeal to college students of the 1990s. Both books feature activities and authentic materials designed to engage students in communicative and meaningful interaction as well as exercises for writing practice. With the **Arbeitsheft,** which is a combined workbook and laboratory manual, and the *Tape Program,* **Mosaik** offers a complete program emphasizing proficiency in all four skills.

In many ways **Mosaik,** Third Edition, represents an extensive revision of the whole program: The organization of the grammar has been simplified, virtually all exercises and activities are new, contextualized, interactive and/or personalized; and authentic materials and associated activities have been included in *every* chapter. Most significantly, the separate cultural and literary readers of the previous edition have been replaced by a *completely new single text* that features both cultural and literary readings, authentic materials and realia, and contextualized, interactive, and personalized activities.

The flexibility of the **Mosaik** program has been improved in this new edition. As in the previous edition, chapter topics run parallel across the books and link themes and vocabulary. The Third Edition, however, features analogous sections in the two main texts that complement one another and thus afford instructors who use both books an even broader selection of activities. The *Instructor's Manual* has been extensively revised and expanded to provide more detailed guidance in coordinating the two texts and contains new sections on the treatment of vocabulary, grammar, culture, literature, and authentic materials in the classroom.

Mosaik: Deutsche Grammatik: Chapter Organization

Each chapter of the **Deutsche Grammatik** presents vocabulary, grammar, exercises, and activities within the following structure:

Wortschatz
  Übungen
Strukturen
  Einen Schritt weiter
  Study Hint
  Übungen
Aktivitäten
  In Wort und Bild
  Anregungen zur Unterhaltung
  Rückblick
  Schreiben Sie!

The **Wortschatz** section consists of a list of approximately thirty-five words and expressions selected for their relevance to the chapter theme as well as for their usefulness in everyday communication, for travel, and for studying and working in German-speaking countries. The lists include many vocabulary items presented for passive recognition in most first-year courses that students may learn as active vocabulary for productive use in the second year. Vocabulary is practiced in the main text and in the **Arbeitsheft.** Students should be encouraged to do the vocabulary exercises *before* proceeding to the grammar section, since vocabulary is recycled extensively in the grammar explanations and exercises. Prelearning vocabulary enables students to do grammatical exercises and activities in meaningful contexts.

Forming the core of each chapter, the **Strukturen** section presents grammar explanations written in plain English with abundant German-language examples to facilitate students' self-study. The primary intent has been to introduce and reinforce those grammatical structures necessary for effective conversation and composition at the intermediate level. Essential differences in usage between conversational and formal German are routinely highlighted. **Einen Schritt weiter,** an optional grammar "capsule," challenges the curious with more advanced grammar points. Exercises do not accompany this subsection, because it is meant solely to satisfy the interest of students eager to learn the finer points of German grammar. As a special aid, the *Study Hint* offers students suggestions for mastering tricky concepts and structures.

Exercises, or **Übungen,** following the treatment of main grammar points progress from simpler to more difficult and from more controlled to more open-ended. Unlike exercises in most intermediate German review grammars, virtually all grammar exercises in **Mosaik** are cohesive (that is, individual items interrelate or progress logically from one to the next) and contextualized (that is, a specific topic or situation provides a meaningful setting). Depending on the needs of the particular class, the instructor may wish to provide a warm-up for the exercises through simple drills suggested in the *Instructor's Manual.*

Each chapter culminates with the **Aktivitäten,** which present minimally but judiciously guided opportunities for students to put the chapter's target structures and vocabulary to practical use. Instructors who may previously have been hesitant to use authentic materials in class will appreciate **In Wort und Bild,** a new feature in this edition. In this section, guided activities based on authentic realia not only help students to reactivate structures and vocabulary in a more natural context but also enhance their knowledge of German culture. Similarly, the **Anregungen zur Unterhaltung** help students to increase their control of the language in interactive situations through activities such as brainstorming, debates, and pair or group conversation.

The **Rückblick,** an English-to-German translation exercise, closes each chapter with a review of structures and vocabulary from previous chapters. Contextualized in a cohesive dialogue or essay, the **Rückblick** prepares students for the spin-off composition topics in the last section, **Schreiben Sie!** Target translations for the **Rückblick** are included in the *Instructor's Manual* and may, at the instructor's discretion, be provided to students to check their own work. The composition activities give students a chance to improve their writing skills within a guided, yet unconstrained, framework.

Following the fourteen chapters is the newly revised appendix with summary tables of definite and indefinite articles, pronouns, noun and adjective declensions, prepositions, conjunctions, verb tenses, the principal parts of strong and irregular weak verbs, and a list of useful grammatical terminology. Likewise, the German-English end vocabulary and the grammatical index have been expanded in scope.

Mosaik: Deutsche Grammatik: New in the Third Edition

Apart from the many changes and new features mentioned above, the third edition of **Mosaik** stands out with its cleaner, more attractive design, tightened organization, and succinct grammar explanations. Thus, grammar section heads are more concise and prominent, and extraneous material has been deleted to make room for the expanded **Aktivitäten** section, without impairing the proven strengths of the grammar presentation. Prompted by the many pertinent and constructive comments from colleagues and users of the text across North America, we have made the following important changes in the third edition:

- The vocabulary in the **Wortschatz** has been made more challenging, by focusing on words and expressions that should become part of the active vocabulary of every intermediate German student.
- Although the discussion of grammar remains in English to enable students to study this section on their own, all direction lines in the **Übungen** and **Aktivitäten** are in simple German to support the use of the target language in the classroom.
- Virtually all simple, mechanical drills have been relegated to the *Instructor's Manual,*

allowing teachers to use them at their own discretion in accordance with the needs of their classes. With very few exceptions, the grammar exercises in the text are contextualized, cohesive, interactive, and/or personalized.

- Wherever feasible, example sentences in the grammar explanations have been contextualized to reflect the theme and vocabulary of the given chapter.
- Many grammatical explanations have been revised for purposes of simplification or amplification. Some explanations have also been moved to earlier or later chapters:
  —Negation of **schon** and **noch** has been added. (Chapter 1)
  —Treatment of the dative case has been amplified. (Chapter 3)
  —Time expressions have been moved from Chapter 14. (Chapter 3)
  —Personal and reflexive pronouns have been moved from Chapter 11. (Chapter 4)
  —Treatment of constructions with **lassen** and verbs of perception has been simplified. (Chapter 7)
  —**Da-** and **wo-**compounds have been moved from Chapter 5. (Chapter 12)
  —Treatment of the passive voice has been simplified. The treatment of extended adjectives has been amplified and moved from Chapter 14. (Chapter 13)
- Students will appreciate the addition of more charts, sketches, graphs, and realia, which form the basis for enjoyable and engaging interaction.
- Finally, the expanded appendix, end vocabulary, and index make this edition overall more user-friendly.

Suggestions for using Mosaik: Deutsche Grammatik

All instructors have their own favorite pedagogical techniques. We offer the following suggestions to those instructors who would like to know what techniques we have found profitable:

- The **Strukturen** section has been designed to be read and understood, without the aid

of the instructor, by students who have had one year of college-level German or the equivalent. Hence, we suggest that a minimum of class time be devoted to discussing grammar. Students with special problems should be helped on an individual basis outside of class.

- We are convinced that the most important contribution the instructor can make in a class at the intermediate level is to encourage students to put their knowledge of German into actual practice rather than to engage in a discussion of German grammar in English. Mastering a foreign language is more akin to learning to play a musical instrument than to analyzing formulae. We recommend the following progression:
  —The instructor should introduce the vocabulary in the **Wortschatz** with simple exercises and short sentences that incorporate the target grammar of the first section of the **Strukturen**. The *Instructor's Manual* provides exercises for this purpose. In their first homework assignment, students should work through the vocabulary exercises in the main text and the **Arbeitsheft** and read the first section of the **Strukturen**.
  —The next class section should begin with a vocabulary warm-up followed immediately by the exercises closing the first section of the **Strukturen**. Depending on the goals of the course, this session might be augmented by cultural or literary enrichment from **Mosaik: Deutsche Kultur und Literatur.** The last portion of the session should be used to introduce the next section of the **Strukturen,** again by means of simple exercises that incorporate the target vocabulary. Homework should include reading the next section of the **Strukturen** and, if appropriate, reading selections from the accompanying reader.
  —After completing all the sections of the **Strukturen** and the accompanying exercises, students should prepare for the **Aktivitäten** as homework to be followed up in the next class session. The final sections of the chapter, **Rückblick** and

Schreiben Sie!, should be assigned strictly as homework and discussed in class only if several students make the same mistakes.

Naturally, the preceding progression will be modified depending on time constraints, the accompanying readings, and the level of proficiency already attained by the students.

Components of the *Mosaik* Program

- *Mosaik: Deutsche Grammatik,* an intermediate grammar review with grammar, vocabulary, conversation and writing activities.
- *Mosaik: Deutsche Kultur und Literatur,* a reader in German culture and literature, written entirely new for the Third Edition, with vocabulary, reading, writing, and conversation activities.
- The *Arbeitsheft* to accompany *Mosaik: Deutsche Grammatik,* a combined workbook and laboratory manual containing pronunciation, vocabulary, grammar, and writing exercises. Cassette tapes (or reel-to-reel, on request) and a *Tapescript* are provided to all adopting institutions.
- An expanded *Instructor's Manual* including theoretical and practical hints for the reactivation of vocabulary and grammatical structures as well as suggestions for the presentation of grammar, culture, and literature. Sample teaching plans, sample tests, additional grammar drills, and the answer key to the **Rückblick** sections of the grammar are also included.
- A video entitled *The McGraw-Hill Video Library of Authentic German Materials, Vol. 1: A German TV Journal,* accompanied by an *Instructor's Guide* and including authentic segments from German television (**ZDF**). Topics relate directly to themes in the main texts. The *Instructor's Guide* contains a variety of activities that can be duplicated for students. Ordering information is available on request; contact your McGraw-Hill representative.
- *Color slides,* accompanied by a pamphlet of commentary and questions.

Acknowledgments

The authors would like, once again, to acknowledge the help of all who participated in the development of the first two editions. If this, our Third Edition, also proves to be a success, it will in no small measure be because of the many useful suggestions sent to us by instructors across the country who have used the **Mosaik** program. We would especially like to express our gratitude to those instructors who responded to a series of surveys and reviews during the development of the Third Edition. The appearance of their names does not necessarily constitute their endorsement of the text or its methodology.

Jan van Asselt	McPherson College
Benjamin Blaney	Mississippi State University
Richard P. Clement	Mesa Community College
Erwin Cornelius	McHenry County College
Charlotte M. Craig	Kutztown University of Pennsylvania
David Dickson	Sierra College
David Dysart	University of Illinois
Cecilie French	Keene State College
F. D. Frohlich	The Citadel
Alessandra Graves	Pennsylvania State University
Donna Van Handle	Mount Holyoke College
D. D. Hook	Trinity College
Calvin N. Jones	University of Southern Alabama
George A. Jocums	Boise State University
Linda J. King	Oregon State University
Norbert M. Kurtz	Lansing Community College
Klaus Lanzinger	University of Notre Dame, Indiana
Thomas Lovik	Michigan State University
Henry Miner	University of Evansville
LeRoy Oberlander	Dickinson State University
Newton A. Perrin	Albright College
Anni Prohaska	Illinois Central College
Bianca Rosenthal	California Polytechnic State University
Dieter Saalmann	Wichita State University
Christiane Schönfeld	The Pennsylvania State University

Andrew Steinmann	Concordia College
Wiebke Strehl	The Pennsylvania State University
Otto W. Tetzlaff	Angelo State University
Elisabeth L. Vines	St. Lawrence University
John de Velde	North Dakota State University
Maria Venable	Georgia Institute of Technology
Carol Vogel	Washburn University
Mara Wade	University of Illinois, Urbana
Ronald W. Walker	Colorado State University
Edward J. Weintraut	Mercer University
L. Zeimer	Moravian College
Heidi Zutter	Montgomery County Community College

We would also like to acknowledge the contributions of Nicola Clark, who composed many grammar exercises, collected realia, and wrote the activities for the **In Wort und Bild** sections; Heike Paul, who organized the vocabulary list and wrote many of the vocabulary activities in the **Wortschatz;** and Bettina Pohle and Jochen Liesche, who scrutinized every German sentence in this text for idiomaticity.

Many thanks are also owed to Stacey Sawyer for her steady guidance of the text through production; Janice Kawamoto for the simple, yet elegant design of the text and its cover; Karen Judd and her staff for their meticulous work in the production stage; Phyllis Snyder and Pattie Myers, who helped the book sail smoothly through the complex manufacturing stages; Stephen Newton for his painstaking work on the end vocabulary; and Karen Vanderspek for her assistance in preparing the grammar index.

Last but not least, the authors wish to acknowledge the McGraw-Hill editorial staff, especially Thalia Dorwick and Leslie Berriman, who believed the **Mosaik** program merited a Third Edition, and Eileen LeVan, who helped launch the revision. Our deepest gratitude goes to Gregory Trauth, whose invaluable suggestions on organization and whose insightful comments on many a fine point of grammar have been incorporated into virtually every page of this edition.

Wir lernen uns kennen

Aus Bekanntschaften entwickeln sich oft Freundschaften.

Du oder Sie? Junge Leute **duzen sich** (sagen „du" zueinander) normalerweise, aber **siezen** meistens ihre Lehrer und Professoren (sagen „Sie" zu ihnen).

MARTINA: Hallo, Frank! Kennst du schon meinen Freund Michael?
FRANK: Nein. Hallo, Michael. Freut mich.

RALF: Guten Tag, Frau Bartsch! Ich möchte Ihnen meinen Freund, Peter, vorstellen.
FRAU BARTSCH: Guten Tag, Peter. Es freut mich, Sie kennenzulernen.

ÜBUNGEN

A. Wie heißt du? Sehen Sie sich schnell Ihre Kommilitonen/ Kommilitoninnen (*classmates*) an. Wen möchten Sie gern kennenlernen? Gehen Sie auf ihn/sie zu, und stellen Sie sich ihm/ihr vor.

BEISPIEL: —Hallo! Ich bin Cathy Johnson. Wie heißt du?
—Ich heiße Becky Raymond.

B. Und jetzt noch drei andere! Wen möchten Sie jetzt kennenlernen? Suchen Sie sich drei weitere Personen aus, die Sie kennenlernen möchten, und stellen Sie sich Ihnen vor. Sammeln (*collect*) Sie alle Namen auf einer Liste.

BEISPIEL: —Guten Morgen! Ich heiße Brian Garner. Und du?
—Mein Name ist Jennifer Saikewicz.
—Wie schreibst du das?
—J-E-N-N-I-F-E-R.
—Entschuldigung! Ich meine, wie schreibst du deinen Nachnamen?
—S-A-I-K-E-W-I-C-Z.

C. Und jetzt einige Details. Sammeln Sie mehr Informationen über eine der drei Personen, denen Sie sich vorgestellt haben. Schreiben Sie alle interessanten Details auf. Mögliche Themen:

SEMESTER (QUARTAL, JAHR) DES STUDIUMS

—In welchem Semester bist du?
—Ich bin im fünften, also bin ich Junior. Und du?
—Ich bin im dritten. Ich bin erst (*only*) Sophomore.

HAUPTFACH UND NEBENFACH (*MINOR*)

—Was ist dein Hauptfach?
—Ich studiere Chemie (Mathematik, Physik, Biologie, Komparatistik [*comparative literature*]). Was studierst du denn?
—Geschichte und Soziologie. Soziologie ist mein Nebenfach.

ANDERE STUDIENBEZOGENE (*RELATING TO STUDIES*) FRAGEN

—Wann bist du mit dem Studium fertig?
—In vier Semestern. Und du?
—In zwei. Wie viele Kurse hast du dieses Semester belegt (*registered for*)?
—Fünf Kurse mit insgesamt (*for a total of*) achtzehn Stunden. Und du?

KENNTNISSE (*KNOWLEDGE*) ÜBER DAS AUSLAND

—Warst du schon mal in Deutschland (der Schweiz, Österreich, Europa)?
—Ja, letztes Jahr (letzten Sommer) war ich in Berlin. Und du?
—Leider bin ich noch nie in Europa (Deutschland, Frankreich) gewesen.
—Willst du einmal dahin?
—Hoffentlich nächsten Sommer (Juni, Juli, August, Winter).

HOBBYS

—Hast du ein Hobby?
—Ja, ich sammle CDs (Poster, Briefmarken, Tonbänder, Videofilme). Ich angle (*fish*) auch gern. Und du?
—Mein Hobby ist Kochen (Tanzen, Wandern, Camping, Singen, Stricken [*knitting*]). Ich spiele auch gern Schach (*chess*), Trivial Pursuit und Karten.

SPORT

—Treibst du gern Sport?
—Ja, ich spiele gern Tennis (Volleyball, Fußball, amerikanischen Fußball, Baseball, Basketball), und ich mache gern Bodybuilding (Aerobic). Und du?
—Ich segle (*sail*) gern und laufe gern Ski (Wasserski).

FERNSEHEN

—Siehst du gern fern?
—Ja, ich sehe besonders gern lustige (*funny*) Sendungen wie *Cheers* und die *Simpsons*. Du auch?
—Nein, ich sehe lieber Dokumentarsendungen, Sportsendungen und die Nachrichten (*news*).

MUSIK

—Was für Musik gefällt dir am besten?
—Rockmusik (Country- und Westernmusik, klassische Musik, Barockmusik, Jazz) gefällt mir am besten. Und dir?
—Mir gefällt auch Rock am besten. Welchen Rockstar magst du am liebsten?
—Sinead O'Connor (M. C. Hammer, George Michael, INXS). Welche Gruppe magst du am liebsten?
—Am liebsten mag ich AC/DC und Metallica.

D. Ich habe jemand kennengelernt, der . . . Wählen Sie jetzt eine Person in der Klasse aus, und beschreiben Sie ihm/ihr eine andere Person, über die Sie viele Details aufgeschrieben haben.

BEISPIEL: MARK: Hallo! Wir haben uns gerade kennengelernt. Du heißt Kelly, nicht?

KELLY: Das stimmt, und du heißt Mark, nicht?

MARK: Richtig. Ich möchte dir jetzt jemand beschreiben, den ich gerade kennengelernt habe. Sie heißt Monica Lindley und ist noch Sophomore. Ihre Großeltern kommen alle aus England. Sie studiert Musik und läuft gern Ski.

KELLY: Hat sie auch ein Nebenfach?

MARK: Ja, sie studiert auch Komparatistik (*comparative literature*).

E. Eine kleine Party. Die Deutschstunde wird Ihnen mehr Spaß machen, wenn Sie mit einem Partner / einer Partnerin zusammenarbeiten. Jetzt machen wir eine Party, damit Sie die Gelegenheit (*opportunity*) haben, viele Leute kennenzulernen. Versuchen Sie, jemand zu finden, der ähnliche (*similar*) Interessen hat wie Sie. Stellen Sie so viele Fragen wie möglich, damit Sie eine gute Wahl treffen.

BEISPIEL: JAN: Ich heiße Jan. Ich höre gern Country- und Westernmusik, und ich tanze gern. Was für Musik gefällt dir?

MARK: Ich heiße Mark. Country- und Westernmusik gefällt mir auch, und ich tanze auch gern.

JAN: Was für Filme siehst du gern?

MARK: Ich sehe gern Naturfilme und wandere auch gern.

JAN: Gut! Ich auch. Wollen wir Partner sein?

MARK: Klar, gern.

Reisen und Ferien

Bergsteigen: Ein echtes Abenteuer

PRESENT TENSE: FORMATION

PRESENT TENSE: IRREGULAR FORMS

PRESENT TENSE: USE

BASIC PRINCIPLES OF WORD ORDER

IMPERATIVE

NEGATION

Wortschatz

die **Aufnahme** (-n)
  photograph; **Aufnahmen
  machen** to take pictures
das **Ausland** foreign country; **im Ausland wohnen**
  to live abroad; **ins Ausland reisen** to travel
  abroad
der **Ausländer** (-), die
  Ausländerin (-nen)
  foreigner
die **Briefmarke** (-n)
  (postage) stamp; **Briefmarken sammeln** to collect stamps
die **Burg** (-en) fortress,
  castle
der **Fahrplan** (¨e) (train,
  bus) schedule, timetable
die **Ferien** (*pl.*) vacation
  (*from school*); **Ferien
  haben** to be on vacation;
  in die Ferien fahren to
  go on vacation

das **Flugticket** (-s) airplane
  ticket
das **Gepäck** luggage
die **Heimatstadt** (¨e) home
  town
die **Jugendherberge** (-n)
  youth hostel
der **Koffer** (-) suitcase
das **Meer** (-e) sea, ocean
das **Mittelmeer**
  Mediterranean Sea
das **Reisebüro** (-s) travel
  agency
der **Rucksack** (¨e)
  backpack
die **Rundreise** (-n) round
  trip
die **Schiffsfahrt** (-en) boat
  cruise
das **Schloß** (**Schlösser**)
  castle
das **Schwimmbad** (¨er)
  (public) swimming pool
die **Stadtrundfahrt** (-en)
  tour of the city
der **Strand** (¨e) beach

die **Touristenattraktion**
  (-en) tourist attraction
der **Urlaub** vacation (from
  a job); **Urlaub machen**
  to go on vacation; **in
  (auf) Urlaub sein** to be
  on vacation

empfehlen* to recommend
genießen* to enjoy
raten* to recommend; to
  advise
reservieren to reserve
sammeln to collect
stattfinden*
  (**fand . . . statt, stattgefunden**) to take place
übernachten to stay overnight
verbringen* to spend
  (time)
verreisen to go on a trip;
  to travel
wandern to hike

gastfreundlich hospitable
interessant interesting
langweilig boring

---

*Verbs marked with an asterisk are strong or irregular. See the appendix for a list of the principal parts
of strong and irregular verbs.

A. Frage und Antwort. Ordnen Sie jeder Frage links eine passende Antwort rechts zu.

1. Was machst du diesen Sommer in den Ferien? Verreist du?
2. Warst du schon einmal im Ausland?
3. Besuchen viele Touristen deine Heimatstadt?
4. Ich habe gehört, daß du ab nächster Woche in Spanien bist? Fliegst du dahin?
5. Hast du schon deinen Koffer gepackt?
6. Weißt du schon, wie das Wetter in den Ferien sein soll?

a. Ja, besonders im Sommer haben wir viele Besucher.
b. Nein, aber das mache ich heute noch.
c. Nein, aber ich hoffe, es ist schön, dann können wir oft ins Schwimmbad.
d. Ja, ich fahre mit meinen Eltern zum Bergsteigen in die Alpen.
e. Ja, letztes Jahr habe ich eine Rundreise durch die USA gemacht.
f. Nein, ich fahre zusammen mit einer Freundin mit dem Zug.

B. Ergänzen Sie die folgenden Sätze.

1. Viele amerikanische Touristen machen _____ in Deutschland.
2. Die meisten von ihnen bleiben nicht in einer Stadt, sondern machen eine _____.
3. Viele machen auch eine _____ auf dem Rhein oder der Mosel.
4. Besonders gut gefallen ihnen dabei die vielen _____ und Schlösser.
5. Eine große _____ sind auch die vielen Volksfeste, die jedes Jahr in allen Teilen Deutschlands stattfinden.
6. Viele Jugendliche bringen keinen Koffer mit, sondern tragen nur ihren _____.
7. Viele Studenten übernachten in einer _____, weil sie wenig Geld haben.
8. Eine große Attraktion für die Deutschen selbst sind die Länder am _____, besonders Spanien und Italien.

C. Welches Wort paßt nicht in die Wortgruppe?

1. Flugzeug, Schloß, Zug, Auto, Schiff
2. Alpen, Skifahren, Bergsteigen, Meer, die Schweiz
3. Flugticket, Gepäck, Heimatstadt, Reisebüro, Rucksack
4. fahren, stattfinden, fliegen, wandern, verreisen

Strukturen

PRESENT TENSE: FORMATION

The present tense is formed from the infinitive, the form of the verb preceded by *to* in English: *to go, to come*. In German, the infinitive normally ends in **-en: gehen, kommen.** To form the present tense of most verbs, the endings **-e, -st, -t, -en, -t,** and **-en** are added to the stem.

Infinitive:	kommen			
1st person:	ich	komm**e**	wir	komm**en**
2nd person familiar:	du	komm**st**	ihr	komm**t**
3rd person:	er/sie/es	komm**t**	sie	komm**en**
2nd person polite:	Sie komm**en**			

VERBS WITH STEMS ENDING IN AN *s*-LIKE SOUND

If the verb stem ends in **s, ss, ß,** or **z,** the ending **-t** rather than **-st** is added to the stem to create the **du** form; the **du** and **er** forms are then identical.

genießen (*to enjoy*)   du genieß**t,** er genieß**t**   reisen (*to travel*)   du reis**t,** er reis**t**
küssen (*to kiss*)   du küß**t,** er küß**t**   sitzen (*to sit*)   du sitz**t,** er sitz**t**

> **Study Hint**
>
> The use of **ß** for **ss** is determined by a simple rule. The combination **ss** is used only between two short vowels: **küssen, besser, lassen, Flüsse.** In all other situations **ß** should be used: at the end of a word (**Iß!, Fluß, Laß das!**); before a consonant (**küßt, Eßt!, Laßt das!**); or after a long vowel or diphthong (**beißen, genießen, Füße**). In typing, of course, **ss** may be used in place of **ß.**

BERLIN
...eine Stadt zum Leben und Arbeiten

Luftschlösser erwarte ich nicht...
...aber nähere Informationen über das Leben und Arbeiten in Berlin.

THE ENDINGS -et AND -est

If a verb stem ends in **d** or **t,** or **m** or **n** preceded by a consonant, an **e** is inserted between the stem and the **-st** or **-t** ending.

ar**bei**ten (*to work*)	du arbeit**est,** er arbeit**et,** ihr arbeit**et**
a**tm**en (*to breathe*)	du atm**est,** er atm**et,** ihr atm**et**
fi**nd**en (*to find*)	du find**est,** er find**et,** ihr find**et**
re**gn**en (*to rain*)	es regn**et**

This rule does not apply to stems ending in **m** or **n** preceded by **l** or **r:**

fi**lm**en (*to film*)	du filmst, er filmt, ihr filmt
le**rn**en (*to learn*)	du lernst, er lernt, ihr lernt

VERBS WITH INFINITIVES ENDING IN n

If the infinitive ends in **ln** or **rn,** the first- and third-person plural (**wir, sie**) and the polite form **Sie** end in **-n** rather than **-en,** just like the infinitive.

ände**rn** (*to change*)	wir (sie, Sie) ände**rn**
bewunde**rn** (*to admire*)	wir (sie, Sie) bewunde**rn**
samme**ln** (*to collect*)	wir (sie, Sie) samme**ln**
sege**ln** (*to sail*)	wir (sie, Sie) sege**ln**
wande**rn** (*to wander; to hike*)	wir (sie, Sie) wande**rn**

The verb **tun** also follows this pattern.

tun *to do*			
ich	tue	wir	tu**n**
du	tust	ihr	tut
er/sie/es	tut	sie	tu**n**
	Sie tu**n**		

Study Hint

Note that the **e** preceding **l** or **r** in verb stems is occasionally dropped, especially in conversational German.

Ich sammele (*or* ich sammle) Postkarten.
Ich wandere (*or* ich wandre) gern.

A. Urlaub in Berlin. Stellen Sie sich vor, Sie besuchen diesen Sommer Berlin. Machen Sie Pläne mit ein paar Freunden in der Klasse für Ihren Besuch. Beschreiben Sie, was Sie machen, indem Sie Elemente der folgenden Rubriken (*columns*) kombinieren.

> BEISPIELE: Ich übernachte nächste Woche in einer Jugendherberge.
> Wir finden den Wannsee schön.
> Bart und Cathy machen morgen eine Stadtrundfahrt.

Ich	übernachten	nächste Woche	am/den Wannsee
Wir	liegen	am Montagvormittag	in der Sonne
Meine Freundin	finden . . . interessant	am Freitag	im/den Tiergarten
Mein Freund	(langweilig, schön)	heute	in einer Jugendherberge
Meine Freunde	genießen	viel Zeit	den Reiseplan
?	ändern	ein paar Tage	das Schloß
	besuchen	jeden Tag	Charlottenburg
	fotografieren	abends	den Ku-Damm
	machen	morgen früh	den Zug nach Potsdam
	reservieren	?	das warme Wetter
	verbringen		im Palasthotel
	?		das Pergamon-Museum
			Aufnahmen
			den Zoo
			eine Stadtrundfahrt
			ein Picknick
			?

B. Was macht ihr gern in den Ferien? In Gruppen zu dritt oder zu viert: Erzählen Sie Ihren Partnern/Partnerinnen, was Sie gern in den Ferien machen. Fragen Sie sie dann, ob sie auch das gleiche gern machen.

> BEISPIEL: Ich liege gern am Strand. Liegt ihr auch gern am Strand?

NÜTZLICHE AUSDRÜCKE

angeln (fischen)
im Garten arbeiten
Freunde (meine Familie)
  besuchen
Skilaufen (Wasserskilaufen)
  gehen
kochen
am Strand liegen
überhaupt nichts machen
Pferde reiten

Briefmarken (Postkarten)
  sammeln
segeln
Baseball, Fußball, Tennis
  spielen
stricken to knit
tanzen
verreisen
im Gebirge wandern

C. **Auf Reisen.** Fragen Sie Ihre Partner, was sie bei warmem (sonnigem, kaltem, regnerischem) Wetter machen.

BEISPIELE: Was machst du (macht ihr) bei sonnigem Wetter?
—Ich gehe (Wir gehen) gern Wasserskilaufen.

Was machst du (macht ihr) bei regnerischem Wetter?
—Ich bleibe gern zu Hause und lese. (Wir bleiben gern zu Hause und lesen.)

Glauben Sie, daß Ihre Partner/Partnerinnen gute Reisegefährten wären? Warum (nicht)? Nennen Sie der Klasse Ihre Gründe.

PRESENT TENSE: IRREGULAR FORMS

All German verbs are either weak or strong. Weak verbs form their past stem by adding **-te** to the stem of the infinitive; for instance, **lernen: lernte.** The only weak verb with irregularities in the present tense is **haben.**

haben *to have*			
ich	habe	wir	haben
du	**hast**	ihr	habt
er/sie/es	**hat**	sie	haben
	Sie haben		

Strong verbs are verbs that have past stems formed by changing the stem vowel of the infinitive without adding the suffix **-te;** for instance, **sehen: sah-.** Many strong verbs show modifications of the stem in the second- and third-person singular forms of the present tense as well. The appendix includes a complete alphabetical listing of these verbs, but here are examples of the changes that occur in the present tense.

STEM VOWEL CHANGE FROM e TO i

helfen *to help*			
ich	helfe	wir	helfen
du	**hilfst**	ihr	helft
er/sie/es	**hilft**	sie	helfen
	Sie helfen		

Other verbs that follow this pattern are:

brechen (*to break*)	nehmen (*to take*)	verderben (*to ruin*)
essen* (*to eat*)	sprechen (*to speak*)	vergessen* (*to forget*)
fressen* (*to devour; to eat*)	sterben (*to die*)	werden (*to become*)
	treffen (*to meet*)	werfen (*to throw*)
geben (*to give*)	treten (*to step*)	

The verbs **nehmen, treten,** and **werden** show other modifications besides a change in the stem vowel:

nehmen *to take*			
ich	nehme	wir	nehmen
du	**nimmst**	ihr	nehmt
er/sie/es	**nimmt**	sie	nehmen
	Sie nehmen		

treten *to step*			
ich	trete	wir	treten
du	**trittst**	ihr	tretet
er/sie/es	**tritt**	sie	treten
	Sie treten		

werden *to become*			
ich	werde	wir	werden
du	**wirst**	ihr	werdet
er/sie/es	**wird**	sie	werden
	Sie werden		

STEM VOWEL CHANGE FROM e TO ie

sehen *to see*			
ich	sehe	wir	sehen
du	**sie**hst	ihr	seht
er/sie/es	**sie**ht	sie	sehen
	Sie sehen		

Other verbs that follow this pattern are:

befehlen (*to command, order*)	geschehen† (*to happen*)
empfehlen (*to recommend*)	lesen* (*to read*)

---

*Note the following **du** forms: **ißt, frißt, vergißt, liest;** cf. p. 8.
†**Geschehen** occurs only in the third-person singular: **Es geschieht jeden Tag.**

STEM VOWEL WITH UMLAUT

schlafen *to sleep*			
ich	schlafe	wir	schlafen
du	schl**ä**fst	ihr	schlaft
er/sie/es	schl**ä**ft	sie	schlafen
	Sie schlafen		

Other common verbs that follow this pattern are:

blasen* (*to blow*)	laufen (*to walk; to run*)
einladen (*to invite*)	raten (*to advise*)
fahren (*to drive; to travel*)	saufen (*to drink [said of animals]*)
fallen (*to fall*)	schlagen (*to strike*)
fangen (*to catch*)	tragen (*to carry; to wear*)
halten (*to hold*)	wachsen* (*to grow*)
lassen* (*to let; to leave [behind]*)	waschen (*to wash*)

The verbs **einladen, halten,** and **raten** show other modifications besides a change in the stem vowel; the verb **sein** is irregular throughout.

einladen *to invite*			
ich	lade . . . ein	wir	laden . . . ein
du	**lädst** . . . ein	ihr	ladet . . . ein
er/sie/es	**lädt** . . . ein	sie	laden . . . ein
	Sie laden . . . ein		

halten *to hold*			
ich	halte	wir	halten
du	**hältst**	ihr	haltet
er/sie/es	**hält**	sie	halten
	Sie halten		

raten *to advise*			
ich	rate	wir	raten
du	**rätst**	ihr	ratet
er/sie/es	**rät**	sie	raten
	Sie raten		

sein *to be*			
ich	**bin**	wir	**sind**
du	**bist**	ihr	**seid**
er/sie/es	**ist**	sie	**sind**
	Sie **sind**		

---

*Note the following **du** forms: **bläst, läßt, wächst;** cf. p. 8.

A. Zu oft und zu viel! Anja kritisiert sich selbst oft, und ihr Bruder, Max, macht sich über sie lustig, indem er ihre Kritik bestätigt (*confirms*). Reagieren Sie auf ihre Aussagen genau wie Max.

> BEISPIELE: ANJA: Ich vergesse oft meinen Rucksack.
> MAX: Du vergißt zu oft deinen Rucksack.
>
> ANJA: Ich mache viele Aufnahmen von Schlössern und Burgen.
> MAX: Du machst zu viele Aufnahmen von Schlössern und Burgen.

1. Ich fahre oft an den Strand.
2. Ich nehme viel Zucker zum Kaffee.
3. Ich esse viele Bonbons.
4. Ich vergesse oft, die Hausaufgaben zu machen.
5. Ich arbeite oft im Garten.
6. Vielen Dank, Max! Jetzt habe ich es oft gehört.

B. Petra geht in Urlaub. Beschreiben Sie Petras Ferien, indem Sie Elemente der beiden Rubriken kombinieren.

> BEISPIEL: in die Schweiz / fahren → Sie fährt in die Schweiz.

viel Gepäck	bitten
ihren Tennisschläger mit	laden
aber . . . ihre Tennisbälle	werden
den Portier, das Gepäck ins Hotel zu bringen	schlafen
eine gute Freundin in Zürich	treffen
ihre Freundin ein, ins Kino zu gehen	vergessen
am Ende des Tages müde	nehmen
ins Hotel zurück	haben
bis 10 Uhr morgens	gehen

C. Ihr auch! In Gruppen zu dritt oder zu viert: Machen Sie sich gegenseitig (*to one another*) Komplimente. Wechseln Sie sich ab (*alternate*).

> BEISPIEL: gute Aufnahmen machen →
> STUDENT(IN) A (ZU B): Du machst gute Aufnahmen.
> ST. B (ZU A UND C): Ihr macht auch gute Aufnahmen.

1. nur gesunde Speisen essen
2. fleißig arbeiten
3. sehr sympathisch sein
4. schicke Kleider tragen
5. guten Geschmack haben
6. gut Ski laufen
7. ?

D. So was! In Gruppen zu dritt oder zu viert: Machen Sie jetzt nicht nur Komplimente, sondern auch Vorwürfe (*accusations*). Versuchen Sie dabei, sehr kreativ zu sein, und vergessen Sie nicht, sich mit anderen Studenten in der Gruppe abzuwechseln!

BEISPIELE: Kompliment: *sprechen*
ST. A: Du sprichst gut Deutsch.
ST. B: Ihr sprecht auch gut Deutsch.

Vorwurf: *schlafen*
ST. A: Du schläfst zu lange!
ST. B: Ihr schlaft auch zu lange!

NÜTZLICHE AUSDRÜCKE

lesen	schwimmen	tanzen
sammeln	singen	verbringen
schlafen	spielen	verstehen
schreiben	sprechen	wandern

PRESENT TENSE: USE

German has no progressive or emphatic forms. The simple form expresses all three meanings:

GERMAN	ENGLISH	
Anna wandert. Anna wandert nicht.	*Anna hikes.* *Anna doesn't hike.*	*simple*
	Anna is hiking. *Anna isn't hiking.*	*progressive*
	Anna does hike. *Anna does not hike.*	*emphatic*
Wandert Anna? Wandert Anna nicht?	*Does Anna hike?* *Doesn't Anna hike?*	*emphatic*
	Is Anna hiking? *Isn't Anna hiking?*	*progressive*

As the preceding examples show, German has many equivalents in English. Remember that the present tense in German can express any action that has not yet been completed. It is used to describe the following.

1. Actions presently occurring

Anna studiert gerade den Fahrplan.

Anna is studying the (train) schedule right now.

. . . . **REISEN UND FERIEN** 15

2. Actions begun in the past and continuing into the present

> Anna studiert schon (seit) fünfzehn Minuten den Fahrplan.

> *Anna has been studying the schedule for fifteen minutes.*

3. Future actions

> Anna kauft ihre Fahrkarte, nachdem sie den Fahrplan studiert.

> *Anna will buy her ticket after she studies the schedule.*

4. Habitual actions

> Anna studiert immer den Fahrplan, bevor sie eine Fahrkarte kauft.

> *Anna always studies the schedule before she buys a ticket.*

5. Emphatic statements

> Anna studiert doch jeden Tag den Fahrplan.

> *Anna does study the schedule every day after all.*

As the examples show, adverbs (such as **gerade, schon, wohl, immer,** and **doch**) are sometimes used in German to specify time relationships that must be expressed in English through tense.

Herr Lehmann liest den Fahrplan.

BASIC PRINCIPLES OF WORD ORDER

Normal:	subject–verb	**Herr Benrath reserviert** ein Zimmer.
Inverted:	verb–subject	Heute **geht Herr Benrath** zum Reisebüro.
Transposed:	. . . , subject . . . conjugated verb	Er geht zum Reisebüro, weil **er** in Urlaub **fährt.**

NORMAL AND INVERTED WORD ORDER

Typically, the subject with its modifiers (shown as 1, below) immediately precedes the finite verb (shown as 2). (The *finite* verb is any verb form with personal endings: **ich singe, er kommt**). This is referred to as *normal* word order.

1	2	
Herr Benrath	reserviert	zwei Zimmer im Hotel.
Seine ganze Familie	macht	eine Reise ans Meer.
Das Wetter	ist	dort immer schön gewesen.
Das Meer	sieht	heute ruhig aus.

Sometimes elements from the third column of the preceding chart are positioned at the beginning of the sentence for emphasis. When this occurs, the subject must be placed after the finite verb. This sequence is referred to as *inverted* word order.

	2	1	
Heute	reserviert	Herr Benrath	zwei Zimmer.
Nächste Woche	macht	seine ganze Familie	eine Reise ans Meer.
Im Juni	ist	das Wetter	dort immer schön.

With either inverted or normal word order, the finite verb normally appears second in the sentence. Only one element may appear before the finite verb—either the subject or a single word or phrase from the predicate.

Inverted word order is also used in yes/no questions and in questions introduced by a question word **(was, wer, warum, woher, wohin).**

	2	1	
	Fahren	Sie	morgen ins Ausland?
Wohin	reist	Herr Benrath	morgen?

TRANSPOSED WORD ORDER: SENTENCES WITH A SUBORDINATE CLAUSE

A subordinate clause is a clause that cannot stand alone. For example, the italicized subordinate clauses in the following English sentences would not constitute complete sentences by themselves:

> Kurt is studying German *because he is going to Germany.*
> Gerhard says *that his sister is studying law.*

In German, the finite verb normally occurs at the end of the subordinate clause; this is referred to as *transposed* word order.

MAIN CLAUSE	SUBORDINATE CLAUSE		
		1	2
Gert sagt,	daß	er in der Jugendherberge	übernachtet.
Er tut das,	weil	das nicht soviel	kostet.
Er hat gefragt,	warum	wir nicht auch dort	übernachten.

Other common subordinating conjunctions are **bevor** (*before*), **nachdem** (*after*), **ob** (*whether*), and **während** (*while*). Note that any question word can act as a subordinating conjunction:

> Kurt hat gefragt, *warum* wir nicht zur Party gehen.
> Kurt hat gefragt, *wann* wir zur Party gehen.

WORD ORDER WITH COORDINATING CONJUNCTIONS

The conjunctions **aber** (*but*), **oder** (*or*), **und** (*and*), **sondern** (*but, on the contrary*), and a few others are called coordinating conjunctions.* They do not subordinate one clause to another, and for this reason they have no effect on the word order of the clauses they join.

INDEPENDENT CLAUSE	COORDINATING CONJUNCTION	INDEPENDENT CLAUSE
Ich bleibe heute zu Hause.		Morgen gehe ich zur Uni.
Ich bleibe heute zu Hause,	aber	morgen gehe ich zur Uni.
Ich bleibe heute zu Hause,	und	morgen gehe ich zur Uni.
Wir reservieren ein Zimmer.		Wir übernachten bei euch.
Wir reservieren ein Zimmer,	oder	wir übernachten bei euch.
Ute arbeitet nicht bei der Bank.		Sie besucht die Uni.
Ute arbeitet nicht bei der Bank,	sondern	sie besucht die Uni.

Note that **sondern** is used after a negated expression to introduce an alternative (**besucht . . .**).

ÜBUNGEN

A. Du machst Pläne für zwei Wochen. Sie besuchen Freunde in München. Was werden Sie während Ihres Besuches machen? Machen Sie jetzt Pläne, indem Sie Sätze mit Elementen der folgenden Rubriken kombinieren.

---

*For more on conjunctions, see pp. 345–350.

BEISPIEL: Heute besichtigen wir die Olympiastadt.

Heute	besuchen	Mittwoch	einige Freunde
Ich	besichtigen	heute	in den Bergen
Am Wochenende	wandern	wir	das Hofbräuhaus
Dann	hören	ich	auf dem
Übermorgen	treffen	oft	Starnbergersee
Am Dienstag	machen	morgen	ein Picknick an
Morgen	laufen	jeden Tag	der Isar
Wir	bleiben	übermorgen	ein Orgelkonzert
Nächste Woche	fotografieren	Sonntag	die Olympiastadt
Heute abend	radfahren	nächste Woche	im Englischen
?	?	?	Garten
			das Deutsche
			Museum
			die Frauenkirche
			?

B. München oder Hamburg? Alexandra weiß nicht, ob sie München oder Hamburg besuchen soll. Helfen Sie ihr bei ihrer Entscheidung, indem Sie jeden Satz links mit einem Satz rechts logisch ergänzen. Es gibt mehrere Möglichkeiten für jeden Satz.

BEISPIEL: Ich glaube, daß . . . →
Ich glaube, daß man die Hamburger leicht verstehen kann.

1. Ich sollte vielleicht Hamburg besuchen, weil . . .
2. München soll interessante Museen haben, und . . .
3. Ich will aber nicht nur Museen und Galerien besuchen, sondern . . .
4. Man sagt, daß . . .
5. Ich möchte andererseits nicht die ganze Zeit im Süden verbringen, sondern auch . . .
6. Ich möchte gern wissen, ob . . .
7. Ich glaube, daß . . .
8. Ich könnte von München aus in die Alpen fahren, oder . . .

Hamburg hat herrliche Bauten.
Ich will (auch) Spaziergänge im Wald und im Park machen.
Ich will (auch) etwas Zeit im Norden verbringen.
Man kann die Hamburger leicht verstehen.
Ich will mir gern viele Kunstwerke ansehen.
Hamburg hat (auch) interessante Museen.
Die Münchner sollen sehr gastfreundlich sein.
Bayrisch ist schwer zu verstehen.
Ich könnte auf der Alster segeln.

C. Wie heißt du? Bilden Sie Fragen, indem Sie die folgenden Wörter umstellen! Stellen Sie Ihrem Partner / Ihrer Partnerin die Fragen, und schreiben Sie die Antworten auf. Wenn Sie fertig sind, stellen Sie der ganzen Klasse Ihren Partner / Ihre Partnerin vor.

BEISPIEL: heißt / wie / du → Wie heißt du?

1. kommst / du / woher
2. schon / du / wie lange / Deutsch / lernst
3. gut / du / kennst / diese Stadt
4. dir / der Deutschunterricht / gefällt
5. du / was / studierst
6. du / welche Kurse / machst
7. ist / was / dein Hauptfach

D. „Meine Mutter kommt aus Kansas, aber mein Vater ist Deutscher."
Ergänzen Sie die folgenden Sätze! Achten Sie auf die Wortstellung.

1. Meine Mutter kommt aus (Stadt/Land), aber mein Vater . . .
2. Meine Kusinen (mein Onkel und meine Tante) leben nicht in (Stadt/Land), sondern . . .
3. Meine Tante spricht (Sprache), und mein Onkel . . .
4. Wir besuchen nächste Woche (Person) in (Stadt/Land), weil er/sie . . .
5. Entweder fliegen wir nach (Stadt/Land), oder wir . . .
6. Ich habe meine (Groß)Eltern oft gefragt, . . .
7. Ich sage meinem/meiner (Person), daß . . .
8. Hoffentlich . . .

E. Schreib mal wieder! Schreiben Sie eine Postkarte aus Ihrem Urlaub an einen Freund / eine Freundin. Wo sind Sie? Was machen Sie? Wann machen Sie das? Benutzen Sie die Anrede „Lieber/Liebe . . . !" und den Gruß „Dein/Deine . . ."

NÜTZLICHE AUSDRÜCKE

heute abend	morgen abend
in drei Wochen	morgen früh
jede Woche	nächste Woche
jeden Tag	nächsten Montag (Dienstag, usw.)
morgen	nächstes Wochenende

F. Hast du ein Hobby? Fragen Sie Ihren Partner / Ihre Partnerin nach seinen/ihren Hobbys und wie lange sie schon ihre Hobbys treiben!

BEISPIELE: KARIN: Hast du ein Hobby?

REGINA: Ja, ich sammle gern CDs (Schallplatten, Cassetten, Videofilme, Poster).

KARIN: Wie lange sammelst du schon CDs?

REGINA: Ich sammle CDs schon seit drei Monaten (Wochen, Jahren).

VOLKER: Treibst du gern Sport?

INGO: Ja, ich mache gern Aerobic. (Ich mache Bodybuilding gern. Ich spiele gern Baseball [Volleyball, Tennis, Fußball, amerikanischen Fußball]).

VOLKER: Wie lange machst du schon Aerobic?

INGO: Ich mache Aerobic schon seit sechs Monaten (Jahren).

IMPERATIVE

The imperative forms of the verb express a command or a request and are usually accompanied by an exclamation point.

		IMPERATIVE FORMS
bleiben	Du bleibst hier. Ihr bleibt hier. Sie bleiben hier. Wir bleiben hier.	Bleib (doch) bitte hier! Bleibt (doch) bitte hier! Bleiben Sie (doch) bitte hier! Bleiben wir (doch) hier!
fahren	Du fährst mit. Ihr fahrt mit. Sie fahren mit. Wir fahren mit.	Fahr (doch) bitte mit! Fahrt (doch) bitte mit! Fahren Sie (doch) bitte mit! Fahren wir (doch) mit!
genießen	Du genießt die frische Luft. Ihr genießt die frische Luft. Sie genießen die frische Luft. Wir genießen die frische Luft.	Genieß (doch) die frische Luft! Genießt (doch) die frische Luft! Genießen Sie (doch) die frische Luft! Genießen wir (doch) die frische Luft!

öffnen	Du öffnest die Tür.	Öffne (doch) bitte die Tür!
	Ihr öffnet die Tür.	Öffnet (doch) bitte die Tür!
	Sie öffnen die Tür.	Öffnen Sie (doch) bitte die Tür!
	Wir öffnen die Tür.	Öffnen wir doch die Tür!
treffen	Du triffst uns morgen.	Triff uns bitte morgen!
	Ihr trefft uns morgen.	Trefft uns bitte morgen!
	Sie treffen uns morgen.	Treffen Sie uns bitte morgen!
	Wir treffen uns morgen.	Treffen wir uns morgen!

du-IMPERATIVE

The pronoun **du** and the **-st** ending are dropped from the present tense to form the familiar singular imperative.

> Triff uns bitte morgen! Öffne doch die Tür!

If the verb ends in **s, ß,** or **z** (s-like sounds), only the **-t** is dropped.

essen	du ißt	Iß deine Suppe!
genießen	du genießt	Genieß die frische Luft!
lesen	du liest	Lies den Fahrplan!
sitzen	du sitzt	Sitz doch still!

If the **du**-form of the present tense takes umlaut, but the infinitive does not, the umlaut is dropped in the imperative.

laufen	du läufst	Lauf doch schneller!
schlafen	du schläfst	Schlaf nicht so lange!

But:

träumen	du träumst	Träum was Schönes!

If the stem ends in **d** or **t,** the ending **-e** is usually added.

einladen	du lädst ein	Lade uns mal ein!
raten	du rätst	Rate mal! (*Guess!*)

Einen Schritt weiter

A few verbal stems end in **l, r,** or **ig.** The ending **-e** is also added to these stems in the **du**-imperative:

entschuldigen	du entschuldigst	Entschuldige mich!
handeln	du handelst	Handle menschlich! (*Act humanely.*)
wandern	du wanderst	Wandere nicht so weit!

If the vowel of the imperative is the same as that of the infinitive, the ending **-e** is sometimes added in formal German.

gehen	Geh! *or* Gehe!
laufen	Lauf! *or* Laufe!
träumen	Träum! *or* Träume was Schönes!

ihr-IMPERATIVE

The imperative of the second-person familiar plural is formed simply by dropping the pronoun **ihr** from the present-tense form.

Trefft uns bitte morgen!   Öffnet doch die Tür!

Sie-IMPERATIVE

The imperative of the second-person polite is formed by inverting the pronoun **Sie** and the verb.

Treffen Sie uns bitte morgen!   Öffnen Sie doch die Tür!

wir-IMPERATIVE

The imperative of the first-person plural is formed by inverting the pronoun **wir** and the verb.

Öffnen wir doch die Tür!   Lesen wir doch den Fahrplan!

A construction containing the imperative forms of the verb **lassen** plus **uns** followed by the infinitive is often used in place of the **wir** imperative. Compare the English form *Let's . . . :*

Antje, laß uns doch den Fahrplan lesen!
Antje und Kai, laßt uns doch den Fahrplan lesen!
Frau Eberhard, lassen Sie uns doch den Fahrplan lesen!

Note that the main verb, expressed as an infinitive, is positioned last.

IRREGULAR IMPERATIVE FORMS

The verb **sein** is irregular in the imperative in all forms except the **ihr-** form:

Dagmar, sei ruhig! (du)
Kinder, seid ruhig! (ihr)
Herr Keller, seien Sie bitte ruhig! (Sie)
Leute, seien wir lieber vorsichtig auf dieser Straße! (wir)

Post

The **du** imperative of the verb **werden** is **werde.**

> Ralf, werde doch Pilot!
> Toni, werde schnell wieder gesund!

Einen Schritt weiter

The infinitive often appears in public signs as a substitute for the imperative.

ÜBUNGEN

A.   Fahren wir doch in die Alpen! Machen Sie Ihren Reisebegleitern (_travel companions_) Vorschläge für den kommenden Urlaub. Geben Sie auch einen guten Grund für Ihren Vorschlag.

BEISPIEL: ein Hotelzimmer am Königssee reservieren →
Reservieren wir ein Hotelzimmer am Königssee! / Laß uns ein Hotelzimmer am Königssee reservieren!
[Grund:] Wir könnten da eine schöne Schiffsfahrt machen.

1. nach Zürich fahren
2. in den Alpen wandern
3. (Freunde) in (Stadt/Land) besuchen
4. Fondue machen und (Freunde) einladen
5. Schokolade in der Schweiz kaufen
6. ins Grüne fahren
7. im Schwarzwald zelten
8. in Bern übernachten
9. etwas Zeit in Dresden verbringen
10. über das Wochenende verreisen

B. Babysitting ist schwer. Sie gehen bei einigen Freunden babysitten. Sagen Sie den Kindern (Bernd und Anja), was sie tun sollen. Verwenden Sie die folgenden Verben.

BEISPIELE: Bernd, warte mal auf Anja!
Anja, trink deine Milch!
Bernd und Anja, geht doch ins Bett!

BERND	ANJA	BERND UND ANJA
den Teller (*plate*) nicht kaputt machen	den Ball werfen	zu mir kommen
die Suppe essen	deine Jacke anziehen	euren Kartoffelsalat essen
deiner Schwester den Ball geben	den Hund nicht ins Haus lassen	diese Märchen (*fairy tales*) lesen
dein Bilderbuch ansehen	deinem Bruder helfen	Ball miteinander spielen
das Glas nehmen	nicht ins Buch schreiben	auf mich warten
ins Haus kommen	ruhig sein	mich in Ruhe lassen

Geben Sie jetzt drei originelle Befehle.

C. Ferienziel Amerika! Zwei deutsche Bekannte planen eine Reise nach Amerika. Als Amerikaner/Amerikanerin haben Sie natürlich viele gute Vorschläge, was man alles in Amerika sehen und tun kann. Spielen Sie Ihre Rollen zu dritt, oder schreiben Sie einen Dialog.

BEISPIEL: HERR PÄSLER: Kann man die Städte gut zu Fuß besichtigen?
SIE: Nein, nehmen Sie lieber den Bus!
FRAU PÄSLER: Was kann man in New York sehen?
SIE: Besuchen Sie Ellis Island. Das ist sehr interessant.

NEGATION

Negation is normally expressed by the adjective **kein** or the adverb **nicht.**

kein

The negative form of **ein** is **kein** * (*no, not a, not any*).

Das ist ein Auto.	Das ist kein Auto.
Sabine hat ein Fahrrad.	Sabine hat kein Fahrrad.

---

*See pp. 123–126 on the declension of **kein**.

Kein is also normally used when there is no other **ein-** or **der-** word preceding the noun.

> Sigrid trinkt Bier.   Sigrid trinkt kein Bier.
> Das sind Landkarten.   Das sind keine Landkarten,
>   sondern Fahrpläne.

nicht + PREDICATE ADJECTIVES OR NOUNS

Adjectives or nouns following the verbs **sein** or **werden** are called *predicate adjectives* or *predicate nouns*. **Nicht** precedes predicate adjectives and proper nouns, or nouns preceded by **der-** words or possessive adjectives.

> Es wird heute warm.   Es wird heute nicht warm.
> Das ist Frau Dießner.   Das ist nicht Frau Dießner.
> Das ist der (dein) Fahrplan.   Das ist nicht der (dein) Fahrplan.

OBJECT NOUNS OR ADVERBS OF TIME + *nicht*

In negation, **nicht** usually follows object nouns and adverbs of time.

> Wir kennen den Ausländer nicht.   (*object noun:* Ausländer)
> Ich fahre heute nicht.   (*adverb of time:* heute)

However, **nicht** usually precedes other adverbs and prepositions.

> Ich gehe nicht in die Stadt (, sondern ich arbeite zu Hause).
> Das mache ich nicht gern.
> Wir fliegen nicht nach Frankfurt (, sondern wir bleiben in Bonn).

When **nicht** precedes any other element in the sentence, it negates only that element rather than the whole sentence:

> Ich habe **nicht viele Postkarten** geschrieben. = Ich habe **einige**
>   geschrieben, aber nicht viele.
> Ich fahre **nicht heute** zur Post (sondern **morgen**).

noch nicht, (noch) nie

The negation of **schon** (*already; yet*) is **noch nicht** (*not yet*); the negation of **je** (*ever*) is **(noch) nie** (*never*).

> Ist Elke schon da? —Nein, noch nicht.
> Bist du je in Dresden gewesen? —Nein, ich bin (noch) nie da
>   gewesen.

Doch!

Doch is used as a contradictory response to a negative question or statement.

Ist das keine gute Antwort? —Doch, das ist eine gute Antwort.
Fährst du nicht nach Hause? —Doch!
Herr Smith, Sie sind also kein Amerikaner. —Doch! (*Yes, I am an American!*)

Nicht wahr?

Nicht wahr? can be added to the end of a statement to form a question. In conversation, **nicht wahr?** is often reduced to **nicht?**

> München ist schön, nicht wahr?
> Hamburg ist auch schön, nicht?

ÜBUNGEN

A. Ist das nicht eine Schnitzelbank? Partnerspiel: Weiß Ihr Partner / Ihre Partnerin, was das ist? Zeigen Sie auf verschiedene Gegenstände im Klassenzimmer, und stellen Sie Fragen mit **nicht.** Fast jedes Substantiv, das Sie wählen, soll falsch sein, aber benutzen Sie auch ab und zu das richtige Substantiv, damit Ihr Partner / Ihre Partnerin „auf Draht" (*attentive*) bleibt.

BEISPIEL: [St. A zeigt auf die Tür und fragt:] Ist das nicht ein Papierkorb?
[St. B antwortet:] Nein, das ist kein Papierkorb, sondern eine Tür.
[St. A zeigt auf den Tisch und fragt:] Ist das nicht ein Tisch?
[St. B antwortet:] Doch, das ist ein Tisch.

NÜTZLICHE AUSDRÜCKE

das Anschlagbrett *bulletin board*	der Lichtschalter *light switch*
die Decke *ceiling*	der Papierkorb *wastepaper basket*
die Fensterscheibe *window pane*	das Regal *bookcase*
der Fußboden *floor*	die Steckdose *electrical outlet*
	der Teppich *rug*
	der Vorhang *curtain*

B. Ein bißchen Geographie. Antworten Sie bitte!

BEISPIELE: Liegt Schweden im Norden?
—Ja, Schweden liegt im Norden.

Liegt Berlin im Süden?
—Nein, Berlin liegt nicht im Süden.

Lernen Sie nicht Deutsch?
—Doch, ich lerne Deutsch.

1. Liegt Frankreich östlich von Deutschland?
2. Liegt Italien nicht südlich von Deutschland?
3. Besuchen viele Deutsche Österreich?
4. Bist du kein Student / keine Studentin?
5. Fliegt United Airlines nach Tibet?
6. Ist es gewöhnlich warm in Texas?
7. Ist Herr Mitterrand kein Franzose?

C. Nicht wahr? Stellen Sie Ihrem Partner / Ihrer Partnerin Fragen mit **nicht wahr?** Bilden Sie positive Antworten mit **ja** und negative Antworten mit **nein, nicht (kein)** und **sondern.**

BEISPIELE: München liegt in Bayern. →
München liegt in Bayern, nicht wahr? —Ja, es liegt in Bayern.

Dresden liegt im Westen. →
Dresden liegt im Westen, nicht wahr? —Nein, es liegt nicht im Westen, sondern im Osten.

Bayern ist eine Stadt. →
Bayern ist eine Stadt, nicht wahr? —Nein, Bayern ist keine Stadt, sondern ein Bundesland.

1. Der Eiffelturm steht in Bonn.
2. Der Mount Everest ist ein hoher Berg.
3. Die Alpen liegen im Norden.
4. Die Flugtickets kauft man in der Jugendherberge.
5. Auf dem Oktoberfest trinkt man gewöhnlich Milch.
6. Bonn liegt östlich vom Rhein.
7. In Liechtenstein spricht man Spanisch.
8. In Frankreich und Italien trinkt man viel Wein.

D. Eine Umfrage. Machen Sie eine Umfrage im Deutschunterricht. Stellen Sie bis zu zehn Personen die folgenden Fragen. Tragen Sie dann alle Resultate im Plenum (*as a class*) zusammen.

BEISPIELE: warmes Bier trinken →
Trinkst du warmes Bier?
—Nein, ich trinke kein warmes Bier. / —Ja, ich trinke warmes Bier.

oft nach Bangladesch reisen →
Reist du oft nach Bangladesch?
—Nein, ich reise nicht oft nach Bangladesch. / —Ja, ich reise oft nach Bangladesch.

1. gern schwarzes Leder tragen
2. Hausaufgaben in den Ferien machen
3. mehr als acht Stunden pro Tag schlafen
4. nur vegetarisch essen
5. oft barfuß gehen

Aktivitäten

IN WORT UND BILD: DIE DEUTSCHE REISEWELLE

Sehen Sie sich das Schaubild gut an! Die Graphik stellt die deutsche Reisewelle in einem typischen Jahr dar (*presents*).

A. Beantworten Sie die folgenden Fragen.

1. In welchem Monat verreisen gewöhnlich die meisten Deutschen? In welchen zwei Monaten? In welchen Monaten die wenigsten? Zu welcher Jahreszeit verreisen gewöhnlich die meisten Deutschen?
2. Glauben Sie, Sie würden ähnliche Prozentzahlen für Amerikaner finden? Welche Gründe könnte es dafür geben?

B. Eine Umfrage. Machen Sie in Ihrer Klasse eine kleine Umfrage, um festzustellen (*determine*), wann die meisten Ihrer Kommilitonen verreisen! Sind die Prozentzahlen wie im Schaubild? Wenn nicht, wie können Sie das erklären?

ANREGUNGEN ZUR UNTERHALTUNG

Nach Norden oder nach Süden? Claudia und ihr Mann, Matthias, planen ihre Ferien.

CLAUDIA: Hamburg finde ich viel interessanter als München. Das Nachtleben ist zum Beispiel viel lebendiger. Und Hamburg hat den größten Hafen Deutschlands. Er ist das Tor zur Welt.

MATTHIAS: Aber Claudia! München hat so viele Kunstgallerien und herrliche Kirchen. Von München aus kann man in die Alpen fahren. Da gibt es so viele schöne Aussichten. Und vergiß nicht das Deutsche Museum und den Viktualienmarkt, wo man an der frischen Luft gut essen kann und verschiedenes Gemüse kaufen kann!

CLAUDIA: Von Hamburg aus kann man kurze Schiffsfahrten auf der Nordsee machen. Hafenstädte (*Port cities*) haben sowieso einen besonderen Reiz (*charm*). Hast du die wunderbaren Orgelkonzerte vergessen, die wir in der Michaelis-Kirche gehört haben?

MATTHIAS: Schon gut. Dieses Mal reisen wir wieder nach Hamburg, aber zu Weihnachten (*Christmas*) fahren wir nach München.

Hamburg: St. Pauli-Landungsbrücken mit dem Turm der Michaelis-Kirche

A. Ihre Heimatstadt. Welche Vorteile und welche Nachteile hat Ihre Heimatstadt für die Touristen? Machen Sie eine Liste!

> BEISPIEL: VORTEILE
>
> Es gibt viele Museen.
> Man kann in den Bergen Skilaufen gehen.
> Die Sonne scheint fast immer.
>
> NACHTEILE
> Die Preise sind sehr hoch.
> Es gibt schon zu viele Touristen.
> Das Meer ist wunderbar, aber das Wasser ist verschmutzt.

B. Welche Heimatstadt bietet Touristen mehr? Debattieren Sie dieses Thema mit Ihrem Partner / Ihrer Partnerin.

> BEISPIEL: BOB: Man sollte meine Heimatstadt, San Diego, in den Ferien besuchen, weil das Wetter so mild ist. Es gibt dort auch viele herrliche Strände, von denen aus man im Meer schwimmen kann. Und das Wasser ist gewöhnlich warm.
>
> CATHY: Aber meine Heimatstadt, Seattle, bietet den Touristen mehr. Es gibt viele Theater, und wir haben eine sehr gute Philharmonie. Wir haben zwar keine guten Strände, aber dafür haben wir herrliche Aussichten: den Rainier, die Olympischen Berge, den Puget Sound.
>
> BOB: Aber man kann nicht im Puget Sound schwimmen gehen! Das Wasser ist immer eiskalt!
>
> CATHY: Das stimmt schon, aber dafür kann man viel öfter Skilaufen gehen. Und natürlich haben wir viele schöne Seen und Flüsse, wo man angeln kann.

RÜCKBLICK

Übersetzen Sie! Übersetzen Sie keine Ausdrücke in eckigen Klammern ([ ]). Verwenden Sie Dativ bei allen Präpositionen.

IN DEN FERIEN

Next week we have a vacation. Usually I take a trip to **(verreisen nach)** Florida or California **(Kalifornien),** but this year I am going **(fahren)** to Salzburg. Next Tuesday I will buy my airplane ticket at **(in)** the travel agency. Hopefully a round trip [will] not cost too much. In Salzburg, I will spend some **(etwas)** time at **(in)** the **Residenz (f.),** but I am not going to go to the **(in die)** opera because I find it **(sie)** boring. My mother strongly **(sehr)** recommends a tour of the city. It is, you know **(ja),** a tourist attraction. I [will] also take my **(meinen)** backpack along **(bringen . . . mit)** because I like to **(gern)** hike, and I enjoy nature **(die Natur).** There are several **(mehrere)** youth hostels in Salzburg, but I [will] probably **(wohl)** stay overnight in a hotel with a swimming pool because I like to swim. Hopefully I [will] bring back **(bringen . . . mit zurück)** many postcards because I find them interesting and also because I like to collect them.

SCHREIBEN SIE!

Was machen Sie in den Ferien? Schreiben Sie einen Aufsatz, in dem Sie beschreiben, was Sie gewöhnlich in den Ferien machen.

In historischer Sicht

Burg Gutenfels und Burg Pfalz am Rhein erinnern an vergangene Zeiten.

PRINCIPAL PARTS OF VERBS

SIMPLE PAST TENSE

PRESENT PERFECT TENSE

STRONG VERB CLASSES

SIMPLE PAST AND PRESENT PERFECT TENSES: USE

PRINCIPLES OF WORD ORDER

AUXILIARY *sein*

PAST PERFECT TENSE

Wortschatz

das Denkmal (¨er) memorial	**der Krieg (-e)** war; **Krieg führen** to wage war	**das Zeitalter (-)** age, period of history
die Einheit unity	**die Lage (-n)** situation	
das Ende end; **zu Ende gehen*** to come to an end	**das Märchen (-)** fairy tale	**besichtigen** to have a look at, visit
der Flüchtling (-e) refugee	**die Mauer (-n)** (outside) wall	**entdecken** to discover
die Geschichte (-n) history, story	**das Mittelalter** Middle Ages	**entwickeln** to develop
das Jahrhundert (-e) century	**der Ritter (-)** knight	**errichten** to build, erect
der Kaiser (-) emperor	**das Rittertum** knighthood	**gründen** to found
die Kaiserin (-nen) empress	**die Ruine (-n)** ruins	**kämpfen** to fight
das Kaiserreich (-e) empire	**die Vergangenheit** past	**verändern** to change, alter
	die Wiedervereinigung reunification	**vereinigen** to unify
		vergleichen* to compare

ÜBUNGEN

A. Was macht man damit? Ordnen Sie jedem Substantiv links ein passendes Verb rechts zu.

1. Märchen
2. Krieg
3. Burg
4. Ruine
5. Reich

a. errichten
b. entdecken
c. erzählen
d. gründen
e. führen

B. Wie heißt das verwandte Substantiv? Bilden Sie Substantive mit -ung.

> BEISPIEL: entwickeln → die Entwicklung

1. verändern
2. gründen
3. besichtigen
4. vereinigen
5. entdecken

C. Ergänzen Sie die folgenden Sätze.

1. In Deutschland erinnern heute noch viele mittelalterliche Ruinen an das _____ des Rittertums.
2. Viele Geschichten und _____ erzählen heute noch von den Ereignissen der Vergangenheit.
3. Am „Tag der deutschen Einheit" feiern die Deutschen heute die _____ ihres Landes.
4. Im _____ ließen sich viele der Kaiser und Kaiserinnen Denkmäler errichten, die heute noch zu besichtigen sind.

D. Frage und Antwort. Ordnen Sie jeder Frage links eine passende Antwort rechts zu.

1. Wie alt ist dieses Schloß?
2. Hat es damals viele Kriege gegeben?
3. Was wißt ihr über die Geschichte Deutschlands?
4. Wie lange dauerte das Dritte Reich?
5. Wann hat sich in Deutschland die Demokratie entwickelt?

a. Ich glaube, es dauerte zwölf Jahre. 1945 ging es jedenfalls zu Ende.
b. Es wurde während des Kaiserreiches von Wilhelm I. errichtet.
c. Nach dem Ersten Weltkrieg gab es zum ersten Mal eine Demokratie in Deutschland.
d. Ja, im Mittelalter haben die Ritter ständig (*continually*) gegeneinander Krieg geführt.
e. Bisher nicht sehr viel, aber wir lesen gerade ein Buch über die Vergangenheit Deutschlands.

Strukturen

PRINCIPAL PARTS OF VERBS

Three basic tenses denote past time in German: the simple past, the present perfect, and the past perfect.

SIMPLE PAST:	Die Königin **liebte** den König.	
	Der Ritter **sang** das Lied.	
PRESENT PERFECT:	Die Königin **hat** den König **geliebt.**	
	Der Ritter **hat** das Lied **gesungen.**	
PAST PERFECT:	Die Königin **hatte** den König **geliebt.**	
	Der Ritter **hatte** das Lied **gesungen.**	

In German, as in English, all verbs have three principal parts: the infinitive, the past stem, and the past participle. They are called *principal parts* because all other verb forms are based on them. The present tense is formed from the stem of the infinitive, as you saw in Chapter 1. The simple past is formed from the past stem. The past participle is used in combination with auxiliary verbs to form other tenses. The principal parts of the verbs **lieben** and **singen,** for example, are as follows:

INFINITIVE	PAST STEM	PAST PARTICIPLE
lieben (*to love*)	liebte (*loved*)	geliebt (*loved*)
singen (*to sing*)	sang (*sang*)	gesungen (*sung*)

SIMPLE PAST TENSE

WEAK VERBS

The past stem of weak verbs is formed by adding **-e** to the third-person singular of the present tense.

INFINITIVE	PRESENT TENSE THIRD-PERSON SINGULAR	PAST STEM
entdecken	er/sie/es entdeckt	entdeck**te**
lernen	er/sie/es lernt	lern**te**
errichten	er/sie/es errichtet	errichte**te**
gründen	er/sie/es gründet	gründe**te**
atmen	er/sie/es atmet	atme**te**
regnen	es regnet	regne**te**

STRONG VERBS

The past stem of strong verbs is formed simply by a change of the stem vowel of the infinitive. Unlike weak verbs, the past stem of strong verbs never ends in **-te.**

INFINITIVE	PAST STEM		INFINITIVE	PAST STEM
fliegen	fl**og**		schreiben	schr**ieb**
schaffen	sch**uf**		singen	s**a**ng
schlafen	schl**ief**		vergessen	verg**aß**

IRREGULAR WEAK VERBS

A few weak verbs (called *irregular weak* or *mixed*) show a change of the stem vowel from **e** to **a** in the simple past stem. In addition, the past stems of all such verbs end in **-te.**

INFINITIVE	PAST STEM
brennen (*to burn*)	br**a**nn**te**
kennen (*to know*)	k**a**nn**te**
nennen (*to name*)	n**a**nn**te**
senden (*to send*)	s**a**nd**te**
wenden (*to turn*)	w**a**nd**te**

Two irregular weak verbs also show a change of consonants in the stem.[*]

bringen (*to bring*)	brachte (*compare "brought"*)
denken (*to think*)	dachte (*compare "thought"*)

Haben has an irregular past stem: **hatte.**

FORMATION OF THE SIMPLE PAST

The conjugation of the verbs **lieben, atmen, haben,** and **singen** illustrates the simple past endings.

ich	liebte	atmete	hatte	sang
du	liebte**st**	atmete**st**	hatte**st**	sang**st**
er/sie/es	liebte	atmete	hatte	sang
wir	liebte**n**	atmete**n**	hatte**n**	sang**en**
ihr	liebte**t**	atmete**t**	hatte**t**	sang**t**
sie	liebte**n**	atmete**n**	hatte**n**	sang**en**
Sie	liebte**n**	atmete**n**	hatte**n**	sang**en**

---

[*]The irregular weak verb **wissen** (past stem **wußte**) is discussed on pages 223–224.

Note that the first- and third-person singular forms (**ich** and **er/sie/es**) lack endings and are identical. Some strong verbs have stems that end in **d, t** or an s-like sound. The **du** and **ihr** forms of such verbs end in **-est** and **-et** rather than **-st** and **-t.**

INFINITIVE	PAST STEM	SECOND-PERSON FAMILIAR
bitten	bat	du bat**est**; ihr bat**et**
finden	fand	du fand**est**; ihr fand**et**
lesen	las	du las**est**; ihr las**et**

The past stem of **werden** ends in **e: wurde.** This final **e** remains throughout the simple past.

werden			
ich	wurde	wir	wurden
du	wurdest	ihr	wurdet
er/sie/es	wurde	sie	wurden
	Sie wurden		

The verb **sein** shows a complete change of stem in the simple past: **war.**

sein			
ich	war	wir	waren
du	warst	ihr	wart
er/sie/es	war	sie	waren
	Sie waren		

ÜBUNGEN

A. Schönes Hamburg. Dagmar, Thorsten und Vera unterhalten sich über Hamburg. Ergänzen Sie den Dialog mit dem Präteritum (*simple past*) von **haben** oder **sein.**

THORSTEN: Vera, _____ du je zuvor in Hamburg?

VERA: Ja, als Kind ging ich oft zu meinem Onkel und meiner Tante zu Besuch in Hamburg. Sie _____ ein kleines Haus beim Hopfenmarkt.* _____ ihr je auf diesem Marktplatz?

---

*principal outdoor market for fruits and vegetables

THORSTEN: Ich nicht. Ich _____ aber einmal einen Freund, der nicht weit davon lebte. Aber Dagmar, du bist mehrmals dahin zum Einkaufen gegangen, nicht?

DAGMAR: Ja, damals _____ ich noch Studentin, und ich fand es wirklich gut! Wir _____ oft Lust (*felt like*), dorthin zum Einkaufen zu gehen. Wir sollten alle nochmal hingehen. Ich habe noch viele Freunde dort, und wir könnten alle zusammen die botanischen Gärten besuchen und danach ins Konzert gehen.

THORSTEN: Das wollte ich letzten Sommer mit euch, aber damals _____ ihr keine Zeit. Vielleicht verreisen wir nächsten Sommer nach Hamburg.

B. Ein Märchen aus alten Zeiten. Ergänzen Sie dieses Märchen mit dem Präteritum der angegebenen Verben. Vorsicht! Hier finden Sie alle drei Klassen von Verben: starke, schwache und unregelmäßige. [*]

| essen | singen | spielen |
| gehen | sitzen | |

Eines Tages _____ ein junges Mädchen mit ihrem kleinen Bruder spazieren.[1] Mittags _____ sie im Gras und _____ alles, was die Mutter für sie eingepackt hatte.[2] Das Mädchen _____ ein Lied, während ihr kleiner Bruder hinter ihr _____ .[3]

---

[*]See the appendix for the principal parts of strong and irregular verbs.

bemerken	laufen	sein
hören	rufen	

Auf einmal (*suddenly*) _____ die Schwester, daß ihr Brüderchen nicht mehr hinter ihr _____.[4] Da _____ sie ihren Bruder.[5] Als sie seine Antwort _____, _____ sie zu ihm.[6]

beginnen	geben	sehen
finden	nehmen	sitzen

Doch nun _____ die armen Kinder den Weg nicht mehr zurück.[7] Der kleine Junge _____, bitterlich zu weinen.[8] Da _____ die armen Kinder etwas zu ihren Füßen: da _____ eine hungrige Maus.[9] Das Mädchen _____ etwas Brot aus der Tasche und _____ es der Maus zu fressen.[10]

kommen	sehen
schlafen	sprechen

Bald _____ die Nacht, und die müden Kinder _____ schnell ein.[11] Auf einmal _____ sie vor sich einen Ritter auf einem Pferd.[12] Er _____ zu ihnen: „Kommt mit mir! Ich bringe euch nach Hause."[13]

bringen	rennen	suchen
erzählen	sein	verschwinden
finden		

Der Ritter _____ die glücklichen Kinder zurück zu ihrem Haus, wo die Eltern sie schon _____.[14] Da _____ die Kinder zu Vater und Mutter.[15] Die Kinder _____ den Eltern von dem Ritter, und die Eltern wollten ihm danken.[16] Aber er _____ nicht mehr da.[17] Statt des Ritters _____ sie nur eine kleine Maus, die im Gebüsch _____.[18]

C. Kennen Sie das Märchen von Frau Holle? Es steht in der weltberühmten Sammlung der Brüder Grimm. Der folgende Text ist eine Zusammenfassung (*summary*) dieses Märchens. Setzen Sie die Verben im Präteritum ein. *

Es _____ (sein) einmal eine Witwe (*widow*).[1] Die _____ (haben) zwei Töchter, eine eigene Tochter und eine Stieftochter (*stepdaughter*).[2] Die eigene Tochter _____ (sein) häßlich und faul, die Stieftochter schön und fleißig.[3] Die Stieftochter _____ (verbringen) jeden Tag viel Zeit am Brunnen (*well*) beim Spinnen (*spinning yarn*).[4]

Als die Spule mit dem Garn (*yarn*) eines Tages in den Brunnen _____ (fallen), _____ (springen) das Mädchen in den Brunnen, um die Spule zu holen.[5] Sie _____ (erblicken; *catch sight of*) eine schöne Wiese (*meadow*) mit vielen Blumen.[6] Kurz darauf gelangte (*reached*) sie an einen Backofen (*oven*). Da _____ (hören) sie das Brot rufen: „Zieh mich raus, sonst verbrenne ich!"[7] Das Mädchen _____ (holen) das Brot aus dem Ofen.[8]

---

*See the appendix for the principal parts of strong and irregular verbs.

Darauf _____ (spazieren; *walk*) sie weiter und _____ (gelangen; *arrive*) schließlich zu einem kleinen Haus.[9] Eine alte Frau _____ (sagen): „Ich brauche Hilfe bei meiner Arbeit.[10] Du mußt jeden Tag mein Bett machen und das Federbett (*large feather comforter*) gut schütteln. Denn dann schneit (*snows*) es in der Welt." Das Mädchen _____ (arbeiten) fleißig, und es _____ (gehen) ihr gut.[11]

Nach einiger Zeit wollte sie nach Hause zurück. Frau Holle _____ (führen; *lead*) sie zu einem Tor (*gateway*), und sobald (*as soon as*) sich das Mädchen unter das Tor _____ (stellen), _____ (regnen) es Gold auf sie.[12] So _____ (kommen) sie nach Hause zurück.[13] Mutter und Schwester _____ (staunen; *be astonished*) über das Gold.[14] Die faule Schwester _____ (wollen) nun auch gern soviel Gold haben und _____ (denken): „Ich kann das auch machen."[15] Sie _____ (klettern; *climb*) in den Brunnen, _____ (holen) aber das Brot nicht aus dem Ofen, und es _____ (verbrennen).[16] Natürlich _____ (arbeiten) sie nicht fleißig bei Frau Holle.[17] Und weil sie das Bett nicht gut _____ (machen), _____ (schneien) es auch nicht in der Welt.[18] Frau Holle _____ (fortschicken; *send away*) sie _____.[19] Als Strafe (*punishment*) für ihre Faulheit _____ (fallen) Pech (*tar*) auf sie, als sie unter dem Tor _____ (stehen).[20] Das Pech _____ (bleiben) an dem faulen Mädchen hängen, wie das Gold an dem fleißigen Mädchen.[21] Die beiden _____ (heißen) ihr Leben lang Goldmarie und Pechmarie.[22]

D. Die guten, alten Zeiten! Vergleichen Sie das Leben heute mit dem von ihren Großeltern! Mußte man damals schwerer arbeiten? War das Essen leichter zu kochen? Was machte man zum Spaß? Verwenden Sie das Präteritum und das Präsens.

> BEISPIEL: Meine Großeltern fuhren mit dem Zug nach Florida, aber heutzutage fahren wir mit dem Auto hin.

NÜTZLICHE AUSDRÜCKE

kein Fernsehen haben

lange Stunden arbeiten

nicht so lange leben

nicht so viele Bequemlich-
keiten (*conveniences*) haben

nicht soviel Geld verdienen

nicht soviel Streß haben

viel Radio hören

PRESENT PERFECT TENSE

The present perfect tense of most verbs is formed by using the present tense of the auxiliary **haben** in conjunction with the past participle of the main verb.

> Die Königin **hat** den König **geliebt.**
> Der Ritter **hat** das Lied **gesungen.**
> Die Professorin **hat** die Studenten zur Burgruine **gebracht.**

PAST PARTICIPLE

Weak Verbs

The past participle of weak verbs is formed directly from the third-person singular of the present tense, to which the prefix **ge-** is normally attached:

INFINITIVE	PRESENT TENSE THIRD-PERSON SINGULAR	PAST PARTICIPLE
lernen	er/sie/es lernt	**ge**lernt
antworten	er/sie/es antwortet	**ge**antwortet
gründen	er/sie/es gründet	**ge**gründet
öffnen	er/sie/es öffnet	**ge**öffnet
regnen	es regnet	**ge**regnet

Note that irregular weak verbs show the same changes in the past stem and in the past participle:

INFINITIVE	PAST STEM	PAST PARTICIPLE
bringen	**brach**te	ge**brach**t
denken	**dach**te	ge**dach**t
kennen	**kann**te	ge**kann**t

Strong Verbs

The past participle of strong verbs is normally formed by attaching the prefix **ge-** directly to the infinitive. In many strong verbs, however, the stem vowel of the past participle differs from that of the infinitive.

INFINITIVE	PAST PARTICIPLE
geben	**ge**geben
schaffen	**ge**schaffen
fliegen	**ge**flogen
schreiben	**ge**schrieben
singen	**ge**sungen

Note that the **ge-** prefix can only be attached if the first syllable of the stem is stressed. This rule holds for all verbs, weak or strong.

FIRST SYLLABLE STRESSED		FIRST SYLLABLE NOT STRESSED	
Infinitive	*Past Participle*	*Infinitive*	*Past Participle*
gründen	gegründet	er**rich**ten	errichtet
kämpfen	gekämpft	stu**dier**en	studiert
kommen	gekommen	be**komm**en	bekommen
stehen	gestanden	ver**steh**en	verstanden

The following types of verbs lack the **ge-** prefix in the past participle (because the stress is not on the first syllable).

1. Verbs that end in **ieren** (e.g., **studieren**)
2. Verbs with inseparable prefixes such as **be-, emp-, ent-, er-, ge-, miß-, ver-, zer-** (e.g., **errichten** or **verstehen**).

FORMATION OF THE PRESENT PERFECT TENSE

As previously mentioned, the present perfect tense of most verbs is composed of the present tense of the auxiliary **haben** and the past participle of the main verb. (The use of the auxiliary **sein** in the formation of the present perfect is discussed on pages 53–55.)

tanzen (singen)			
ich	habe . . . getanzt (gesungen)	wir	haben . . . getanzt (gesungen)
du	hast . . . getanzt (gesungen)	ihr	habt . . . getanzt (gesungen)
er/sie/es	hat . . . getanzt (gesungen)	sie	haben . . . getanzt (gesungen)
	Sie haben . . . getanzt (gesungen)		

STRONG VERB CLASSES

Strong verbs are classified according to the configuration of their stem vowels in the principal parts. The following are the most common strong verbs.* A complete alphabetical listing is given in the appendix.

---

*The length of the vowel has been indicated in cases where it cannot be determined from the spelling, e.g., **biß** from **beißen.** Other irregularities have been indicated by use of boldface type. If the verb takes the auxiliary **sein** in the perfect tenses, the form **ist** is included with the past participle. See pages 53–55 on the use of **sein** as an auxiliary. The use of ß as opposed to **ss** is discussed on page 8.

CLASS 1

INFINITIVE **ei**	PAST STEM **i(e)**	PAST PARTICIPLE **i(e)**
beißen (*to bite*)	biß	gebissen
bleiben (*to remain*)	blieb	(ist) geblieben
leiden (*to suffer*)	li**tt**	geli**tt**en
schneiden (*to cut*)	schni**tt**	geschni**tt**en
schreiben (*to write*)	schrieb	geschrieben
steigen (*to climb*)	stieg	(ist) gestiegen
treiben (*to drive* [*e.g., cattle*])	trieb	getrieben

CLASS 2

INFINITIVE **ie**	PAST STEM **o**	PAST PARTICIPLE **o**
bieten (*to offer*)	bot	geboten
fliegen (*to fly*)	flog	(ist) geflogen
schließen (*to shut*)	schlöß	geschlossen
verlieren (*to lose*)	verlor	verloren
ziehen (*to pull*)	zo**g**	gezo**gen**

CLASS 3

INFINITIVE **i**	PAST STEM **a**	PAST PARTICIPLE **u** OR **o**
beginnen (*to begin*)	begann	begonnen
finden (*to find*)	fand	gefunden
gewinnen (*to win*)	gewann	gewonnen
schwimmen (*to swim*)	schwamm	(ist) geschwommen
singen (*to sing*)	sang	gesungen
trinken (*to drink*)	trank	getrunken
verschwinden (*to disappear*)	verschwand	(ist) verschwunden

CLASS 4

INFINITIVE e	PAST STEM a	PAST PARTICIPLE o
brĕchen (to break)	brāch	gebrŏchen
empfehlen (to recommend)	empfahl	empfohlen
helfen (to help)	half	geholfen
kommen (to come)	kam	(ist) gekommen
nehmen (to take)	nahm	genommen
sprĕchen (to speak)	sprāch	gesprŏchen
sterben (to die)	starb	(ist) gestorben
treffen (to meet; to hit)	traf	getroffen
werden (to become)	wurde*	(ist) geworden

CLASS 5

INFINITIVE e	PAST STEM a	PAST PARTICIPLE e
bitten (to request)	bat	gebeten
essen (to eat)	āß	gegessen
geben (to give)	gab	gegeben
geschehen (to happen)	geschah	(ist) geschehen
lesen (to read)	las	gelesen
liegen (to lie; to recline)	lag	gelegen
sehen (to see)	sah	gesehen
sein (to be)	war	(ist) gewesen
sitzen (to sit)	sāß	gesessen
vergessen (to forget)	vergāß	vergessen

CLASS 6

INFINITIVE a	PAST STEM u	PAST PARTICIPLE a
einladen (to invite)	lud . . . ein	eingeladen
fahren (to drive; to ride)	fuhr	(ist) gefahren
schlagen (to strike)	schlug	geschlagen
tragen (to carry)	trug	getragen

---

*The expected form **ward** often occurs in poetry and in older literature.

CLASS 7*

INFINITIVE —	PAST STEM i(e)	PAST PARTICIPLE —
fallen (*to fall*)	fiel	(ist) gefallen
gehen (*to go*)	ging	(ist) gegangen
halten (*to hold*)	hielt	gehalten
lassen (*to let*)	ließ	gelassen
laufen (*to run*)	lief	(ist) gelaufen
raten (*to advise*)	riet	geraten
rufen (*to call*)	rief	gerufen
schlafen (*to sleep*)	schlief	geschlafen

OTHER

INFINITIVE	PAST STEM	PAST PARTICIPLE
stehen (*to stand*)	stand	gestanden
tun (*to do*)	tat	getan

VERBS THAT HAVE SIMILAR FORMS

The following pairs of verbs have similar forms. Study them carefully to avoid confusion.

1. bieten / bot / geboten (*to offer*)
   bitten / bat / gebeten (*to request*)

2. danken / dankte / gedankt (*to thank*)
   denken / dachte / gedacht (*to think*)

3. brechen / brach / gebrochen (*to break*)
   bringen / brachte / gebracht (*to bring*)

4. kennen / kannte / gekannt (*to know, be familiar with*)
   können / konnte / gekonnt (*to be able, can*)

5. legen / legte / gelegt (*to lay, place, put*)
   liegen / lag / gelegen (*to lie, be situated; to recline*)

6. setzen / setzte / gesetzt (*to set*)
   sitzen / saß / gesessen (*to sit*)

7. lassen / ließ / gelassen (*to let; to leave [something behind]*)
   lesen / las / gelesen (*to read*)

---

*Class 7 verbs always have the vowel **i** or **ie** in the past stem, while the vowel of the past participle is usually the same as that of the infinitive.

8. fahren / fuhr / ist gefahren (*to drive*)
   führen / führte / geführt (*to lead*)

9. lernen / lernte / gelernt (*to learn*)
   lehren / lehrte / gelehrt (*to teach*)

10. ziehen / zog / gezogen (*to pull*)
    zeigen / zeigte / gezeigt (*to show*)

SIMPLE PAST AND PRESENT PERFECT TENSES: USE

In German, the simple past and the present perfect have basically the same meaning. They describe any past action or situation.

Simple Past: **Man baute ein Schloß.**
Present Perfect: **Man hat ein Schloß gebaut.**

*They **built** a castle.*
*They **were building** a castle.*
*They **did build** a castle.*

Neuschwanstein: Ein Schloß wie im Märchen

However, the present perfect tense in German is generally used for the present perfect tense in English when it refers to *completed* actions.

Man **hat** das Schloß schon **gebaut.**   They **have** *already* **built** *the castle.*

The present tense in German must be used for the present perfect tense in English when it refers to *ongoing* actions or conditions. See page 15.

Wie lange **wohnst** du schon hier?   *How long* **have** *you* **lived** *here?* (*How long* **have** *you* **been living** *here?*)

The simple past is the tense most frequently encountered in literature. It is the narrative, or "story-telling," tense.

Als die Historikerin (*historian*) nach zehn Jahren in ihre Heimat zurückkehrte, begegnete sie ihrem alten Lehrer auf der Straße. Der alte Herr erkannte sie aber nicht mehr.

The perfect tense is more commonly used in conversation or in personal letters than is the simple past.

Was **hast** du dir gestern **gekauft?**   —Ich **habe** mir eine neue CD **gekauft.**

However, modal verbs (such as **können, wollen, müssen,** discussed on pages 181–190) and the verbs **haben** and **sein** are more commonly used in the simple past than in the perfect in both conversation and literature.

Was hast du gestern gemacht?   —Ich **wollte** ins Kino, aber ich **hatte** kein Geld.

Wo **warst** du heute morgen?   —Ich **mußte** zu Hause bleiben, weil ich krank **war.**

TEMPORAL CONJUNCTIONS: *als, wenn, wann*

Als, wenn, and **wann** cannot be used interchangeably even though they are often equivalent to English *when.* **Wann** is used only in direct and indirect questions.

Wann bist du geboren?
Bitte, sag mir, **wann** du geboren bist.

Wenn, meaning *when(ever),* can only be used in reference to *repeated events in the past:*

Jedesmal, **wenn** ich in Deutschland war, besuchte ich meine Freunde.

Als, meaning *when,* can be used only to describe either *isolated past events* or *continuous past periods.* It cannot be used to describe repeated events.

> **Als** der Zweite Weltkrieg zu Ende ging, lag Deutschland in Trüm-
> mern (*ruins*).
>
> **Als** ich letztes Jahr in der Schweiz war, wanderte ich oft in den
> Alpen.

Note: **Als** is much more commonly used with a past tense than is **wenn**. More information on the use of these and other conjunctions is found on pages 345–350.

PRINCIPLES OF WORD ORDER

NORMAL AND INVERTED WORD ORDER

As shown on page 17, the finite verb* is the *second* element in normal and inverted word order. Note how the rule applies to the simple past and perfect tenses.

Normal Word Order

	SUBJECT	FINITE VERB	OTHER ELEMENT	PARTICIPLE
Simple Past	Die Königin	**liebte**	den König.	
Present Perfect	Die Königin	**hat**	den König	geliebt.

Inverted Word Order

	OTHER ELEMENT	FINITE VERB	SUBJECT	OTHER ELEMENT	PARTICIPLE
Simple Past	Den König	**liebte**	die Königin.		
	Wen	**liebte**	die Königin?		
		Liebte	die Königin	den König?	
Present Perfect	Den König	**hat**	die Königin		geliebt.
	Wen	**hat**	die Königin		geliebt?
		Hat	sie	ihn	geliebt?

Note that the participle is the last element in both normal and inverted word order.

---

*Remember that the finite verb is the form that changes to indicate person: **wir** liebten, **du** liebtest.

IN HISTORISCHER SICHT 49

TRANSPOSED WORD ORDER

Just as in the present tense, the finite verb is the *last* element in transposed word order (word order in subordinate clauses) in the simple past or present perfect tenses:

MAIN CLAUSE	SUBORDINATE CLAUSE			
	Subject		*Participle*	*Finite Verb*
Man sagt,	daß die Königin	den König		**liebte.**
Man sagt,	daß die Königin	den König	geliebt	**hat.**

Note that the participle directly precedes the finite verb in transposed word order.

ÜBUNGEN

A. Eine Schiffsfahrt auf dem Rhein. Erzählen Sie, was Sie auf Ihrer Rheinreise erlebt haben. Schreiben Sie alles ins Perfekt um.

BEISPIEL: Wir **planten** letzten Juni eine Schiffsreise. →
Wir **haben** letzten Juni eine Schiffsreise **geplant.**

1. Wir machten eine Schiffsreise auf dem Rhein.
2. Man empfahl uns diese Reise.
3. Wir reservierten vier Sitzplätze auf dem Boot.
4. Wir besichtigten viele Burgen und Schlösser.
5. Meine Freunde genossen das warme Wetter.
6. Im Reisebüro erzählte man uns viel von den Raubrittern (*robber knights*).
7. Sie bewachten das Land und verlangten (*demanded*) Geld von den Schiffern.
8. Im Mittelalter spielten Ritter eine wichtige Rolle.
9. Am Ende der Reise übernachteten wir in Düsseldorf.
10. Der Reiseleiter (*tour guide*) brachte uns abends in eine schöne Weinstube in der Altstadt.
11. Ich bestellte einen guten Weißwein.
12. Nachher aßen wir in einem gemütlichen Gasthaus.
13. Später besuchten wir ein kleines Fest.
14. Wir hatten viel Spaß dabei.
15. Auf dem Heimweg erkannte ich ein paar alte Freunde auf der Straße.
16. An diesem Abend schlief ich sehr gut.

B. Im Geschichtsunterricht. Ergänzen Sie die Sätze mit dem Partizip des passenden Verbes.

BEISPIEL: Wann hat Karl der Große _____ ? →
            Wann hat Karl der Große gelebt?

beginnen   führen   gehen
dauern   geben   leben
entwickeln

1. Wann hat das Mittelalter _____ ? —Um ungefähr 500 AD.
2. Wann ist das Mittelalter zu Ende _____ ? —Um ungefähr 1500 AD.
    Also hat das Mittelalter ungefähr tausend Jahre _____ .
3. Hat es viele Ritter von Anfang an _____ ? —Nein, das Rittertum hat
    sich erst im zehnten Jahrhundert _____ .
4. Warum? —Weil zu dieser Zeit der Kaiser und die Könige so oft Krieg
    gegeneinander _____ haben.

errichten   lesen   stehen
existieren   nennen   vereinigen
gründen

5. Aber warum haben die Historiker dieses Zeitalter eben „das Mittelal-
    ter" _____ ? —Weil diese Periode zwischen der Antike (*classical world*)
    und der Renaissance _____ hat.
6. Wer hat das „Heilige (*holy*) Römische Reich" _____ ? —Das war wohl
    Karl der Große (*Charlemagne*). Durch seinen Einfluß (*influence*) haben
    sich die germanischen Stämme (*tribes*) zum ersten Mal _____ .
7. Hat die Berliner Mauer schon im Mittelalter _____ ? —O nein! Die
    Berliner Mauer haben die Kommunisten erst 1961 _____ .
8. Sie interessieren sich wahrscheinlich sehr für Geschichte. —Ja, ich
    habe sogar als Kind viel über die Vergangenheit _____ .

C.   Die Königin, die gebrochene Herzen sammelte. Ergänzen Sie die folgenden Sätze mit dem richtigen Partizip.

BIESPIEL: Er hat sich den Arm _____ . (gebrochen/gebracht) →
            Er hat sich den Arm gebrochen.

1. Er war damals Professor an der Universität und hat Geschichte _____ .
    (gelernt/gelehrt)
2. Er hat den Kurator des Museums dort _____ . (gekonnt/gekannt)
3. Der Kurator hat ihm zuerst das alte Manuskript im Museum _____ .
    (gezeigt/gezogen)
4. Das Dokument hat viele Jahre lang im Museum _____ . (gelegt/gelegen)
5. Er hat ihn _____ , ihm das Dokument zu geben. (geboten/gebeten)
6. Jeden Tag hat er das Manuskript in der Bibliothek des Museums _____ .
    (gelassen/gelesen) Er war fasziniert von der Geschichte, die so ging:
7. Ein Ritter hat einmal einer stolzen Königin einen wertvollen Ring
    _____ . (gebrochen/gebracht)
8. Die Königin hat dem Ritter nicht einmal für sein Geschenk _____ .
    (gedankt/gedacht)

9. Sie hat nur sehr attraktiv auf ihrem Thron _____. (gesetzt/gesessen)
10. Das Herz des Ritters ist in tausend Stücke _____. (gebracht/gebrochen)
11. Die Königin hat die Stücke in ein Kästchen _____, weil sie gebrochene Herzen sammelte. (gelegen/gelegt)

D. Das Mittelalter. Verbinden Sie die beiden Sätze mit der angegebenen Konjunktion.

> BEISPIELE: Der Professor sagt . . . Die Ritter hatten kein leichtes Leben. (daß) → Der Professor sagt, daß die Ritter kein leichtes Leben hatten.
>
> Letzten Sommer habe ich eine Schiffsfahrt auf dem Rhein gemacht. Ich habe einige Burgen besichtigt. (und) → Letzten Sommer habe ich eine Schiffsfahrt auf dem Rhein gemacht und einige Burgen besichtigt.

1. Auf der Uni habe ich mich sehr für das Mittelalter interessiert. Meine Freunde haben sich mehr für die Moderne interessiert. (aber)
2. Die Ritter kämpften viel. Es gab keine Einheit im Lande. (weil)
3. Dieter fragte. Das Leben des Volkes war in diesem Zeitalter so hart. (warum)
4. Wir fragten den Professor. Das Volk des Reiches hatte im Mittelalter genug zu essen. (ob)
5. Wurden Lebensmittel (*food*) schnell schlecht? Hat es damals so etwas wie Kühlschränke (*refrigerators*) gegeben? (oder)
6. Man hat nicht soviel an die Zukunft (*future*) gedacht. Das Leben war sehr kurz. (weil)

Interessieren Sie sich für das Mittelalter? Warum (nicht)? Vergleichen Sie das Mittelalter mit unserem Zeitalter.

E. In meiner Kindheit . . . Erzählen Sie, was Sie als Kind **oft, manchmal** oder **nie** gemacht haben.

> BEISPIELE: In meiner Kindheit habe ich oft Sandburgen gebaut.
> Ich habe auch manchmal gern andere Kinder geärgert (*annoyed*).

NÜTZLICHE AUSDRÜCKE

Kuchen backen	Videospiele spielen
etwas mit Bausteinen (*blocks*) bauen	Insekten suchen
Schneemänner bauen	Geld verlieren
mit Buntstiften (*crayons*) an die Wand schreiben	die Eltern früh morgens wecken
mit meiner Puppe (*doll*), mit meinem Teddybären, mit Puzzles spielen	

AUXILIARY *sein*

Most verbs use **haben** as their auxiliary in the perfect tenses. However, verbs that express a *change of location or condition* use **sein** as an auxiliary provided they do not have accusative objects.

>Elke **ist** aufs Schloß **gegangen.**
>Der König **ist** vor vielen Jahren **gestorben.**

Here is the complete conjugation of the present perfect tense of **gehen.**

gehen				
ich	bin . . . gegangen	wir	sind . . . gegangen	
du	bist . . . gegangen	ihr	seid . . . gegangen	
er/sie/es	ist . . . gegangen	sie	sind . . . gegangen	
	Sie sind . . . gegangen			

Some verbs that express change of location or condition may take accusative objects. In the perfect tense, they take **haben** *with* an object and **sein** *without* an object.

brechen (*to break*)   verderben (*to ruin*)
fahren (*to drive*)   zerbrechen (*to smash; to break*)
laufen (*to walk; to run*)   ziehen (*to pull; to move*)
trocknen (*to dry*)

WITH DIRECT OBJECT	WITHOUT DIRECT OBJECT
Der Junge **hat** sich **den Arm gebrochen.**	Sein Arm **ist** beim Turnen (*gymnastics*) **gebrochen.**
Ralf **hat das Auto** nach München **gefahren**	Ralf **ist** nach München **gefahren.**
Wolfgang **hat die Meile** in fünf Minuten **gelaufen.**	Sabine **ist** sehr schnell **gelaufen.**
Ingo **hat seine Wäsche getrocknet.**	Die Wäsche **ist** draußen **getrocknet.**
Die Hitze (*heat*) **hat das Essen verdorben.**	Das Essen **ist** bei der Hitze **verdorben.**
Das Kind **hat den Teller zerbrochen.**	Der Teller **ist** bei der Party **zerbrochen.**
Die Pferde **haben den Wagen gezogen.** (*The horses pulled the wagon.*)	Claudia **ist** nach Berlin **gezogen.** (*Claudia moved to Berlin.*)

In addition, **bleiben, sein, folgen** (*to follow*), and **begegnen** (*to encounter, meet*) take **sein** as their auxiliary:

> Werner **ist** zu Hause **geblieben.**
> Helena **ist** nie in einem Schloß **gewesen.**
> Markus **ist** seinem Vater ins Haus **gefolgt.**
> Birgit **ist** ihrer Freundin in der Stadt **begegnet.**

Note that **begegnen** and **folgen** take *dative*, not accusative, objects: **seinem Vater; ihrer Freundin.**

Since **liegen, sitzen,** and **stehen** do not express a change of place or condition, they require the auxiliary **haben** in standard German.

> Stefanie **hat** wegen ihrer Krankheit lange im Bett **gelegen.**
> Wir **haben** neben unseren Freunden **gesessen.**
> Der Ritter **hat** lange vor dem Thron **gestanden.**

Zeugen (*Witnesses*) vergangener Zeiten befinden sich in vielen deutschen Städten: Hier die Stadtmauer von Nördlingen an der Romantischen Straße.

Sometimes the addition of a prefix causes a change in auxiliary because of the change in meaning:

AUXILIARY: **haben**	AUXILIARY: **sein**
Professor Eberhart **hat** lange vor der Klasse **gestanden.** Warum **hast** du nicht länger **geschlafen?** Stefan **hat erfahren** (*found out*), daß er das Examen bestanden (*passed*) hat. Wer **hat** diesen Fehler **begangen?** (*Who committed this error?*)	Ich **bin** heute morgen sehr früh **aufgestanden.** Ich **bin** erst um 1 Uhr morgens **eingeschlafen** (*fell asleep*). Wann **seid** ihr nach Dresden **gefahren?** **Bist** du gestern auf die Burg **gegangen?**

Study Hint:

The most practical way to learn which verbs take **sein** instead of **haben** is to memorize the form **ist** with those past participles that take **sein: gehen, ging, *ist* gegangen.** Verbs are listed in this manner in the appendix.

ÜBUNGEN

A. Alexandras Samstag. Alexandra erzählt, was sie letzten Samstag gemacht hat. Ersetzen (*replace*) Sie das fettgedruckte (*boldface*) Präteritum mit dem Perfekt.

BEISPIELE: Ich **ging** ins Kino. → Ich bin ins Kino gegangen.
Ich **besuchte** Oma. → Ich habe Oma besucht.
Bernd **kam** spät an. → Bernd ist spät angekommen.

Ich **stand** Samstag morgen sehr spät auf, **zog** ein neues Kleid an, **ging** die Treppen hinunter und **rief** zu Mutti: „Was machst du in der Küche, Mutti?"[1] Sie **antwortete:** „Ich backe Brot und Brötchen, Lexa. Hast du gut geschlafen?"[2] Ich **trat** in die Küche and **küßte** sie.[3] Sie **lächelte** (*smiled*) und **zog** das Brot aus dem Ofen.[4]

Ich **ging** an den Tisch, **setzte** mich hin und **fragte:**[5] „Mutti, sind die Brötchen immer noch zu heiß zum Essen?" „Nein, einige sind schon ab-gekühlt. Möchtest du welche?" „Bitte. Schläft Vati immer noch?" „Ach, nein! Er mußte schon früh weg. Er ist schon um vier Uhr zu Onkel Eduard gefahren. Sie sind nämlich fischen gegangen, weißt du?"

Ich **trank** zwei Tassen Kaffee, **machte** das Radio an, aber **fand** nichts Interessantes.[6] Ich **dachte** mir, ich sollte eigentlich anfangen, die Arbeit für meine Geschichtsklasse zu schreiben.[7] Aber kein interessantes Thema **fiel** (*occurred*) mir ein.[8] An diesem Samstag war ich ganz faul. Ich **blieb** fast den ganzen Tag zu Hause, **las** ein paar Zeitungsartikel über nichts Besonderes (*special*) und **schrieb** endlich ein paar Briefe an Freunde in Berlin.[9] Ich **fragte,** was sie über die ökonomische Lage nach der Wiedervereinigung denken.[10] Um vier Uhr nachmittags **rief** mich Bernd an und **lud** mich ein, mit ins Kino zu gehen.[11] Ich **bat** ihn, bei uns zu Abend zu essen.[12] Endlich wurde es Abend, und es **klopfte** an die Tür.[13] Das war Bernd. Vati **backte** die drei Fische, die er vorher **fing.**[14] Das **schmeckte** allen gut.[15] Bernd und ich **verabschiedeten** uns endlich und **gingen** aus.[16] Wir **sahen** einen Film über die Mafia, aber er **interessierte** mich gar nicht.[17] Endlich **kam** ich um elf Uhr zurück nach Hause und **schlief** sehr schnell ein.[18]

B. Ihr Wochenendablauf. Was haben Sie alles am letzten Wochenende gemacht? Machen Sie einen Stundenplan, und füllen Sie ihn aus, indem Sie Aktivitäten (Verben) und Zeiten aufschreiben. Ergänzen Sie das Raster.

AKTIVITÄTEN	FREITAG	SAMSTAG	SONNTAG
aufstehen		9.30	9.00
duschen		9.40	9.15
sich anziehen		10.00	9.30
frühstücken			
in die Kirche gehen			
im Garten arbeiten			
Tennis spielen	16.00		
eine Arbeit schreiben			
zu Hause essen			
auswärts essen (*to eat out*)	19.00		
ins Kino gehen	20.30		
einschlafen	0.30		

C. Ihr Wochenende. Schreiben Sie jetzt einen kurzen Aufsatz über Ihr Wochenende. Nehmen Sie dabei Ihren Stundenplan zu Hilfe.

BEISPIEL: Am Freitag um 7 Uhr abends habe ich mit ein paar Freunden auswärts gegessen. Wir sind um 8.30 ins Kino gegangen. Gegen 12.30 Uhr bin ich eingeschlafen . . .

D. Mein Reisetagebuch. Berichten Sie, was Sie auf einer Reise an einem berühmten Ort erfahren und gesehen haben. Schreiben Sie ein paar Sätze über jedes Thema.

Ortsname; Wetter (*regnerisch, sonnig*); Natur (*Flüsse, Berge*); Gebäude (*modern, alt*); Eindrücke (*impressions*) (*gut gefallen, nicht gut gefallen*); Geschichte; Leute

PAST PERFECT TENSE

Another tense that denotes past time in German, the past perfect, is formed by using the *simple past* of **haben** or **sein** in conjunction with the past participle.

sprechen		
ich hatte . . . gesprochen	wir	hatten . . . gesprochen
du hattest . . . gesprochen	ihr	hattet . . . gesprochen
er/sie/es hatte . . . gesprochen	sie	hatten . . . gesprochen
	Sie hatten . . . gesprochen	

gehen		
ich war . . . gegangen	wir	waren . . . gegangen
du warst . . . gegangen	ihr	wart . . . gegangen
er/sie/es war . . . gegangen	sie	waren . . . gegangen
	Sie waren . . . gegangen	

The past perfect tense, like the simple past, occurs mainly in literature and indicates that one past event happened *before* another past event.

Die Spanier **gründeten** viele Missionen an der Westküste, **nachdem** Kolumbus Amerika **entdeckt hatte.**
Der Kaiser **war gestorben, bevor** der Krieg **begann.**

Note that the past perfect is the equivalent of English *had* + the past participle: **hatte . . . entdeckt,** *had discovered;* **war . . . gestorben,** *had died.*

Word order in the past perfect is identical to word order in the present perfect discussed on pages 49–50. Note that the finite verb (**kamen**) precedes its subject (**Tausende von Ostberlinern**) in the main clause if the subordinate clause precedes:

> Als (*Once*) man die Berliner Mauer abgerissen hatte, **kamen Tausende von Ostberlinern** nach Westberlin.

The past perfect is normally used in conjunction with the simple past tense and the subordinating conjunctions **bevor, nachdem,** and **als.**

MAIN CLAUSE	SUBORDINATE CLAUSE
past perfect	bevor + *simple past*
simple past	nachdem + *past perfect*
simple past	als (*once*) + *past perfect*

ÜBUNGEN

A. Ein gefährlicher Apfel! Ordnen Sie jedem Satzteil links einen passenden Satzteil rechts zu. Für einige Sätze gibt es mehrere Möglichkeiten.

1. Als Adam und Eva den Apfel gegessen hatten,
2. Nachdem der Geist (*ghost*) im Schloß erschienen war,
3. Bevor die Kommunisten 1961 die Berliner Mauer errichteten,
4. Als der Schiffer die schöne Jungfrau gesehen hatte,
5. Nachdem der junge Deutsche in Moskau auf dem Roten Platz gelandet war,
6. Als er den Wein getrunken hatte,
7. Nachdem der Ritter die Königin gesehen hatte,

a. ergriff (*seized*) ihn eine große Liebe.
b. flohen viele Menschen in den Westen.
c. verhaftete (*arrested*) ihn die Polizei.
d. mußten sie aus dem Paradies heraus.
e. wurde er sehr schläfrig.
f. vergaß er alle Gefahren (*dangers*) im Wasser.
g. konnte er nicht mehr schlafen.

B. Vereintes Deutschland. Verbinden Sie die beiden Sätze mit der angegebenen Konjunktion.

BEISPIEL: Der Professor sagt . . . Die Kommunisten errichteten 1961 die Berliner Mauer. (daß) →
Der Professor sagt, daß die Kommunisten 1961 die Berliner Mauer errichteten.

1. Man teilte Deutschland in vier Zonen auf. Der Zweite Weltkrieg hatte im Jahre 1945 geendet. (nachdem)
2. Die Russen übernahmen die Ostzone. Die Amerikaner, Engländer und Franzosen übernahmen die Westzonen. (und)
3. Die Stadt Berlin wurde auch in Ost- und Westsektoren geteilt. Berlin war umgeben (*surrounded*) von der kommunistischen Ostzone. (obgleich)
4. 1961 errichteten die Kommunisten die Berliner Mauer. Über 3 000 000 Ostdeutsche waren seit 1945 aus der Ostzone in den Westen geflohen. (weil)
5. 1990 sah man im Fernsehen . . . Die Deutschen rissen die Berliner Mauer ab. (wie)
6. 1990 wurde Deutschland wieder ein vereintes Land. Die Bürger (*citizens*) der DDR hatten für die Wiedervereinigung gewählt. (nachdem)

C. **Zeitmaschine.** In der Zeitmaschine erfahren Sie alles, was in der Geschichte passiert ist. Erzählen Sie, was Sie erfahren, indem Sie den Nebensatz „bevor ich ankam" verwenden.

BEISPIEL: Bevor ich im Jahre 1518 ankam, hatte Martin Luther die Reformation begonnen.

1517 Martin Luther beginnt die Reformation.
1786 Friedrich der Große stirbt.
1850 Die Brüder Grimm sammeln Kinder- und Hausmärchen.
1918 Der Erste Weltkrieg geht zu Ende.
1945 Der Zweite Weltkrieg geht zu Ende.
1961 Man errichtet die Berliner Mauer.
1990 Man reißt die Berliner Mauer ab, und Deutschland wird ein vereintes Land.

Aktivitäten

IN WORT UND BILD: DORNRÖSCHEN

Raten (*guess*) Sie, welches Märchen im Bild dargestellt (*represented*) wird. Es heißt **Dornröschen** auf Deutsch. Wie heißt es auf Englisch? Erzählen Sie das Märchen in einer Gruppe zu dritt oder zu viert. Jede Person erzählt ein paar Sätze in einer Kette (*chain*) vom Anfang bis zum Ende. So fangen alle Märchen an: **Es war einmal . . .**

NÜTZLICHE AUSDRÜCKE

der Dorn (-en) *thorn*
der Dornstrauch *briar*
der Prinz (den Prinzen) *prince*
die Spule *spool, bobbin*

aufwachen (ist aufgewacht) *to wake up*
küssen *to kiss*
spinnen (spann, gesponnen) *to spin*
wachsen (wuchs, ist gewachsen) *to grow*

ANREGUNGEN ZUR UNTERHALTUNG

A. Meine Lieblingsreise. Beschreiben Sie Ihrem Partner / Ihrer Partnerin die interessanteste Reise, die Sie je gemacht haben. War sie vielleicht eine Stadtrundfahrt oder eine Schiffsfahrt? Wo war das? Wie lange waren Sie unterwegs? Warum hat Ihnen die Reise so sehr gefallen? War Ihre Familie dabei, oder sind Sie mit Freunden verreist? Was haben Sie auf der Reise gesehen? Ihr Partner / Ihre Partnerin sollte sich Notizen machen und dann der Klasse eine Zusammenfassung (*summary*) Ihrer Reise geben.

B. Wer könnte das nur sein? Denken Sie an eine bekannte historische Persönlichkeit. Ihr Partner / Ihre Partnerin soll Ihnen Fragen stellen, um herauszufinden, an wen Sie denken. Notieren Sie, wie viele Fragen gestellt werden. Wer die wenigsten Fragen gestellt hat, gewinnt.

> BEISPIEL: ST. A: War diese Person ein Mann oder eine Frau?
> ST. B: Diese Person war ein Mann.
> ST. A: Hat diese Person im achtzehnten Jahrhundert gelebt?
> ST. B: Sie hat nicht im achtzehnten Jahrhundert gelebt.
> ST. A: War diese Person einmal Präsident der USA?
> ST. B: Ja, sie war einmal Präsident der USA.

RÜCKBLICK

Übersetzen Sie! Wiederholen Sie die Strukturen im ersten Kapitel. Übersetzen Sie keine Ausdrücke in eckigen Klammern ([ ]). Verwenden Sie Dativ bei allen Präpositionen.

DAS MITTELALTER, DAS MÄRCHENHAFTE ZEITALTER

HEIKE: Why did you study history?

DIETER: I wanted (**wollte**) to know* more about knighthood, and I have always found the past interesting. By the way (**übrigens**), did you ever see the castles and fortresses on the (**am**) Rhein?

HEIKE: Yes, I once took a boat cruise after I had taken a tour of (**in**) Bonn.

DIETER: Did you stay overnight in Bonn?

HEIKE: Yes, I stayed in a youth hostel because I had brought along (**mitgebracht**) my back pack.

DIETER: Do you know, my grandfather came from (**aus**) Bonn. After he had moved to Hamburg he married (**heiraten**) my grandmother.

HEIKE: Why didn't he stay in Bonn?

DIETER: He had gone on vacation to (**nach**) Hamburg and had really enjoyed the atmosphere (**die Atmosphäre**) there.

HEIKE: Well (**Nun**), I also studied history. I had great interest in (**großes Interesse an**) the Middle Ages.

DIETER: Do you know how long the Middle Ages lasted?†

HEIKE: Some professors claim (**meinen**) the Middle Ages came (**ging**) to an end when Chaucer died [in] 1400.

DIETER: Since (**Seit**) 1980 I have been collecting stamps from (**aus**) Europe and photographs of old castles (**von alten Schlössern**) and ruins.

HEIKE: Well, the Middle Ages were an interesting (**interessantes**) age, an age full of (**voller**) knights, emperors, and fairy tales.

---

*Place the infinitive at the end of the clause.
†Place the finite verb at the end of the clause.

Das Römisch-Germanische Museum in Köln dokumentiert die Römerzeit auf germanischem Gebiet in dem heutigen Deutschland.

SCHREIBEN SIE!

A. Ein vergangenes Zeitalter. Interessieren Sie sich für ein bestimmtes, vergangenes Zeitalter? Welches? Warum? Welche interessanten Ereignisse (*events*) haben damals stattgefunden? Schreiben Sie einen kleinen Aufsatz darüber.

B. So war es einmal. Erzählen Sie von einem bestimmten, interessanten historischen Ereignis. Was ist passiert? Wo hat das Ereignis stattgefunden? Wer war dabei?

Familienleben

Zwei Generationen, zwei Perspektiven

NOMINATIVE AND ACCUSATIVE CASES: ARTICLES AND USE

DATIVE CASE: ARTICLES AND USE

GENITIVE CASE: ARTICLES AND USE

DEFINITE AND INDEFINITE ARTICLES: SYNOPSIS

DEFINITE AND INDEFINITE ARTICLES: USE

EXPRESSIONS OF TIME

PRINCIPLES OF WORD ORDER: TIME, MANNER, PLACE

Wortschatz

die Ehe (-n) marriage
der Enkel (-) grandson
die Enkelin (-nen)
  granddaughter
das Enkelkind (-er)
  grandchild
die Erziehung upbringing,
  education
das Familienmitglied (-er)
  family member
die Geschwister (pl.)
  siblings, brothers and
  sisters
die Gleichberechtigung
  equal rights
die Großmutter (¨)
  grandmother
der Großvater (¨)
  grandfather
die Hochzeit (-en)
  wedding, marriage
die Hochzeitsreise
  honeymoon
die Kusine (-n) female
  cousin

Lieblings- favorite; die
  Lieblingstochter favorite
  daughter
der Neffe (-n, -n)†
  nephew
die Nichte (-n) niece
die Oma (-s) grandma
der Opa (-s) grandpa
die Scheidung (-en)
  divorce
die Scheidungsrate divorce
  rate
der Schwager (¨)
  brother-in-law
die Schwägerin (-nen)
  sister-in-law
die Schwiegermutter (¨)
  mother-in-law
der Schwiegersohn (¨e)
  son-in-law
die Schwiegertochter (¨)
  daughter-in-law
der Schwiegervater (¨)
  father-in-law

der/die Verwandte (-n)‡
  relative
der Vetter (-n) male
  cousin
die Zwillinge twins

auskommen* (mit) (kam
  . . . aus, ist ausgekom-
  men) to get along (with)
heiraten to get married
  (to)
scheiden:* sich scheiden
  lassen to get a divorce
verloben: sich verloben to
  get engaged

altmodisch old-fashioned
befreundet: befreundet sein
  to be friends
berufstätig employed,
  working
verwandt: mit . . . ver-
  wandt related to

---

†See page 138.
‡See pages 249–251 on the declension of this adjective used as a noun.

ÜBUNGEN	A. Nennen Sie den Ausdruck für das andere Geschlecht.

A. Nennen Sie den Ausdruck für das andere Geschlecht.

BEISPIEL: die Nichte → der Neffe

1. der Schwiegersohn
2. die Kusine
3. der Lieblingssohn
4. die Schwägerin
5. der Opa
6. die Schwiegermutter

B. Ergänzen Sie die folgenden Sätze.

1. Ute und Günther haben sich verlobt. Nächstes Jahr wollen sie _____.
2. Regina und ihr Mann kommen nicht gut miteinander aus, aber sie wollen sich trotzdem nicht _____ _____.
3. Müllers haben fünf _____: Mutter, Vater und drei Söhne.
4. Am Wochenende kommen unsere _____ aus Hamburg zu Besuch.
5. Deutschland hat eine hohe _____, viele Ehen dauern nur wenige Jahre.
6. Es ist sehr wichtig, daß alle Kinder eine gute _____ bekommen.
7. Ich glaube, daß alle Menschen dieselben Chancen haben sollten. Deswegen glaube ich an die _____ der Frauen.
8. Sabine liebt alle ihre Kinder, aber Kai ist ihr _____.
9. Wo hat deine Schwester ihren Mann kennengelernt? —Sie hat meinen _____ in Salzburg kennengelernt.
10. Unsere Großeltern haben nur zwei _____: mich und meine Schwester.

C. Frage und Antwort. Ordnen Sie jeder Frage links eine passende Erwiderung rechts zu.

1. Mama, wie hast du damals Papa kennengelernt?
2. Bleibst du nach deiner Hochzeit berufstätig?
3. Hat Frau Schulze einen Jungen oder ein Mädchen bekommen?
4. Hast du noch Geschwister?
5. Wie kommst du mit deiner Schwiegermutter aus?
6. Annette, bist du wirklich mit Peter verwandt?
7. Wohin fahrt ihr während eurer Hochzeitsreise?

a. Nicht sehr gut, sie ist sehr altmodisch.
b. Beides, sie hat Zwillinge bekommen.
c. Wir haben uns im Urlaub kennengelernt.
d. Ja, er ist mein Vetter.
e. Wir fliegen wahrscheinlich nach Mexiko.
f. Ja, ich möchte auf jeden Fall weiterarbeiten.
g. Ja, ich habe noch einen älteren Bruder und eine jüngere Schwester.

. . . . **FAMILIENLEBEN** 65

Strukturen

NOMINATIVE AND ACCUSATIVE CASES:

ARTICLES AND USE

In German, the article takes a masculine, a neuter, or a feminine ending, in agreement with the gender of the noun it modifies. The ending also indicates one of four cases: nominative, accusative, dative, or genitive. In this section, the nominative and accusative cases are discussed.

NOMINATIVE CASE

The basic function of the nominative case is to indicate the subject of the sentence. The subject usually performs the action expressed by the verb. (In English, the subject is generally the first noun or pronoun in the sentence.)

Note that the definite article **der** (masculine), **das** (neuter), or **die** (feminine) and the indefinite article **ein** (masculine and neuter) or **eine** (feminine) indicate the gender of singular nouns in the nominative case. The definite article is **die** in the nominative plural for all three genders; **ein** has no plural.

SUBJECT *Nominative*	VERB	OTHER ELEMENTS	
Der Mann⎱ Ein Mann⎰	wohnt	da.	*Masculine*
Das Kind⎱ Ein Kind⎰	wohnt	da.	*Neuter*
Die Frau ⎱ Eine Frau⎰	wohnt	da.	*Feminine*
(Die) Männer⎱ (Die) Kinder ⎬ (Die) Frauen⎰	wohnen	da.	*Plural*

Nouns following the verbs **sein** and **werden,** called predicate nouns, are also in the nominative case. In normal word order, these verbs are flanked left and right by nouns (or pronouns) in the nominative case.

SUBJECT		PREDICATE NOUN
Nominative		*Nominative*
Das Kind	wird	ein guter Wanderer.
Der Professor	ist	ein berühmter Mathematiker.
Das	ist	mein neuer Hut.

Note: Be careful to use only the nominative case to enclose the verb **sein.** If you said **"Das ist *meinen neuen* Hut"** by mistake, it would be heard as **"Das *ißt*** (*is eating*) **meinen neuen Hut"!**

ACCUSATIVE CASE

As you read above, the verbs **sein** and **werden** are flanked by the nominative case. But in all other simple sentences, the single noun or pronoun that directly follows the verb is usually the direct object and must be in the accusative case. The direct object is in some sense the goal of the verb: *I see **the man.***

Note that the definite article **(den, das, die)** and the indefinite article **(einen, ein, eine)** indicate the gender of singular nouns in the accusative case. The accusative form of the definite article is **die** for all genders in the plural.

SUBJECT	VERB	DIRECT OBJECT	
Nominative		*Accusative*	
Ich	sehe	{ **den** Mann. { **einen** Mann.	*Masculine*
Ich	sehe	{ **das** Kind. { **ein** Kind.	*Neuter*
Ich	sehe	{ **die** Frau. { **eine** Frau.	*Feminine*
Ich	sehe	{ **(die)** Männer. { **(die)** Kinder. { **(die)** Frauen.	*Plural*

The use of the accusative in prepositional phrases is discussed on pages 148–156, 164–166; its use in certain adverbial expressions is discussed on pages 84–85.

Einen Schritt weiter

Sentences can normally be divided into two components: subject and predicate. Besides the verb, most predicates also contain object nouns:

SUBJECT	PREDICATE			
	Verb	*Time Adverb*	*Object Noun*	*Place Adverb*
Wolfgang	besucht	morgen	seinen Opa	in Lübeck.

Note that object nouns normally *precede* adverbs of place.

Occasionally predicates contain what appear to be object nouns but which some grammarians prefer to call *predicate complements*.

Predicate complements differ from typical object nouns in three ways:

1. Predicate complements normally *follow* adverbs of place (or manner).

	Place (or Manner) Adverb	*Predicate Complement*
Frau Schmidt gibt jeden Tag	in diesem Zimmer	**Unterricht.**
Wolfgang spricht (kann)	gut	**Englisch.**

2. Predicate complements are usually negated by **nicht** rather than **kein**.

	Predicate Complement
Christina spricht (schreibt, versteht, kann) **nicht**	**Englisch.**
Günther fährt **nicht**	**Auto.**
(*Günther doesn't drive.*)	

3. Predicate complements often change the meaning of the verb markedly.

	Predicate Complement
Birgit **schreibt** oft zu Hause	**Maschine.**
(*Birgit often types at home.*)	

Predicate complements are essentially equivalent to separable prefixes. Compare:

> Bitte, **nehmen** Sie hier neben mir **Platz**. (Platz nehmen)
> (*Please take a seat next to me.*)

> Vera **nimmt** an solchen Spielen gern **teil**. (teilnehmen)
> (*Vera likes to take part in such games.*)

By observing the relative position of adverbs of place and object nouns, you will begin to discern which nouns are predicate complements rather than simply direct objects.

ÜBUNGEN

A. Schon wieder Morgen! Ralf beschreibt einen typischen Morgen. Ergänzen Sie die Lücken mit der richtigen Form des Artikels im Nominativ und Akkusativ. Benutzen Sie Akkusativ bei allen Präpositionen.

_____ Wecker (*m.*) klingelt um halb sieben.[1] Ich sehe auf _____ Wecker und stelle ihn ab (*turn off*).[2] Ich stehe nur langsam auf, denn _____ Bett, _____ warme Decke (*f.*) und _____ Kopfkissen (*n.*) (*pillow*) locken (*tempt*).[3] Aber ich weiß, daß ich bald an _____ Arbeit gehen muß.[4] Ich gehe in _____ Küche und mache mir _____ Tasse Kaffee.[5] Während _____ Kaffeewasser kocht, gehe ich unter _____ Dusche (*f.*) (*shower*) und dusche mich schnell.[6] Ich mache _____ Kleiderschrank (*m.*) auf, weiß aber nicht, ob ich heute _____ braunen oder dunkelblauen Anzug (*m.*) tragen soll.[7] Es ist schließlich zu früh am Morgen, um solche Entscheidungen (*decisions*) zu treffen (*to make*).[8]

B. Familienrollen. Wer macht was bei euch? Stellen Sie Ihrem Partner / Ihrer Partnerin Fragen.

BEISPIEL: Hund (*m.*) füttern (*feed*) →
ST. A.: Wer füttert den Hund bei euch?
ST. B.: Meine Schwester füttert den Hund.

1. Abendessen machen
2. Fenster putzen
3. Geschirr (n. dishes) spülen
4. Wäsche waschen
5. Teppich (m.) saugen (vacuum)
6. Rasen (m.) mähen (mow)
7. Tisch decken
8. Wohnzimmer aufräumen (pick up)

DATIVE CASE: ARTICLES AND USE

The basic function of the dative case is to indicate the indirect object of the sentence. In English, the indirect object usually answers the question "To (or for) whom?".

Who will you give the book to? (= To whom will you give the book?)

Ich gebe **dem** Mann das Buch.   *I will give the book **to the man.***

Who are you buying the book for? (= For whom are you buying the book?)

Ich kaufe **dem** Mann das Buch.   *I'm buying the book **for the man.***

Note that the definite article (**dem, der**) and the indefinite article (**einem, einer**) only distinguish masculine/neuter versus feminine nouns in the singular of the dative case. The article is **den** for all genders in the dative plural.

| SUBJECT | VERB | DIRECT OBJECT | INDIRECT OBJECT | |
Nominative		*Accusative*	*Dative*	
Ich	gebe/kaufe	es	dem Mann. / einem Mann.	*Masculine*
Ich	gebe/kaufe	es	dem Kind. / einem Kind.	*Neuter*
Ich	gebe/kaufe	es	der Frau. / einer **Frau.**	*Feminine*
Ich	gebe/kaufe	es	den Männern. / den Kindern. / den Frauen.	*Plural*

An **-n** is added to nouns in the dative plural unless the plural ends in **n** or **s**:

NOMINATIVE/ACCUSATIVE PLURAL	DATIVE PLURAL
die Schwestern	den Schwestern
die Profis (*professionals, pros*)	den Profis

Study Hint

Above you learned that a simple way to determine the indirect object is to ask the question "to (or for) whom." Another useful rule is to be on the lookout for predicates containing two adjacent nouns:

SUBJECT	PREDICATE		
		Objects	
	Verb	*Noun*	*Noun*
She	gave	the child	a toy.

The object noun referring to persons (or animals) is the indirect object (*the child*); the object noun referring to inanimate objects is the direct object (*a toy*).*

SUBJECT	VERB	ANIMATE OBJECT	INANIMATE OBJECT
Nominative		*Dative*	*Accusative*
Sie	gab	dem Kind	ein Spielzeug.
Sie	zeigte	dem Mädchen	den Wasserfall.
Er	kaufte	den Kindern	den Rucksack.

ORDER OF NOUN AND PRONOUN OBJECTS

Indirect objects (generally animate) precede direct objects (generally inanimate). Put simply: *People precede things.*

> Bitte, bring **den Gästen** eine Tasse Kaffee! —Ich habe **ihnen** schon Kaffee und Kuchen gegeben.

If two animate objects are present, indirect still precedes direct.

> Hast du **meinem Bruder** deine   *Did you introduce your sister to*
> Schwester vorgestellt?   *my brother?*

---

*The verb **nennen** is an exception because it takes two accusative objects: **Man hat** *das Kind Elisabeth* **genannt.** Note also that this rule does not apply to possessives, which will be dealt with on pages 76–77.

Kennst du die Verlobte (*fiancee*) **meines Bruders**?

An important exception: The accusative third-person pronouns, **ihn, es, sie**—whether they refer to inanimate or animate objects—precede all other elements in the predicate.

> Wer hat den Kindern die alte Geschichte / das Märchen erzählt?
> —Opa hat **sie/es** den Kindern erzählt. (—Opa hat **sie/es** ihnen erzählt.)

Note that the preposition **zu** is not used in German to introduce the indirect object.

> Opa hat sie/es **ihnen** erzählt.   *Grandpa told it **to them.***

DATIVE CASE: USE

1. The dative case is used with most verbs of communication to indicate the person receiving the information. In other words, the person is the indirect object. The information conveyed—whether expressed or not—constitutes the direct (accusative) object.

> Hast du **deiner Oma** (einen Brief) geschrieben?   *Did you write (a letter) to your grandma?*

Here are some other common verbs of communication.

antworten (*to answer*)
befehlen (*to command*)
berichten (*to report*)
danken (*to thank*)
drohen (*to threaten*)
empfehlen (*to recommend*)

erzählen (*to tell, relate*)
gratulieren (*to congratulate*)
raten (*to advise*)
sagen (*to say*)
vergeben (*to forgive*)
versprechen (*to promise*)

> Rita, warum antwortest du **mir** nicht?
> *Rita, why don't you answer me?*

> Ich habe **meinem Bruder** für sein Geschenk gedankt.
> *I thanked my brother for his present.*

> Wir haben **unserer Großmutter** zu ihrem Geburtstag gratuliert.
> *We congratulated our grandmother on her birthday.*

Mein Onkel hat **mir** geraten, einen besseren Wagen zu kaufen.	*My uncle advised me to buy a better car.*
Meine Schwester hatte **mir** versprochen, mit ins Konzert zu gehen.	*My sister had promised to go with me to the concert.*
Ich habe **ihr** doch vergeben, daß sie nicht mitgekommen ist.	*But I forgave her for not coming along.*

Important exceptions: The following verbs of communication take *accusative* objects.

anrufen (*to phone*)	einladen (*to invite*)
bitten (*to request*)	fragen (*to ask*)

Toni hat **mich angerufen.** Sie **fragte mich,** was ich Freitag abend mache. Sie wollte **mich** zu einer Party **einladen.** Sie hat **mich** auch **gebeten,** meinen Bruder mitzubringen!

2. The verbs **erlauben** (*to allow*) and **glauben** (*to believe*) follow the double object pattern discussed above: They take dative animate and accusative inanimate objects although this is not obvious from their English equivalents.

Darfst du heute abend den Wagen fahren? —Nein, die Eltern erlauben **mir das** nicht.	*Can you use the car tonight? —No, my parents won't allow me to (use it).*
Hast du versprochen, das nie wieder zu machen? —Ja, aber wer wird **es mir** glauben?	*Did you promise never to do that again? —Yes, but who'll believe me?*

3. Note that the indirect objects of the verbs **nehmen** and **stehlen** do not express the relationship *to* or *for* someone, but *from* someone.

Jemand hat **meiner Schwester** ihr Fahrrad gestohlen (genommen).	*Someone stole (took) my sister's bike.*

4. Besides expressing indirect objects, the dative case is also used to express the **direct** objects of a number of verbs, including the following.

folgen (*to follow*)	schaden (*to harm, damage*)
gefallen (*to please*)	schmecken (*to taste [good] to*)
gehören (*to belong to*)	stehen (*to suit someone [said of clothing]*)
helfen (*to help*)	weh tun (*to hurt*)
passen (*to fit*)	
passieren (*to happen to*)	

Warum folgt **mir** dein Hund?	*Why is your dog following me?*
Gefällt dein neuer Wagen **deinen Freunden** nicht?	*Don't your friends like your new car?*
Wahrscheinlich gehören diese Tennisschuhe **meiner Freundin.**	*These tennis shoes probably belong to my girlfriend.*
Meine Geschwister helfen **mir** gewöhnlich bei der Hausarbeit.	*My brothers and sisters usually help me with the housework.*
Diese Schuhe passen **mir** nicht. Sie sind zu eng.	*These shoes don't fit me. They're too narrow.*
Dieser Anzug steht **dir** gut.	*That suit looks good on you.*
Du wirst nie glauben, was **mir** gestern passiert ist!	*You'll never believe what happened to me yesterday!*
Dieser Zahn tut **mir** weh.	*This tooth hurts.*

Study Hint

Learn these verbs by repeating them in short sentences with the dative pronoun **mir.**

Dieses Haus gefällt **mir.** Dieses Tier gehört **mir.**

---

5. The dative case is used to indicate possession of parts of the body or articles of clothing.

Brigitte hat **der Frau** die Haare geschnitten.	*Brigitte cut the woman's hair.*
Zieh **dem Kind** die Jacke aus!	*Take off the child's jacket.*

6. The dative is also used with many adjectives, such as the following.

ähnlich (*similar*)	nützlich (*useful*)
angenehm (*pleasant*)	peinlich (*embarrassing*)

David sieht **seiner Mutter ähnlich.**	*David looks like (similar to) his mother.*
Dieser Rat ist **dem Studenten** sehr **nützlich.**	*This advice is very useful to the student.*
Die Frage war **dem Jungen peinlich.**	*The question was embarrassing to the boy.*

Such adjectives follow the nouns to which they refer. Note that their English equivalents are usually accompanied by the prepositions *to* or *for:* "embarrassing *to* the boy."

The dative in prepositional phrases will be discussed in Chapter 6, and its uses in certain adverbial expressions will be discussed on pages 83–85, 362.

ÜBUNGEN

A. Jedem was Tolles aus Amerika! Sie sind ein reicher Onkel / eine reiche Tante aus Amerika und besuchen Ihre Verwandten in Deutschland. Welche Geschenke bringen Sie wem mit?

> BEISPIEL: mein Onkel / eine texanische Kuh →
> Ich bringe meinem Onkel eine texanische Kuh mit.

PERSONEN

1. meine Kusinen
2. meine Tante
3. mein Neffe
4. meine Nichte
5. meine Großeltern
6. ?

GESCHENKE

a. eine Harley
b. echte Cowboystiefel
c. ein Computer (*m.*)
d. eine Kiste kalifornischen Wein
e. Goldbarren aus Fort Knox
f. ?

B. Was würden Sie tun? Sagen Sie, was Sie in den folgenden Situationen tun würden.

> BEISPIEL: Ihr Freund hat Ihre Lieblingsvase kaputt gemacht.
> Ich würde **ihm vergeben.**

antworten
danken
glauben

gratulieren
helfen
raten

1. Sie haben ein schönes Geschenk von Ihren Eltern bekommen.
2. Ihr Lehrer hat Ihnen eine Frage gestellt.
3. Ihre beste Freundin kommt zu Ihnen und sucht dringend Rat.
4. Ihre Großeltern feiern Ihren sechzigsten Hochzeitstag (*wedding anniversary*).
5. Ihre Mutter bittet Sie um Hilfe.
6. Ein Freund hat Ihnen gerade eine unwahrscheinliche Geschichte erzählt.

C. Immer eine höfliche Antwort. Finden Sie für jede Aussage (*statement*) oder Frage eine höfliche Antwort.

> BEISPIEL: Wie steht mir dieser Rock? →
> Er steht dir ausgezeichnet!

1. Wie findest du meine Schokoladentorte?
2. Meine karierte (*checkered*) Hose paßt mir leider nicht mehr. Möchtest du sie haben?
3. Es tut mir leid. Ich habe mich wirklich vertan (*made a mistake*)!
4. Was soll ich zu dem Boeuf Bourgignon servieren?
5. Mensch! Ich habe mein Portemonnaie (*wallet*) irgendwo liegenlassen!

a. Macht nichts. Das kann ja jedem mal passieren.
b. Hallo! Gehört Ihnen dieses Portemonnaie?
c. Die schmeckt wirklich lecker.
d. Ich würde dir einen französischen Rotwein empfehlen.
e. O ja, hoffentlich paßt sie mir!

D. Der Einkaufsbummel. Sie gehen mit Ihrem Opa / Ihrer Oma (Ihrem Partner / Ihrer Partnerin) einkaufen und anschließend ins Café. Er/Sie ist heute sehr negativ eingestellt, aber da er/sie bezahlt, bleiben Sie immer höflich und fragen ihn/sie jedesmal nach seiner/ihrer Meinung.

BEISPIEL: Oma, wie steht mir dieser Pulli?
            Er steht dir überhaupt nicht.

NÜTZLICHE AUSDRÜCKE

empfehlen   raten
gefallen   schmecken
passen   stehen

GENITIVE CASE: ARTICLES AND USE

The basic function of the genitive case is to indicate the possessor. In English the possessor is marked by 's: *the man's (woman's, child's, men's, women's, children's) shoes.*

Note that the definite article **(des, der)** and the indefinite article **(eines, einer)** only distinguish masculine/neuter versus feminine nouns in the singular of the genitive case. The genitive form of the definite article is **der** for all genders in the plural.

	POSSESSOR	
Das sind die Schuhe	des Mannes. / eines Mannes.	*Masculine*
Das sind die Schuhe	des Kindes. / eines Kindes.	*Neuter*
Das sind die Schuhe	der Frau. / einer Frau.	*Feminine*

	POSSESSOR	
Das sind die Schuhe	$\begin{cases} \text{der Männer.} \\ \text{der Kinder.} \\ \text{der Frauen.} \end{cases}$	*Plural*

In the genitive singular most masculine and neuter nouns of one syllable require the ending **-es;** those of more than one syllable require the ending **-s.** Nouns that do not fit this pattern are discussed on pages 138–140.

der Name des Mannes (des Kindes)	*the man's (the child's) name*
der Name des Bundeskanzlers (des Mädchens)	*the chancellor's (the girl's) name*

Note that the position of the two nouns is the exact opposite in English:

der Name des Bundeskanzlers

the chancellor's name

In conversational German, the preposition **von,** equivalent to English *of,* is often used in place of the genitive.

Die Eltern **von** dem Professor kommen aus Belgien. (*Formal:* Die Eltern des Professors kommen aus Belgien.)	*The parents of the professor (The professor's parents) come from Belgium.*

Note that the preposition **von** takes the dative case: **von *dem* Professor.** The genitive of proper names and of nouns referring to family members is formed as in English but without an apostrophe.

Petras Bruder	*Petra's brother*
Mutters Wagen	*Mother's car*
Deutschlands Wälder	*Germany's forests*

Einen Schritt weiter

Two adjacent nouns that refer to the same entity are said to be in apposition and must be in the same case.

DIRECT OBJECT
(*accusative*)

Wo hast du **Harold Schmidt, den** Chef der Firma, kennengelernt?

PREPOSITIONAL OBJECT
(*dative*)

Ich habe gerade mit **Anne Schneider, der** neuen Professorin, gesprochen.

In the first sentence, **Harold Schmidt** and **Chef der Firma** are in apposition because they both refer to the same person. Both must be in the accusative case because they are the direct object of the verb **kennenlernen**. In the second sentence, **Anne Schneider** and **Professorin** are in apposition for the same reason. Both must be in the dative case because they are the object of the preposition **mit**.

ÜBUNGEN

A. Schreiben Sie die Sätze neu im Genitiv.

BEISPIEL: Dies ist das extravagante Schloß **von einem extravaganten König.** →
Dies ist das extravagante Schloß **eines extravaganten Königs.**

1. Der Bruder von meinem Freund hat mir einen Rucksack für meine Reise versprochen.
2. Das Wasser von dem Bergsee war sehr kalt.
3. Wir hatten mit den Leuten von dem Dorf viel Kontakt.
4. Die Werkstatt von dem Handwerksmeister war bei den Besuchern sehr beliebt.
5. Die neue Museumstraße ist interessanter als viele von den üblichen Touristenstraßen.
6. Die Touristen fotografierten jedes Gebäude von der Stadt.
7. Viele Wälder von Deutschland sind durch sauren Regen gefährdet.
8. Das Klima von dieser Landschaft gefällt den Feriengästen.

B. Die liebe Verwandtschaft. Identifizieren Sie folgende Familienverhältnisse. Wer ist wer in Ihrer Familie?

BEISPIEL: Wer ist Ihr Onkel? →
Das ist der Bruder meiner Mutter oder meines Vaters.

1. Wer ist Ihre Nichte?
2. Wer ist Ihre Kusine?
3. Wer ist Ihr Enkelsohn?
4. Wer sind Ihre Großeltern?
5. Wer ist Ihre Tante?
6. Wer sind Ihre Geschwister?
7. Wer ist Ihr Schwager?
8. Wer ist Ihre Schwester?

C. **Wo kann das nur sein?** Auf Ihrem letzten Familientreffen hat Ihre kleine Nichte alles durcheinandergebracht. Nach dem Picknick müssen Sie und Ihr Partner / Ihre Partnerin alle vergessenen Dinge suchen.

BEISPIEL: Wo ist die Pfeife meines Vaters?
—Keine Ahnung, aber wo ist denn der Stock deiner Oma?

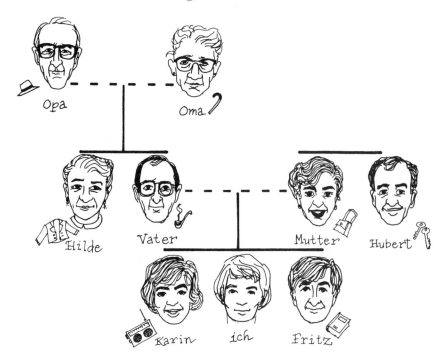

DEFINITE AND INDEFINITE ARTICLES: SYNOPSIS

The endings of the definite and indefinite articles (their declensions) are very similar.

	MASCULINE	NEUTER	FEMININE	PLURAL
Nominative	der **ein**	das **ein**	die eine	die
Accusative	den einen	das **ein**	die eine	die
Dative	dem einem	dem einem	der einer	den
Genitive	des eines	des eines	der einer	der

Note that:

1. except for the masculine singular, the nominative and accusative forms are the same;
2. the feminine singular forms of the dative and genitive and the genitive plural are the same (**-er**);
3. the masculine and neuter singular forms of the dative are the same (**-em**); and
4. the masculine and neuter singular forms of the genitive are the same (**-es**).

DEFINITE AND INDEFINITE ARTICLES: USE

DEFINITE ARTICLE

Contrary to its use in English, the definite article in German is used in the following contexts.

1. To indicate abstract concepts (in the singular):

Das Leben ist kurz; die Kunst ist lang.	*Life is short; art is long.*
Der Mensch ist sterblich.	*Man is mortal.*
Die Natur ist schön.	*Nature is beautiful.*

2. With reference to days (or daily periods), months, seasons, and meals:

Am Sonntag gehen wir oft in die Kirche.	*On Sunday we often go to church.*
Ingrid arbeitet immer spät in der Nacht.	*Ingrid always works late at night.*
Der Mai ist gekommen.	*May has come.*
Im Juni fahren wir in Urlaub.	*In June we're going on vacation.*
Der Frühling ist endlich da.	*Spring is finally here.*
Das Abendessen war heute besonders gut.	*Dinner was especially good today.*

3. With streets and with the few countries that are feminine; use of the article is generally optional with countries that are masculine:

Wo ist die Schillerstraße?	*Where is Schiller Street?*
Die Schweiz und die Tschechoslowakei liegen in Europa, die Türkei liegt in Kleinasien, aber (der) Libanon, (der) Irak, (der) Iran und (der) Jemen liegen im Mittleren Osten.	*Switzerland and Czechoslovakia are in Europe, Turkey is in Asia Minor, but Lebanon, Iraq, Iran, and Yemen are in the Middle East.*

4. With units of measurement, to mean *per:*

Diese Eier kosten zwei Mark das Dutzend.	*These eggs cost two marks per dozen.*
Fritz fährt oft hundert Kilometer die Stunde.	*Fritz often drives a hundred kilometers an (per) hour.*

5. With parts of the body or articles of clothing instead of possessive adjectives:

Karla steckte die Hand in die Handtasche und zog fünf Mark heraus.	*Carla stuck her hand in her purse and pulled out five marks.*
Ich nehme den Pullover mit.	*I'm taking my sweater along.*

6. With proper names if they are modified by an adjective:

Die kleine Cornelia spielt gut Klavier.	*Little Cornelia plays the piano well.*
Das schöne Köln liegt am Rhein.	*Beautiful Cologne is on the Rhine.*

But note that, contrary to English usage, the definite article is not normally used with names denoting families:

Schmidts wohnen schon zwei Jahre in diesem Viertel.	*The Schmidts have been living in this district for two years.*

7. With each noun in a series:

Das Gebirge und die Seen in Bayern sind sehr schön.	*The mountains and lakes in Bavaria are very beautiful.*

8. In certain idioms, especially when governed by prepositions:

die Freude am Tanzen	*the joy of dancing*
am besten*	*best of all*
bei der Arbeit	*at work*
beim Lesen	*while reading*
im Bett	*in bed*
in der Regel	*as a rule*
in der Schule (Kirche)	*in school (church)*
mit dem Zug (Bus)	*by train (bus)*
zum Beispiel	*for example*
zum Schluß	*in conclusion*
zum Nachtisch	*for dessert*
die beiden (Jungen, etc.)	*both (boys, etc.)*
die meisten (Deutschen, etc.)	*most (Germans, etc.)*

---

*See pages 242–248 for more information about **am besten.**

INDEFINITE ARTICLE

Contrary to its use in English, the indefinite article is omitted in the following contexts.

1. Generally before a noun denoting nationality, occupation, or social status after the verbs **bleiben, sein,** or **werden:**

Robert ist Amerikaner.	*Robert is an American.*
Stefanie wird Krankenschwester.	*Stefanie is becoming a nurse.*
Susanne ist Studentin.	*Susanne is a student.*
Herr Braun ist Witwer.	*Mr. Braun is a widower.*

However, if the noun is modified, the article must be used.

Susanne ist eine fleißige Studentin.	*Susanne is an industrious student.*
Herr Braun ist ein junger Witwer.	*Mr. Braun is a young widower.*

2. After the conjunction **als:**

Gabi arbeitet als Journalistin.	*Gabi works as a journalist.*
Ich betrachte ihn als Freund.	*I look upon him as a friend.*
Als Schauspieler hatte er wenig Erfolg.	*As an actor he had little success.*

3. With the numbers **hundert** and **tausend:**

Hamburg liegt über hundert Kilometer von Hannover.	*Hamburg is over a hundred kilometers from Hanover.*
Marie hat tausend Mark geerbt.	*Marie inherited a thousand marks.*

4. With idioms containing **-weh:**

Ich habe Kopfweh.	*I have a headache.*
Kai hat Zahnweh.	*Kai has a toothache.*

ÜBUNGEN

A. Entscheiden Sie: Mit oder ohne unbestimmten Artikel?

BEISPIELE: Herr Meier / sein / Apotheker →
Herr Meier ist Apotheker.

Frau Neumann / sein / alte Dame →
Frau Neumann ist eine alte Dame.

1. Klaus / sein / noch / Junge
2. Elke / sein / Musikerin
3. Regina / sein / Ärztin
4. Heinrich / sein / guter Physiker
5. Eberhard / werden / Geologe
6. Irmgard / werden / berühmte Schriftstellerin (*writer*)
7. Ich / haben / schlechten Zahn
8. Ich / haben / Zahnweh

B. Braucht man hier einen Artikel? Wenn ja, setzen Sie den passenden bestimmten oder unbestimmten Artikel ein.

1. Südlich von _____ Deutschland liegt _____ Schweiz.
2. _____ Liebe ist wunderbar, nicht wahr?
3. Kommt _____ Frank heute auch zur Party?
4. In _____ Nacht schläft sie immer schlecht.
5. Regina wird _____ Ärztin. Ihre Schwester ist _____ bekannte Schriftstellerin.
6. Die Äpfel kosten eine Mark _____ Pfund.
7. Der Mann meiner Kusine fährt 200 Kilometer _____ Stunde auf der Autobahn.
8. _____ Frühling ist in Deutschland meistens naß.
9. _____ Egon hat über _____ hunderttausend Mark im Lotto gewonnen.
10. Ich glaube, Tonio ist _____ Italiener.
11. Müllers wohnen in _____ Bismarckstraße.

EXPRESSIONS OF TIME

Many adverbs of time* are formed from nouns by attaching the suffix **-s.** Such forms refer to recurring time periods, and since they are adverbs, they are not capitalized. Note that many of these are equivalent to phrases beginning with **am.**

abends (am Abend)	*in the evening*
mittags (um Mittag)	*at noon*
morgens (am Morgen)	*in the morning*
nachmittags (am Nachmittag)	*in the afternoon*
nachts (in der Nacht)	*at night*
tagsüber (am Tag)	*during the day*
vormittags (am Vormittag)	*in the forenoon (late morning)*
sonntags, montags, dienstags (am Sonntag, am Montag, am Dienstag), etc.	*Sunday(s), Monday(s), Tuesday(s), etc.*

---

*See pages 361–363 on telling time and the expression of dates.

These adverbs may be used after other expressions of time.

> Dienstag nachmittags gehe ich immer einkaufen.

Morgen, Vor- and **Nachmittag, Mittag,** and **Abend** can be used after other expressions of time to express a specific period; in that case, they are not capitalized.

heute morgen	*this morning*
Montag morgen	*Monday morning*
gestern nachmittag	*yesterday afternoon*
heute abend	*tonight (this evening)*
gestern abend	*last night*
Dienstag vormittag	*Tuesday forenoon*

When **morgen** occurs alone or before another time expression, it means *tomorrow.*

morgen	*tomorrow*
morgen abend	*tomorrow evening*
morgen nachmittag	*tomorrow afternoon*
morgen früh	*tomorrow morning*

The days of the week, months, seasons, and the nouns **Tag, Woche,** and **Monat** are in the accusative case when modified by adjectives (including **dieser** and **jeder**). Note that none of these expressions is preceded by a preposition (such as **an, in,** or **während**).

> Ingo war **letzten Donnerstag** nicht bei der Arbeit.
> **Nächsten Januar** bin ich in Berlin.
> **Letzten Sommer** habe ich für diese Firma gearbeitet.
> Wir haben **jeden Tag** Deutschunterricht.
> **Diese Woche** muß ich auf die Bank.
> Frau Schmidt fährt **nächsten Monat** in die Schweiz.

Duration of time is expressed with the definite article and the appropriate noun (time expression) in the accusative case.

> Annette hat **den ganzen Tag** gearbeitet.
> Wir haben fast **die ganze Nacht** Karten gespielt.
> Volker hat **das ganze Jahr** Fußball gespielt.

An indefinite point in time is expressed by the genitive expression **eines . . . -(e)s.**

> **Eines Tages** (*One of these days*) fahren wir zusammen nach Wien.
> **Eines Morgens** (*One morning*) begegneten wir einigen alten Freunden im Park.

Here are some other useful time expressions:

erst morgen/Dienstag	*not until tomorrow/Tuesday*
ab morgen/Dienstag	*from tomorrow/Tuesday on;*
	starting tomorrow/Tuesday
vor einer Stunde (vor drei	*an hour ago (three days ago, five*
Tagen, vor fünf Jahren)*	*years ago)*
in einer Stunde	*in an hour*
heute in einer Woche	*a week from today*
vorgestern	*the day before yesterday*
morgen in einem Monat	*a month from tomorrow*
übermorgen	*the day after tomorrow*
(schon) seit drei Stunden†	*for three hours*
gestern vor acht Tagen	*a week ago yesterday*
frühmorgens	*early in the morning*

Note that the prepositions **an (am Montag,** and so on), **in,** and **vor** always take the dative case in time expressions. The prepositions **auf** and **über,** on the other hand, always take the accusative in time expressions.

> Stefan fliegt auf/für zwei Monate nach Liechtenstein.
> Dagmar war über eine Woche (lang) in Berlin.

PRINCIPLES OF WORD ORDER:

TIME, MANNER, PLACE

ADVERBS

Adverbs that indicate time may either precede or follow *indirect* object nouns.

	ADVERB OF TIME	INDIRECT OBJECT NOUN	DIRECT OBJECT NOUN
Anja hat	**gestern**	ihrem Opa	einen Pullover geschenkt.

	INDIRECT OBJECT NOUN	ADVERB OF TIME	DIRECT OBJECT NOUN
Anja hat	ihrem Opa	**gestern**	einen Pullover geschenkt.

---

* **Vor** is the equivalent of *ago* in English; it should not be confused with **für** (*for*): **Ich fahre für** (*or* **auf**) **zwei Monate nach Kiel.** *I'm going to Kiel for two months.*
† See page 16 on the use of the present tense with this expression.

Adverbs of time normally precede *direct* object nouns unless the adverbs of time provide or request new information:

> Hat Anja den Pullover **gestern** gekauft? —Nein, **vorgestern.**
> (Nein, sie hat den Pullover **vorgestern** gekauft.)

Adverbs of manner and place normally follow adverbs of time and object nouns in this order.

```
        ┌─(OBJECT NOUN)─┐
        │                │
        ↓ ADVERB OF TIME ↓     ADVERB OF MANNER      ADVERB OF PLACE
```

For example, notice Ralf's response to Vera's statement:

VERA: Opel hat heute ein Sonderangebot für alle Reparaturen.
  (*Opel has a special on car repair today.*)

	ADVERB OF TIME	OBJECT NOUN	ADVERB OF MANNER	ADVERB OF PLACE

RALF: O, dann bringe ich heute abend mein Auto noch schnell dahin!

OR

OBJECT NOUN	ADVERB OF TIME	ADVERB OF MANNER	ADVERB OF PLACE

O, dann bringe ich mein Auto heute abend noch schnell dahin!

PREPOSITIONAL PHRASES

Prepositional phrases generally follow adverbs and are governed by the same principles of word order.

ADVERB	PREPOSITIONAL PHRASES		
OF TIME	TIME	MANNER	PLACE

Kai fuhr gestern nach dem Unterricht mit dem Bus nach Hause.

Study Hint

The word TEMPO is a mnemonic device for remembering the order time + **m**anner + **p**lace.

A. Ergänzen Sie die folgenden Sätze.

1. Was machst du gewöhnlich _____ Wochenende? (im, am, für, auf)
2. _____ schlafe ich erst mal lange und _____ treffe ich mich gewöhnlich mit ein paar Freunden. (Samstag, Samstags; Sonntag, Sonntags)
3. Und was machst du _____ den Ferien? (auf, in, über, an)
4. Ich fahre _____ eine Woche zu meiner Familie. (in, seit, auf, für)
5. Wann beginnt der Karneval in Deutschland? —Er beginnt _____ elften November um elf Uhr elf. (im, um, am, seit)
6. _____ dem Weihnachtsfest kommt der Nikolaus. (Nach, Seit, Vor, An)
7. Der Nikolaus kommt _____ sechsten Dezember. (vor, nach, am, auf)
8. Wann warst du zuletzt in Deutschland? —_____ zwei Jahren. (In, Über, Vor, Nach)

B. Wie meine Familie ihre Zeit verbringt. Bilden Sie Sätze, indem Sie beschreiben, wie verschiedene Familienmitglieder ihre Zeit verbringen.

BEISPIEL: Frühmorgens steht meine Mutter auf und macht ihre Morgengymnastik.

NÜTZLICHE AUSDRÜCKE

morgens	die Zeitung lesen
vormittags	frühstücken
abends	für eine Klassenarbeit lernen
nachts	ins Kino gehen
letzten Montag/Dienstag usw.	ins Konzert gehen
vor einigen Tagen/Wochen/ Monaten	sich einen neuen Wagen kaufen
heute morgen/nachmittag/ abend	im Park joggen
heute in acht Tagen	Freunde treffen
?	?

C. Eine Woche aus Ihrem Leben. Beschreiben Sie, was Sie in den letzten sieben Tagen gemacht haben, oder auch, was Sie für die nächsten Tage planen.

gestern	jeden Tag	seit . . . zwei
vorgestern	heute morgen	Tagen
heute	gestern abend	tagsüber
übermorgen		?

Aktivitäten

IN WORT UND BILD: DAS FREIZEITANGEBOT

1. Suchen Sie sich aus dem Freizeitangebot Frankfurts (rechts) fünf Unternehmungen aus, die Sie gerne mit Ihrer Freundin / Ihrem Freund in der nächsten Woche machen möchten.
2. Setzen Sie sich jetzt in Gruppen zu dritt oder zu viert, und rufen Sie Ihre Freunde (Gruppenpartner) der Reihe nach (*one after the other*) an. Sagen Sie Ihnen Ihre Wünsche, und fragen Sie sie nach ihren Plänen. Verabreden Sie sich (*set up a date*) mit allen zu verschiedenen Zeiten. Sie dürfen telefonieren, soviel Sie wollen.
3. Stellen Sie Ihren Wochenplan der Klasse vor.

BEISPIEL: Ich gehe am Montag abend um 20 Uhr mit Fritzi ins Theater.

Spaziergang mit der Familie

In Frankfurt

Theater

Städtische Bühnen / Bockenheimer Depot: „Maria Stuart" von Schiller, 19.30 Uhr, Bockenheimer Warte. **Kammerspiel:** „Parzival", Schülerclub Schauspiel Frankfurt, 20 Uhr, Hofstr. 2, Tel. 23 60 61.

Die Komödie: „Unbekannt verzogen" von Pertwee, 20.15 Uhr, Neue Mainzer Str. 18, Tel. 28 45 80.

Die Schmiere: „Ist Ihnen auch so komisch?", Kabarett, 20.30 Uhr, Im Karmeliterkloster, Tel. 28 10 66.

English Theater: „All My Sons" von Miller, 20 Uhr, Kaiserstr. 52, Tel. 2 42 31 60.

Freies Theaterhaus: „Robinson und Crusoe" von d'Introna/Raviccio, Theater Grüne Soße, 15 Uhr, Schützenstr. 12, Tel. 46 51 22.

Konzerte

Alte Oper / Großer Saal: „Messa da Requiem" von Verdi – Svetla Krasteva (Sopran), Jard van Nees (Mezzosopran), Keith Lewis (Tenor), Robert Holl (Baß), Frankfurter Singakademie, Karl Rarichs (Leitung), Sinfonieorchester des Saarländischen Rundfunks, Emil Tchakarov (Leitung), 19 Uhr. **Mozart-Saal:** „Tänze, nicht nur zum Tanzen", Frankfurter Familienkonzert: Werke von Strauß, Krüger, Mozart u. a. – Klarinetten Trio Frankfurt, Horst Langkamm (Erläuterungen), 16 Uhr. **Hindemith-Saal:** „Meet The Jazz": The Silent Jazz Ensemble, 19 Uhr, Tel. 1 34 04 05/4 06.

Marienkirche: Werke von Bach – Anne-Christine Lambrecht (Sopran), Hans-Jürgen Wulf (Orgel), 17 Uhr, Wilhelmshöher Str. 133.

Palmengarten: Konzert mit dem Musik-Verein Saalmünster, 15.30 Uhr, Festsaal, Siesmayerstr. 63, Tel. 2 12 44 80 und 21 23 39 16.

Städtische Bühnen / Kammerspiel: Werke von Villa-Lobos, Funk u. a. – P.M. Nielson (Sopran), 7 Cellisten des Frankfurter Opernhaus- und Museumsorchester, Jonathan Nott (Leitung), 11 Uhr, Hofstr. 2.

Café Plazz: Udo Brenner Trio (Jazz), 19.30 Uhr, Kirchplatz 8, Tel. 77 48 27.

Festhalle: David Lee Roth (Hardrock), 20 Uhr, Messegelände, Tel. 74 19 32.

Hotel Intercontinental: Overall Jazzgang, 12 Uhr, Brasserie, Wilhelm-Leuschner-Str. 43, Tel. 23 05 61.

Irish Pub: Long Tall Dave (Mixed Music), 21 Uhr, Kleine Rittergasse 13, Tel. 61 59 86.

Jazzkeller: The Charlie Parker Memorial Band, 21.30 Uhr, Kleine Bockenheimer Str. 18a, Tel. 28 85 37.

Filme

Europa Palast: Pappa ante portas, 10, 12, 14, 16.15, 18.30, 20.45 Uhr; **Esplanade 1:** Green Card, 10.15, 12.45, 15.15, 17.45, 20.15 Uhr; **Esplanade 2:** Pretty Woman, 10.15, 12.45, 15.15, 17.45, 20.15 Uhr, Tel. 28 57 89; **Elysee 1:** Der Feind in meinem Bett, 10.30, 13, 15.30, 18, 20.30 Uhr; **Elysee 2:** Kevin – Allein zu Haus, 10.45, 13.15, 15.45, 18.15, 20.45 Uhr, Tel. 28 71 57; **Elite:** Cyrano von Bergerac, 11, 14, 17, 20 Uhr; **Esprit 1:** Zeit des Erwachens, 10, 12.30, 15, 17.30, 20 Uhr; **Esprit 2:** Der Mann der Friseuse, 11, 13, 15, 17, 19, 21 Uhr; **Eden:** Go Trabi go, 10, 12, 14, 16, 18, 20 Uhr, An der Hauptwache (Zeil 125), Tel. 28 52 05.

Eldorado: Der mit dem Wolf tanzt, 16, 20 Uhr, Schäfergasse 29, Tel. 28 13 48.

Excelsior 1: Der Mann der Friseuse, 12, 14, 16, 18, 20.15 Uhr; **Excelsior 2:** Malina, 13, 15.30, 18, 20.30 Uhr; **Excelsior 3:** Der Club der toten Dichter, 12.45, 15.15, 17.45, 20.15 Uhr, Kaiserstraße 54, Tel. 25 30 23.

Turm 1: Der mit dem Wolf tanzt, 16, 20 Uhr; **Turm 2:** Alice (OF), 15.30, 18, 20.30, 23 Uhr; **Turm 3:** Havana (OF), 15, 18.15, 21.30 Uhr; **Turm 4:** Arielle – Die Meerjungfrau; 15.15 Uhr; Night of the living dead – Die Rückkehr der Untoten, 17.45, 20.15, 22.45 Uhr; **Studio 5:** Der Feind in meinem Bett, 15, 17.30, 20, 22.30 Uhr; **Turm 6:** Der Pate III – The Godfather 15.15, 18.30, 21.45

Führungen / Ausstellungen

Deutsches Architekturmuseum: Allgemeine Führung, 11 Uhr, Schaumainkai 43.

Jüdisches Museum: „Juden in Frankfurt vom 11. bis zum 19. Jahrhundert", Führung, 14 Uhr, Untermainkai 14/15.

Museum für Völkerkunde: „Langsamer Abschied. Tod und Jenseits im Kulturvergleich", Führung mit Rudolf Gerharz, 11 Uhr, Schaumainkai 29.

Lesungen / Literatur

Theater am Turm: Hörspiel des Jahres 1990: „Orbis auditus – Das Lautlexikon" von Anderea Ammer, Einführung: Jörg Drews, 20 Uhr, Eschersheimer Landstr. 2.

Theater / Veranstaltungen für Kinder

Brotfabrik/Kindertheater: „Der verzauberte Sultan" (ab 4 Jahre), Puppentheater Pusteblume, 15.30 Uhr, Bachmannstr. 2–4, Tel. 7 89 43 40.

Heinrich-Hoffmann-Museum: „Wer hat die schönste Gänsehaut", Ferri und das phänomenale Phonomobil, 15 Uhr, Schubertstr. 20, Tel. 74 79 69.

Wanderungen

Deutscher Alpenverein: „Schwälmer Pfad", Wanderung, Treffpunkt: 8 Uhr, Paulsplatz/Berliner Straße.

Frankfurter Stadtwald-Verein: Wanderung in den Odenwald, Treffpunkt: 7.45 Uhr, Diesterwegplatz/Südbahnhof.

Naturschutzbund Deutschland: „Rund um Nieder-Eschbach", vogelkundliche Wanderung mit Corvinus Gottwald und Ludwig Fritz, Treffpunkt: 8 Uhr, Ev. Kirche Nieder-Eschbach.

Weitere Veranstaltungen

Biologische Gesellschaft: Fischbörse, 9–12 Uhr, Haus Ronneburg, Gelnhäuser Str. 2.

Jugendzentrum Südbahnhof: Seidenmalworkshop, 14–19 Uhr, Diesterwegplatz.

Katharinenkirche: Predigt zur Passionszeit von Klaus Ring, Präsident der Goethe-Universität, 10 Uhr, Hauptwache.

ANREGUNGEN ZUR UNTERHALTUNG

A. Überall Geschenke! Wem schenken Sie was zu welchem Anlaß (*occasion*)? Überlegen Sie sich fünf Personen und fünf Geschenke für die folgenden Anlässe: Valentinstag, Ostern, einen Geburtstag, Weihnachten, und einen Hochzeitstag. Ihr Partner / Ihre Partnerin macht sich Notizen darüber, wem Sie was schenken.

> BEISPIEL: SIE SAGEN: Zum Valentinstag schenke ich meinen Eltern eine Schachtel Pralinen.
>
> IHR PARTNER / IHRE PARTNERIN schreibt auf: Valentinstag: den Eltern: eine Schachtel Pralinen

Nun erzählen Sie der Klasse, wem Ihr Partner / Ihre Partnerin was geschenkt hat!

> BEISPIEL: Zum Valentinstag hat Mark seinen Eltern eine Schachtel Schokolade geschenkt.

B. Heute lebt man ganz anders. Heutzutage behaupten viele, daß die Kernfamilie (*nuclear family*) passé ist. Was meinen Sie?

1. In Gruppen zu dritt oder zu viert: Diskutieren Sie! Welche Alternativen gibt es heute für Personen, die nicht heiraten wollen? Seien Sie möglichst kreativ!

> BEISPIELE: zwei Rentner (*retired persons*) wohnen zusammen, sind verwitwet (*widowed*), aber nicht verheiratet;
> eine ledige (*unmarried*) Frau lebt allein mit ihren zwei Kindern usw.

2. Im Plenum: Sammeln Sie alle möglichen Familien- und Wohnverhältnisse (*family and living arrangements*) an der Tafel. Finden Sie für jede Alternative einige Vor- und Nachteile (*advantages and disadvantages*). Schreiben Sie sie an die Tafel!

3. Machen Sie eine Klassenumfrage. Wie findet die Klasse diese Alternativen? Warum?

NÜTZLICHE AUSDRÜCKE

Ich finde/meine, . . .
Meiner Meinung nach . . .
Ich bin der Meinung, daß . . .

RÜCKBLICK

Übersetzen Sie! Wiederholen Sie die Strukturen in den ersten zwei Kapiteln. Übersetzen Sie keine Ausdrücke in eckigen Klammern ([ ]). Verwenden Sie Dativ bei allen Präpositionen.

HELMUT UND OMA

Monday afternoon little **(kleine)** Helmut was playing ball in his grandparents' garden. He asked his grandma: "Grandma, how long have you known Grandpa?" She answered the child: "We have known each other for sixty years."

"Where did you meet **(kennengelernt)** Grandpa?" "In Switzerland." "When did you **(ihr)** get married **(euch heiraten)**, Grandma?" "Fifty years ago." "Oh, please show me the ring," requested little Helmut [of] his grandma.

Then Helmut's grandma pulled her hand out of her pocket and showed the child the ring: "Helmut, this ring belonged* to your great-grandmother **(Urgroßmutter).** Let's go† inside **(hinein)** and I'll make us some lemonade **(Limonade)."** Helmut followed his grandma inside because he was thirsty **(durstig).** After Helmut had drunk his lemonade, he fell asleep in **(auf)** his grandmother's lap **(der Schoß).**

SCHREIBEN SIE!

A. Erinnerungen aus meiner Kindheit. Können Sie sich noch an Ihre Kindheit erinnern? Schreiben Sie über eine Ihrer Lieblingserinnerungen aus der Kindheit.

B. Beschreiben Sie Ihre Familie! Wie viele Familienmitglieder sind in Ihrer Familie? Kommen alle gut miteinander aus (*get along*)? Welche Schwierigkeiten gibt es? Wie verbringt die Familie gern die Freizeit zusammen?

---

*Use the particle **schon.**
†Use the particle **mal.**

KAPITEL

V I E R

Jugend und Schule

Meister und Lehrling bei der Arbeit

Wortschatz

das Abitur final exam in German secondary school, similar to a college entrance exam

die Bibliothek (-en) library

das Examen (-) exam

die Fakultät (-en) (academic) department

die Gebühr (-en) fee

die Geisteswissenschaft humanities (*lit.* study of the mind)

die Germanistik study of the language, literature, and culture of the German-speaking countries

das Gymnasium German secondary school

der Hörsaal (Hörsäle) auditorium

das Hauptfach (¨er) major (subject), specialty

die Hausarbeit (-en) (class) paper

die Hausaufgaben (*pl.*) homework

die Klassenarbeit (-en) test

der Kurs (-e) course

das Labor (-s) laboratory, lab

die Lehre apprenticeship; **eine Lehre machen** to work as an apprentice

die Lust pleasure, joy; **Lust haben** to feel like (it)

das Mäppchen (-) pencil case

die Mensa (Mensen) student cafeteria, commons

der Nachhilfeunterricht tutoring

die Naturwissenschaft (-en) natural science

das Nebenfach (¨er) minor (subject)

die Note (-n) grade

das Quartal (-e) (academic) quarter

das Schulfach, Fach (¨er) area of study, subject

das Semester (-) semester

das Studentenheim (-e) student dormitory

die Vorlesung (-en) lecture

das Zeugnis (-se) grade report

aufgeben* (gab . . . auf, aufgegeben) to assign

belegen: eine Klasse belegen to register for a class

bestehen:* ein Examen (eine Klassenarbeit, Prüfung, einen Test) bestehen to pass an exam (a test)

durchfallen* (fiel . . . durch, ist durchgefallen): im Examen durchfallen to flunk an exam

einreichen (reichte . . . ein, eingereicht) to hand/turn in

korrigieren to correct

lesen* to read; to lecture

pauken to cram (study hard)

schreiben:* eine Klassenarbeit (ein Examen, etc.) schreiben to take a test

schwänzen to skip (class), play hooky

sitzenbleiben* (blieb . . . sitzen, ist sitzengeblieben) to repeat a class or grade; to flunk a class

vorhaben* (hatte . . . vor, vorgehabt) to plan (to do)

A. Was paßt? Ordnen Sie jedem Substantiv links ein passendes Verb rechts zu.

1. die Gebühren
2. die Hausarbeit
3. die Klassenarbeit
4. den Kurs
5. die Vorlesung

a. einreichen
b. bestehen
c. belegen
d. bezahlen
e. hören

B. Frage und Antwort. Ordnen Sie jeder Frage links eine passende Erwiderung rechts zu.

1. Was hast du vor, wenn du mit der Schule fertig bist? Willst du studieren?
2. Hast du gute Noten in der Schule?
3. Ich habe dich heute morgen nicht in der Vorlesung gesehen. Bist du krank?
4. Kommst du zu meiner Geburtstagsfeier am Wochenende?
5. Interessierst du dich für die Naturwissenschaften?

a. Gerne, ich hoffe, ich habe bis dahin meine Hausarbeit fertig, dann habe ich bestimmt Zeit.
b. Nein, ich mache eine Lehre bei der Bank.
c. Nein, meine Noten sind so schlecht, daß ich sogar Nachhilfeunterricht (*tutoring*) nehmen muß.
d. Nein, ich habe geschwänzt, weil ich einfach keine Lust hatte.
e. Nein, mein Hauptfach ist Germanistik.

C. Ergänzen Sie die folgenden Sätze.

1. Ich kann meine Stifte (*pens and pencils*) nicht finden. Hast du mein ＿＿＿ irgendwo gesehen?
2. Thomas kann heute abend nicht mit seinen Freunden ausgehen, weil er morgen eine ＿＿＿ schreibt und deshalb lernen muß.
3. Mein Bruder hat in diesem Schuljahr sehr schlechte Noten. Wahrscheinlich muß er nächstes Jahr ＿＿＿.
4. Wie gefällt es dir an der Universität? —Ich weiß noch nicht, ich bin erst im ersten ＿＿＿, und ich habe bis jetzt kaum andere Studenten kennengelernt.
5. Welche Kurse hast du dieses Semester ＿＿＿? —Ich habe zwei Seminare, eine Übung und eine Vorlesung.

KOLLOQUIUM ZUM SEMINAR STUFE II

Hartmut ZELINKSY: Kolloquium zum Seminar Stufe II "Die deutschen Dichter und die europäische Welt 1900 - 1950

Do 19 - 21

Beginn: 3.5.

-209

Strukturen

PERSONAL PRONOUNS: DECLENSION

SINGULAR

	FIRST PERSON	SECOND PERSON		THIRD PERSON		
		Familiar	*Polite*	*Masculine*	*Neuter*	*Feminine*
Nominative	ich	du	Sie	er	es	sie
Accusative	mich	dich	Sie	ihn	es	sie
Dative	mir	dir	Ihnen	ihm	ihm	ihr

PLURAL

	FIRST PERSON	SECOND PERSON		THIRD PERSON		
		Familiar	*Polite*	*Masculine*	*Neuter*	*Feminine*
Nominative	wir	ihr	Sie		sie	
Accusative	uns	euch	Sie		sie	
Dative	uns	euch	Ihnen		ihnen	

The second-person familiar forms, when used in letters, are capitalized just like the polite form, **Sie.**

> Lieber Matthias, ich habe von Dir lange nicht gehört. Wie geht's Deiner Familie? Ich vermisse Euch sehr. Deine Sabine.

Note that the third person pronouns have endings similar to those of the definite article.

	Masculine	*Neuter*	*Feminine*	*Plural*
Nominative	der/er	das/es	die/sie	die/sie
Accusative	den/ihn	das/es	die/sie	die/sie
Dative	dem/ihm	dem/ihm	der/ihr	den/ihnen

Here are examples of the personal pronouns used in various cases.

NOMINATIVE SINGULAR

Heute muß **ich** wirklich pauken, denn morgen habe **ich** eine
   Prüfung.
Was hältst **du** von Kevin Costner (Michelle Pfeiffer, meinem
   neuen Auto)? —**Er (sie, es)** gefällt mir sehr. (= *I really like the
   way he [she, it] looks [or sounds].*)

NOMINATIVE PLURAL

Wann müssen **wir** unsere Hausarbeit einreichen?
Heidi und Jürgen, habt **ihr** eu(e)re Hausaufgaben schon gemacht?

ACCUSATIVE SINGULAR

Christian wollte mich **(dich, ihn, sie, es)** zur Vorlesung mitbringen.

ACCUSATIVE PLURAL

Birgit hat uns **(euch, sie, Sie)** beim Konzert gesehen.

DATIVE SINGULAR

Kurt hat vor, heute mit **mir (dir, ihm, ihr)** zu schwänzen.

DATIVE PLURAL

Warum hat **uns (euch, ihnen, Ihnen)** der neue Professor soviel
   aufgegeben?

PERSONAL PRONOUNS: USE

1. German has three equivalents for English *you*: **du, ihr,** and **Sie.** Use
    the familiar forms, **du** and its plural, **ihr,** to address family members,
    friends, acquaintances in your social circle, children under sixteen,
    pets, and God.

    Mutti, welche High School hast du als Teenager besucht?
    Anna, welche Kurse belegst du nächstes Semester?
    Kinder, könnt ihr ein bißchen ruhig sein? Ich muß wirklich
       pauken!

    Sie is used in all other situations—that is, with one or more persons
    not in your social circle including strangers, especially if they are older
    than you, and people you deal with primarily on a professional level (for
    example, doctors, professors, salespeople, and government officials).
    When in doubt about whether to use **du** or **Sie,** use the polite form, **Sie.**

Frau Professor, können Sie mir, bitte, diese Note auf meinem
   Zeugnis erklären?
Herr Schlosser, bezahle ich die Gebühren an diesem Schalter
   (*window*)?

2. Third-person pronouns must agree in gender and number with the
nouns to which they refer.

Warum hast du **den Biologieunterricht** geschwänzt? —Ich finde **ihn** blöd!	*Why did you skip the biology class? —I think it's stupid!*
Hast du **die Klassenarbeit** bestanden? —Ja, **sie** war sehr leicht.	*Did you pass the test? —Yes, it was very easy.*

Important exception: **Das Mädchen** is usually referred to by natural gender (**sie, ihr**):

Kennst du **dieses Mädchen?** —Nein, ich kenne **sie** nicht.

3. Only pronouns referring to animate objects are normally used as the
object of prepositions. Inanimate objects are normally referred to with
da-compounds. See pages 303–304 for details.

Habt ihr schon die ausländischen Studenten kennengelernt? —Ja,
wir haben gerade **mit ihnen** in der Mensa gesprochen.

BUT

Was hältst du von dieser Prüfung? —Wir haben gerade **darüber**
gesprochen. Ich glaube, ich bin **dabei** durchgefallen!

4. The pronoun **es** is used in certain idiomatic expressions.

Ich bin's.	*It is I (me).*
Wir sind's.	*It is we (us).*

WORD ORDER WITH PERSONAL PRONOUNS

1. Personal pronouns precede all other nouns or pronouns.

		PERSONAL PRONOUN	OTHER NOUN/PRONOUN	
Mark	hat	mir	seine Freunde	vorgestellt.
Wer	hat	Ihnen	alles	erklärt?
Wer	hat	dir	das	gegeben?

2. This rule generally applies even if the adjacent (pro)noun is the subject.

PERSONAL PRONOUN	NOUN/PRONOUN SUBJECT	
Schmeckt dir	diese Bowle?	(Does this punch taste good to you?)
Schmeckt dir	das?	(Does this taste good to you?)

Here are other examples.

Regina und Ingo, gefällt **euch dieses Thema?**

Regina and Ingo, does **this theme** please **you?** (= Do you like this theme?)

Sagt mir, ob **euch dieses Thema** gefällt.
Vera und Kai, wer hat **euch das Experiment** erklärt?

3. Accusative personal pronouns precede all other object (pro)nouns.

	ACCUSATIVE PERSONAL PRONOUN	OBJECT (PRO)NOUN	
Vera und Kai, wer hat	es	euch	erklärt?
Vera und Kai, wer hat	es	den Studenten	erklärt?

Here are other examples.

Du hast die Bibliothek schon besucht? Wer hat **sie** dir gezeigt?
Frau Weiß, Sie kennen schon Gerhard? Wer hat **Sie** ihm vorgestellt?

As the preceding examples illustrate, the preposition **zu** (*to*) is not used in German to introduce the indirect object.

Einen Schritt weiter

There is one exception to the last rule: The verb **sagen** is normally used with the preposition **zu** to introduce the indirect object if the direct object consists of a direct quotation.

INDIRECT QUOTATION

Frau Schneider hat mir gesagt, ich sollte die Arbeit bis morgen einreichen.
Bernd sagt mir, daß er morgen Herrn Lehmanns Vorlesung schwänzt.

DIRECT QUOTATION

Frau Schneider hat **zu** mir gesagt: „Reichen Sie bitte die Arbeit bis morgen ein!"

Sie können ruhig „du" **zu** mir sagen.

Du sollst nicht immer „Dicke" **zu** deiner kleinen Schwester sagen.

The verb **schreiben** can also be used with or without a preposition to introduce the indirect object—in this case the preposition **an.** The object of **an,** however, must be in the accusative case.

Wir haben unserem Lehrer einen Brief geschrieben. =
Wir haben einen Brief **an** unseren Lehrer geschrieben.

ÜBUNGEN

A. Minidialoge. Ergänzen Sie die Personalpronomen.

1. UTE: Bevor ich in die Schweiz fuhr, habe ＿＿ Bill Steward getroffen. Kannst ＿＿ dich noch an ＿＿ (*acc.*) erinnern?
    FRANK: Na klar, ich habe doch mit ＿＿ (*dat.*) in Boston studiert. Wie geht ＿＿ ihm denn?
    UTE: ＿＿ hat eine Deutsche geheiratet. ＿＿ heißt Birgit, und Bill lebt mit ＿＿ bei ihren Eltern in Berlin.
    FRANK: Wie interessant!

2. MELANIE: Kennst ＿＿ das Gedicht „Der Erlkönig"?
    KARL-HEINZ: Wer hat ＿＿ geschrieben?
    MELANIE: Goethe. Kennst du ＿＿ nicht?
    KARL-HEINZ: Doch, ＿＿ wußte nur nicht, daß ＿＿ dieses Gedicht geschrieben hat.

3. PETER: Warst du heute auch in der Vorlesung über Frauenliteratur?
    PHILIP: Natürlich.
    PETER: Wie hat sie ＿＿ denn gefallen?
    PHILIP: ＿＿ habe ＿＿ etwas langweilig gefunden. Und ＿＿?
    PETER: Sie hat ＿＿ ganz gut gefallen. Ich freue mich schon auf die nächste Vorlesung.

B. Der Clown. Beschreiben Sie den Clown, indem Sie folgende Fragen beantworten.

BEISPIEL: Wie ist sein Hemd? →
Es ist gestreift.

1. Wie ist seine Hose?
2. Wie ist sein Hut?
3. Wie sind seine Schuhe?
4. Wie ist seine Krawatte?
5. Wie sind seine Handschuhe?
6. Wie ist sein Sakko (*m., suit jacket*)?

NÜTZLICHE AUSDRÜCKE

geblümt *flowered*　　　　　　gestreift *striped*
gemustert *patterned*　　　　　kariert *checkered*
gepunktet *polka-dotted*

C. Immer diese Fragen! Jetzt stellen Sie Ihrem Partner / Ihrer Partnerin ähnliche Fragen über die Kleidung eines anderen Studenten / einer anderen Studentin in der Klasse.

BEISPIEL: Wie ist Marthas Bluse? —Sie ist weiß.
Und ihre Schuhe? —Sie sind schwarz.

D. Modeberatung. Bitten Sie Ihren Partner / Ihre Partnerin um seine/ihre Meinung über Ihre Kleidung.

BEISPIEL: Wie gefallen dir meine Stiefel? —Ganz gut. Ich finde Cowboy-Stiefel sehr schick.

Gefällt dir meine neue Hose? —Eigentlich nicht. Rosa ist nicht meine Lieblingsfarbe.

Wie findest du meinen Hut? —Er sieht stark aus.

Sind Sie modebewußt (*fashion-conscious*)? Wenn ja, warum finden Sie Mode und Kleidung wichtig? Wenn nicht, was halten Sie von Personen, die Wert (*value*) auf Mode legen?

REFLEXIVE PRONOUNS AND VERBS

REFLEXIVE PRONOUNS

Reflexive pronouns take their name from the fact that they "reflect back" (refer) to the subject: I hurt *myself,* he is enjoying *himself.* For example, in the sentence **Ich habe mich verletzt** (*I hurt myself*), the reflexive pronoun **mich** refers to the subject pronoun **ich.** In the following English sentences, notice that reflexive pronouns can be direct or indirect objects of the verb.

> I hurt *myself.* (direct object)
> I taught *myself.* (direct object)
> I bought *myself* a new car. (indirect object)
> I gave *myself* the day off. (indirect object)

Similarly, in German, reflexive pronouns can be either direct objects (accusative case) or indirect objects (dative case).

ACCUSATIVE	DATIVE
Ich habe *mich* verletzt.	Ich habe *mir* einen Wagen gekauft.
Du hast *dich* verletzt.	Du hast *dir* einen Wagen gekauft.
Er/sie/es hat *sich* verletzt.	Er/sie/es hat *sich* einen Wagen gekauft.
Wir haben *uns* verletzt.	Wir haben *uns* einen Wagen gekauft.
Ihr habt *euch* verletzt.	Ihr habt *euch* einen Wagen gekauft.
Sie/sie haben *sich* verletzt.	Sie/sie haben *sich* einen Wagen gekauft.

Note from these examples that the reflexive pronouns are identical to the accusative and dative personal pronouns except for the third person **(sich).**

SUBJECT	REFLEXIVE	
Nominative	*Accusative*	*Dative*
ich	mich	mir
du	dich	dir
er/sie/es	**sich**	**sich**
wir	uns	uns
ihr	euch	euch
sie	**sich**	**sich**
Sie	**sich**	**sich**

Ohne Worte

Note that the reflexive pronoun **sich** is never capitalized, even when it refers to the polite pronoun **Sie.**

VERBS THAT TAKE ACCUSATIVE REFLEXIVE PRONOUNS

Most reflexive verbs take accusative reflexive pronouns.

sich anziehen (*to get dressed*)
sich ausruhen (*to rest*)
sich ausziehen (*to undress, get undressed*)
sich beeilen (*to hurry*)
sich entschließen (*to decide*)
sich erinnern an (*to remember*)
sich erkälten (*to catch cold*)
sich freuen auf (*to look forward to*)
sich freuen über (*to be happy about*)
sich fühlen (*to feel*)

sich fürchten vor (*to be afraid of*)
sich gewöhnen an (*to get used to*)
sich hinlegen (*to lie down*)
sich interessieren für (*to be interested in*)
sich kümmern um (*to trouble oneself about, to look after*)
sich setzen (*to sit down*)
sich verlieben in (*to fall in love with*)
sich waschen (*to wash [oneself]*)
sich wundern über (*to be surprised at*)

Auf dem Gelände (*campus*) einer modernen deutschen Universität

Note that the preposition **vor** is the only one in this list that takes the dative case; all the other prepositions here take the accusative.

> Möchten Sie **sich ausruhen?**
> Die Studenten müssen **sich beeilen,** weil man bald in Hörsaal 220 liest.
> Ich **fühle mich** heute besser.
> Wir haben **uns entschlossen,** die Universität Köln zu besuchen.
> Thomas **freut sich auf** die Sommerferien.
> Du **fürchtest dich** doch nicht **vor** den Fröschen (*frogs*) im Labor!
> Ich habe **mich** endlich **an** den Stundenplan (*schedule*) **gewöhnt.**
> Wer **kümmert sich um** die ausländischen Studenten?
> Herr Volmer, **setzen** Sie **sich,** bitte!
> **In** welche Studentin hat **sich** Dieter **verliebt?**

Some of these verbs can be used reflexively or nonreflexively. When they are used nonreflexively, their objects refer to persons other than the subject.

REFLEXIVE	NONREFLEXIVE
Kathrin zieht **sich** an. *Kathrin is getting dressed.*	Kathrin zieht **ihre Tochter** an. *Kathrin is dressing her daughter.*
Axel ärgert **sich** über seine Noten. *Axel is angry over his grades.*	Was ärgert **dich?** *What is annoying you?*
Wir bedienen **uns.** *We're helping (serving) ourselves.*	Wir bedienen **die Gäste.** *We're serving the guests.*
Erinnert ihr **euch** an den Festwagen? *Do you remember the float?*	Ich erinnere **Hans** an sein Examen! *I'm reminding Hans of his exam!*
Ich wasche **mich.** *I'm washing (myself).*	Ich wasche **Vatis Wagen.** *I'm washing Dad's car.*

The English equivalents of these reflexive constructions often lack reflexive pronouns, as in the sentence **Kathrin zieht sich an** (*Kathrin is dressing [herself]*).

REFLEXIVE VERBS IN THE PERFECT TENSES

All reflexive verbs require the auxiliary **haben** in the perfect tenses. The third person reflexive pronoun, **sich,** takes the same position in the sentence as any other personal pronoun object.

REFLEXIVE	NONREFLEXIVE
Udo hat **sich** angezogen. *Udo got dressed (dressed **himself**).*	Udo hat **ihn** (seinen Sohn) angezogen. *Udo dressed **him**.*
Hat **sich** Mutti schon angezogen? *Did Mom already get dressed?*	Hat **dich** Mutti schon angezogen? *Did Mom already dress **you**?*

VERBS THAT TAKE DATIVE REFLEXIVE PRONOUNS

Dative objects are often used to express the fact that someone is acquiring or doing something for (or to) himself or herself. The dative reflexive pronoun does not change the basic meaning of the verb in such sentences.

REFLEXIVE	NONREFLEXIVE
Mutti hat **sich** einen Wagen gekauft. *Mom bought (**herself**) a car.*	Mutti hat **mir** einen Wagen gekauft. *Mom bought **me** a car.*
Ich mache **mir** Sorgen um das Examen. *I'm worried about the exam.*	**Das Examen** macht **mir** Sorgen. *The exam worries me.*
Ich habe **mir** weh getan. *I hurt myself.*	**Der Kopf** hat **mir** weh getan. *My head hurt. (I had a headache.)*

In a few such constructions, however, the dative reflexive pronoun cannot be omitted without changing the basic meaning of the verb. Here are two common examples.

> sich leisten (*to afford*)
 sich vorstellen (*to imagine*)

Ich kann **mir** keine neuen Bücher **leisten.**	*I cannot afford any new books.*
Kannst du **dir** so etwas **vorstellen?**	*Can you imagine such a thing?*

Dative reflexive pronouns are also used in reference to parts of the body or articles of clothing; possessive adjectives are normally used in English:

Ich wasche **mir die Hände.**	*I'm washing **my hands.***
Zieh **dir** doch **die Jacke** aus.	*(Why don't you) take off **your** jacket?*

A. Beschreiben Sie die Bilder! Benutzen Sie folgende Ausdrücke.

sich ein Dirndl kaufen
sich erkälten
sich freuen auf
sich freuen über

sich den Jägerhut aufsetzen
sich weh tun
sich wundern über

BEISPIEL: Die Studenten freuen sich über die Sommerferien.

1.

2.

3.

4.

5.

6.

B. Geben Sie Toni Ratschläge! Wählen Sie Verben aus der Liste.

BEISPIEL: Ich habe mich verspätet. →
Du solltest dich beeilen.

1. Mir ist sehr warm.
2. Ich bin von der Arbeit müde. So ein Streß!
3. Ich will zum Fasching nach München, aber ich will auch zum Karneval nach Köln. Ich weiß nicht, was ich tun soll.
4. Ach, laß mich doch noch etwas schlafen.
5. Ich stehe hier schon viel zu lange herum. Die Beine tun mir weh.
6. Es geht mir alles viel zu schnell hier.
7. Ach du liebe Zeit! So spät ist es schon? Ich werde bestimmt den Zug verpassen (*miss*).

a. sich setzen
b. sich entschließen
c. sich waschen und sich anziehen
d. sich die Jacke ausziehen
e. sich an das Tempo hier gewöhnen
f. sich ausruhen
g. sich beeilen

C. Kleine Situationen. Ergänzen Sie die folgenden Sätze durch Reflexivpronomen und ein passendes Verb aus der Liste.

sich anziehen
sich beeilen
sich entschließen
sich freuen auf/über
sich interessieren für

sich etwas kaufen
sich kümmern um etwas
sich etwas leisten
sich Sorgen machen um
sich verlieben in
sich etwas wünschen

1. Meyers haben jetzt einen neuen BMW. Sie haben kürzlich im Lotto gewonnen, und da können sie ____ so einen Wagen ____. Wenn ich noch ein paar Monate weiterspare (*save*), kann ich ____ endlich einen Gebrauchtwagen ____.
2. Professor Weber hat kürzlich ein Buch über deutsche Sitten und Bräuche (*traditions and customs*) veröffentlicht (*published*). Er arbeitet schon seit Jahren daran. Jetzt kann er ____ endlich mal wieder um seine Familie ____.
3. Ich ____ ____ große Sorgen um meine Tochter. Sie verbringt soviel Zeit allein, sie ißt nichts, liest nicht mehr; sie ____ ____ für nichts mehr als nur für diesen neuen Jungen in der Nachbarschaft. Sie hat ____ anscheinend total in ihn ____.
4. Was ____ du ____ denn zum Geburtstag? —Also, ich ____ ____ einen neuen Fotoapparat.

5. Als Kind habe ich ＿＿ immer sehr auf Weihnachten ＿＿. Ich habe ＿＿ über die vielen Geschenke ＿＿.

6. Unsere Familie hat ＿＿ ＿＿, einander keine großen Geschenke mehr zu Weihnachten zu kaufen, sondern etwas zu schenken, was wir selber gemacht haben.

7. INGE: Das Theater fängt pünktlich um 7 Uhr an. Nun ＿＿ ＿＿ schon, sonst kommen wir zu spät!

   ANDREAS: Ich bin schon fast fertig. Ich muß ＿＿ nur noch die Schuhe ＿＿.

D. Kindheitserinnerungen. Stellen Sie sich die folgenden Fragen, und beantworten Sie sie schriftlich. Fragen Sie sich, . . .

1. wann und worüber Sie sich als Kind geärgert haben.
2. worauf Sie sich am meisten gefreut haben.
3. worüber Sie sich immer gewundert (*surprised*) haben.
4. woran Sie sich am liebsten erinnern.
5. worüber Sie sich sehr geschämt haben.
6. wovor Sie sich am meisten gefürchtet (*afraid*) haben.
7. worum Sie sich die größten Sorgen gemacht haben.
8. wofür Sie sich interessiert haben.
9. wann Sie sich am schlechtesten benommen (*behaved*) haben.
10. was und wobei Sie sich am schlimmsten weh getan haben.

E. Eine Umfrage. Machen Sie nun eine Umfrage über die Kindheit oder Jugend in Ihrer Klasse. Stellen Sie direkte Fragen an Ihre Kommilitonen/ Kommilitoninnen. Schreiben Sie die Ergebnisse (*results*) auf.

BEISPIEL: Worüber hast du dich als Kind geärgert?

THE PRONOUN *einander*

In the plural, the reflexive pronouns are often equivalent to English *each other.* This meaning can also be expressed by the pronoun **einander.**

Wir **sehen uns** bei der Vorlesung. Wir sehen **einander** bei der Vorlesung.	*We'll see **each other** at the lecture.*
Kennt ihr **euch** schon? Kennt ihr **einander** schon?	*Do you know **each other** yet?*
Diese drei Frauen kennen **sich** schon. Diese drei Frauen kennen **einander** schon.	*These three women already know **each other**.*

When **einander** occurs in combination with a preposition, the two are written together as one word:

> Regina und Ernst sitzen **nebeneinander** im Englischunterricht.
> Volker und Anne interessieren sich **füreinander.**
> Jürgen und Brigitte haben **miteinander** beim Maskenball (*masquerade*) getanzt.

THE INTENSIVE PRONOUN *selbst* (*selber*)

The intensive pronoun **selbst** (or **selber**) is used to emphasize the fact that the subject of the sentence—and no one else—is responsible for the action expressed by the verb.

Peter hat die Gebühren **selbst (selber)** bezahlt.	*Peter paid the fees* **himself.**
Antje hat das **selbst (selber)** gesagt.	*Antje said that* **herself.**

Note that **selbst (selber)** never changes form. Although the English equivalents of **selbst (selber)** have the same form as reflexive pronouns (*himself, herself,* and so on), the preceding sentences are not reflexive; *the verb does not express an action on the subject* as it does in sentences with true reflexives like *Antje hurt herself.*

Note that **selbst (selber)** can also be used with reflexive pronouns.

Wer hat die kleine Petra gebadet? —Sie hat **sich selbst (selber)** gebadet.	*Who gave little Petra a bath?* —*She gave* **herself** *a bath* (**no one else did**).

Einen Schritt weiter

THE INTENSIFIER **selbst**

Selbst (not **selber**) can also be used to emphasize the subject of a sentence. In this function, **selbst** immediately precedes the subject and is equivalent to English *even:*

Selbst ich weiß die Antwort.	*Even I know the answer.*
Selbst Alexandra und Bernd sind im Examen durchgefallen.	*Even Alexandra and Bernd flunked the exam.*

A. Liebe macht blind. Ergänzen Sie die folgenden Sätze durch ein Wort aus der folgenden Liste.

aneinander	ineinander
aufeinander	miteinander
einander	nebeneinander
füreinander	voneinander

1. Rudi und Julia kennen _____ erst seit kurzer Zeit.
2. Tagsüber denken sie nur _____, und oft warten sie nach der Arbeit _____.
3. Sie gehen _____ zu jeder Party, sitzen _____ und tanzen nur _____.
4. Sie träumen bestimmt auch _____!
5. Sie sind sehr verliebt _____ und haben nur noch Augen _____.
6. Offensichtlich (*apparently*) können die beiden ohne _____ nicht mehr existieren.

B. Brigitte macht alles selbst. Brigitte ist jetzt auf der Uni und muß alles selbst machen. Beantworten Sie alle Fragen mit *selbst* (oder *selber*).

BEISPIEL: Wer hat Brigitte geholfen, die Bücher zu kaufen? →
Brigitte hat die Bücher selbst gekauft.

1. Wer hat eine Wohnung für Brigitte gefunden?
2. Wer hat Brigitte geholfen, ihre Studienfächer zu wählen?
3. Wer hat die Bücher für Brigitte gelesen?
4. Wer hat die Arbeiten für Brigitte geschrieben?
5. Wer hat für Brigitte die Studiengebühren bezahlt?
6. Wer hat für Brigitte Seminarnotizen gemacht?

es IN IMPERSONAL EXPRESSIONS

The pronoun **es,** with no reference to a preceding noun, is used as the subject of many expressions.

1. With verbs designating natural phenomena

Hat **es** in den Schulferien viel geregnet?	Did **it** rain a lot during the school break?
Es blitzt und donnert heute in den Bergen.	**There** is lightning and thunder in the mountains today.
In der Schweiz schneit **es** oft zu Weihnachten.	In Switzerland **it** often snows on Christmas.

2. With verbs designating events whose agents are unknown

Vor einer Stunde hat **es** an der Tür geklopft.	*An hour ago **there** was a knock on the door.*
Zu Ostern läutet **es** von vielen Kirchtürmen.	*On Easter **there's** ringing from many church towers.*

3. With adjectives that denote sensations or weather conditions

Es ist mir kalt/warm/heiß/ langweilig.	*It's cold/warm/hot/boring to me. (= I'm cold, warm, hot, bored.)*

Note that the pronoun **es** must be dropped if it does not directly precede the verb.

Ist ~~es~~ dir kalt/warm/heiß/langweilig? —Ja, mir ist ~~es~~ kalt etc.

Ist ~~es~~ dem Kind zu warm? —Ich glaube nicht, daß ~~es~~ ihm zu warm ist.

Gemeinsam mit Kommilitonen lernen macht Spaß.

However, if the sentence does not contain a dative (pro)noun (denoting a sentient being), **es** cannot be dropped.

> Ist **es** heute kalt/warm/regnerisch? —Ja, heute ist **es** kalt [etc.].
> Ich weiß, daß **es** heute warm ist.

4. With many sentences that already have a subject

Es is placed at the very beginning, thereby forcing the true subject to go toward the end of the sentence where it receives greater emphasis. *The verb always agrees with the true subject.*

Es wissen hier wahrscheinlich **keine Studenten,** wann das Semester beginnt! (*subject* = keine Studenten)	*There are apparently no students here who know when the semester begins!*

Note that inverted word order has a similar effect.

> Hier **wissen** wahrscheinlich **keine Studenten,** wann das Semester beginnt!

5. In certain idiomatic expressions, including **es gibt** and **es sind**

Frau Braune, wie **geht es** Ihnen?	*Mrs. (Ms.) Braune, how are you? (How is it going for you?)*
Es gefällt mir hier sehr auf der Uni.	*I really like it here at the university ("at the U").*
Ist **es** dir **gelungen,** deine Arbeit fertig zu schreiben?	*Did you succeed in finishing your paper?*

Es gibt refers to something *generic* rather than *specific* and takes a direct object.

Gibt es überhaupt Kaffee? —Nein, leider **gibt es** keinen Kaffee.	*Is there any coffee at all? —No, unfortunately there is no coffee.*
Gibt es viele Bücher von deutschen Schriftstellern in der Bibliothek?	*Are there many books by German authors in the library?*
Gibt es viele Schulfeiern in Deutschland?	*Are there many school festivals (prize-awarding days) in Germany?*
Was **gibt's** (= gibt es) Neues?	*What's new?*

Einen Schritt weiter

Es ist (sind)—which is used infrequently—refers to something *specific* rather than *generic* and is followed by the true subject, with which the verb must agree.

Es sind vierzehn Studenten in unserer Deutschklasse.

There are fourteen students in our German class.

If one wants to stress the specificity of the subject, it is more common simply to use inverted word order.

In unserer Deutschklasse sind (genau) **vierzehn Studenten.**

There are (exactly) fourteen students in our German class.

ÜBUNGEN

Wählen Sie den richtigen Satz! Welche Sätze in der rechten Rubrik passen zu den Sätzen in der linken Rubrik?

1. Ist dir auch so warm?
2. Die Mathearbeit (*math test*) ist schlecht ausgefallen.
3. Es klopft.
4. Herr Schneider kommt in die Klasse.
5. Jetzt singen wir ein deutsches Lied.
6. Mir ist kalt.
7. 9.35 Uhr, es klingelt.
8. Uns wird schlecht.
9. Wie lange dauerte der Dreißigjährige Krieg?
10. Es ist Montag morgen, 8.00 Uhr.

a. Zieh dir einen Pullover an!
b. Es weiß leider keiner die Antwort.
c. Es gibt viele Fünfen und Sechsen.
d. Endlich! Die erste große Pause.
e. Ja, ich mache das Fenster auf.
f. Soll ich an die Tür?
g. Das Wochenende ist vorbei, und die Schule fängt wieder an.
h. Es macht uns viel Spaß.
i. Habt ihr zu viele Bonbons gegessen?
j. Guten Morgen! Wie geht es euch?

Aktivitäten

IN WORT UND BILD: ENTBINDUNGSSTATION

A. **Sehen Sie sich die Zeichnung (unten) an.** Worum könnte es in diesem Text gehen? Begründen Sie Ihre Meinung!

B. **Lesen Sie den Artikel über Mütter im Gefängnis.**

1. Fassen Sie die unterschiedlichen Rechtslagen (*legal situations*) in Amerika und Deutschland in Stichworten (*key phrases*) zusammen (*summarize*). Wie ist die Situation in den USA? In Deutschland?
2. Welche Gründe gibt es für eine harte Bestrafung (*punishment*)?
3. Welche Konsequenzen könnte eine Gefängnisstrafe für die Mütter oder für die Gesellschaft überhaupt haben?

[a] *maternity station*

Knast[1] für Mütter

In den USA werden Mütter zu Gefängnisstrafen verurteilt,[2] wenn sie während der Schwangerschaft[3] Drogen genommen haben.

Fünf Jahre Haft[4] für eine Mutter von drei Kindern, die 17 Jahre lang—auch während der letzten Schwangerschaft—drogen- und pillensüchtig[5] war. 14 Jahre Haft auf Bewährung für eine Mutter, die zugab, kurz vor der Geburt ihres zweiten Kindes „Crack" genommen zu haben. Zwei Fälle von immer häufiger werdenden Verfahren[6] gegen drogensüchtige Mütter von Babys, deren Blut Spuren[7] von illegalen Drogen enthielt. Acht Bundesstaaten erkennen bereits Drogengenuß[8] als „Vernachlässigung[9] und Mißbrauch des Kindes" an. In einer ganzen Reihe von Staaten liegen[10] entsprechende Gesetzesvorschläge[11] vor. In vielen Fällen reicht[12] ein positiver Drogentest dafür aus, um das soeben geborene Kind der Mutter wegzunehmen. In Deutschland läßt sich so eine Anklage[13] nicht konstruieren,[14] weil das deutsche Strafrecht[15] solche Fälle nicht erfaßt.[16] „Strafrechtlich belangt[17] werden kann nur jemand, der fahrlässig[18] oder vorsätzlich[19] handelt. Aber auch fahrlässige Körperverletzung müßte an einer Person begangen[20] werden—nach deutschem Recht gelten[21] Babys im Mutterleib noch nicht als Person", so Renate Tomsen, Juristin in Hamburg.

---

[1]*jail* [2]*zu . . . sentenced to prison* [3]*pregnancy* [4]*incarceration* [5]*addicted to pills* [6]*proceedings* [7]*traces* [8]*drug use* [9]*neglect* [10]*liegen . . . vor there are* [11]*suggestions for legal action* [12]*reicht . . . aus suffices* [13]*charge* [14]*levied* [15]*penal law* [16]*deal with* [17]*prosecuted* [18]*negligently* [19]*deliberately* [20]*committed* [21]*count*

C. Bilden Sie Gruppen zu dritt oder zu viert. Diskutieren Sie das Pro und Contra einer strengen Bestrafung der Mütter und die Folgen von Straffreiheit (*immunity from legal action*). Stellen Sie Ihre Ergebnisse dem Plenum vor.

D. Lösungen finden. Welche anderen Wege könnte es geben, um gegen die Geburtenzunahme (*increasing birth rate*) sogenannter „Crack Babys" anzukämpfen (*fight*)?

ANREGUNGEN ZUR UNTERHALTUNG

A. Vor dem Lesen. Beantworten Sie die folgenden Fragen in Gruppen zu viert oder im Plenum!

1. Welche Hobbys hatten Sie als Kind?
2. Was war Ihre Lieblingsbeschäftigung (*favorite way to spend your time*)?
3. Was machen Sie heute in Ihrer Freizeit am liebsten?
4. Welche Rolle spielten Ihre Eltern bei der Wahl Ihrer Hobbys?

B. Lesen Sie den folgenden Text! Was erfahren Sie über das Leseverhalten (*reading habits*) von Mädchen und Frauen? Von Jungen und Männern? Notieren Sie die Prozentzahlen!

Mädchen lesen mehr

Leseratte[1] oder Büchermuffel[2]?—Das entscheidet sich im Elternhaus.

Mädchen schmökern[3] lieber als Jungen. Bei ihnen ist das Lesen häufiger Hobby und Lieblingsbeschäftigung. Das zeigt eine Untersuchung,[4] die im Auftrag des Börsenvereins des Deutschen Buchhandels und der Stiftung Lesen erstellt wurde.[5] 24 Prozent der Frauen, aber nur 15 Prozent der Männer, waren in ihrer Jugend eine richtige „Leseratte". Auch später greifen Frauen öfter zum Buch. Bei den unter Dreißigjährigen lesen 38 Prozent der Männer täglich oder mehrmals in der Woche, bei den Frauen ist es nahezu jede zweite. Ob Leseratte oder Büchermuffel, das entscheidet sich in der Familie. Ist den Eltern das Lesen wichtig, dann machen sich auch die Kinder gern auf die abenteuerliche[6] Reise durch die Buchseiten. Vor allem die „sanfte" Verführung[7] zum Bücherlesen wirkt sich auf das spätere Leben aus[8] und bringt Leselust.[9]

C. Eine Umfrage. Machen Sie eine Umfrage in Ihrer Klasse! Wie viele Frauen/Männer lesen gern, und wie oft? Vergleichen Sie die Prozentzahlen in Ihrer Klasse mit denen im Text!

---

[1]*bookworm* [2]*someone bored with books* [3]*browse* [4]*study* [5]*im . . . commissioned by the stock exchange of German Publishers and the Foundation for Reading* [6]*adventurous* [7]*„sanfte" . . . "gentle" seduction* [8]*wirkt . . . aus has an effect on* [9]*joy in reading*

D. Zur Diskussion.

1. Wie erklären Sie das unterschiedliche Interesse an Büchern bei Mädchen und Jungen, Frauen und Männern?
2. Sollten Eltern ihre Kinder stärker zum Lesen animieren, oder bereiten (*prepare*) Video- und Computerspiele die Jugendlichen heute besser auf das Leben im Zeitalter des Computers (*computer age*) vor?
3. Welche Rolle spielen Bücher in der heutigen Zeit?

RÜCKBLICK

Übersetzen Sie. Wiederholen Sie die Strukturen in den ersten drei Kapiteln. Übersetzen Sie keine Ausdrücke in eckigen Klammern ([ ]).

PROBLEME DER JUGEND

Many people believe that youth **(die Jugend)** is the best period [of] life. Nevertheless, **(trotzdem)** one still **(immer noch)** has little freedom at this age **(in diesem Alter)**. For example, one must attend* expensive and difficult **(teure und schwierige)** classes in order **(, um)** to receive* one's driver's license **(den Führerschein)**. Often one must take such classes several times **(mehrfach)** before one finally passes the final exam. Young **(Junge)** men must serve in the military **(zum Militär gehen)**. And one must also decide* **(sich entscheiden für** + *acc.*) on a profession. Should **(Soll)** one attend* the Gymnasium or become an apprentice? Later one must trouble* oneself about a job **(um eine Arbeitsstelle)**. But in **(bei)** many professions there are no **(keine)** jobs. And finally **(zuletzt)** marriage: If one loves someone, should **(sollte)** one get married* given the fact that **(, wodoch)** the rate of divorce is† so high?

SCHREIBEN SIE!

A. Die Jugend. Welche Sorgen haben Jugendliche von heute? Wenn Sie noch jung sind, finden Sie, daß die älteren Menschen es besser hatten? Wenn Sie älter sind, finden Sie, daß die jüngeren Menschen es besser haben?

B. Nachdenken über meine Jugend. Denken Sie kurz über Ihre Jugend nach. Was hat Ihnen am besten daran gefallen? am wenigsten? Sind Sie bisher (*up to now*) mit Ihrem Leben zufrieden? Was betrachten (*consider*) Sie als die wichtigste Leistung (*achievement*) Ihrer Jugend?

---

* Place the infinitive at the end of the clause.
† Place the finite verb at the end of the clause.

Berufsleben

Fahrgäste strömen aus der U-Bahn in München.

Wortschatz

der (die) Angestellte† employee	**die Freizeit** leisure time	**Überstunden: Überstunden machen** to work overtime
der Arbeitgeber (-), die Arbeitgeberin (-nen) employer	**das Gehalt (⸚er)** wages	
der (Arbeits)Kollege (-n, -n),‡ die (Arbeits)Kollegin (-nen) fellow worker	**die Gehaltserhöhung (-en)** raise, increase in wages	**befördert werden*** to be promoted
	die Gewerkschaft (-en) (labor) union	**bewerben*; sich bewerben um** to apply for, look for (a job)
die Arbeitslosigkeit unemployment	**der Ingenieur (-e), die Ingenieurin (-nen)** engineer	**kündigen (+ dat.)** to fire, dismiss from a job
der Arbeitsmarkt labor market, job situation	**Jura** law	**verhandeln** to negotiate
die Arbeitsstelle (-n) position of employment, job	**die Karriere (-n)** career	**versäumen** to miss (an appointment)
	der Lebenslauf (⸚e) resume	
der Architekt (-en, -en),‡ die Architektin (-nen) architect	**die Mittagspause (-n)** lunch break	**angenehm** pleasant
	die Personalien information in a résumé, vital statistics	**angemessen** appropriate
die Ausbildung education, training		**arbeitslos** unemployed
die Beförderung (-en) promotion	**der Psychologe (-n, -n),‡ die Psychologin (-nen)** psychologist	**berufstätig** working, employed
der Beruf (-e) profession	**der Rechtsanwalt (⸚e), die Rechtsanwältin (-nen)** lawyer	
die Berufswahl choice of profession	**das Stellenangebot (-e)** want ad, job listing	
der Chef (-s), die Chefin (-nen) boss, head	**die Teilzeitstelle (-n)** parttime job	
der Feierabend closing time: **Feierabend haben*** to be finished for the day	**der Termin (-e)** appointment (for consultation)	

---

†See pages 249–250 on the declension of this adjective used as a noun.

‡See pages 138–139 on the declension of this noun.

A. Ergänzen Sie die folgenden Sätze.

1. Nach meinem Medizinstudium suche ich jetzt eine _____ als Arzt.
2. Die Gewerkschaften verhandeln zur Zeit mit den Arbeitgebern über eine _____.
3. Der Arbeitsmarkt ist so angespannt (*tight, unfavorable*), daß man sogar mit einer guten _____ nicht sofort eine angemessene Arbeitsstelle findet.
4. Seit Frau Birkenbaum verheiratet ist und eine kleine Tochter hat, arbeitet sie nicht mehr 40 Stunden pro Woche, sondern hat eine _____.
5. Für viele junge Leute spielt heutzutage Geld eine wichtige Rolle bei der _____, andere wiederum wählen einen Beruf, der ihnen Spaß macht, auch wenn die _____ schlechter sind.
6. Peter sieht sich jeden Tag in der Zeitung die _____ an, weil er eine Arbeisstelle sucht.
7. Frau Baum wird diese Woche _____ und bekommt eine _____ von 200,- DM im Monat.
8. Nach der Wiedervereinigung gibt es jetzt in Deutschland mehr _____, weil viele Arbeiter im Osten ihre Arbeitsstellen verloren haben.
9. Du hast deine Stelle verloren? Das tut mir leid. Warum hat man dir _____?
10. Man muß _____ studieren, wenn man Rechtsanwalt (oder Rechtsanwältin) werden will.

B. Ergänzen Sie den folgenden Absatz (*paragraph*).

Frau Eisenhard hat Jura studiert und arbeitet jetzt als _____.[1] Morgens um 8.00 Uhr kommt sie ins Büro und beginnt ihre Arbeit. Um 12.00 Uhr hat sie _____,[2] in der sie mit ihren _____[3] Essen geht. Am Nachmittag hat sie meistens _____[4] mit ihren Klienten. Normalerweise hat sie um 17.00 Uhr _____,[5] aber manchmal muß sie auch _____[6] machen und kommt dann erst spät nach Hause. Da sie jetzt eine eigene Familie hat, hat sie vor, in Zukunft nicht mehr so lange zu arbeiten und sich stattdessen um eine _____[7] zu bewerben.

C. Was ist das? Finden Sie für jede Definition einen passenden Ausdruck.

1. Tätigkeit, mit der man sein Geld verdient
2. die individuelle Geschichte eines Lebens
3. Zeit, in der man nicht zu arbeiten braucht
4. bestimmter Tag, an dem etwas geschehen muß
5. die Vorbereitung auf einen bestimmten Beruf
6. Zeit, in der man zu Mittag ißt
7. Ende des Arbeitstags
8. Organisation der Arbeiter, die sich um bessere Arbeitsverhältnisse (*working conditions*) für die Arbeiter kümmert

Strukturen

der-WORDS

The following adjectives take endings similar to those of the definite article (**der, das, die**) and are called "**der**-words."

1. **dieser** (*this, that, these, those*)

> **Dieser** Lebenslauf enthält (*contains*) viele Personalien.
> Mit **diesem** Hauptfach kann man viele Arbeistsstellen finden.

Dieser is used to single out a person or object near or far. If the distance between the objects is important, one can use the phrase **dieser . . . hier** in contrast with **der . . . dort.**

> **Diese** Zeitung (**hier**) hat viele Stellenangebote, aber **die dort** hat wenige.   *This newspaper has many want ads, but that one has few.*

> **Dieser** Kandidat hat bessere Qualifikationen als **der** da.

Note that **das ist** (**das sind**) is the equivalent of English *this* or *that is* (*these* or *those are*).

> **Das ist** ein interessanter Beruf.   *That (This) is an interesting occupation.*
> **Das sind** interessante Berufe.   *Those (These) are interesting occupations.*

Remember to use the nominative case: Das ist **der** neue Professor.

2. **jeder** (*each, every* [*pl.* **alle**])

> Fast **jeder** deutsche Student kann Englisch.
> Fast **alle** Studenten in dieser Klasse können Englisch.

> **Alle** zwei Tage sehe ich mir die Stellenangebote an.   *Every other day I look at the want ads.*

3. **mancher** (*many a, some, quite a few*)

> **Mancher** Student ist in diesem Examen durchgefallen.

Manche is commonly used to refer to a group of intermediate size.

> In **manchen** technischen Firmen wird man oft befördert.

> **Manche** Leute lernen es nie.   *Some people never learn.*

4. **solcher** (*such, like that*)

Solcher is usually reduced to **so** (or **solch**) and used in conjunction with a form of **ein** in the singular:

> Mit **so(lch) einem** Hauptfach findet man bestimmt eine gute Karriere.

Solcher cannot be replaced by **so(lch) ein** if **ein** is not used before the noun.

> Mit **solchem** Fleiß (*diligence*) hat man immer eine gute Berufswahl.

> **Solche** Leute bekommen immer ein gutes Gehalt. *People like that always get a good salary.*

5. **welcher** (*which*)

> Frau Arnold, **welche** Teilzeitstelle möchten Sie annehmen?
> An **welche** Arbeitgeber hast du geschrieben?

6. **jener** (*that, those; the former*)

> **Jene** Ausbildung ist eine gute Vorbereitung für diesen Beruf.

Jener is avoided in conversational German, where the last example would simply appear as:

> **Diese** Ausbildung ist eine gute Vorbereitung für diesen Beruf.

In formal German **jener** is often used to mean *the former* in combination with **dieser,** which in this context means *the latter.*

> Münster und Heidelberg sind zwei Städte in Deutschland. **Diese** ist bekannt für ihr Schloß und **jene** für ihren Dom.

Dieser refers to the item last mentioned, while **jener** refers to the item first mentioned.

DECLENSION OF *der*-WORDS

The definite article provides the pattern for the declension of **der**-words.

	MASCULINE	NEUTER	FEMININE	PLURAL
Nominative	der dies**er**	das dies**es**	die dies**e**	die dies**e**
Accusative	den dies**en**	das dies**es**	die dies**e**	die dies**e**
Dative	dem dies**em**	dem dies**em**	der dies**er**	den dies**en**
Genitive	des dies**es**	des dies**es**	der dies**er**	der dies**er**

SINGULAR	
Nominative *Accusative* *Dative* *Genitive*	**Dieser** Mann (**Dieses** Kind, **Diese** Frau) wohnt hier. **Welchen** Beruf (**Welches** Fach, **Welche** Arbeitsstelle) findest du interessant? **Welchem** Jungen (**Welchem** Mädchen, **Welcher** Studentin) haben Sie den Job gegeben, Frau Schneider? Bitte, lesen Sie den Lebenslauf **jedes** Kandidaten (**jedes** Mitglieds, **jeder** Kandidatin).

PLURAL	
Nominative *Accusative* *Dative* *Genitive*	Nicht **alle** Gewerkschaften sind so stark. **Solche** Stellenangebote lese ich nie. Bei **jenen** Firmen wird man schnell befördert. Der Chef **mancher** Firmen ist jünger als die Angestellten.

ÜBUNGEN

A. Vergleiche. Vergleichen Sie die folgenden Bilder. Geben Sie für jedes Bild mindestens zwei Vergleiche.

BEISPIEL: Dieses Gebäude ist niedrig, aber das dort ist hoch.
Dieses Gebäude ist altmodisch, aber das dort ist modern.

1.

2.

3.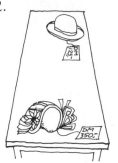

4.

5.

B. Die neue Schreibkraft. Sie sollen Herrn Hufschneider, die neue Schreibkraft, einarbeiten (*train*). Er ist leider etwas schwerfällig (*slow*) und versteht Sie erst beim zweiten Anlauf (*second time around*). Ergänzen Sie die passenden Formen von **der, das, die, dies-, welch-, solch-, so ein, jed-** und **manch-.** Verwenden Sie Dativ bei allen Präpositionen.

SIE: **Das** hier ist Ihr neuer Arbeitsplatz.

HERR HUFSCHNEIDER: **Welcher? Dieser** hier?

SIE: Ja, genau. Und **das** ist Ihre Schreibmaschine.

HERR HUFSCHNEIDER: W_____[1]? D_____[2] hier?

SIE: Nein, _____[3] dort hinten auf dem Schreibtisch.

HERR HUFSCHNEIDER: Auf _____[4] Schreibtisch? Auf _____[5] großen oder auf _____[6] kleinen?

SIE: Aber Herr Hufschneider, auf _____[7] großen Schreibtisch steht doch keine Schreibmaschine! _____[8] ist ein Computer.

HERR HUFSCHNEIDER: Oh, wie interessant. Muß ich auch mit s____⁹
____¹⁰ Maschine arbeiten?

SIE: Selbstverständlich! Können Sie Briefe schreiben?

HERR HUFSCHNEIDER: Was für Briefe? S____¹¹ wie diese?

SIE: Ja, natürlich.

HERR HUFSCHNEIDER: Nein, ____¹² langen Briefe kann ich nicht schreiben.

SIE: Aber das lernt doch ____¹³ Schreibkraft.

HERR HUFSCHNEIDER: Nein, das stimmt nicht. M____¹⁴ lernen es nie.

C. Mit dem Bus. Ergänzen Sie die passenden Formen: **welch-, dies-, jed-/alle, manch-, solch-/so ein-.** Verwenden Sie Dativ bei allen Präpositionen.

1. Entschuldigen Sie. _____ Bus fährt nach Dahlem?
2. Linie 10. _____ Linie fährt fast überall in der Stadt. Sie können an _____ Haltestelle warten.
3. Und wie oft kommt der Bus?
   —_____ zehn Minuten.
4. _____ Fußgängerzone (*mall*) finde ich sehr gemütlich.
5. Fast _____ Städte haben _____ Fußgängerzonen.
6. _____ Städte haben sogar mehrere Fußgängerzonen.
7. _____ neuen Busse sind wirklich sehr bequem (*comfortable*).
8. Mit _____ Bus möchte ich nach Spanien fahren.
9. Mit _____ Bussen fährst du lieber (*preferably*), mit deutschen oder amerikanischen?
10. _____ ist eine schwere Frage.

Wie fahren Sie zur Uni? Fahren Sie mit dem Bus, mit Ihrem eigenen Wagen, mit Freunden in einem Wagen zusammen, oder gehen Sie zu Fuß?

ein-WORDS

Called "**ein**-words," the possessive adjectives and **kein** all take the same endings as the indefinite article **ein** in the singular. In the plural they take the endings of the definite article.

1. **kein** (*no, not a* [*any*])

   Ich habe noch **keinen** Beruf gewählt. (**einen** Beruf)

2. **mein** (*my*)

   Meine Großmutter kann Jiddisch. (**eine** Großmutter)

3. **dein** (*your* [familiar singular])

   Kai, wie gefällt dir **dein** Job? (**ein** Job)

4. **sein** (*his; its*)

> Dieter sieht **seiner** Tante ähnlich. (**einer** Tante)
> Das Kind gab **seinen** Spielkameraden das Eis. (**den** Spielkameraden)

5. **ihr** (*her; its*)

> Anja hat **ihren** Termin versäumt. (**einen** Termin)
> Die Tschechoslowakei hat 1990 **ihre** Freiheit wiedergewonnen. (**eine** Freiheit)

6. **unser** (*our*)

> **Unsere** Tante ist Rechtsanwältin bei dieser Firma. (**eine** Tante)

7. **euer** (*your* [familiar plural])

> Was haltet ihr von **eurer** Gewerkschaft? (**einer** Gewerkschaft)

8. **ihr** (*their*)

> Die Kandidaten mußten **ihre** Lebensläufe mitbringen. (**die** Lebensläufe)

9. **Ihr** (*your* [polite])

> Frau Scholl, ist das das Büro **Ihres** Rechtsanwalts? (**eines** Rechtsanwalts)
> Frau Biermann und Frau Springer, wann fährt **Ihr** Zug ab? (**ein** Zug)

DECLENSION OF *ein*-WORDS

Here is the complete declension of the possessive adjectives and **kein.**
Note that they take the endings of the definite article in the plural.

	MASCULINE	NEUTER	FEMININE	PLURAL
Nominative	**ein**	**ein**	eine	die
	mein	**mein**	meine	meine
Accusative	ein**en**	**ein**	eine	die
	mein**en**	**mein**	meine	meine
Dative	einem	einem	einer	den
	meinem	meinem	meiner	meinen
Genitive	eines	eines	einer	der
	meines	meines	meiner	meiner

SINGULAR	
Nominative	**Mein** Freund (**mein** Kind, **meine** Freundin) wohnt dort.
Accusative	**Ihren** Lebenslauf finde ich interessant, Herr Biel.
Dative	Warum hast du **deiner** Sekretärin gekündigt, Birgit?
Genitive	Das ist die Chefin **unserer** Firma.

PLURAL	
Nominative	**Unsere** Arbeitskollegen sind sehr angenehm.
Accusative	Volker und Anne besuchen morgen **ihre** Eltern.
Dative	Was hast du **deinen** Eltern geschrieben, Markus?
Genitive	Die Klassenarbeiten **meiner** Studenten sind interessant.

Study Hint

Remember that in the singular, possessive adjectives always take the same ending as **ein** would if it occurred in the same position.

> Dagmar hat **ihrem** Schwager die Ruine gezeigt. (**einem** Schwager)
> Stefan holt **seine** Nichte morgen vom Bahnhof ab. (**eine** Nichte)

In the plural, the possessives always take the same ending as the definite article.

> Regina hat die Burg mit **ihren** Geschwistern besichtigt. (**den** Geschwistern)

ein-WORDS USED AS PRONOUNS

When **ein**-words are not followed by another adjective or a noun, they become pronouns and gain the endings **-er** and **-(e)s** that they lack in the nominative masculine and nominative/accusative neuter.

MASCULINE NOMINATIVE

Mein Job ist ziemlich leicht.   **Meiner** ist ziemlich leicht.

NEUTER NOMINATIVE/ACCUSATIVE

Dein Gepäck steht in der Ecke.   **Dein(e)s** steht in der Ecke.

Willst du **mein** Buch lesen? —Nein, danke, ich habe **mein(e)s** gefunden.

Here are other examples of **ein**-words used as pronouns.

FEMININE NOMINATIVE

Petras Gehaltserhöhung war größer als **unsere.**

NOMINATIVE PLURAL

Sind das unsere Aufnahmen von Salzburg? —Nein, das sind **meine.**

MASCULINE DATIVE

Barbara und Martin, mein Rucksack ist nicht in meinem Wagen.
Vielleicht habe ich ihn in **eurem** liegenlassen.

DATIVE PLURAL

Mein Mann und ich kommen besser mit meinen Verwandten aus
als mit **seinen.**

SPELLING CONVENTIONS: *ein*-WORDS

1. All second-person polite forms (except **sich**) are capitalized.

   Herr und Frau Schneider, freuen **Sie** sich auf die Hochzeit **Ihres**
   Sohnes?

   The familiar forms are capitalized only in letters.

   Liebe Mutti! Ich habe gestern **Deinen** Brief bekommen. Wie geht's
   Dir und Vati? Hoffentlich freut **Ihr Euch** auf **Eure** Reise . . .
   Eure Elisabeth.

2. When the ending **-er** is attached to **euer,** the resulting form must be
   spelled **eurer.** When any other ending is attached, the stem may be
   spelled either **euer-** or **eur-.**

   Sind das **eure/euere** Eltern? Stellt mich **euren/eueren** Eltern vor.

   BUT: Ist das der Wagen **eurer** Eltern? Ich war gestern bei **eurer** Tante.

ÜBUNGEN

A. **Wer braucht was?** Schreiben Sie Sätze!

BEISPIEL: Ein Arzt braucht eine Spritze (*hypodermic needle*).

Bohrer (*drill*)	Kirche	Schreibmaschine
Flugzeug	Klasse	Staubsauger (*vac-*
Gerichtssaal (*m.,*	Partei	*uum cleaner*)
courtroom)	Rathaus	Uni
Herd (*m., stove*)		Waage (*scale*)

1. Koch
2. Putzfrau (*cleaning lady*)
3. Richter (*judge*)
4. Sekretärin
5. Pilotin
6. Professor
7. Zahnarzt
8. Lehrer
9. Apothekerin (*pharmacist*)
10. Pastorin
11. Politiker
12. Bürgermeisterin

B. Das Inventar. Sie haben mit Ihren Freunden eine große Party gemacht. Jetzt müssen Sie alles aufräumen (*clean up*). Aber Sie haben für die Party viele Sachen von Freunden und Nachbarn ausgeliehen (*borrowed*), und jetzt wissen Sie nicht genau, wem alles gehört. Nun müssen Sie Inventur machen (*take inventory*).

BEISPIEL: Die Stühle gehören dir, nicht wahr? →
Ja, das sind meine Stühle.

Der Kuchenteller gehört deinen Eltern, nicht wahr? →
Ja, das ist ihr Kuchenteller.

1. Udo, die Tischdecke gehört deinen Eltern, nicht wahr?
2. Und das Besteck (*silverware*) gehört dir, nicht wahr?
3. Toni, das Blumenarrangement gehört deiner Mutter, nicht wahr?
4. Ute und Hans, die Tassen gehören euch, nicht wahr?
5. Der Wasserkrug (*pitcher*) gehört der Nachbarin, nicht wahr?
6. Das Tablett (*tray*) gehört uns, nicht wahr?
7. Ich glaube, die Karten gehören mir.

Wer hat diese Party wohl gemacht? Junge Leute oder ältere Leute? Woher wissen Sie das?

C. Wo findet man ein Taxi? Ergänzen Sie die Sätze.

1. Mein Koffer ist sehr voll. Wie ist _____ (dein)?
2. Meine Frau benutzt heute unseren Wagen, und ich will ein Taxi zum Bahnhof nehmen. Leider kann ich _____ (kein) finden.
3. Meine Frau und ich brauchen eigentlich noch einen Wagen. Für uns genügt _____ nicht.
4. Aber wenn man sich einen zweiten Wagen kaufen will, muß man viel Geld haben, aber zur Zeit haben wir leider _____ (kein).
5. Hast du Hunger? Ich habe ein paar Äpfel gekauft. _____ (ein) ist noch übrig (*left*). Du könntest ihn essen, während wir auf ein Taxi warten.
6. Vielleicht nehmen wir einen Bus hier an der Haltestelle. Oh! Gott sei Dank! Hier kommt schon _____ (ein)!

Müssen Sie oft auch lange warten? Was machen Sie beim Warten? Denken Sie an eine bestimmte Person? Oder spannen Sie bloß aus (*relax*), ohne an irgendetwas zu denken?

D. Interviews in einer Fußgängerzone (*mall*). Setzen Sie passende Artikelwörter (**der-** *and* **ein-***words*) ein. Verwenden Sie Dativ bei allen Präpositionen.

1. INTERVIEWER: Wie oft kommen Sie hierher?
   PASSANT: _____ Mittag. Ich esse hier immer in _____ Mittagspause.
   INTERVIEWER: Was ist _____ Meinung über die Fußgängerzone?
   PASSANT: Für* _____ Beruf ist sie unpraktisch. Ich bin nämlich Taxifahrer.

2. INTERVIEWER: Darf ich Sie fragen: Gibt es in _____ Heimatstadt auch Fußgängerzonen?
   TOURIST: Leider nicht. Ich komme aus Los Angeles.
   INTERVIEWER: Wie finden Sie denn die Fußgängerzone in _____ Stadt?
   TOURIST: Toll! _____ Städte in den USA sollten auch _____ Fußgängerzonen haben.

3. INTERVIEWER: Darf ich fragen, wie oft Sie in _____ Fußgängerzone einkaufen gehen?
   FRAU MIT KIND: _____ Woche gehe ich hier einkaufen.
   INTERVIEWER: Und warum kaufen Sie hier gern ein?
   FRAU: Für mich und _____ Familie ist sie ideal. _____ Sohn kann hier herumlaufen. Es gibt _____ Autos und deshalb habe ich _____ Angst (*f., fear*), daß ihm etwas passiert. Und bei _____ schönem Wetter ist es hier herrlich.

4. INTERVIEWER: Und was halten Sie von _____ Fußgängerzone?
   STRASSENMUSIKANT: Die ist sehr gut für* _____ Geschäft. Die Leute hören _____ Musik und geben mir Geld. _____ Leute sitzen allerdings stundenlang und geben nichts.
   INTERVIEWER: _____ Leute geben Ihnen das meiste Geld?
   STRASSENMUSIKANT: Die Touristen natürlich.

Fußgänger andere Straßenseite

---

*Accusative!

Wer mit dem Bus fährt, muß manchmal etwas warten.

GENDER OF NOUNS

The following nouns are masculine.

1. Virtually all nouns referring to male persons or animals (except **die Wache** [*guard*] and **die Drohne** [*drone*])

   der Chef ([*male*] *boss, head*) der Löwe (*lion*)
   der Junge (*boy*)   der Mann (*man*)

2. Days of the week, months of the year, seasons, points of the compass, and most weather phenomena

   der Donner (*thunder*)   der Regen (*rain*)
   der Mai (*May*)   der Schnee (*snow*)
   der Montag (*Monday*)   der Sommer (*summer*)
   der Osten (*East*)   der Wind (*wind*)

3. Nouns ending in **-er** derived from verbs

   der Lehrer (*teacher*)   der Schwimmer (*swimmer*)
   der Plattenspieler (*record   der Wecker (*alarm clock*)
     player*)

4. Most nouns ending in **el, en,** or **m**

der Baum (*tree*)	der Kasten (*box, case*)
der Boden (*floor*)	der Lärm (*noise*)
der Dom (*cathedral*)	der Mantel (*coat*)
der Flügel (*wing*)	der Sturm (*storm*)

5. Nouns derived from past participles of strong verbs

der Fall (gefallen) (*fall*)	der Rat (geraten) (*advice*)
der Fang (gefangen) (*catch*)	der Schlag (geschlagen) (*blow*)
der Gang (gegangen) (*motion*)	der Stand (gestanden) (*position, condition*)
der Lauf (gelaufen) (*run*)	

Einen Schritt weiter

If the past participle contains the vowel **o,** the noun formed from it usually contains the vowel **u:**

der Bruch (gebrochen) (*break*)	der Genuß (genossen) (*enjoyment*)
der Flug (geflogen) (*flight*)	der Wurf (geworfen) (*throw*)
der Fluß (geflossen) (*river*)	der Zug (gezogen) (*train*)

The following nouns, although masculine in gender, may also refer to females.

der Doktor (*doctor*)	der Mensch (*human*)
der Gast (*guest*)	der Professor (*professor*)
der Liebling (*darling*)	der Teenager (*teenager*)

In direct address, **Herr** or **Frau** must precede a title such as **Doktor** or **Professor** when the title is *not* followed by the person's name.

> Herr/Frau Doktor, wie viele Tabletten soll ich nehmen?
> Herr/Frau Professor, könnten Sie etwas erklären, bitte?

However, the feminine form **Professorin** is generally used when a female is referred to in the third person.

> Kennst du die neue Professorin?

FEMININE NOUNS

The following nouns are feminine.

1. Virtually all nouns referring to females (except **das Weib** [*female*] and **das Mädchen** [*girl*])

die Frau (*woman*)	die Kuh (*cow*)	die Tante (*aunt*)

2. All nouns ending in the suffix **-in**

> die Freundin (*friend*)   die Lehrerin (*teacher*)   die Löwin (*lioness*)

Feminine nouns ending in **-in** sometimes take umlaut.

> der Arzt (*medical doctor*) → Ärztin
> der Franzose (*Frenchman*) → die Französin
> der Hund (*dog*) → die Hündin
> der Rechtsanwalt (*lawyer*) → die Rechtsanwältin

3. Nouns ending in the suffix **-schaft** (usually abstract or collective nouns formed from concrete nouns)

> die Freundschaft (der Freund) (*friendship*)
> die Landschaft (das Land) (*landscape*)
> die Nachbarschaft (der Nachbar) (*neighborhood*)

4. Nouns ending in the suffix **-ung** (formed from verbs)

> die Erklärung (erklären) (*explanation*)
> die Lieferung (liefern) (*delivery*)
> die Übung (üben) (*exercise*)
> die Wohnung (wohnen) (*apartment*)

5. Nouns ending in the suffix **-heit** (usually formed from adjectives; if the adjective ends in **-bar, -ig, -lich,** or **-sam,** the suffix **-keit** is used)

> die Arbeitslosigkeit (*from* arbeitslos) (*unemployment*)
> die Dankbarkeit (*from* dankbar) (*gratitude*)
> die Einsamkeit (*from* einsam) (*loneliness*)
>
> die Freundlichkeit (*from* freundlich) (*friendliness*)
> die Schönheit (*from* schön) (*beauty*)

6. Nouns ending in the suffixes **-ei, -ie, -ik, -ion, -tät**

> die Demokratie (*democracy*)
> die Grammatik (*grammar*)
> die Konditorei (*pastry shop*)
>
> die Konjunktion (*conjunction*)
> die Nation (*nation*)
> die Universität (*university*)

7. Most nouns ending in **-e**

> die Apotheke (*pharmacy*)
> die Arbeitsstelle (*job*)
> die Aufnahme (*photo*)
>
> die Briefmarke ([*postage*] *stamp*)
> die Ecke (*corner*)
> die Ruine (*ruin[s]*)

Important exceptions to this rule: nouns referring to males (**der Junge, der Löwe**) and the four irregular masculine nouns, **Buchstabe, Gedanke, Glaube,** and **Name** (discussed on pages 138–140); the neuter nouns **Auge, Ende, Interesse,** and nouns formed with the prefix **Ge-,** discussed in the next section.

NEUTER NOUNS

The following nouns are neuter.

1. Nouns with the diminutive suffixes **-chen** or **-lein** (umlaut is added to the stem vowel in the formation of these nouns)

> das Brüderlein (der Bruder) (*little brother*)
> das Mädchen (die Magd) (*girl*)
> das Städtchen (die Stadt) (*little city*)
> das Stühlchen (der Stuhl) (*little chair, stool*)

2. Names of most cities, countries, and continents (*important exceptions:* **die Schweiz, die Tschechoslowakei, die Türkei, der Irak, der Iran**)

> das geheimnisvolle Asien (*mysterious Asia*)
> das alte Köln (*old Cologne*)
> das sonnige Spanien (*sunny Spain*)

3. Infinitives used as nouns

> das Essen (*food*)   das Leben (*life*)

The definite article is often omitted before infinitives used as nouns.

> Irren ist menschlich.   *To err is human.*

4. Nouns formed with the prefix **ge-** (many of these end in **-e**)

> das Gebäude (*building*)   das Gehör (*sense of hearing*)
> das Gebirge (*mountain range*)   das Gelände (*tract of land*)
> das Gefieder (*plumage*)   das Gemälde (*painting*)
> das Geflügel (*poultry*)   das Gerede (*talk, gossip*)

GENDER OF COMPOUND NOUNS

In general, compound nouns have the same gender as the last element.

> das Gasthaus (der Gast, das Haus) (*inn*)
> die Haltestelle (halten, die Stelle) (*bus stop*)
> der Handschuh (die Hand, der Schuh) (*glove*)

Einen Schritt weiter

Some nouns have different meanings depending on their gender.

> der Band (*book, volume*) / das Band (*ribbon*) / die (Jazz) Band ([*jazz*] *band*)
> der See (*lake*) / die See (*sea*)

ÜBUNGEN

A. Berufswünsche. Zwei kleine Kinder unterhalten sich über ihre Berufswünsche. Das kleine Mädchen möchte immer das werden, was ihr Bruder gerade werden möchte. Führen Sie den Dialog fort!

BEISPIEL: JENS: Ich werde Pilot.
BRITTA: Dann werde ich Pilotin.
JENS: Nein, das geht nicht, dann werde ich Arzt.
BRITTA: Dann werde ich Ärztin.

B. Die drei Genera. Ordnen Sie die folgenden Substantive unter den drei Artikeln ein: **der, die** oder **das.**

1. Scheidung
2. Enkelkind
3. Zeugnis
4. Neffe
5. Koffer
6. Gepäck
7. Fakultät
8. Flüchtling
9. Jugendherberge
10. Märchen
11. Kaiserin
12. Mittagspause
13. Unterricht
14. Kollege
15. Examen
16. Gehalt
17. Einheit
18. Ausländer

C. Bilden Sie Substantive! Geben Sie für jedes neue Substantiv das Genus (*gender*) an! Falls Sie Schwierigkeiten haben, schlagen Sie im Endvokabular nach!

BEISPIELE: verkleinern → die Verkleinerung (*reduction*)
klug → die Klugheit (*intelligence*)
freigebig → die Freigebigkeit (*generosity*)

1. gleich
2. freundlich
3. reizen
4. ausbeuten
5. zerstören
6. pünktlich
7. gesund
8. erklären
9. wild
10. ganz
11. abkürzen
12. ergänzen
13. tätig
14. gemütlich
15. dumm

PLURAL OF NOUNS

MASCULINE NOUNS

The plural of most masculine nouns is formed with the suffix **-e** and often with umlaut; nouns ending in **m** and those derived from past participles almost always take umlaut.

SINGULAR	PLURAL
der Baum	die Bäume
der Fuß	die Füße
der Hund	die Hunde
der Tag	die Tage
der Eingang	die Eingänge (*entrances*)
der Zug	die Züge

Masculine nouns ending in **el, en,** or **er** have the same forms in the plural as in the singular; a few take umlaut.

der Bruder	die Brüder
der Mantel	die Mäntel (*coats*)
der Wagen	die Wagen

Exception: **der Muskel, die Muskeln.**

FEMININE NOUNS

The plural of most feminine nouns is formed by adding **-n** or **-en.**

SINGULAR	PLURAL
die Frau	die Frauen
die Tante	die Tanten

If the nouns ends in **-in, -nen** is added to form the plural.

die Amerikanerin	die Amerikanerinnen
die Freundin	die Freundinnen

The plural of a small group of monosyllabic feminine nouns is formed with umlaut and **-e.**

die Hand	die Hände
die Kuh	die Kühe (*cows*)
die Maus	die Mäuse (*mice*)
die Nuß	die Nüsse[*] (*nuts*)
die Wand	die Wände

---

[*]For the change in spelling from ß to **ss,** see page 8.

NEUTER NOUNS

The plural of most neuter nouns of one syllable is formed with the suffix
-er and umlaut.

SINGULAR	PLURAL
das Buch	die Bücher
das Haus	die Häuser

The plural of neuter nouns that end in **-chen** or **-lein** is the same as the
singular.

das Bäumlein	die Bäumlein
das Mädchen	die Mädchen

The plural of neuter nouns of more than one syllable or of those that
begin with **Ge-** is usually formed by adding **-e** unless the singular already
ends in **-e.**

das Instrument	die Instrumente
das Gebäude	die Gebäude
das Gebiet	die Gebiete (*territories*)

PLURALS IN -s

German has borrowed many words from English and French. The plurals
of such words invariably end in **-s** and occur in all genders. Furthermore,
abbreviations of native German words usually form their plurals in **-s.** Here
are a few examples.

MASCULINE:	Manager → Managers; Star (*film star*) → Stars; Kuli (*from* Kugelschreiber) → Kulis
FEMININE:	CD → CDs; Kamera → Kameras
NEUTER:	Auto → Autos; Foto → Fotos

Einen Schritt weiter

Fewer than ten common masculine nouns form the plural with **-er**
(and umlaut if the vowel is **a, o,** or **u**). Almost all are contained in
this sentence.

Der **Geist Gottes** ist nicht nur im **Leib** des **Mannes,** sondern auch im **Wurm** im **Strauch** am **Rand** des **Waldes.**	*The spirit of God is not only in the body of man but also in the worm in the shrub at the edge of the forest.*

Neuter nouns of one syllable ending in **r** form the plural with **-e** and without umlaut.

das Haar	das Meer (*sea*)	das Tor (*gate*)
das Jahr	das Rohr (*reed, cane*)	

Study Hint

The chart below summarizes the six basic plural types. Notice that masculine, neuter, and feminine nouns do not occur for every type.

TYPE 1A: (-)

Masc. Wagen → Wagen;
Neut. Fenster → Fenster; Mädchen → Mädchen

TYPE 1B: (¨)

Masc. Bruder → Brüder
Fem. Tochter → Töchter

TYPE 2A: (-e)

Masc. Tag → Tage
Neut. Jahr → Jahre

TYPE 2B: (¨e)

Masc. Gast → Gäste
Fem. Wand → Wände

TYPE 3: (¨er)

Masc. Mann → Männer
Neut. Buch → Bücher

TYPE 4A: (-[e]n)

Masc. Student → Studenten; Löwe → Löwen
Neut. Bett → Betten; Auge → Augen
Fem. Frau → Frauen; Reise → Reisen

TYPE 4B: (-nen)

Fem. Studentin → Studentinnen

TYPE 5: (-s) (borrowed words, mainly from English and French)

Masc. Park → Parks; Profi (*professional player*) → Profis
Neut. Auto → Autos; Sofa → Sofas
Fem. Party → Partys; Uni(versität) → Unis

TYPE 6: (-a, -i, -ien) (borrowed words, mainly from Latin and Greek)

Masc. Terminus (*expression, term*) → Termini
Neut. Tempus (*tense*) → Tempora; Material → Materialien

ÜBUNGEN

A. Wie heißt der Singular? Bilden Sie für jede Pluralform die richtige Singularform des Substantivs. Geben Sie auch das Genus an.

BEISPIEL: Türme → der Turm

1. Stürme
2. Künste
3. Türen
4. Ärztinnen
5. Lehrer
6. Fächer
7. Blumen
8. Gebäude
9. Kästen
10. Gärten
11. Blümchen
12. Schwestern

B. Wie heißt der Plural? Bilden Sie für jede Singularform die richtige Pluralform des Substantivs!

BEISPIEL: der Turm → die Türme

1. die Feder
2. die Schneiderin
3. das Land
4. der Gastgeber
5. der Umstand
6. die Landkarte
7. das Gelände
8. der Traum
9. das Häuschen
10. die Gabel
11. der Berg
12. das Huhn

C. Konkurrenz (*competition*) **im Kaufhaus.** Partnerarbeit: Sie haben einen Ferienjob als Verkäufer/Verkäuferin im Kaufhaus. Leider ist Ihr Kollege / Ihre Kollegin (Ihr Partner / Ihre Partnerin) besonders angeberisch (*a braggart*) und behauptet immer, mehr als Sie verkauft zu haben.

BEISPIEL: ST. A: Ich habe eben einen Pullover verkauft.
ST. B: Ach, nur einen? Ich habe schon zehn Pullover verkauft!

1. Ich habe heute morgen eine Armbanduhr verkauft.
   —Ich habe in der letzten Stunde 12 _____ verkauft!
2. Ich habe gerade einen Schirm verkauft.
   —Ich habe schon drei _____ verkauft!
3. eine Bluse
4. einen Anzug
5. einen Regenschirm
6. ein Radio
7. eine Kaffeemaschine
8. einen Videorecorder
9. ein Bücherregal
10. einen Rucksack

· **BERUFSLEBEN** 137

MASCULINE NOUNS IN -(e)n

Most masculine and neuter nouns require the ending **-(e)s** in the genitive, and most nouns take **-n** in the dative plural. However, a few nouns require special endings.

(e)n-MASCULINES

A number of masculine nouns take the ending **-(e)n** in all cases of the singular, except the nominative, and throughout the plural. These are called **(e)n**-masculines or weak nouns.

	SINGULAR	PLURAL	SINGULAR	PLURAL
Nominative	der Student	die Student**en**	der Nachbar	die Nachbar**n**
Accusative	den Student**en**	die Student**en**	den Nachbar**n**	die Nachbar**n**
Dative	dem Student**en**	den Student**en**	dem Nachbar**n**	den Nachbar**n**
Genitive	des Student**en**	der Student**en**	des Nachbar**n**	der Nachbar**n**

The **(e)n**-masculines can usually be identified by the following characteristics.

1. With the exception of **der Mensch** (*human being*), they almost always refer to males; the female counterparts take the suffix **-in.**

    der Student (die Studentin)   der Nachbar (die Nachbarin)

2. Some of these nouns contain two syllables and end in **e.**

    der Bote (*messenger*)
    der Hase (*rabbit*)
    der Junge (*boy*)
    der Löwe (*lion*)

3. Most **(e)n**-masculines are of foreign origin, are stressed on the final syllable (discounting final **e**), and resemble their English equivalents.

    der Astronaut   der Polizist
    der Biologe   der Präsident
    der Geologe   der Soldat
    der Komponist   der Student

Most dictionaries identify **(e)n**-masculines by giving the genitive singular and the plural: **der Student, -en, -en.**

The noun **Herr** takes an **-n** in all cases of the singular except the nominative. In the plural, it takes **-en.**

    Das ist Herr Braun. (*nominative*)
    Kennst du Herrn Braun? (*accusative*)

Ich habe mit Herr**n** Braun gesprochen. (*dative*)

Das ist Herr**n** Brauns Buch. (*genitive*)

Kennst du diese Herr**en**? (*accusative plural*)

IRREGULAR MASCULINES

A small sub-group of the **(e)n-** masculines take an **-ns** in the genitive singular and refer to things rather than human beings.

der Buchstabe (*letter of the alphabet*)

der Gedanke (*thought*)

der Glaube (*belief, faith*)

der Name (*name*)

Nominative	der Gedanke	der Name
Accusative	den Gedanke**n**	den Name**n**
Dative	dem Gedanke**n**	dem Name**n**
Genitive	des Gedanke**ns**	des Name**ns**
Plural	Gedanke**n**	Name**n**

Mein **Vorname** ist Sandra. (*nominative*)

Das Kind kann seinen eigenen **Namen** noch nicht schreiben. (*accusative*)

Bernd, kennst du die neue Studentin mit **Vornamen?** (*dative*)

Wegen ihres humanitären **Glaubens** kommen alle gut mit ihr aus. (*genitive*)

Ein Mann **namens** Bernstein hat dich angerufen. (*genitive used adverbially*)

Der **Glaube** versetzt (*moves*) Berge. (*nominative*)

Er hat seinen **Glauben** verteidigt (*defended*). (*accusative*)

Monika hat das in gutem **Glauben** getan. (*dative*)

Das Herz (*heart*) is also irregular.

Nominative	das Herz
Accusative	das Herz
Dative	dem Herze**n**
Genitive	des Herze**ns**
Plural	Herze**n**

Martins **Herz** ist stark. (*nominative*)

Hand aufs **Herz!** (*accusative*)   [*Honest to God!*]

Du bist immer in meinem **Herzen.** (*dative*)

Im Grunde (*from the bottom*) seines **Herzens** glaubt Kurt das nicht. (*genitive*)

ÜBUNGEN

A.   Welche Substantive sind schwach? Achten Sie auf die angegebene Betonung.

BEISPIEL: Hándwerker → nicht schwach
Philosóph → schwach

1. Musikánt
2. Proféssor
3. Soziológe
4. Astronóm
5. Präsidént
6. Schréiber

7. Dóktor
8. Elefánt
9. Phýsiker
10. Juríst
11. Kommandánt
12. Rédner

B.   Eine begabte (*talented*) Familie. Ergänzen Sie die Lücken.

GERD: Kennst du den Name_____ des Geologe_____, unseres neuen Nach-
bar_____?

UTE: Ja, sein Vorname_____ ist Siegfried, aber ich habe seinen Nach-
name_____ vergessen. Seine Frau heißt Ingrid, weißt du. Sie ist
Biolog_____.

GERD: Oh, ja. Das weiß ich schon längst. Ich bin mit ihrem Vater,
Herr_____ Sehmsdorf, gut befreundet. Herr_____ Sehmsdorfs Frau
war Professor_____ für Naturwissenschaften (*natural sciences*).

UTE: Wie viele Kinder haben Siegfried und Ingrid?

GERD: Drei, glaube ich: einen kleinen Sohn_____ und zwei Töchter. Den
Junge_____ kenne ich nicht mit Vorname_____. Die Töchter sind
schon Teenager_____ und heißen Karoline und Lotte.

UTE: Wahrscheinlich sind die Töchter auch technisch begabt. Die beiden
wollen auch Wissenschaftler_____ werden.

Glauben Sie, daß Frauen heutzutage eine bessere Chance haben, eine Kar-
riere in den Naturwissenschaften einzuschlagen? Warum gibt es so wenige
Frauen in den Naturwissenschaften, z. B. in der Physik oder auch in der
Mathematik?

Aktivitäten

IN WORT UND BILD: DER ERSTE ARBEITSTAG

A.   Mein erster Arbeitstag. Welche Schwierigkeiten kann man haben, wenn man einen neuen Job anfängt? Haben Sie schon einmal einen neuen Job angefangen? Wenn ja, wie war Ihr erster Arbeitstag?

B.   Lektüre. Lesen Sie die „10 Tips für den ersten Arbeitstag", und diskutieren Sie die folgenden Fragen.

1. Welche Tips finden Sie besonders wichtig? Warum?
2. Was würden Sie anders machen, als man Ihnen hier rät? Warum?
3. Dieser Artikel bezieht sich hauptsächlich auf (*refers to*) Frauen. Gibt es außer Tip Nr. 1 andere Tips, die für Männer nicht zutreffen (*apply*)? Wenn ja, welche?
4. Geben Sie jetzt Rat! Schreiben Sie drei neue Tips für den ersten Arbeitstag. Seien Sie möglichst kreativ!

DER ERSTE ARBEITSTAG
Zehn Tips für einen guten Start

Selbst wer[1] den Job schon öfter mal gewechselt hat, ist nicht davor gefeit:[2] Ein bißchen nervös ist jeder vorm ersten Tag. Beachten Sie folgende Tips, dann geht's leichter:

1 Ziehen Sie Ihre Lieblingsklei-dung an. Aber tragen Sie nicht zu dick auf, schließlich sollen Sie sich wohl fühlen. Also wenig Schmuck,[3] dezentes Make-up.

2 Pünktlich kommen, eher[4] etwas zu früh als zu spät. Testen Sie vorher, wie lange Sie zur Firma brau-chen. Kalkulieren Sie eventuelle[5] Staus[6] ein.

3 Zuerst bei Ihrem Vorgesetzten[7] melden.[8] Bitten Sie ihn, daß er Sie bei Ihren Kolleginnen und Kol-legen vorstellt.

4 Lassen Sie sich auch durch an-dere Abteilungen[9] führen. So bekommen Sie schneller einen Überblick über den gesamten[10] Betrieb.[11] Und alle Arbeitskollegin-nen und -kollegen lernen das neue Gesicht auch gleich kennen.

5 Versuchen Sie, sich möglichst schnell die Namen der neuen Kollegen einzuprägen.[12] Denn eine persönliche Anrede[13] kommt immer gut an und macht sympathisch.

6 Der Ton macht's: Suchen Sie Gespräche, sagen Sie etwas Nettes, merken Sie sich Privates.[14] Etwa ob die Kollegin Kinder hat. Alles mit ein bißchen Zurückhaltung, nicht übertreiben.[15]

7 Legen[16] Sie sich notfalls einen Spickzettel[17] mit den wichtigsten Ansprechpartnern, ihren Zuständig-keiten[18] und der Hierarchie in der Firma zu. Bei der Fülle[19] von Eindrücken und Informationen am ersten Tag vergißt man vieles leicht.

8 Suchen Sie sich eine „Patin":[20] eine Kollegin, mit der Sie sich gut verstehen. An die Sie sich halten können, wenn Fragen auftauchen,[21] die Sie[22] vielleicht auch in wichtige Interna einweiht.[23]

9 Fragen Sie, was Sie tun können. Und wenn es noch keine speziel-len Aufgaben für Sie gibt: Greifen[24] Sie anderen im Ressort[25] unter die Arme.

10 Begleiten Sie Ihre Kollegen zum Mittagessen oder zum Kaffeetrinken. Wer sich vom ersten Tag an ausklinkt,[26] wird schnell zur Einzelgängerin.[27]

---

[1]*even someone who*   [2]*immune*   [3]*jewelry*   [4]*better*   [5]*possible*   [6]*traffic jams*   [7]*boss*   [8]*check in*   [9]*departments*   [10]*whole*   [11]*company*   [12]*remember*   [13]*address*   [14]*merken . . . pay attention to (private) details*   [15]*overdo*   [16]*legen . . . zu make*   [17]*cheat sheet*   [18]*competence*   [19]*abundance*   [20]*"godmother"*   [21]*arise*   [22]*and who*   [23]*in . . . initiate into important internal matters*   [24]*Greifen . . . unter die Arme latch on to*   [25]*group*   [26]*disengages*   [27]*loner*

ANREGUNGEN ZUR UNTERHALTUNG

A. Im Plenum. Diskutieren Sie über die folgenden Fragen.

1. Finden Sie, daß junge Leute heutzutage bessere Berufsaussichten (*job prospects*) haben als ihre Eltern? Warum (nicht)?
2. Glauben Sie, daß eine Hochschulausbildung (*college education*) heute notwendig ist, wenn man im Beruf erfolgreich sein will?
3. Machen Sie eine Umfrage im Plenum. Ordnen Sie die folgenden Gesichtspunkte (*points of view*) ein! Was ist für Sie am wichtigsten? Am zweitwichtigsten? Am drittwichtigsten?

a. daß ich Spaß am Beruf habe.
b. daß mein Arbeitsplatz sicher ist.
c. daß ich aufsteigen (*be promoted*) kann.
d. daß ich Menschen helfen kann.
e. daß es keine Schmutzarbeit ist.

f. daß ich gut verdiene.
g. daß ich eine gute Arbeits-, Kranken- und Lebensversicherung (*insurance*) bekomme.
h. ?

afuture
bsecurity
csuitability
dput to use
earnings
fprestige

Das wollen junge Leute vom Beruf
Von je 100 Jugendlichen sagten über ihre Berufswahl:
Das wichtigste bei meinem künftigen[a] Beruf ist...

- 35 ...daß ich aufsteigen kann
- 32 ...daß ich Menschen helfen kann
- 46 ...Sicherheit[b] des Arbeitsplatzes
- 26 ...mit interessanten Menschen zu tun haben
- 57 ...daß ich einen Ausbildungsplatz bekomme
- 25 ...keine Schmutzarbeit
- 75 ...Eignung[c]
- 17 Hobbys verwirklichen[d]
- 16 ...guter Verdienst[e]
- 90 ...Spaß am Beruf
- 14 ...Ansehen[f]

© Globus 5660

B. Interview. Stellen Sie Ihrem Partner / Ihrer Partnerin folgende Fragen. Machen Sie Notizen, und berichten Sie dann der Klasse darüber.

1. Was studieren Sie?
2. Was ist Ihr Lieblingsfach?
3. Was kann man mit diesem Studium beruflich machen?
4. Was möchten Sie werden? Warum?
5. Welche Qualifikationen werden für diesen Beruf verlangt?
6. Was macht man in diesem Beruf?
7. Welche Vor- und Nachteile (*advantages and disadvantages*) gibt es?
8. Was sagt Ihre Familie dazu?
9. Hat man in diesem Beruf gute Karrierechancen?

RÜCKBLICK

Übersetzen Sie! Wiederholen Sie die Strukturen in den vorigen (*previous*) Kapiteln. Verwenden Sie Dativ bei allen Präpositionen.

ANJA: I cannot decide **(sich entscheiden für)*** on an appropriate **(angemessenen)** profession.†

INGO: Well **(Also),** you know that you get‡ along well with other people. And you like to help* your fellow human beings **(Mitmenschen).** Perhaps you would like to become* a teacher.

ANJA: Well yes **(Na, ja.)** But one must remember* the name† of every male student and every female student, and that I find very difficult. All my professors even **(sogar)** know me by my first name.

INGO: But that [is something] one can learn.*

ANJA: That [is what] my brother says too. My parents too. But I also want to earn* a lot of money! Most teachers don't receive a good **(gutes)** wage, and they must often negotiate* with politicians **(Politikern)** in order **(, um)** to receive* pay raises.

INGO: Yes, but [to make up] for that **(dafür)** they have for the most part **(meistens)** interesting and pleasant **(interessante und angenehme)** fellow workers and students. Your family is correct. And teachers don't work overtime.

ANJA: But Ingo! Not all people are so pleasant and interesting! Besides, quite a few teachers must correct* the papers of their students at home. No, that profession doesn't interest me.

INGO: So, which profession do you find interesting?

ANJA: I believe I'm a little interested in architecture **(die Architektur).**† But I don't know. I haven't decided yet.

INGO: Anja, teaching is much more interesting **(interessanter).** Teachers are always learning something new **(Neues).** One doesn't receive such opportunities **(Gelegenheiten)** in every profession.

SCHREIBEN SIE!

A. Was ist Ihr Lieblingsberuf? Was sind seine Vorteile und Nachteile? Erklären Sie, warum Sie diesen bestimmten Beruf so attraktiv finden.

B. Die berufliche Ausbildung. Finden Sie, daß Jugendliche für das Berufsleben hinreichend (*adequately*) ausgebildet werden? Was halten Sie von Ihrer eigenen Ausbildung? Werden Sie auf einen bestimmten Beruf gut vorbereitet (*prepared*), oder werden Sie Ihre Hochschulausbildung (*college education*) durch eine weitere berufliche Ausbildung ergänzen müssen?

---

* Place the infinitive at the end of the clause.

† Accusative!

‡ Place the finite verb at the end of the clause.

Freizeit und Sport

Langlauf: Ein Sport für die ganze Familie

PREPOSITIONS THAT TAKE EITHER DATIVE OR ACCUSATIVE OBJECTS

FIGURATIVE USE OF THE PREPOSITIONS *an, auf, in, über,* AND *vor*

PREPOSITIONS THAT TAKE DATIVE OBJECTS

PREPOSITIONS THAT TAKE ACCUSATIVE OBJECTS

PREPOSITIONS THAT TAKE GENITIVE OBJECTS

Wortschatz

der Ausflug (¨e) excursion
die Bank (¨e) bench
der Bastler (-), die
  Bastlerin (-nen) hobbyist
der Fernseher (-)
  television set
das Gesellschaftsspiel (-e)
  parlor game
das Hobby (-s) hobby
das Kartenspiel (-e) game
  of cards
die Laufbahn (-en) track
die Mannschaft (-en) team
das Motorrad (¨er)
  motorcycle
das Netz (-e) net
das Picknick (-s): ein
  Picknick machen to
  have a picnic
der Profi (-s) professional
  player, "pro"
(das) Schach chess
der Schläger (-) racket
der Spaziergang: einen
  Spaziergang machen to
  take a walk

das Spielfeld (-er) playing
  field
der Spielplatz (¨e) playing
  court
die Sportart (-en) type of
  sport
die Sporthalle (-n)
  gymnasium
der Sportler (-), die
  Sportlerin (-nen) athlete
der Sportverein (-) sports
  club
das Stadion (Stadien)
  stadium
der Stammtisch (-e) table
  reserved for regular guests
der Tänzer (-), die Tän-
  zerin (-nen) dancer
das Tanzstudio (-s) dance
  studio
das Tor (-e) goal
der Trainer (-), die
  Trainerin (-nen) coach

amüsieren: sich amüsieren
  to have a good time
angehören (gehörte . . .
  an, angehört) (+ *dat.*)
  to belong to (organiza-
  tion)
betreiben* to go in for
eislaufen (läuft, lief . . .
  eis, ist eisgelaufen) to
  ice-skate
fernsehen (sieht, sah . . .
  fern, ferngesehen) to
  watch television
Gewichte heben* to lift
  weights
gewinnen* to win
reiten* to ride (*an animal*)
Ski laufen (läuft, lief . . .
  Ski, ist Ski gelaufen) to
  ski
stoßen* to kick; to push
stricken to knit
tanzen to dance
trainieren to train
turnen to do gymnastics

A. Wo treibt man welche Sportart? Ordnen Sie jedem Substantiv links ein passendes Substantiv rechts zu.

1. Schwimmen
2. Bodybuilding
3. Tennis
4. Fußball
5. Tanzen
6. Surfen

a. Spielfeld
b. Meer
c. Tanzstudio
d. Sporthalle
e. Schwimmbad
f. Spielplatz

B. Ergänzen Sie die folgenden Sätze.

1. Familie Schmitt macht am Wochenende meistens einen _____, wenn das Wetter schön ist.
2. Jeden Freitagabend trifft sich Herr Meistermann nach der Arbeit mit seinen Kollegen am _____ im alten Gasthaus „Zum Schwarzen Affen".
3. Seitdem Elisabeth einen neuen _____ gekauft hat, spielt sie Tennis öfter und besser als vorher.
4. Unser _____ hat uns gut auf das nächste Spiel am Wochenende vorbereitet.
5. Welche _____ betreibt deine Schwester?
6. Ich spiele gern _____, aber man muß so lange sitzen!
7. Es macht viel Spaß, ein _____ zu fahren, aber solche Fahrzeuge sind gefährlich.
8. Unser _____ hat schon viele Mitglieder, obwohl er erst fünf Jahre alt ist.
9. Unsere Volleyballmannschaft hat einen Punkt verloren, weil jemand den Ball unter das _____ gestoßen hat.
10. In Amerika ist Trivial Pursuit immer noch populär; in Deutschland ist Skat ein sehr beliebtes Kartenspiel. Beide sind _____.
11. Mein Bruder kann sehr schwere _____. Er betreibt schon fünf Jahre lang Bodybuilding.
12. Zum Spaß _____ ich sehr gern. Letzten Winter habe ich mir ein Paar Socken und einen Pullover gemacht.

C. Klassenumfrage. Welche Hobbys und Sportarten betreibt man in Ihrer Klasse und wie oft? Fragen Sie drei Kommilitonen/Kommilitoninnen, ob sie . . .

1. tanzen
2. fernsehen
3. Gewichte heben
4. radfahren

5. Karten spielen
6. schwimmen
7. Fußball spielen
8. ?

Wie oft machen sie das? Einmal in der Woche (im Monat)? Alle paar Tage? Jeden Tag? Wer ist am sportlichsten in Ihrer Umfragegruppe? In der ganzen Klasse?

$\mathcal{S}$trukturen

PREPOSITIONS THAT TAKE EITHER DATIVE OR ACCUSATIVE OBJECTS

When using prepositions in German, you must take two things into account:

- **The proper preposition to use in a given situation;**
- **The proper case to use with the object of the preposition.**

The following prepositions most often take dative objects. However, when they are coupled with verbs of motion to express a change from one location to another, they take accusative objects.

an	unter
auf	vor
hinter	zwischen
in	
neben	
über	

Expressing *change of location:*

	Verb of Motion	CHANGE OF LOCATION	
		Preposition	*Object in Accusative*
Die Sportler	gehen	in	den Park.

Not expressing change from one location to another:

1. when *a set position* rather than change of location is implied:

	Static Verb	SET POSITION	
		Preposition	*Object in Dative*
Die Sportler	sitzen	in	dem Park.

2. when movement in *multiple directions* is implied:

| | Verb | | MULTIPLE DIRECTIONS | |
			Preposition	Object in Dative
Die Sportler	spielen	Fußball	in	dem Park.

Here are the most common uses of these prepositions.

1. **an** (*at, to, on:* proximity or contact with objects in a room, vertical surfaces, political or geographical boundaries [for example, where land meets water])

DATIVE	ACCUSATIVE
Dagmar sitzt **am** Schreibtisch (Fenster / **an der** Wand).	Dagmar geht **an den** Schreibtisch (**ans** Fenster / **an die** Wand).
Die Landkarte hängt **an der** Wand (Wandtafel).	Frau Eberle hängt die Landkarte **an die** Wand (Wandtafel).
Der Zug hält **an der** Grenze.	Der Zug fährt **an** (*to*) **die** Grenze.
Die Kinder spielen **am** Strand.	Wir fahren heute **an** (*to*) **den** Strand.
Trier liegt **an der** Mosel.	Unser Verein fährt **an** (*to*) **die** Mosel.

2. **auf** (*upon, on:* contact with a horizontal surface or any structure offering support from below; *at, to:* **Bank, Gymnasium, Post, Uni,** and open areas)

DATIVE	ACCUSATIVE
Der Schläger liegt **auf dem** Tisch.	Kai legt den Schläger **auf den** Tisch.
Petra ist **auf der** Bank (Uni).	Petra geht **auf die** Bank (Uni).
Die Fußballer spielen **auf dem** Rasen.	Bitte, gehen Sie nicht **auf den** Rasen!
Ihr dürft nicht **auf der** Straße spielen!	Geht nicht **auf die** Straße!

3. **hinter** (*behind*)

DATIVE	ACCUSATIVE
Wer steht **hinter der** Torlinie?	Wer geht **hinter die** Torlinie?

4. **in** (*in, into; at, to*)

DATIVE	ACCUSATIVE
Welche Mannschaft spielt **im** Stadion?	Welche Mannschaft geht **ins** Stadion?
Trainierst du **in der** Sporthalle?	Wen bringst du **in die** Sporthalle mit?
Ich schwimme gern **im** Schwimmbad.	Ich springe gern **ins** Schwimmbad.

Note that if a place name is preceded by the article, **in** is used as above.[*]

> Er wohnt **in der** Schweiz (**in der** Tschechoslowakei, **in den** USA).
> Er reist **in die** Schweiz (**in die** Tschechoslowakei, **in die** USA).

Otherwise, **nach** must be used with place names to express destination.

> Er reist nach Berlin.

5. **neben** (*next to, beside*)

DATIVE	ACCUSATIVE
Anne saß **neben dem** Trainer.	Anne setzte sich **neben den** Trainer.
Das Stadion steht **neben der** Sporthalle.	

6. **über** (*over; across†*)

DATIVE	ACCUSATIVE
Eine Lampe hängt **über dem** Tisch.	Birgit hängt eine Lampe **über den** Tisch.
Der Hubschrauber (*helicopter*) flog den ganzen Tag **über der** Stadt.	Der Vogel flog **über den** See (*lake*).

7. **unter** (*under; among*)

DATIVE	ACCUSATIVE
Der Ball lag **unter dem** Netz.	Sabine warf den Ball **unter das** Netz.
Unter den Sportlern ist keiner, der gut Tennis spielt. (*No one among the athletes plays tennis well.*)	Der Trainer verteilte Handtücher **unter die** Spieler. (*The coach distributed towels among the players.*)

---

[*]See p. 80 concerning the use of the definite article with the names of countries.
†For the use of **über** in expressions of time, see pages 83, 85.

8. **vor** (*before, in front of; up to**)

DATIVE	ACCUSATIVE
Warum bleibt der Schiedsrichter **vor dem** Torpfosten? (*Why is the umpire staying in front of the goal post?*) Wir spielen oft Fußball **vor dem** Physikgebäude.	Wer hat den Transporter **vor das** Stadion gefahren? (*Who drove the van up to the stadium?*)

9. **zwischen** (*between*)

DATIVE	ACCUSATIVE
Die Spielplätze liegen **zwischen dem** Spielfeld und **der** Laufbahn.	Alex hat den Ball **zwischen die** Torpfosten gestoßen.

Einen Schritt weiter

Transitive/Intransitive Pairs

On page 46 you read about verb pairs like the following.

sitzen/setzen   liegen/legen   stehen/stellen   hängen/hängen

The first infinitive of each pair is intransitive (cannot take a direct object) and strong; the second infinitive is transitive and weak. These verb pairs also affect the case taken by prepositions, as the following examples demonstrate.

INTRANSITIVE	TRANSITIVE
Set Position: Dative	*Change of Location: Accusative*
Der Schläger **lag auf der** Bank.	Kai **legte** den Schläger **auf die** Bank.
Barbara **saß neben dem** Trainer.	Barbara **setzte sich neben den** Trainer.
Die Bank **stand an der** Wand.	Dagmar **stellte** die Bank **an die** Wand.
Die Namensliste **hing an der** Tafel.	Die Trainerin **hängte** die Namensliste **an die** Tafel.

---

*See page 85 on the use of **vor** in expressions of time.

A. Geben Sie eine logische Antwort auf jede Frage.

BEISPIEL: Wohin fahrt ihr dieses Jahr in Urlaub? →
In die Karibik.

1. Wo geht Herr Fischer nach der Arbeit joggen?
   An den/dem See.
2. Wo sitzt das alte Ehepaar so gern?
   Auf die/der Bank.
3. Wohin rollt der Tennisball?
   Hinter das/dem Netz.
4. Wo findet das große Fußballspiel statt?
   In das/dem Stadion.
5. Wo steht die chinesische Vase deiner Mutter?
   Neben den/dem Fernseher.
6. Wo wohnt der Tanzlehrer?
   Über das/dem Tanzstudio.
7. Wo wollen wir unser Picknick machen?
   Unter einen/einem Baum.
8. Wohin läuft die Sportlerin?
   Vor das/dem Tor.
9. Wo treffen sich die Tennispartner?
   Zwischen die/den Spielplätze(n).

B. Beschreiben Sie die folgenden Bilder.

BEISPIEL:
Die Leute sind auf der Post.

1.

2.

3.

4.

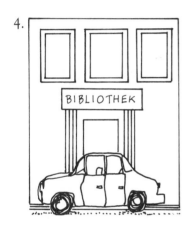

5.

6.

7.

8.

C. Wo ist das? Kettendialog (*chain dialogue*): Fragen Sie die Person, die neben Ihnen sitzt, wo sich ein bestimmter Gegenstand (*object*) im Klassenzimmer befindet. Diese Person stellt dann der Person neben ihr eine ähnliche Frage. Benutzen Sie folgende Verben und Präpositionen im Dativ.

> BEISPIEL: ST. A: Wo liegt mein Deutschbuch?
> ST. B: Es liegt unter deinem Stuhl.

VERBEN

hängen	liegen	stehen

PRÄPOSITIONEN

an	in	unter
auf	neben	vor
hinter	über	zwischen

D. Wohin gehört das? Kettendialog: Fragen Sie die Person, die neben Ihnen sitzt, wohin ein bestimmter Gegenstand im Klassenzimmer gehört. Sie antwortet auf Ihre Frage, indem sie Ihnen einen Befehl gibt. Sie stellt dann eine ähnliche Frage an die nächste Person. Benutzen Sie folgende Verben im Imperativ und folgende Präpositionen mit dem Akkusativ.

> BEISPIEL: ST. A: Wohin gehört die Landkarte?
> ST. B: Hänge sie bitte an die Wand!

VERBEN

legen	stellen	hängen

PRÄPOSITIONEN

an	in	unter
auf	neben	vor
hinter	über	zwischen

E. Eine Party. Sie haben Gäste eingeladen und müssen noch die letzten Vorbereitungen (*preparations*) treffen. Ihr Partner / Ihre Partnerin hilft Ihnen dabei. Ergänzen Sie die Präpositionen und Artikel, dann führen Sie den Dialog fort.

ST. A: Kannst du bitte den Tisch decken?
ST. B: Ja, wo ist denn die Tischdecke?
ST. A: _Im_ Schrank. Bitte stell die Teller auf _____ Tisch.
ST. B: Wo sind die Teller?
ST. A: _____ _____ Küche.
ST. B: Wohin kommen die Messer?

ST. A: Rechts ＿＿ ＿＿ Teller.
ST. B: Und wohin kommen die Gabeln?
ST. A: . . .

NÜTZLICHE AUSDRÜCKE

Anrichte (*f.*) (*buffet*)	Küchenschrank (*m.*)
Blumenvase (*f.*)	Löffel (*pl.*)
Gläser (*pl.*)	Servietten (*pl.*)
Kerzenleuchter (*pl.*) (*candle holders*)	Wohnzimmer (*n.*)

F. Weitere Vorbereitungen. In Gruppen zu dritt oder zu viert: Nun müssen Sie noch rasch (*quickly*) die Wohnung dekorieren und Knabberzeug (*snacks*) kaufen.

1. Was kaufen Sie alles? Machen Sie eine Liste.
2. Wohin hängen, legen, stellen Sie die Sachen?

   BEISPIEL: Wir kaufen Lampions (*paper lanterns*) und hängen sie in den Garten.

3. Fragen Sie jetzt die anderen Gruppen, wie sie ihre Wohnungen dekoriert haben.

   BEISPIEL: Habt ihr Papierschlangen (*streamers*) gekauft? Wohin habt ihr sie gehängt?

FIGURATIVE USE OF THE PREPOSITIONS
an, auf, in, über, AND *vor*

The prepositions **an, auf, in,** and **über** usually take the accusative when they are used figuratively—in other words, when they occur in expressions that have nothing to do with motion or space.

The preposition **an** with the accusative is used figuratively to express a few mental processes.

Ich denke oft **an die** Großeltern.	*I often think about my grandparents.*
Diese Tänzerin erinnert mich **an meine** Tante.	*This dancer reminds me of my aunt.*
Erinnerst du dich **an das** große Spiel vom letzten Jahr?	*Do you remember the big game we had last year?*
Glaubst du **an den** Osterhasen? —Selbstverständlich!	*Do you believe in the Easter bunny? —Of course!*

Note that **schreiben** is often used with **an** and the accusative in place of an indirect object.

> Ich schreibe oft **an den** Opa. = Ich schreibe oft **dem** Opa.

The preposition **auf** with the accusative is often used figuratively to express hope or expectation.

Wir freuen uns **auf den** Tanzabend.	We're looking forward to the dance.
Unsere Mannschaft hofft **auf einen** leichten Sieg.	Our team is hoping for an easy victory.
Wie lange wartet ihr schon **auf den** Trainer?	How long have you been waiting for the coach?
Auf Wiedersehen.	Good-bye. (Till we see each other again.)

Note the difference between these two expressions.

Bald reist unsere Tennismannschaft **eine Woche** nach Spanien.	Soon our tennis team will be on the road for a week traveling to Spain.
Bald reist unsere Tennismannschaft **auf eine Woche** nach Spanien.	Soon our tennis team will travel to Spain (expecting to stay) for a week.

The preposition **in** with the accusative occurs in one common, figurative expression.

Karsten ist (hat sich) **in die** Eisläuferin verliebt.	Karsten is (has fallen) in love with the ice skater.

The preposition **über** when used with the accusative in a figurative sense is almost always the equivalent of English *concerning, about.*

> Der Reporter hat viel **über das** Spiel geschrieben (gesprochen, berichtet, gelesen, gehört, diskutiert, geredet).

Wir freuen uns sehr **über unseren** Sieg von gestern.	We're really happy about our victory yesterday.

Note the difference in the figurative uses of **an** and **über** with the verb **denken.**

AWARENESS

Ich denke oft **an das** letzte Turnier.	I often think about the last tournament.

OPINION

Was denkst du **über die** Lage in Osteuropa?	What do you think about the situation in Eastern Europe?

The preposition **vor** (with the dative) is used to indicate the cause of an emotional response:

> Ich schwimme selten, weil ich Angst **vor** Wasser habe.
> *I seldom swim because I'm afraid of water.*
>
> Unsere Mannschaft hat große Achtung **vor** dem Trainer.
> *Our team has great respect for the coach.*
>
> Der Akrobat wurde blaß **vor** Furcht (Schrecken).
> *The acrobat turned pale from fear (fright).*
>
> Die Zuschauer schrien **vor** Freude (Begeisterung).
> *The spectators cried out for joy (enthusiasm).*

Vor is also used with expressions of warning or defense:

> Der Schiedsrichter warnte die beiden Mannschaften **vor** einer Verzögerungstaktik.
> *The empire warned both teams about (using) delaying tactics.*
>
> Die Angler suchten Schutz **vor** dem heftigen Sturm.
> *The fishermen sought refuge from the severe storm.*

Strandkörbe an der Nordsee schützen gegen Wind und Sonne.

A. Eine neue Liebe. Ergänzen Sie die Sätze mit den passenden Präpositionen (**an, auf, in, über**) und Endungen.

AXEL: Ich habe solches Heimweh! Ich denke immer wieder _____ mein _____ Heimat.[1] Du weißt doch, daß meine Heimatstadt, Cuxhaven, _____ d_____ Nordküste Deutschlands liegt.[2]

PETER: Nein, das habe ich nicht gewußt. Du sprichst ja selten _____ dein_____ Heimatstadt.[3]

AXEL: Stimmt schon, aber ich muß dir sagen, daß ich mich wirklich _____ mein_____ Rückflug (*m.*) (*return flight*) freue.[4] Meine Flugtickets liegen schon _____ mein_____ Schreibtisch.[5] Ich fliege übermorgen _____ ein_____ Monat dahin.[6]

PETER: Du bist aber erst drei Monate hier _____ d_____ USA (*pl.*).[7] Wieso hast du so ein heftiges Heimweh?

AXEL: Weil ich mich dort _____ ein_____ bestimmte Frau verliebt habe.[8] Seitdem ich hier bin, schreibe ich jede Woche einen Brief _____ sie.[9]

Sind Sie in eine bestimmte Person verliebt? Seit wann? Wohnt diese Person in der Nähe, oder müssen Sie Ihre Beziehung (*relationship*) durch den Briefwechsel (*exchange of letters*) pflegen (*carry on*)?

B. Kindheitsglauben. Ergänzen Sie die passenden Präpositionen und Artikel oder Pronomen im richtigen Kasus.

PETRA: In deinem Alter (*age*) glaubst du noch _____ d_____ Weihnachtsmann (*Santa Claus*)?![1]

PHILIP: Natürlich! Du nicht? Ich schreibe sogar einen Wunschzettel (*Christmas list*) _____ _____ (er)![2]

PETRA: Komm doch! Das gibt's doch nicht. Haben deine Eltern nie mit dir dar_____ geredet? _____ solche Dinge muß man doch diskutieren![3]

PHILIP: Ich freue mich jedes Jahr _____ Weihnachten.[4] Und im Frühling kann ich kaum _____ Ostern warten![5]

PETRA: Das ist aber blöd (*dumb*)! Hoffentlich hast du keine Angst _____ d_____ Osterhasen (*m. Easter bunny*)![6]

28 DER BELIEBTESTEN UND SCHÖNSTEN WEIHNACHTS LIEDER

PREPOSITIONS THAT TAKE DATIVE OBJECTS

The following prepositions always take the dative case.

aus	nach
außer	seit
bei	von
gegenüber	zu
mit	

Note that the prepositions **aus, von,** and **zu** are in this group even though they usually express a change of location.

1. **aus** (*out of; from* [a place of origin]; *made of*)

    > Was bringst du **aus der** Sporthalle? —Einen alten Schläger **aus** Eiche (*oak*). Wahrscheinlich kommt er **aus** Deutschland.

    Note that **aus,** not **von,** must be used to indicate one's place of origin.

    > Christophs Vater kommt **aus Österreich.**

2. **außer** (*except; besides, in addition to*)

Außer meinem Freund ist niemand zum Turnier gegangen. —Doch, außer deinem Freund ist der Trainer auch dahin gegangen.	*Except for my friend, no one went to the tournament. —On the contrary, besides (in addition to) your friend the coach also went there.*

3. **bei** (*at* [place of residence or work; social events]; *by, near* [people or outdoor objects or locations], *while* [with infinitives])

    > Andreas wohnt **bei seiner** Tante. Kennst du sie? —Ja, sie ist Professorin. Wir lernen Englisch **bei ihr.**
    > Weißt du, warum Andreas heute den Unterricht geschwänzt hat? —Ich glaube, er war **beim Arzt,** und dann ging er zu McDonalds. Weißt du, er arbeitet **bei** McDonalds.

    Note that **bei** is also used with the names of business establishments to translate English *at:* **bei McDonalds**

    > Warst du **beim** Oktoberfest (Picknick, Tanzabend)? —Ja, ich habe immer noch ein paar Brezeln (*pretzels*) **bei mir.** —Übrigens, ist das Hofbräuhaus **beim** Rathaus?

Trinkt ihr immer Kaffee **beim** Lesen (Schreiben, Korrigieren)?	*Do you always drink coffee while reading (writing, correcting)?*

4. **gegenüber** (*across from*)

    > Steht die Sporthalle **gegenüber dem** Stadion?

5. **mit** (*with; by* [modes of transportation])

> Übrigens, wir fahren **mit** Reinhard zum Fußballspiel.
> Wir fahren **mit dem** Zug (Bus, Wagen, Transporter) zum Stadion.

Note the difference between the following.

> Gerd wohnt **bei seiner** Tante.   *Gerd lives at his aunt's.*
> Gerd wohnt **mit** Toni **zusam-**   *Gerd lives (shares expenses) with*
> **men.**   *Toni.*

6. **nach** (*after; according to; to* [place names, directions, home])

> **Nach dem** Fußballspiel essen wir alle zu Abend bei mir (zu
> Hause).
> Ich mache gebackenen Fisch und einen Salat. Wißt ihr, **dem**
> Trainer **nach** (*according to the coach*) soll man wenig Fett essen.
> Wie kommen wir zu dir (**nach** Hause)?
> Geht **nach** links (Osten) bis   *Go left (east) up to Max Street*
> zur Maxstraße und dann   *and then right.*
> rechts.
>
> Meine Wohnung ist oben (*upstairs*), also kommt **nach** oben.
> Die Trainerin fliegt morgen **nach** Köln (Afrika, Hawaii, Kalifor-
> nien).

Note: If the place name is used with the article, the preposition **in**
with the accusative—not **nach**—must be used.

> Ich fliege **in die** Schweiz (Tschechoslowakei, Vereinigten Staaten,
> Türkei).
> SIMILARLY: Ich fliege **nach** Mexiko.
> BUT: Ich fliege **in das** schöne, warme Mexiko.

See pages 80–81 on the use of the article here.

7. **seit** (*since; for* [with a time period])

> **Seit ihrem** letzten Geburtstag habe ich Claudia nicht gesehen.
> Sie ist (schon) **seit** fünf Monaten in Leipzig.

Note: See pages 15–16 on the use of the present tense here.

8. **von** (*by* [authors or artists; agents in passive sentences: see page 325];
of [indicating possession]; *from*)

> Viele populäre Lieder wurden **von den** Beatles komponiert.
> Dieser Roman (*novel*) ist **von** Hesse. Ich habe ihn **von** Rita
> bekommen.
> Rita ist gestern **von** Bonn zurückgefahren und hat ihn mitgebracht.
> Übrigens, wie hat Hesse ausgesehen? —Hier ist ein Bild **von ihm.**

No preposition is used in the following expressions.

a. with the names of cities, months, and dates

die Stadt München	*the city of Munich*
der Monat September	*the month of September*
der 24. Dezember	*the 24th of December*

b. with units of measure

ein Bogen Papier	*a sheet of paper*
zehn Bogen Papier	*ten sheets of paper*
ein Glas Bier	*a glass of beer*
zwei Glas Bier	*two glasses of beer*

The plural form of units of measure (for example, **Gläser**) is not used in these expressions unless the plural is formed by adding **-n:**

eine **Tasse** Kaffee	*a cup of coffee*
zwei **Tassen** Kaffee	*two cups of coffee*
ein Paar Schuhe	*a pair of shoes*
zwei Paar Schuhe	*two pairs of shoes*

9. **zu** (*to* [a person or location; social functions]; *at* [home])

Gehst du heute nachmittag **zu** Meyers, um Karten zu spielen?	*Are you going to the Meyers' this afternoon to play cards?*

—Nein, leider muß ich **zum** Zahnarzt.
—Wenn du willst, fahre ich dich **zu seinem** Büro (**zum** Dom, Kino).

Note that **bei** and **zu,** and not **in,** are used with the names of business establishments.

Ich gehe in dieses Geschäft.   Ich arbeite in diesem Geschäft.

BUT

Nach dem Zahnarzttermin gehe ich **zu** Hertie.* Du weißt schon, daß ich **bei** Hertie arbeite, nicht?
Kommt ihr mit **zum** Picknick (Spiel), oder bleibt ihr heute **zu** Hause?

A well-known department store in Germany.

Diese Freunde verbringen ihre Freizeit am Stammtisch.

Einen Schritt weiter

Many Germans prefer to use the preposition **auf** rather than **zu** or **bei** when talking about relatively elaborate functions.

>Wir gingen **zum** Tanz (Fest). Wir waren **beim** Tanz (Fest).

BUT

>Wir gingen **auf den** Maskenball (**aufs** Oktoberfest).
>Wir waren **auf dem** Maskenball (Oktoberfest).

Study Hint

How to express to *in German*

The most common preposition used in English to express destination is *to*.

>*I'm going* **to** *the stadium, the movies, the park, the garden, the forest.*

In German the most common preposition used for this function is **in,** which is used to express entry into any area enclosed by at least three sides.

>Ich gehe **in** das Stadion, das Kino, den Park, den Garten, den Wald.

The most important exceptions to this rule are

1. **an** is used with geographic or political boundaries (see page 149);
2. **auf** is used with **Bank, Gymnasium, Post, Uni** (see page 149);

3. **nach** is used with geographic names and with **Hause** (see page 160);
4. **zu** is used with people and names of business establishments (see page 161).

Note that **zu** usually implies approach to a destination, without entry. For this reason it is often used in conjunction with verbs of transportation when approach but not entry is implied.

> Ich fahre (gehe) **in** die Stadt (die Garage, die Berge, den Park, das Dorf).

BUT

> Ich fahre **zur** Uni, **zum** Kino, **zur** Kirche, **zum** Dom, **zum** Hotel, **zu** Meyers.

ÜBUNGEN

A. Unsere kleine Stadt. Erzählen Sie die Geschichte unserer kleinen Stadt, indem Sie passende Satzteile miteinander kombinieren.

1. Die Bushaltestelle liegt direkt	a. aus dem Haus.
2. Das Gymnasium liegt nicht weit	b. aus einem Dorf in Bayern.
3. Im Café Post liest Herr Schlemmer die Zeitung	c. bei ihnen.
4. Nachher geht er wieder	d. beim Kaffeetrinken.
5. Frau Hinkelmeyer besitzt das Café Post	e. gegenüber dem Gymnasium.
6. Sie kommt	f. mit ihrem Mann und zwei Kindern.
7. Sie wohnt nebenan	g. nach Hause.
8. Ihre Mutter wohnt auch	h. schon seit vier Jahren.
9. Aber sie kommt nur selten	i. vom Park.
10. Das ist also die Geschichte	j. von unserer kleinen Stadt.

B. So vertreiben (kill, spend) wir uns unsere Zeit! Ergänzen Sie die passenden Präpositionen.

1. Meine Schwester, Ute, strickt _____ dem letzten Dezember an einem Pullover für Mutti.
2. Unsere ganze Familie macht nächstes Wochenende eine Reise _____ Chemnitz.
3. Mein Bruder, der Gewichte hebt, liest gerade ein interessantes Buch _____ dem österreichischen Bodybuilder Schwarzenegger.
4. Morgen geht meine Schwester, Natalie, _____r Sporthalle.

5. Ich werde wohl _____ Hause bleiben, denn ich amüsiere mich sehr _____ meinem Freund, Markus, _____ Gesellschaftsspielen, Schach, und Skat.
6. Meinen Eltern _____ soll ich mich mehr bewegen, etwa (*for example*) Fußball spielen.
7. Ich bin aber total unsportlich und gehe höchstens _____ meinen Freunden tanzen.

C. Freizeit und Sport. Ergänzen Sie die Sätze auf eine logische Art und Weise.

BEISPIEL: Man spielt Tennis mit **einem Schläger.**

1. Ein Sportler kommt gerade aus _____.
2. Außer _____ schwimmen viele Sportler.
3. Beim _____ kann man sich schwer verletzen.
4. Gegenüber _____ liegt die neue Sporthalle.
5. Ich gehe gelegentlich (*occasionally*) mit _____ surfen.
6. Nach _____ gehen viele Leute in eine Kneipe.
7. Seit _____ spielt Richard Skat.
8. Die ganze Mannschaft ist vor drei Tagen von _____ zurückgekehrt.

D. Lernen Sie Ihren Partner / Ihre Partnerin näher kennen! Fragen Sie ihn/sie, . . .

1. woher seine/ihre Familie kommt.
2. mit oder bei wem er/sie wohnt.
3. wo seine/ihre Wohnung liegt.
4. seit wann er/sie in dieser Stadt wohnt.
5. von wem er/sie am liebsten Bücher liest.
6. wohin er/sie nach dem Unterricht geht.
7. wo er/sie arbeitet.
8. was er/sie nach dem Studium macht.

Jetzt erzählen Sie der ganzen Klasse von Ihrem Partner / Ihrer Partnerin.

PREPOSITIONS THAT TAKE ACCUSATIVE OBJECTS

The following prepositions, always take the accusative case.

bis	für	um
durch	gegen	wider
entlang	ohne	

1. **bis** (*until; by* [time]; *as far as*)

    Ich habe **bis** elf Uhr gelernt und dann ein bißchen ferngesehen.
    Der Tennisplatz muß **bis** nächsten Montag fertig sein.

Bis is generally accompanied by another preposition when the definite article is required or when it means *as far as*.

> Das Turnier in Italien dauert nur **bis zum** einundzwanzigsten Juni.
> —Fährt Regina mit ihrem Motorrad dahin? —Nein, sie fährt damit nur **bis in** die Schweiz* / **bis nach** Deutschland. ·

2. **durch** (*through; by* [means of]; *with*)

> Das Schachspiel wurde **durch einen** großen Krach im Hörsaal gestört.
>
> The chess match was interrupted by a loud noise in the auditorium.

> Man ist **durch den** ganzen Hörsaal gegangen, aber konnte nichts finden.

> **Durch** viel Mühe hat man endlich wieder Ordnung gebracht.
>
> With a lot of effort things were finally calmed down.

3. **entlang** (*along*)

> Die ganze Mannschaft ist **die** Rennbahn **entlang** gelaufen.

Note that **entlang** normally follows its object.

4. **für** (*for*)

> Oma hat dieses Spiel **für uns** gekauft.
> Jetzt müssen wir schwer **für das** große Spiel trainieren.

5. **gegen** (*against; into; around or about* [time])

> Das Rockkonzert hat **gegen** 8.00 Uhr angefangen.
> Beim Konzert hat jemand etwas **gegen eine** Wand geworfen.
> Aus diesem Grund (*reason*) sind einige meiner Freunde **gegen** Rockkonzerte.

6. **ohne** (*without*)

> **Ohne eine** gute Sporthalle ist es schwer zu trainieren.
> Unser Motto: „**Ohne** Fleiß (*diligence*) kein Preis".

7. **um** (*around* [location]; *for* [acquisition]; *at* [time])

> Wir mußten dreimal **um das** Stadion herumlaufen.

Note in the sentence above that **um** is reinforced by the separable prefix **herum** when used in conjunction with verbs of motion.

> **Um** 9.00 Uhr wollen Oskar und Eduard Karten spielen.
> Oskar spielt oft Karten mit Eduard **um** (*for*) Geld.

---

*See p. 80 concerning the use of the definite article with the names of countries.

Am Ende muß Oskar fast immer Eduard **um** noch etwas Geld bitten.
Wenn er weiterspielt, muß er sich **um eine** bessere Stelle bewerben.

8. **wider** (*opposed to* [against])

Dieser Professor ist **wider/gegen** die Konkurrenz (*competition*) im Sport.

Wider only occurs in literary German and is equivalent to English *opposed to*. It can never be used in a spatial sense. **Gegen** occurs in conversational and literary German and can be used in both a spatial and figurative sense.

Study Hint

Instead of running through three lists of prepositions every time you wish to determine which case to use, you may prefer the following approach. The case most commonly taken by prepositions is the dative. The most practical approach is to master the instances in which the accusative case is required and to view the dative as the default case for prepositions.

The following principle will help you determine when prepositions take the accusative case.

When the meaning of a preposition implies motion in one general direction or at least action directed toward a destination, the object of the preposition must be in the accusative.

If you review the examples given on the previous pages, you will note that the following are the only important exceptions to this rule.

1. **Aus, von,** and **zu** take the dative case even though they imply motion in a general direction (pages 159–161).
2. **Ohne** takes the accusative case even though it does not imply direction or destination.

CONTRACTIONS

an + dem → am		in + das → ins	
an + das → ans		von + dem → vom	
bei + dem → beim		zu + dem → zum	
in + dem → im		zu + der → zur	

In spoken German, even more contractions occur.

Ich warte aufs Taxi.   Ist dieses Buch fürs Kind?

ÜBUNGEN	

A. Willst du ins Kino? Ergänzen Sie den Dialog mit den passenden Präpositionen und dem bestimmten Artikel. Achten Sie auf den Kasus (Akkusativ **und** Dativ).

ANDREAS: Gehen wir heute _____ Kino![1] Was willst du heute sehen?

MARIE: O, geh _____ mich![2] Ich habe heute keine Zeit. Ich muß _____ d_____ Bibliothek.[3] Ich muß eine Arbeit _____ meine Englischklasse schreiben.[4]

ANDREAS: Kann das nicht _____ morgen warten?[5] Du könntest die Arbeit morgen schreiben, nicht?

MARIE: Es ist nicht so einfach, verstehst du? Ich muß auch heute _____ d_____ Bank gehen, weil ich kein Geld habe.[6] Und pünktlich _____ 9.00 Uhr kommen einige Freunde _____ d_____ USA vorbei.[7] Natürlich muß ich _____ Hause sein.[8]

ANDREAS: Schade! Vielleicht machen wir etwas _____ Wochenende.

B. Hobbys. Minidialoge: Ergänzen Sie die Pronomen, Possessivpronomen und Artikel.

SARAH: Mein Schwager hat übermorgen Geburtstag.

KURT: Was kaufst du für _____?[1]

SARAH: Einen Eisenbahnwagen für _____ Modelleisenbahn (f., *toy train*).[2]

THOMAS: Willst du mit mir Schach spielen?

ASTRID: Ja, gern. Gegen _____ gewinne ich bestimmt.[3]

THOMAS: Na, das wollen wir mal sehen.

FRAU MARTENS: Gartenarbeit ist das Schönste, was es für _____ gibt.[4]

FRAU KÜMMERLE: Das sieht man. So wunderbar würden die Blumen ohne _____ Arbeit auch nicht blühen.[5]

SVEN: Ich lese gern. Was ist denn dein Hobby?

INGE: Wandern! Durch _____ Wälder, um _____ Seen, _____ Flüsse entlang, herrlich![6]

ROLF: Wollen wir Montag wieder Tennis spielen?

MANFRED: Na klar! Sport ist ausgezeichnet (*excellent*) für _____ Figur (f.).[7] Ohne _____ wöchentliches Tennis-Match bin ich nur ein halber Mensch.[8]

ROLF: Also dann nächste Woche.

Was betreiben Sie als Hobby? Was machen Sie für Ihre Gesundheit?

C. So was kann passieren. Erfinden Sie eine kleine Situation für jedes Bild. Benutzen Sie die folgenden Ausdrücke als Hilfsmittel.

BEISPIEL: Die Wissenschaftlerin geht durch das Labor. Sie wird wohl ihren Kollegen suchen und mit ihm über ein Experiment reden.

a. ein Buch über Psychologie
b. für _____ von _____
c. ohne ihren Regenschirm
d. gegen neun Uhr
e. gegen einen Baum

1.

2.

4.

5.

D. Es lebe der Sport! Bilden Sie Sätze, indem Sie Verben und Präpositionen aus der Liste kombinieren und neue Satzelemente hinzufügen (*add*).

BEISPIEL: herumlaufen/um →
Ich laufe um den Park herum.

fitbleiben	Motorrad fahren	trainieren	entlang	ohne
Fußball spielen	segeln (*sail*)	bis	für	um
joggen	Ski laufen	durch	gegen	

PREPOSITIONS THAT TAKE GENITIVE OBJECTS

The following prepositions take genitive objects, although many speakers use the dative case in conversational German.

1. **(an)statt** (*instead of*)

   Wir haben einen Gruselfilm **statt eines Liebesfilms** gesehen. (Wir haben einen Gruselfilm **statt einem Liebesfilm** gesehen.)

   We saw a horror film instead of a love story.

2. **trotz** (*in spite of*)

   Trotz des guten Zusammenspiels hat unsere Mannschaft verloren.

   In spite of the good teamwork, our team lost.

3. **während** (*during*)

   Während des Sommers fahren wir in die Ferien.

   During the summer we go on vacation.

4. **wegen** (*on account of*)

   Wegen des schlechten Wetters mußten wir das Spiel verschieben.

   On account of the bad weather we had to postpone the game.

ÜBUNGEN

A. Na, trotzdem! Ergänzen Sie die Sätze mit einer passenden Präposition und der richtigen Form des bestimmten oder unbestimmten Artikels.

BEISPIEL: ____ ____ schlechten Wetters haben wir ein Picknick gemacht. →
Trotz des schlechten Wetters haben wir ein Picknick gemacht.

1. ____ ____ Vorlesung haben wir Karten gespielt.
2. Ich wollte einen Gruselfilm ____ ____ Krimis sehen.
3. ____ ____ Regens mußte man das Tennis-Match verschieben.
4. ____ ____ Schläfchens (*nap*) ist Opa immer noch sehr müde.
5. ____ ____ Winters laufen viele Leute Ski.
6. Kirsten geht ____ ____ starken Erkältung nicht mit uns spazieren.
7. Ich gehe ____ ____ Woche öfters joggen.
8. ____ ____ Motorrads kauft sich Uwe ein Fahrrad.

B.   Na, also! Schreiben Sie die Aussagen um, indem Sie die zwei Sätze mit einer Genitivpräposition kombinieren.

> BEISPIEL: Anja ist erkältet. Trotzdem geht sie heute surfen. →
> Trotz ihrer Erkältung geht Anja heute surfen.

1. Bettina trinkt keine Tasse Kaffee, sondern Kräutertee (*herbal tea*).
2. Obwohl Schnee auf den Straßen liegt, fährt Josef Motorrad.
3. Ein Film spielt, aber Gudrun schläft ein.
4. Meine Schwiegermutter wollte, daß wir noch eine zweite Nacht bleiben.
5. Man spielt Fußball, und die Fans schreien laut.
6. Nehmen wir lieber den Bus und nicht ein Taxi!
7. Ich gehöre diesem Sportverein an, denn es gibt viele Vorteile (*advantages*).
8. Obwohl das Nachteile (*disadvantages*) hat, haben wir uns entschlossen, keinen Wagen zu kaufen.

C.   Mini-Interview. Fragen Sie Ihren Partner / Ihre Partnerin,

1. was er/sie gern während des Winters macht.
2. was er/sie manchmal trotz einer Erkältung macht.
3. was er/sie oft wegen seiner/ihrer Eltern macht.
4. was er/sie ab und zu (*occasionally*) anstatt der Hausaufgaben macht.

Aktivitäten

IN WORT UND BILD: URLAUB! ABER ALLEIN?

Illustration: Bengt Foßhag

A. Allein verreisen. Fragen Sie Ihre Kommilitonen/Kommilitoninnen, ob sie schon einmal allein Urlaub gemacht haben, oder ob sie sich vorstellen könnten, allein Urlaub zu machen.

1. Was haben sie gemacht? Was würden sie machen?
2. Welche Vorteile gibt es, allein Urlaub zu machen?
3. Warum könnte ein solcher Urlaub ein Problem sein?

B. „Kein Problem: Allein verreisen." Lesen Sie den Text und beantworten Sie die Fragen.

Kein Problem: allein verreisen

3,5 Millionen Deutsche fahren jedes Jahr allein in Urlaub. Für viele ist das aber nur eine Notlösung[1]—sie fühlen sich unbehaglich[2] dabei. Doch wenn man ein paar Dinge beachtet, machen die Single-Ferien mehr Spaß:

■ Nicht in der Hauptferienzeit verreisen. Es wimmelt von[3] Familien, außerdem sind die Einzelzimmerzuschläge[4] dann am höchsten.

■ Kleine Hotels eignen sich[5] für Alleinreisende besser als 800-Betten-Burgen, wo der einzelne leicht in der Anonymität untergeht.

■ Guter Kontakt zum Hotelpersonal trägt dazu bei,[6] daß man sich wohl fühlt. Ein ordentliches Trinkgeld,[7] am besten gleich nach der Ankunft, wirkt da Wunder.

■ Bei einem kombinierten Rundreise-/Badeurlaub[8] sollte man zuerst die Rundreise buchen. Da lernt man schneller Leute kennen.

■ Ein Sporturlaub ist geradezu ideal, um Kontakte zu knüpfen.[9] Wichtig ist aber, daß man eine Sportart aussucht, die einem auch wirklich Spaß macht.

■ An Studienreisen nehmen überwiegend[10] Singles teil, allerdings sind sie meist schon etwas älter.

■ Club-Dörfer sind wahre Single-Hochburgen. Aber man muß das fröhliche Treiben mögen und natürlich mitmachen. Schüchterne[11] fühlen sich vom Clubleben schnell überrollt.

1. Was für ein „Urlaubstyp" sind Sie?
2. Planen Sie einen Urlaub mit einem Kommilitonen / einer Kommilitonin, der/die gleiche oder ähnliche Interessen hat wie Sie. Was wollen Sie machen? Wohin wollen Sie fahren? Wo und wie wollen Sie wohnen?

ANREGUNGEN ZUR UNTERHALTUNG

A. Ihre Freizeit. Was machen Sie am liebsten in Ihrer Freizeit?

1. Machen Sie eine Rangliste (*ranked list*) von fünf Aktivitäten, die Sie machen wollen, sobald Sie etwas Freizeit haben. Notieren Sie, welche Aktivität(en) Sie allein oder mit einem anderen machen wollen.
2. Suchen Sie in Ihrer Klasse einen Partner / eine Partnerin, mit dem/der Sie gern diese Aktivität(en) betreiben möchten. Überzeugen Sie ihn/sie mitzumachen!

---

[1]*last resort* [2]*uncomfortable* [3]*is teeming with* [4]*surcharges for single rooms* [5]*are suitable* [6]Bei . . . *helps, contributes to* [7]*tip* [8]*If you're combining a tour with a resort vacation* [9]*to make contacts* [10]*primarily* [11]*shy people*

Hättest du Lust, mit mir . . . zu . . . ?
Ich wollte gern mit dir . . .
Ich möchte dich gern einladen, mit mir . . . zu . . .

Das wird sicher Spaß machen.
Oh, vielen Dank, aber . . . interessiert mich nicht.
Das wäre nett, mit dir . . . zu . . .

B. Sport in Amerika. Führen Sie eine allgemeine Diskussion über Sport in Ihrer Klasse.

1. In Gruppen zu dritt oder zu viert: Sprechen Sie kurz über folgende Fragen.
    a. Was sind die beliebtesten Sportarten in Amerika?
    b. Wo, wie und wann kann man diese Sportarten lernen?
    c. Nennen Sie einige bekannte Mannschaften und Sportler.
    d. Welche Möglichkeiten gibt es, mit Sport Geld zu verdienen?
    e. Was halten Sie von Sportlern, die nicht (nur) durch Sport, sondern (auch) durch das Fernsehen oder Filme reich geworden sind?

2. Nachdem Sie diese Punkte in Ihrer Gruppe besprochen haben, diskutieren Sie weiter im Plenum darüber. Vergleichen Sie Ihre Ergebnisse (*results*) und Meinungen mit denen von anderen in Ihrer Klasse.

RÜCKBLICK

Übersetzen Sie! Wiederholen Sie die vorigen Kapitel. Übersetzen Sie keine Ausdrücke in eckigen Klammern ([ ]).

DAS SCHÖNE, WARME VENEDIG

UDO: Georgio and Rita, let's have* a picnic next Sunday.
RITA: Thanks a lot, Udo, but that [is something] we cannot [do]. We must stay† home because we are picking up (**abholen**) my niece and my nephew from the railroad station, and we want to take (**machen**†) a tour of the city with them.
UDO: Are you still (**immer noch**) going to Switzerland?

---

* Include the particle **doch**.
† Place this infinitive at the end of the clause.

GEORGIO: No, we changed our plans two months ago. Now we're planning (**haben . . . vor**) to travel† to the Mediterranean Sea. We enjoy warm (**warmes**) weather very [much]. One cannot compare† the weather in Switzerland with that (**dem**) [of] a country on the Mediterranean Sea.

UDO: In which country are you interested now?

RITA: Italy. We have also decided to go† to Venice (**Venedig**), Georgio's hometown. Georgio has already bought us our airplane tickets.

GEORGIO: We want to have a look at our favorite museums, then we [will] lie in the sun. Rita and I really (**richtig**) want to rest† this summer. You know, we often must work† overtime. We have always had a lot of fun (**Spaß**) there with my relatives. Rita gets along with them well.

UDO: Are your children going along (**mit**)?

RITA: No, we are going without the children because our son has just (**gerade**) gotten engaged, and [because] our daughter is cramming for her exams.

UDO: Well, have a very good (**gut**) time. But, do you know, a lot [will] also take place (**findet . . . statt**) here this summer. Our club is planning to have† several (**mehrere**) picnics. It is also sponsoring (**fördern**) four soccer games. Quite a few pros [will] spend a part [of] the summer here.

SCHREIBEN SIE!

A. Beschreiben Sie Ihren Lieblingsort. Es kann eine Stadt, ein Land, oder sogar etwas viel Kleineres sein, wie ein Strand. Warum gefällt es Ihnen dort so sehr? Vergessen Sie nicht, die Landschaft zu beschreiben. Gibt es Wälder, Seen, oder ein Meer? Gibt es Berge oder Strände? Was kann man dort machen? Wie ist das Wetter? Was haben Sie selbst dort gemacht? Haben Sie jemand Interessanten dort kennengelernt? Haben Sie dort etwas Interessantes entdeckt?

B. Beschreiben Sie einen bekannten Urlaubsort in Ihrem eigenen Land, den Sie einmal besucht haben, z.B. den Grand Canyon, Yosemite Park oder Yellowstone Park. Warum ist dieser Ort so beliebt?

Sitten und Gebräuche

Fasching: Spaß für alle

FUTURE TENSE

MODAL VERBS: PRESENT AND SIMPLE PAST TENSES

MODEL VERBS: FUTURE AND PERFECT TENSES

OTHER VERBAL CONSTRUCTIONS WITH DEPENDENT INFINITIVES

VERBAL CONSTRUCTIONS WITH *zu* **+ INFINITIVE**

Wortschatz

der Adventskranz (¨e)
Advent wreath

das Bierzelt (-e) beer tent

(der) Fasching Mardi Gras
(in Southern Germany)

der Festwagen (-) float (in
parades)

der Festzug (¨e) parade

das Feuerwerk (-e)
fireworks

der Glühwein hot, spicy
wine

der Heiligabend (-e)
Christmas Eve

die Kapelle (-n) band, orchestra

(der) Karneval Mardi Gras
(in Northern Germany)

der Karnevalszug (¨e)
carnival parade

die Kerze (-n) candle

die Maske (-n) mask

der Maskenball (¨e)
costume ball

der Nikolaustag St. Nicholas' Day (December 6):
day when children re-
ceive gifts

das Oktoberfest festival
held in late September
and early October

(das) Ostern Easter

der Rosenmontag Monday
before Ash Wednesday,
when special parades take
place

(das) Silvester New Year's
Eve

der Tannenbaum (¨e) fir
tree

das Volksfest (-e)
traditional festival

die Weiberfastnacht last
Thursday before Ash
Wednesday, when
women assume control of
the city

**Weihnachten: zu Weih-
nachten** at Christmas

der Weihnachtsbaum (¨e)
Christmas tree

das Weihnachtsgebäck
Christmas cookies, pastry

die Weihnachtszeit
Christmas(time)

die Weinernte harvest of
grapes used in making
wine

das Weinfest (-e) wine
festival

feiern to celebrate

schunkeln to link arms and
sway from side to side

**stattfinden (fand . . . statt,
stattgefunden)** to take
place

sich verkleiden to dress up
in a costume

A.   Welcher Ausdruck gehört nicht zur Gruppe?

1. Karneval, Maskenball, Weihnachtsbaum, Oktoberfest
2. Weihnachten, Bierzelt, Adventskranz, Tannenbaum
3. Adventskranz, Heiligabend, Silvester, Fasching
4. Nikolaustag, Weiberfastnacht, Tannenbaum, Weihnachtsgebäck

B.   Ergänzen Sie die folgenden Sätze.

1. Im Sommer nach der Weinernte hat jede Stadt und jedes Dorf am Rhein und an der Mosel ein eigenes _____.
2. Viele amerikanische Touristen besuchen im Herbst das _____ in München.
3. Jedes Jahr zu Weihnachten, wenn es draußen sehr kalt ist, trinken wir Glühwein und essen _____.
4. Auf dem Karneval _____ sich die meisten Leute und gehen zu Maskenbällen und zu Festzügen.
5. Zu jedem Volksfest gehört ein Bierzelt und eine _____, die Tanz- und Schunkelmusik spielt.

C.   Ergänzen Sie! Ordnen Sie jedem Ausdruck links eine passende Ergänzung rechts zu.

1. Rosenmontag
2. Ostern
3. Heiligabend
4. Silvester
5. Weiberfastnacht

a. ist der letzte Tag und die letzte Nacht des Jahres.
b. ist der Tag im deutschen Karneval, an dem viele Festzüge stattfinden.
c. ist der Sonntag im Frühling, an dem es bunte Eier gibt.
d. ist der Tag, an dem Frauen zum Spaß die Stadtregierung übernehmen.
e. ist der Tag, an dem die Deutschen Weihnachten feiern.

Strukturen

FUTURE TENSE

FORMATION

The future tense is formed from the present tense of the verb **werden** in combination with the infinitive of the main verb.

feiern			
ich werde . . . feiern		wir werden . . . feiern	
du wirst . . . feiern		ihr werdet . . . feiern	
er/sie/es wird . . . feiern		sie werden . . . feiern	
	Sie werden . . . feiern		

Werdet ihr den Geburtstag deines Opas feiern? —Ja, das werden wir bestimmt machen.

Will you celebrate your grandpa's birthday? —Yes, we definitely will.

WORD ORDER

As you saw on page 17, the finite verb is the second element in normal and inverted word order in the present tense. Note how the rule applies to the future tense:

		FINITE VERB		DEPENDENT INFINITIVE
Normal Word Order	Thomas	wird	darüber	sprechen.
Inverted Word Order	Darüber	wird	Thomas	sprechen.

Note that the dependent infinitive is the last element.

As in the present tense, the finite verb is the last element in transposed word order (word order in subordinate clauses):

		DEPENDENT INFINITIVE	FINITE VERB
Transposed Word Order	Ich glaube, daß er darüber	sprechen	wird.

Note that the dependent infinitive directly precedes the verb. As in the present tense, the finite verb (**werden**) precedes the subject in questions:

QUESTION WORD	FINITE VERB	SUBJECT		DEPENDENT INFINITIVE
Wann	Wird wird	Paul Paul	darüber darüber	sprechen? sprechen?

USE

1. In German, the future tense is basically used as in English.

    Niemand **wird** mich auf dem Maskenball **erkennen.** —Wieso? Was für ein Kostüm **wirst** du **tragen?**

    No one will (is going to) recognize me at the costume ball. —Why? What kind of costume are you going to wear?

    However, if the context implies future time, the present tense is used in German, in contrast to the future in English.

    Dieses Jahr **mache** ich einen großen Adventskranz. —Ich **helfe** dir dabei, sobald du bereit **bist.** —Vielen Dank. Nächste Woche **kaufe** ich vier Kerzen und rotes Band.

    This year I'll (I'm going to) make a big Advent wreath. —I'll help you with it as soon as you're ready. —Thanks a lot. Next week I'll buy four candles and red ribbon.

    Since the context—especially time expressions like **sobald du bereit bist** and **nächste Woche**—already implies future time, German uses the simpler structure of the present tense.

2. The future tense may be used to express present probability. The adverb **wohl** is often added for emphasis.

    Was ist das denn? —Oh, das **wird wohl** der Karnevalszug **sein.**

    What is that anyway? —Oh, that's probably the (carnival) parade.

    Es **wird wohl** Mittag **sein,** denn alles geht schon los.

    It's probably noon because everything is already starting up.

    Probability can also be expressed by the adverb **wahrscheinlich** (*probably*) used in conjunction with the present tense as in English:

    Oh, das **ist wahrscheinlich** der Karnevalszug. Es **ist wahrscheinlich** Mittag, denn alles geht schon los.

Einen Schritt weiter

The future perfect tense is formed from:

1. The present tense of the verb **werden,**
2. The past participle of the main verb, and
3. The infinitive of the auxiliary **haben** or **sein.**

As in English, this tense is rare in German.

Ich **werde** schon darüber **gesprochen haben,** bevor Sie ankommen.	*I will have spoken about it before you arrive.*

Occasionally it is used to express probability in the past.

Claudias Großeltern **werden** sich **wohl** auf ihren Besuch **gefreut haben.**	*Claudia's grandparents probably looked forward to her visit.*
Claudia **wird** gestern **wohl** zu den Großeltern **gegangen sein.**	*Claudia probably went to her grandparents' yesterday.*

ÜBUNGEN

A. Ins Futur bitte! Schreiben Sie nur die Sätze, in denen Zukünftigkeit (*idea of future*) noch nicht durch den Kontext gegeben ist, ins Futur um.

BEISPIEL: a. Rolf fährt in die Alpen. →
Rolf wird in die Alpen fahren.
ABER
b. Rolf fährt morgen in die Alpen. (*context future, no change!*)

1. a. In der kommenden Weihnachtszeit besucht Ute ihre Freunde in Leipzig.
   b. Ute besucht ihre Freunde in Leipzig, weil sie sie schon lange nicht gesehen hat.
2. a. Ich schreibe euch, sobald ich in Österreich ankomme.
   b. Ich schreibe euch mindestens einmal in der Woche.
3. a. Der Völkerkundler (*cultural anthropologist*) redet über den Ursprung (*origin*) dieses Gebrauches.
   b. Der Völkerkundler redet heute abend über den Ursprung dieses Brauches (*custom*).
4. a. In zwei Wochen gibt es einen großen Maskenball.
   b. Es gibt einen großen Maskenball.

5. a. Ich verkleide mich dieses Jahr zum Fasching.
    b. Verkleidest du dich auch dazu?

Waren Sie jemals auf einem Maskenball? Was für ein Kostüm haben Sie getragen?

Faasenacht:
Die Medizin für jung und alt

B. Bei dem Wahrsager (*fortune-teller*). Was steht Ihnen bevor? Fragen Sie den Wahrsager / die Wahrsagerin (eigentlich Ihren Partner / Ihre Partnerin).

> BEISPIEL: glücklich sein →
> ST. A: Werde ich glücklich sein?
> ST. B: Ja, Sie werden glücklich sein.* ODER Nein, Sie werden leider nicht glücklich sein.

1. meinen Freund / meine Freundin heiraten
2. eine gute Stelle bekommen
3. im Lotto gewinnen
4. lange leben
5. jemals eine Weltreise unternehmen
6. eines Tages fließend Deutsch sprechen
7. eine gute Note in diesem Kurs bekommen

C. Zukunftsangst. Umfrage: Welche Sorgen machen sich Ihre Kommilitonen/Kommilitoninnen um die Zukunft? Stellen Sie fünf Personen folgende Fragen, dann besprechen Sie die Ergebnisse im Plenum.

> BEISPIEL: viel Arbeitslosigkeit / geben →
> ST. A: Glaubst du, daß es viel Arbeitslosigkeit geben wird?
> ST. B: Ja (Nein), es wird (nicht) viel Arbeitslosigkeit geben.

1. viele Menschen in der Welt / verhungern
2. die Wälder und Seen / zerstört sein
3. die Menschen mit Gasmasken / herumlaufen
4. die Welt / übervölkert (*overpopulated*) sein
5. viel Obdachlosigkeit (*homelessness*) geben
6. wieder eine Ölkrise geben
7. ?

---

*Be sure to use the **Sie** form in this role play.

D. Das kann sein. Drücken Sie Möglichkeiten aus. Beantworten Sie alle Fragen mit Sätzen im Futur + *wohl.*

BEISPIEL: Wie spät ist es? → Es wird wohl zehn Uhr sein.

1. Was macht der US-Präsident im Moment?
2. Wie ist das Wetter?
3. Was machen Sie gleich nach dem Deutschunterricht?
4. Was gibt es heute zum Abendessen?
5. Welche Kurse belegen Sie nächstes Jahr?
6. Wie feiern Sie dieses Jahr den vierten Juli?
7. Warum fehlen (*are absent*) ein paar Studenten in der Klasse?
8. Wann gibt es die nächste Deutschprüfung?

MODAL VERBS: PRESENT AND SIMPLE PAST TENSES

In the sentences **Wir müssen uns verkleiden** and **Wir wollen heute feiern,** the finite verbs **müssen** and **wollen** are called *modal verbs;* they express the mood or disposition of the subject toward the action expressed by the dependent infinitives **verkleiden** and **feiern.** German has six modal verbs.

dürfen *to be permitted or*   müssen *to have to; must*
   allowed to; may   sollen *to be supposed to or*
können* *to be able to; can*   *obliged to; should*
mögen *to like; may*   wollen *to want to; to intend to;*
                             to claim to

PRESENT TENSE OF MODAL VERBS

dürfen			
ich	darf	wir	dürfen
du	darfst	ihr	dürft
er/sie/es	darf	sie	dürfen
	Sie dürfen		

mögen			
ich	mag	wir	mögen
du	magst	ihr	mögt
er/sie/es	mag	sie	mögen
	Sie mögen		

können			
ich	kann	wir	können
du	kannst	ihr	könnt
er/sie/es	kann	sie	können
	Sie können		

müssen			
ich	muß	wir	müssen
du	mußt	ihr	müßt
er/sie/es	muß	sie	müssen
	Sie müssen		

---

*See page 224 on the use of **können** with languages: **Ich kann Deutsch.**

sollen			
ich	soll	wir	sollen
du	sollst	ihr	sollt
er/sie/es	soll	sie	sollen
	Sie sollen		

wollen			
ich	will	wir	wollen
du	willst	ihr	wollt
er/sie/es	will	sie	wollen
	Sie wollen		

Note that:

1. The first- and third-person (**ich, er/sie/es**) singular form's lack endings and are identical.

2. The stem vowel of the infinitive occurs throughout the plural of each modal verb. With the exception of **sollen,** the stem vowel changes in the singular.

Darf man hier im Park ein Picknick machen? — Natürlich! Das **darf** man.

May we have a picnic here in the park? —Of course we may.

—**Kann** man hier in der Nähe schwimmen gehen? —Ja, es gibt drüben einen kleinen Bach.

—Can you go swimming around here? —Yes, there is a little brook over there.

—Was **wollt** ihr zu Mittag essen?

—What do you want to eat for lunch?

—Ich persönlich esse fast alles gern, aber ich **mag** keinen Fisch.

—I personally will eat just about everything, but I don't like fish.

—Aber man sagt, man **soll** wenigstens ein paarmal in der Woche Fisch essen.

—But they say you're supposed to eat fish at least a couple of times a week.

—Ich weiß, er **soll** sehr gesund sein, aber ich **mag** ihn einfach nicht.

—I know it's supposed to be very healthy, but I simply don't like it.

—Was **willst** du machen? Wir haben nur Fisch mitgebracht!

—What do you plan to do? We've only brought fish with us.

—Nachher bestelle ich etwas Ordentliches bei McDonalds!

—I'll order something decent at McDonald's later!

—Hmm! Und du **willst** (immer) Vegetarier sein!

—Hmm! And you (always) claim to be a vegetarian!

nicht dürfen (must not) VERSUS *nicht brauchen* (need not)

Note how *must not* and *need not / don't have to* are expressed in German:

Im Stadtpark **dürfen** Hunde nicht ohne Leine laufen.

Dogs must (may, can) not run unleashed in the city park.

Man **braucht** jetzt kein Visum **zu** beantragen, um die ehemalige DDR zu besuchen.
Seit 1990 hat man keins **zu** beantragen **gebraucht.**

Now you don't need to apply for a visa to visit the former GDR.
Since 1990 you haven't needed to apply for one.

Einen Schritt weiter

HOW TO SAY *to like* **IN GERMAN**

There is no single, common verb in German that is the equivalent of *to like.*

gefallen   *to be pleasing to the senses (excluding taste)*

Der Garten, das Bild, die Musik, der Mann, die Frau gefällt mir.

I like the garden, the picture, the music, the man, the woman. (= I find them physically attractive, aesthetically pleasing.)

schmecken   *to be pleasing to the tongue; to taste good*

Der Kuchen, der Kaffee schmeckt (mir).

I like (the taste of) the cake, the coffee.

gern + verb   *to like to do something*

Ich tanze, singe, spiele Fußball gern.

I like to dance, sing, play soccer.

gern haben   *to be fond of a person or animal*

Ich habe meine Oma (Katzen) gern.

I like (am fond of) my grandma (cats).

lieb haben   *to be romantically inclined toward a person*

Ute hat Ingo lieb.

Ute likes Ingo.

sympathisch finden   *to like, find someone congenial*

Ich finde meinen Geschichtsprofessor sehr sympathisch.

I like my history professor. (I find him congenial.)

mögen   *to like; care for (frequently used with foods)*

Ich mag Erbsensuppe nicht. (= Erbsensuppe schmeckt mir nicht.)

I don't like pea soup.

SIMPLE PAST OF MODAL VERBS

The past stem of modal verbs is formed by dropping the umlaut from the stem of the infinitive and then adding the past-stem suffix **-te.**

INFINITIVE		PAST STEM
dürfen	→	durf**te**
können	→	konn**te**
mögen	→	moch**te**
müssen	→	muß**te**
sollen	→	soll**te**
wollen	→	woll**te**

Note that the verb **mögen** shows a stem change from **mög-** to **moch-**. The simple past is formed by attaching the simple past endings to these stems.
For example:

dürfen			
ich	durfte	wir	durfte**n**
du	durfte**st**	ihr	durfte**t**
er/sie/es	durfte	sie	durfte**n**
	Sie durfte**n**		

MODAL VERBS: WORD ORDER

As you saw on page 17, the finite verb is the second element in normal and inverted order. Note how the rule applies to the present and simple past tenses of the modals.

		FINITE VERB		DEPENDENT INFINITIVE
Normal Word Order	Anna	will	nach Bern	fahren.
	Anna	wollte	nach Bern	fahren.
Inverted Word Order	Nach Bern	will	Anna	fahren.
	Nach Bern	wollte	Anna	fahren.

Note that the dependent infinitive is the last element. However, in transposed word order, the modal verbs—just like other finite verbs—become the last element.

		DEPENDENT INFINITIVE	FINITE VERB
Transposed Word Order }	Ich glaube, daß Anna nach Bern Ich glaube, daß Anna nach Bern	fahren fahren	will. wollte.

Note that the dependent infinitive directly precedes the verb. In questions, the modal verbs—again, just like other finite verbs—precede the subject.

QUESTION WORD	FINITE VERB	SUBJECT		DEPENDENT INFINITIVE
Wann	Will will Wollte	Anna Anna Anna	nach Bern nach Bern nach Bern	fahren? fahren? fahren?
Wann	wollte	Anna	nach Bern	fahren?

Verbs of motion (**fahren, gehen, reisen, fliegen,** and so on) and the verbs **machen** and **tun** are often omitted as infinitives dependent on modal verbs when the meaning is clearly implied:

Willst du die neue Band **hören?** —Nein, das **will** ich nicht.

Mensch, ich **will** so gern ins Konzert. Aber zuerst **muß** ich leider zum Zahnarzt.

Do you want to hear the new band? —No, I don't want to (do that).

Man, I really want to go to the concert. But first I unfortunately have to go to the dentist.

Einen Schritt weiter

In English, the verb *to want* can always take a dependent infinitive. In German, the modal **wollen** can take a dependent infinitive only if the dependent verb does not have its own, stated subject.

Ich will (wollte) in die USA fliegen.

I want (wanted) to go (fly) to the USA.

BUT

Ich will (wollte), daß Reinhard in die USA fliegt.

I want (wanted) Reinhard to go to the USA.

A similar difference can be seen in constructions with **sagen** (*to say, tell*):

Was hast du zu Reinhard gesagt? —Ich habe ihm gesagt, er soll in die USA fliegen.	*What did you tell (say to) Reinhard? —I told him to go (fly) to the USA.*

ÜBUNGEN

A.   Minidialoge. Ergänzen Sie die Sätze mit der passenden Form der Modalverben oder durch **brauchen** im Präsens oder im Präteritum.

HANNA: Was _____ (wollen) du heute machen, Heike?[1]

HEIKE: Keine Ahnung. Ich _____ (müssen) heute nachmittag zur Ärztin, aber sonst _____ (können) ich machen, was ich _____ (wollen).[2]

FRIEDER: Als Kind _____ (müssen) ich jeden Abend vor acht Uhr zu Bett gehen.[3] Jetzt aber _____ (dürfen) ich solange aufbleiben, wie es mir gefällt.[4]

EVA: Na gut, aber früher _____ (brauchen) du auch nicht morgens zur Arbeit zu gehen.[5]

CHRISTA: Ich _____ (mögen) Hamburger, aber heute _____ (wollen) ich lieber Fisch essen.[6]

URSULA: Ist ja keine schlechte Idee. Man _____ (sollen) sowieso mehr Fisch essen.[7]

SUSANNE: Bei der alten Diät _____ (dürfen) ich keinen Nachtisch essen, aber bei der neuen _____ (dürfen) ich dreimal in der Woche Kuchen oder Eis essen.[8]

HARTMUT: Toll! Vielleicht _____ (sollen) ich diese Diät auch einmal probieren.[9]

KARIN: Gestern _____ (wollen) mich Markus in der Mensa treffen. Er ist aber nicht erschienen.[10]

ROBERT: Vielleicht _____ (können) er es nicht mehr schaffen, oder vielleicht _____ (müssen) er plötzlich etwas anderes machen.[11]

KARIN: Das _____ (mögen) sein, aber er _____ (brauchen) mich ja trotzdem nicht zu versetzen (*stand up*).[12]

B.   So ist das heute. Bilden Sie Sätze mit der passenden Form der Modalverben. Achten Sie auf die Verbzeit (Präsens oder Präteritum) und die Wortstellung!

1.   Vor dreißig Jahren / man / können / mehr / kaufen / mit der Mark
2.   Heute / man / müssen / ausgeben / mehr Geld / für weniger

3. Viele Leute / meinen / daß / man / sollen / abschaffen (*do away with*) / die Sie-Anrede (*use of **Sie** to address people*)

4. Solche Leute / wollen / ersetzen (*replace*) / die Sie-Form / mit der Du-Form

5. Früher / die Frauen / müssen / bleiben / oft nur / zu Hause

6. Heutzutage / sie / können / machen / fast jede Arbeit

7. Der jüngeren Generation nach / man / sollen / anreden / die meisten Frauen / nicht /mit „Fräulein"

8. Früher / man / wollen / aber / unterscheiden (*differentiate*) / so / zwischen verheirateten und ledigen Frauen

9. In den alten Zeiten / viele Leute / wollen / essen / täglich / Fleisch

10. Heute / viele Leute / mögen / nicht soviel Fleisch / und / wollen / essen / mehr Gemüse.

Ein traditionelles Vergnügen für Feriengäste

C. Damals und heute. Partnerarbeit. Wie war die Gesellschaft damals? Wie ist sie heute? Bilden Sie kontrastierende Satzpaare mit Modalverben.

BEISPIEL: ST. A: Damals mußte man nur bis dreizehn in der Schule bleiben.

ST. B: Heute muß man bis sechzehn in der Schule bleiben.

D. Interview: Was können Sie machen? In Gruppen zu dritt oder zu viert: Stellen Sie sich gegenseitig (*in turn*) Fragen darüber, was Sie als Kind (nicht) machen konnten/mußten/durften/sollten. Besprechen Sie nachher die Ergebnisse im Plenum.

BEISPIEL:
ST. A: Was durftet ihr als Kinder (nicht) machen?
ST. B: Ich durfte (keine) Süßigkeiten (*sweets*) essen.
ST. C: Ich durfte nach der Schule (nicht) fernsehen.
ST. D: Ich durfte nicht Auto fahren.

ST. B: Was könnt ihr als Erwachsene (*adults*) (nicht) machen, was ihr als Kinder (nicht) machen konntet?
ST. C: Ich kann jetzt Auto fahren.
ST. D: Ich kann jetzt nicht mehr so lange schlafen.
ST. A: Ich konnte als Kind nicht allein ins Kino, jetzt kann ich das.

MODAL VERBS: FUTURE AND PERFECT TENSES

The modals most commonly occur in two tenses in conversation: the present and the simple past, which you reviewed in the last section. In literature, however, you will occasionally come across modals used in the future and the perfect tenses.

FUTURE TENSE

The future tense of modal verbs is formed with the present tense of **werden** and a combination of a dependent infinitive and the infinitive of the modal verb. This combination occurs at the end of the clause and is called a *double infinitive*.

	DOUBLE INFINITIVE	
	Dependent Infinitive	*Modal Infinitive*
Hans wird gut (*Hans will be able to swim well.*) Eva and Peter werden Karten (*Eva and Peter will want to play cards.*)	schwimmen spielen	können. wollen.

As you saw on page 178, if the adverb **wohl** is used with the future tense, it implies probability in the present:

Dieter **wird wohl** gut **schwim-men können.**   *Dieter can probably swim well.*

PERFECT TENSES

The modal verbs use the auxiliary **haben** in the formation of the perfect tenses. Their past participles show changes similar to those of the past stem:

INFINITIVE	PAST STEM	PAST PARTICIPLE
dürfen	d**ur**fte	ge**dur**ft
können	k**o**nnte	ge**ko**nnt
mögen	m**o**chte	gem**och**t
müssen	m**uß**te	gem**uß**t
sollen	sollte	gesollt
wollen	wollte	gewollt

Gisela hat das gewollt. (present perfect)   *Gisela wanted (to do) that.*

Gisela hatte das gewollt. (past perfect)   *Gisela had wanted (to do) that.*

Das haben sie gekonnt. (present perfect)   *They were able to do that.*

Das hatten sie gekonnt. (past perfect)   *They had been able to do that.*

However, if the modal has a dependent infinitive, the dependent infinitive and the modal form a double infinitive and are placed at the end of the clause, just as in the future tense:

	DOUBLE INFINITIVE		
	Dependent Infinitive	*Modal Infinitive*	
Hat Gisela (*Did Gisela want to dance?*)	tanzen	wollen?	(not **gewollt**)
Erich und ich haben nach Bonn (*Erich and I had to go to Bonn.*)	fahren	müssen.	(not **gemußt**)
Ich habe meinen Paß nicht (*I was not able to find my passport.*)	finden	können.	(not **gekonnt**)

You have seen that in subordinate clauses with the perfect tenses, the auxiliary is the final element of the clause: **Ich glaube, daß Gisela gestern abend bei der Party getanzt *hat.*** However, when there is a double infinitive in a subordinate clause, the auxiliary (a form of **haben**) always *precedes* the double infinitive:

Ich glaube, daß Gisela gestern abend bei der Party **hat** tanzen wollen.	*I think that Gisela wanted to dance yesterday at the party.*
Stefan behauptet, daß er als Kind sehr gut **hat** schwimmen können.	*Stefan maintains that he was able to swim very well as a child.*

In conversation, these last two sentences would more likely occur in the simple past.

> Ich glaube, daß Gisela gestern abend bei der Party tanzen wollte.
> Stefan behauptet, daß er als Kind sehr gut schwimmen konnte.

OTHER VERBAL CONSTRUCTIONS WITH DEPENDENT INFINITIVES

VERBS *lassen* AND *helfen*

Like the modal verbs, the verbs **lassen** (*to let or have someone do something; to have something done*) and, in literature, **helfen** (*to help*) take dependent infinitives without an intervening **zu:**

Tanjas Eltern **lassen** sie zum Weinmarkt in Bad Dürkheim **fahren.**	*Tanja's parents are letting her go to Bad Dürkheim for the Weinmarkt.*
Vor ihrer Abfahrt **läßt** sie ihren Wagen **reparieren.**	*Before her departure she is having her car repaired.*
Sie **läßt** sich heute auch die Haare **schneiden.**	*She is also getting a haircut today.*
Die Eltern **lassen** sie ein paar Flaschen Rotwein für sie **kaufen.**	*Her parents are having her buy them a couple of bottles of red wine.*
Die Mutter **hilft** ihr die Koffer **packen.**	*Her mother is helping her pack her bags.*

Like the modal verbs, both **lassen** and **helfen** form a *double infinitive* in the perfect tenses. However, many speakers prefer to use the past participle **geholfen** in this construction:

Warum hast du dir die Haare **schneiden lassen?** —Sie waren mir zu lang.	*Why did you get your hair cut? —It was too long.*

| Wer hat dir deinen Wagen **reparieren helfen (geholfen)?** | *Who helped you repair your car?* |

In conversational German, **helfen** is usually used with **beim** + *infinitive* or with **zu** + *infinitive* with modifiers:

> Die Mutter **hilft** ihr **beim Packen.**
> Die Mutter **hilft** ihr, die Koffer **zu packen.**
> Wer hat dir **geholfen,** deinen Wagen **zu reparieren?**

The following chart summarizes the uses of **lassen:**

---

lassen (*to let, allow, to have something done*)

Laß mich bitte **gehen!**
Lassen Sie mich bitte **gehen!**
Cornelia **läßt** ihren Wagen **reparieren.**
Er **ließ** den Arzt **kommen.**
Er **hat** den Arzt **kommen lassen.** (*present perfect*)

VERBS OF PERCEPTION: *fühlen, hören,* AND *sehen*

In English, the verbs *to feel, to hear,* and *to see* take a dependent verb. In conversational German, this is usually expressed by a separate clause introduced by **wie.**

—Ich habe **gesehen, wie** Petra und Richard auf dem Ball getanzt haben.	—*I saw (watched) Petra and Richard dance (dancing) at the ball.*
—Hast du **gehört, wie** die Band gespielt hat?	—*Did you hear the band play-(ing)?*
—Nein, ich habe nur **gefühlt, wie** mein Herz schneller geschlagen hat.	—*No, I only felt my heart beat-(ing) faster.*
—Du armer Romantiker!	—*You poor romantic!*

Einen Schritt weiter

In formal German, the verbs **fühlen, hören,** and **sehen** take dependent infinitives just like the modals:

> Ich habe Petra und Richard auf dem Ball **tanzen sehen.**
> Hast du die Band **spielen hören?**
> Nein, ich habe nur mein Herz schneller **schlagen fühlen.**

VERBS *gehen, kommen, lernen*

Like the modal verbs, the verbs **gehen, kommen,** and **lernen** also take dependent infinitives without an intervening **zu:**

—Sophia, **gehst** du heute **schwimmen**?

—Ja, ich habe Unterricht. Ich **lerne** nämlich **schwimmen** und **tauchen.**

—Kommst du nachher mit uns Fußball **spielen**?

—*Sophia, are you going swimming today?*

—*Yes, I'm taking lessons. You know, I'm learning to swim and dive.*

—*Are you coming with us later to play soccer?*

Note that dependent infinitives with **gehen** and **kommen** express *physical* activities: **schwimmen gehen; Fußball spielen kommen.**

Note also that, unlike the modal verbs, the three verbs **gehen, kommen,** and **lernen** appear as past participles (*not double infinitives*) in the perfect tenses:

—Sophia, **bist** du schon schwimmen **gegangen**?

—Ja, und ich **habe** auch ein bißchen tauchen **gelernt.**

—Warum **bist** du nicht hinterher mit uns Fußball spielen **gekommen**?

—Ich **habe** im Unterricht einen sehr interessanten Jungen **kennengelernt,** und wir **sind** nach der Stunde **spazierengegangen.**

—*Sophia, did you go swimming yet?*

—*Yes, and I also learned to dive a little.*

—*Why didn't you come with us to play soccer afterward?*

—*During the class I met a very interesting guy, and we went for a walk afterward.*

Note that the dependent verbs **kennen** and **spazieren** are written as one word together with forms of **lernen** and **gehen** that follow. In other words, they act as *separable prefixes.* (See pages 206–213 for more on separable prefixes.)

Einen Schritt weiter

HOW TO SAY *to teach* IN GERMAN

There are three common equivalents of the English verb *to teach:* **beibringen, unterrichten,** and **lehren.**

Beibringen is used when both an animate (dative) object and an accusative object representing a physical activity or skill are present.

Wer hat **dir Deutsch / das Tanzen** beigebracht?

Who taught you how to speak German / to dance?

Unterrichten can be used both with and without objects.

1. No object:

   An welcher Universität unterrichtet diese Professorin?

2. An animate (accusative) object:

   Wer unterrichtet **diese neuen Studenten?**

3. An inanimate (accusative) object:

   Wer unterrichtet **(die) Mathematik** an dieser Universität?

4. Both an animate (accusative) object and an inanimate (dative) object:

   Wer hat **dich in der Mathematik** unterrichtet?

   Note that when both objects are present, the preposition **in** must be used to introduce the inanimate object.

Lehren is used like **unterrichten** except that it is rarely used with animate objects in modern German:

1. No object:

   Wer lehrt in dieser Fakultät?

2. Inanimate object:

   Herr Pohlmann lehrt **Biologie.**

ÜBUNGEN

A.   Laß dir raten! Geben Sie Ratschläge mit **lassen.**

BEISPIEL: Hans will allein aufs Oktoberfest. (hingehen)
Laß ihn doch allein hingehen!

1. Mein Wagen ist leider kaputt. Nun kann ich nicht zum Oktoberfest. (reparieren)
2. Meine Tochter will nicht mit uns in Urlaub fahren. Sie will nach Spanien. (fahren)
3. Meine Eltern wollen mich diesen Sommer besuchen. (im Herbst kommen)
4. Meine Koffer sind immer noch am Bahnhof. (abholen)
5. Die Haare sind mir viel zu lang. (sich [*dat.*] schneiden)

B.   Interview. Wie selbständig ist Ihr Partner / Ihre Partnerin? Fragen Sie ihn/sie, ob er/sie folgendes selbst macht oder es machen läßt.

BEISPIEL: ST. A: Reparierst du deinen Wagen selbst? →
ST. B: Ja, ich repariere ihn selbst.
ODER
Nein, ich lasse ihn reparieren.

1. das Bett machen
2. die Schuhe putzen
3. die Semesterarbeiten schreiben

4. die Geburtstagstorte backen
5. die Wohnung dekorieren
6. alle Mahlzeiten kochen

C.   In dem Fall . . . Was machen Sie in den folgenden Situationen? Beantworten Sie die Fragen mit **lassen.**

BEISPIEL: Was machen Sie, wenn Sie sehr krank sind? →
Ich lasse den Arzt kommen.

Was haben Sie letztes Mal gemacht, als dich ein Freund vom Flughafen angerufen hat? →
Ich habe ihn vom Flughafen abholen lassen.

1. Was machen Sie, wenn Ihr Computer nicht mehr funktioniert?
2. Was haben Sie letztes Mal gemacht, als Ihnen die Haare zu lang waren?
3. Was haben Sie letztes Mal gemacht, als Ihre Jacke schmutzig wurde? (**reinigen** *to [dry] clean*)
4. Was machen Sie, wenn Sie nicht kochen wollen?
5. Was haben Sie letztes Mal gemacht, als Sie Ihre Wäsche nicht waschen wollten?
6. Was machen Sie, wenn jemand reden möchte?

D.   Ostern bei Müllers. Ostern trugen sich merkwürdige Dinge bei Müllers zu (*occurred*). Erzählen Sie, was Sie sahen und hörten.

BEISPIEL: Hüpfte (*hopped*) ein Hase früh morgens in Müllers Garten? (sehen) →
Ja, ich sah, wie ein Hase früh morgens in Müllers Garten hüpfte.

1. Trug er ein Körbchen (*little basket*) mit bunten Eiern? (sehen)
2. Raschelte (*rustled*) es in der Hecke (*hedge*)? (hören)
3. Hüpfte der Hase über den Rasen? (sehen)
4. Versteckte (*hid*) er etwas im Blumenbeet (*flower bed*)? (sehen)
5. Lief Ihnen ein kalter Schauer (*shiver*) den Rücken (*back*) runter? (fühlen)
6. Liefen die Kinder in den Garten? (sehen)
7. Schrien die Kinder laut? (hören)

E.   Sabines Party. Sabine braucht Hilfe bei den Vorbereitungen zu Ihrer Party. Sagen Sie, daß Sie Sabine helfen werden oder geholfen haben.

BEISPIEL: Kauft Sabine alles selbst? →
Nein, ich helfe ihr, alles zu kaufen.

Hat Sabine die Einladungen selbst geschrieben? →
Nein, ich habe ihr geholfen, die Einladungen zu schreiben.

1. Bäckt Sabine den Kuchen selbst?
2. Hat Sabine das Wohnzimmer selbst dekoriert?
3. Hat Sabine den Tisch selbst gedeckt?
4. Macht Sabine die Bowle (*punch*) selbst?
5. Hat Sabine ihre Freunde vom Bahnhof selbst abgeholt?
6. Räumt Sabine alles im Wohnzimmer selbst auf?
7. Spült (*washes*) Sabine das Geschirr (*dishes*) selbst?

F. Was möchten Sie lernen und warum? Bilden Sie Sätze, indem Sie Elemente aus den Rubriken kombinieren.

BEISPIEL: Dieses Jahr möchte ich Auto fahren lernen, weil ich schon 18 bin.

Bald		Autofahren	
Eines Tages		schwimmen	
Dieses Jahr		tauchen (*to dive*)	
Nächsten Monat	möchte ich	Gewichtheben	lernen, weil . . .
Nächstes Jahr		tanzen	
Nächsten Sommer		stricken	
?		kochen	
		singen	
		ringen (*to wrestle*)	
		Russisch sprechen	
		?	

G. Was haben Sie schon gelernt? Verwenden Sie die Verben in der vorigen Übung, um zu erzählen, was Sie schon gelernt haben.

BEISPIEL: **Ich habe schon** von meinem Onkel tanzen **gelernt**.
Ich habe schon in der Sporthalle ringen **gelernt**.

H. Ergänzen Sie!

1. Ich wußte gar nicht, daß Heidi so gut kochen kann. Wo hat sie das gelernt? —Sie hat letztes Jahr in Paris ＿＿＿.
2. Nanu, die Koffer sind ja schon gepackt. Hat jemand dir geholfen?
—Ja, meine Mutter hat mir ＿＿＿.
3. Der Hund lief über die Straße. Der Junge hat das Auto ganz plötzlich stoppen ＿＿＿.
4. Du mußt deinen Paß noch erneuern lassen, nicht wahr? —Nein, ich habe ihn schon letztes Jahr ＿＿＿.

5. Wann gehst du heute einkaufen? —Ich bin doch schon _____.
6. Wann läßt du endlich deine Haare schneiden? —Wie meinst du das? Ich habe sie mir doch gerade vor einer Woche _____.
7. Ich kann meinen Paß einfach nicht finden. Hilfst du mir den Paß _____?

VERBAL CONSTRUCTIONS WITH
zu + INFINITIVE

In the previous sections you have seen how the modals and **helfen, gehen, kommen, lassen,** and **lernen** take dependent infinitives *without* an intervening **zu.** *Virtually all other verbs (and also adjectives) require* **zu** *before dependent infinitives in German.*

Meine deutsche Freundin **verspricht** mir, auf deutsch **zu schreiben.**	My German friend **promises** (*me*) **to write** in German.
Sie meint, Deutsch ist **schwer zu lesen.**	She believes German is **difficult to read.**
Sie glaubt, man muß lange lernen, bis man **versucht,** Deutsch **zu lesen.**	She believes that you have to study a long time before you **attempt to read** German.
Ich glaube das nicht. Man **braucht** nicht so lange **zu lernen.**	I don't believe that. You don't **need to study** so long.
Nach etwas Übung **beginnt** man, einfache Sätze auf deutsch **zu lesen.**	After some practice you **begin to read** simple sentences in German.
Manche Leute meinen sogar, Deutsch ist **leicht zu lernen.**	Quite a few people even believe German is **easy to learn.**

Note that a comma separates the finite verb from the infinitive *if the infinitive has modifiers* (objects or adverbial phrases):

Sie verspricht, **auf deutsch zu schreiben.** (Sie schreibt auf deutsch.)
Man versucht, **Deutsch zu lesen.** (Man liest Deutsch.)
Man beginnt, **einfache Sätze zu lesen.** (Man liest einfache Sätze.)

Zu is also used with the dependent infinitive in three prepositional constructions.

1. **um . . . zu** (*in order to*)

Philip spart sein Geld, **um** zum Oktoberfest fliegen **zu** können.	*Philip is saving his money in order to be able to go (fly) to the Oktoberfest.*

Rebekka fährt zum Karneval,
um an der Weiberfastnacht
teil**zu**nehmen.

*Rebekka is going to the carnival
(in order) to take part in the
Weiberfastnacht.*

Note that **zu** is placed between the separable prefix and the rest of the infinitive: **teilzunehmen.** See page 212 for details.

2. **ohne . . . zu** (*without . . . -ing*)

Peter trägt im Winter T-shirts,
ohne an das Wetter **zu**
denken.

*Peter wears T-shirts in the win-
ter without giving a thought to
the weather.*

3. **(an)statt . . . zu** (*instead of . . . -ing*)

Laß uns am Samstag zum Karneval fahren, **statt** zu Hause
zu bleiben.

*Let's go to the carnival on Satur-
day instead of staying home.*

Sylvesterkläuse
(*New Year's Eve
[Santa] Clauses*) im
Appenzellerland

ÜBUNGEN

A. So leicht zu lernen! Ergänzen Sie die Sätze mit **zu** + Infinitiv.

BEISPIEL: Margot raucht viel.
Es ist ungesund, viel zu rauchen.

1. Katrin füttert (*feeds*) ihren Hund.
Katrin vergißt oft, _____.
2. Ralf und Thomas trinken jetzt Bier.
Aber wir haben keine Lust, _____.

3. Wir heben Gewichte.
   Es macht Spaß, _____.
4. Helmer versteht das Problem nicht.
   Naja, er braucht _____.
5. Ihr sprecht Swahili.
   Es ist wirklich schwer, _____.
6. Kannst du auf spanisch zählen?
   Es ist leicht, _____.
7. Ich esse zuviel.
   Ich versuche aber, _____.
8. Ich verbringe gern etwas Zeit mit dir.
   Es ist schön, _____.

B. So ist nun mal der Brauch (*custom*)! Sie sind ein moderner Mensch und stimmen nicht in allen Dingen mit Ihren Großeltern überein (*agree*), die sich streng an die Traditionen halten.

> BEISPIEL: SIE: Ich werde dieses Jahr keine Weihnachts-
>   geschenke kaufen.
>   OMA/OPA: Aber es ist immer so gewesen, Weihnachts-
>   geschenke zu kaufen.

1. auf meiner Hochzeit kein weißes Kleid tragen (Aber es ist doch Brauch, . . .)
2. keine Ostereier malen (Aber es ist doch üblich [*customary*], . . .)
3. keinen Weihnachtsbaum schmücken (*decorate*) (Aber es ist immer so gewesen, . . .)
4. sonntags nicht mehr in die Kirche gehen (Aber es ist doch Brauch, . . .)
5. sonntagnachmittags nicht mehr mit der Familie spazierengehen (Aber es ist gang und gäbe [*customary*], . . .)
6. keinen Sekt (*sparkling wine*) zu Silvester trinken (Aber es ist doch üblich, . . .)

C. Wie kann das sein? Kombinieren Sie die Sätze mit **ohne . . . zu** + Infinitiv.

> BEISPIEL: Marianne wollte Pilotin werden. Sie kann aber nicht
>   fliegen!
>   Marianne wollte Pilotin werden, ohne fliegen zu können.

1. Kolumbus ist in Amerika gelandet. Er hat es aber nicht gewußt!
2. Ute kritisiert Filme. Sie sieht sie aber nicht!
3. Kannst du Escargot bestellen? Du kannst aber kein Französisch!
4. Paul hat eine gute Note bekommen. Er hat aber die Prüfung nicht bestanden!

5. Die Deutschen feiern manche Traditionen. Sie wissen aber deren Ursprünge (*origins*) nicht!
6. Ging Katharina auf den Maskenball? Sie verkleidete sich aber nicht!

D.   Warum machen Sie das? Interviewen Sie einen Kommilitonen / eine Kommilitonin. Er/Sie soll Sätze mit **um . . . zu** bilden. Vergleichen Sie Ihre Antworten mit denen anderer Studenten.

> BEISPIEL: so fleißig lernen →
> ST. A: Warum lernst du so fleißig?
> ST. B: Um eine gute Note zu bekommen.

1. soviel Sport betreiben
2. so hart arbeiten
3. soviel Kaffe trinken
4. soviel schlafen
5. so wenig essen

E.   Immer diese Versprechungen! Was hat jemand Ihnen einmal versprochen? Hat man sein Versprechen erfüllt?

> BEISPIEL: Mein Vater hat versprochen, mit mir fischen zu gehen. →
> Aber wir sind noch nicht fischen gegangen.
>
> Meine Schwester hat versprochen, mir einen Pullover zu stricken. →
> Sie hat ihn mir zum Geburtstag geschenkt.

Aktivitäten

IN WORT UND BILD: MARUNDES LANDLEBEN

A.   Deutsche Weihnachten. „Übersetzen" Sie den Cartoon (auf Seite 200) in „Menschensprache". Wie feiert man in Deutschland Weihnachten?

B.   Feste und Traditionen. Beantworten Sie die folgenden Fragen.

1. Feiern Sie Weihnachten? Wenn ja, wie feiern Sie Weihnachten?
2. Welche anderen Feste feiert man bei Ihnen?
3. Wie stehen Sie zu (*How do you feel about*) alten Sitten und Gebräuchen? Ist Tradition wichtig für Sie? Haben Sie ein Lieblingsfest?

C.   Halloween. Beschreiben Sie Halloween aus der Sicht (*view*) eines Anthropologen.

MARUNDES LANDLEBEN

^a*head of the pack*   ^b*little bell*   ^c*gesamte . . . whole clan*   ^d*zu . . . in honor of*   ^e*opfern . . . sacrifice of the goose*   ^f*Austausch . . . exchange of pearls*   ^g*unmistakable*   ^h*witnesses*   ⁱ*ancient*   ^j*heathen*

ANREGUNGEN ZUR UNTERHALTUNG

A. Geburtstage. In Deutschland feiert man seinen Geburtstag etwas anders als in den USA. Nicht die Freunde richten den Geburtstag aus (*arrange*), sondern das „Geburtstagskind" selbst. Vergleichen Sie die zwei verschiedenen Geburtstagstraditionen in Deutschland und in den USA mit einem Partner / einer Partnerin.

> BEISPIEL: ST. A: (deutsch) Man muß die Einladungen selber schreiben.
>
> ST. B: (amerikanisch) Man soll nie seine Gäste selbst einladen, das sollen die Freunde machen.

NÜTZLICHE AUSDRÜCKE

Geburtstagstorte backen	Salate zubereiten
Geburtstagsparty planen	das Haus dekorieren
Zimmer aufräumen	

Welche Geburtstagstradition finden Sie am besten? Warum?

B. Traditionen. Sind Traditionen wichtig? Muß eine Nation bestimmte Traditionen haben? Sollte man sie abschaffen oder fördern (*promote*)? Warum (nicht)?

1. In Gruppen zu dritt oder zu viert: Sammeln Sie Argumente für das Abschaffen und das Fördern von Traditionen.
2. Im Plenum: Nehmen Sie persönlich Stellung (*stance*) zu den oben genannten Fragen. Begründen Sie Ihre Meinung.

NÜTZLICHE AUSDRÜCKE

Ich bin dafür, daß . . .
Ich finde, daß . . .
Traditionen sind (nicht so) wichtig, weil . . .
Ohne Traditionen . . .
Wegen der vielen Traditionen . . .
Man sollte Traditionen abschaffen/fördern, weil . . .

RÜCKBLICK

Übersetzen Sie! Wiederholen Sie die vorigen Kapitel. Verwenden Sie Präteritum möglichst oft (*as often as possible*). Übersetzen Sie keine Ausdrücke in eckigen Klammern ([ ]).

NACH HAUSE, NACH HAUSE, NACH HAUSE GEHEN WIR NICHT!

Markus wanted to go to the Oktoberfest in order to have a good time and in order to see the floats. Besides, last year he met (**lernte . . . kennen**) an interesting (**interessante**) woman at the costume ball. But first (**zuerst**) he had to have his car repaired. He was able to drive it out of his garage, but he had to park (**parken**) it in front of his house. Finally (**schließlich**) a friend helped him start (**starten**) the motor (**Motor**, *m.*). When he heard it start up (**anspringen**), he looked forward to his trip to Munich. All day long he waited for closing time and could think only of his vacation instead of working. His boss almost fired (*present perfect*) him. He liked to dress up in costumes and could dance a little, but actually (**eigentlich**) he found dancing boring. He decided to go (**dahinzufahren**) without calling (**anzurufen**) his friends because he wanted to surprise them. He drove to Munich by way of (**über**) Würzburg and stayed overnight in that city. When he arrived (**ankommen**) in Munich, he took a walk up to the Isar* [river] and sat down on the riverbank (**Ufer**, *n.*) in order to observe (**beobachten**) the fireworks. He thought: "Well (**Nun**), I've left (*present perfect*) all my problems at home. Tomorrow I'll attend the parade and hear the bands, and the day after I['ll] drive back (**wieder**) home."

SCHREIBEN SIE!

A. Welche Feste feiert ihre Familie? Wie feiern Sie diese Feste? Wie haben sich diese Feste verändert? Welche Feste gefallen Ihnen am besten? Warum?

B. Sind Traditionen wichtig? Muß eine Nation bestimmte Traditionen haben? Sollte man sie abschaffen oder fördern? Warum? Warum nicht? Wie kann man sie am besten behalten?

NÜTZLICHE AUSDRÜCKE

Eine Nation braucht Traditionen, um zusammenzuhalten.
Ohne Traditionen kann es keine Gemeinschaft (*community*) geben.
Traditionen dienen als Symbole für die Gemeinde.
Einige militaristische oder nationalistische Traditionen fördern den
    Krieg.

---

*Rivers are feminine except for the Rhein, Main, Neckar, and a few others, which are masculine.

Gesundheit und Ernährung

Eine Mahlzeit im Freien schmeckt besonders gut.

INSEPARABLE AND SEPARABLE PREFIXES

EITHER/OR PREFIXES: *durch, über, um, unter, voll,* AND *wider*

ADVERBS OF PLACE

VERBS *wissen, kennen,* AND *können*

Wortschatz

die **Aufregung** excitement, agitation
der **Blutdruck** blood pressure
der **Bonbon** (-s) (piece of) candy
die **Ernährungswissenschaft** nutritional science, food science
das **Fett** (-e) fat
das **Fleisch** meat
der **Frauenarzt** (-̈e), die **Frauenärztin** (-nen) gynecologist
das **Gemüse** vegetable
der **Krankenpfleger** (-), die **Krankenpflegerin** (-nen) nurse
der **Krebs** cancer
das **Obst** (*pronounced* "ōbst") fruit
der **Rauch** smoke
das **Reformhaus** (-̈er) health food store

die **Reformkost** health food
das **Rezept** (-e) recipe; prescription
der **Streß** stress
der **Vegetarier** (-), die **Vegetarierin** (-nen) vegetarian
der **Zahnarzt** (-̈e), die **Zahnärztin** (-nen) dentist

sich (*dat.*) **abgewöhnen** (gewöhnte ... ab, abgewöhnt) to get rid of (a habit)
abnehmen* (nahm ... ab, abgenommen) to lose weight
ausspannen (spannte ... aus, ausgespannt) to relax
sich **erholen** (von) to recover from

essen:* **diät essen** to be on a diet
husten (*pronounced* "hūsten") to cough
schaden (+ *dat.*) to damage, hurt
treiben:* **Sport treiben** to do sports; to exercise
untersuchen to examine
verschreiben* to prescribe
zunehmen* (nahm ... zu, zugenommen) to gain weight

roh raw
saftig juicy
schlank slim

A. Finden Sie für jedes Adjektiv links ein passendes Substantiv rechts.
Für manche Adjektive gibt es mehrere Möglichkeiten.

BEISPIEL: frische Luft

1. frisches   a. Blutdruck
2. vegetarische   b. Fleisch
3. hoher   c. Gemüse
4. dicker   d. Rezepte
5. rohes   e. Rauch
6. saftiges   f. Obst

B. Ordnen Sie jeder Frage links eine passende Erwiderung rechts zu.

1. Peter, du bist so schlank geworden, hast du abgenommen?
2. Hast du schon einmal in dem neuen Reformhaus an der Ecke eingekauft?
3. Bist du dieses Jahr schon beim Arzt gewesen?
4. Du hast aber einen sehr starken Husten! Rauchst du etwa immer noch?
5. Eßt ihr viel Fleisch zu Hause?

a. Nein, noch nicht, aber ich habe nächste Woche einen Termin zur Lungenuntersuchung.
b. Ja, ich esse in letzter Zeit weniger und treibe auch mehr Sport.
c. Nein, nicht mehr, wir sind fast alle Vegetarier.
d. Ja, sie haben dort sehr gute alternative Kochbücher.
e. Ja, aber ich versuche ständig (*continually*), es mir abzugewöhnen.

C. Ergänzen Sie die folgenden Sätze.

1. Frau Stab fühlt sich in letzter Zeit sehr schlecht und hat jetzt einen Termin bei ihrer ＿＿＿.
2. Wahrscheinlich leidet sie an zu hohem ＿＿＿.
3. Sie muß weniger ＿＿＿ in ihrem Leben haben.
4. Auch muß sie sich ＿＿＿, zuviel Salz zu essen.
5. Sie soll auch zu dick sein und muß fünf Kilo (Kilogramm) ＿＿＿.
6. Sie darf jetzt fast kein Fett und wenig ＿＿＿ essen, dafür (*instead*) aber viel Obst und ＿＿＿.

Cafe Wildwuchs
biolog. veg.
Nichtraucher
Club Cafe im Werkhaus
Leonrodstr. 19, Tel. 16 04 74
Di - Sa 18 - 24, So 14 - 19 Uhr

$\mathbb{S}$trukturen

INSEPARABLE AND SEPARABLE PREFIXES

Verbal prefixes are generally one- or two-syllable elements attached to verbs. Sometimes they change the meaning of the verb in a predictable manner, as in these examples.

> stehen (*to stand*)
> **herum**stehen (*to loiter* [*to stand **around***])
> **auf**stehen (*to get **up***)

Sometimes, however, the change in meaning is quite radical.

> stehen (*to stand*)
> **ver**stehen (*to understand*)
> **be**stehen (*to pass* [*a test*])

These examples represent two types of verbal prefixes, inseparable and separable. The basic differences between these two types are listed in the following chart.

INSEPARABLE PREFIXES	SEPARABLE PREFIXES
1. Never separated from verb **Edda *versteht* das Kochbuch nicht.**	1. Sometimes separated from verb **Alex *steht* früh *auf*.**
2. Never stressed **Edda verstéht das Kochbuch nicht. (verstéhen)**	2. Always stressed **Alex steht früh áuf. (áufstehen)**
3. Past participles do not have **ge-** prefix **verstanden**	3. Past participles have **ge-** prefix **aufgestanden**
4. Usually change meaning of verb unpredictably **fahren** *to drive, go;* **erfahren** *to experience* **hören** *to hear;* **verhören** *to interrogate*	4. Often change meaning of verb predictably **fahren** *drive, go;* **hinfahren** *to drive to (a place)* **hören** *to hear;* **zuhören** *to listen to*
5. Usually contain the vowel **e** ***besprechen, entdecken, verstehen***	5. Usually resemble prepositions ***auf*stehen, *bei*stehen, *mit*bringen**

INSEPARABLE PREFIXES

The following list gives the most common inseparable prefixes.

PREFIX	EXAMPLES
be-	beschreiben *to describe* (schreiben *to write*) bewerben, sich *to apply for* (werben *to recruit; to advertise*)
emp-	empfangen *to receive* (fangen *to catch*) empfinden *to feel* (finden *to find*)
ent- (often connotes separation)	entdecken *to discover* (decken *to cover*) enthalten *to contain* (halten *to hold*)
er-	erholen, sich *to recover* (holen *to fetch*) erzählen *to relate, tell* (zählen *to count*)
ge-	gefallen *to please* (fallen *to fall*) gehören *to belong to* (hören *to hear*)
hinter-	hintergehen *to deceive* (gehen *to go*) hinterlassen *to leave behind, bequeath* (lassen *to let, allow*)
miß- (often has negative connotation)	mißbilligen *to disapprove of* (billigen *to approve of*) mißtrauen *to mistrust* (trauen *to trust*)
ver-	verbringen *to spend* (*time*) (bringen *to bring*) verschreiben *to prescribe* (schreiben *to write*)
zer- (often connotes separation into pieces)	zerbrechen *to break in(to) pieces* (brechen *to break*) zerreißen *to tear up* (reißen *to tear*)

Eine Kur hilft
gegen den
Arbeitsstreß.

Einen Schritt weiter

Verbs prefixed with **be-** usually have an *accusative* object or introduce
a **daß**-clause:

> Barbara hat **Ihre Gesundheit** mit dem Frauenarzt **besprochen.**
> Der Arzt **behauptet** (*maintains*), **daß** Barbara noch nie gesünder
> war.

Reflexive verbs prefixed with **ver-** often imply error of some type:

Sie konnte den Arzt nicht finden, weil sie **sich verfahren** hat.	*She couldn't find the doctor because she lost her way.*
Sie hat **sich verschrieben!** Das ist die falsche Adresse!	*She made a mistake! That's the wrong address!*

SEPARABLE PREFIXES

The following list gives the common separable prefixes and their typical
English equivalents.

PREFIX	EXAMPLES
ab *off, down*	abnehmen *to lose weight ("to take off")* herabsteigen *to climb down*

an *at, to*	ankommen *to arrive ("to come at")* anrufen *to telephone ("to call to")*
auf *up; open*	aufmachen *to open ("to make open")* aufstehen *to get up ("to stand up")*
aus *out*	aussprechen *to pronounce ("to speak out")* aussteigen *to get (climb) out (of a vehicle)*
bei *by, with*	beiladen *to add (to) ("to load with")* beistehen *to assist ("to stand by someone")*
ein *in, into*	sich einmischen, *to get involved in ("to mix oneself into")* einsteigen *to get (climb) in (a vehicle)*
empor *up, forth*	emporkommen *to rise up (forth)* emporsteigen *to climb up*
entgegen *toward*	entgegenkommen *to come to meet* entgegenlaufen *to run to meet*
entzwei *in two*	entzweibrechen *to break in two* entzweischneiden *to cut in two*
fort *away, on(ward)*	fortdauern *to continue ("to last on")* fortfahren *to continue; to drive away*
heim *home*	heimgehen *to go home* heimkommen *to come home*
her *here, hither*	herbringen *to bring here* herkommen *to come here*
hin *there, thither, down*	hinfahren *to drive there* hinfallen *to fall down*
los *off, free*	losfahren *to drive off, start* loslassen *to release, let free*

mit *with, along*	mitarbeiten *to cooperate ("to work with")*
	mitkommen *to come along*
nach *after*	nacharbeiten *to touch up ("to work on after[ward]")*
	nacheilen *to hurry after*
nieder *down*	niederbrennen *to burn down*
	niederschießen *to shoot down*
vor *before, in front*	vorhaben *to plan to do ("to have a plan before one")*
	vorstellen *to introduce ("to place before someone")*
weg *(pronounced "weck") away*	weggehen *to walk away, leave*
	wegmachen *to remove ("to make something away")*
weiter *(denotes continuation)*	weiterlesen *to continue reading*
	weitersprechen *to continue speaking*
wieder *again, back*	wiedergeben *to return, give back*
	wiederkommen *to come again*
zu *to, closed*	zuhören *to listen to*
	zumachen *to close ("to make closed")*
zurück *behind, back*	zurückbleiben *to stay behind*
	zurückbringen *to bring back*
zusammen *together*	zusammenbringen *to bring together*
	zusammenfallen *to collapse ("to fall together")*

Einen Schritt weiter

Because of their similarity to prepositions, the following separable prefixes usually cause verbal objects to be in the dative: **bei, entgegen, nach,** and **zu:**

Ich trete **dem** Klub **bei.**	*I am joining the club.*
Rita steht **ihren** Freunden **bei.**	*Rita is assisting her friends.*
Ich wollte **dem** Wagen **nach**eilen.	*I wanted to chase after the car.*

SEPARABLE PREFIXES: WORD ORDER

In normal or inverted word order, the separable prefix takes the following position in the sentence:

	SUBJECT	FINITE VERB		PREFIX + INFINITIVE OR PAST PARTICIPLE
Present	Anna	kommt	Sonntag	**mit.**
Simple Past	Anna	kam	Sonntag	**mit.**
Future	Anna	wird	Sonntag	**mit**kommen.
Present Perfect	Anna	ist	Sonntag	**mit**gekommen.
Imperative	[du]	Komm	Sonntag	**mit!**
	[ihr]	Kommt	Sonntag	**mit!**
	[Sie]	Kommen Sie	Sonntag	**mit!**

Separable prefixes are separated from the finite verb in normal (and inverted) word order. The prefix always occurs at the end of the clause in which it is contained. If the verb to which it belongs follows it, the two are combined into one word. This combination can occur as follows:

1. In past participles:

SUBJECT	FINITE VERB	PREFIX + PAST PARTICIPLE
Anna	ist	**mit**gekommen.

2. In subordinate clauses (transposed word order):

	SUBJECT		PREFIX + FINITE VERB
Ich glaube, daß	Anna	morgen	**mit**kommt.

3. In infinitives:

	PREFIX (+ ZU) + INFINITIVE
Anna will morgen	**mit**kommen.
Wir bitten Anna	**mit**zukommen.

Note that:

1. The **ge-** prefix of the past participle is situated between the separable prefix and the stem of the verb: **mitgekommen, weggegangen.**
2. When **zu** occurs in conjunction with the infinitive, it occupies the same position: **mitzukommen, wegzugehen.** (See pages 196–197.)

Einen Schritt weiter

1. Separable prefixes often appear in sentences containing the prepositions from which the prefixes are derived.

   Sie kommt morgen **mit** uns mit. (mitkommen)

   Das Kind läuft **um** das Haus herum. (herumlaufen)

2. The past participles of verbs beginning with a combination of inseparable and separable prefixes do not have a **ge-** prefix.

   SEPARABLE-INSEPARABLE

   Die Mutter hat das Essen **vorbereitet.** — *The mother prepared the meal.*

   INSEPARABLE-SEPARABLE

   Hans hat sich mit Helga **verabredet.** — *Hans made a date with Helga.*

3. Occasionally verbs in the form of the infinitive serve as separable prefixes. Here are some of the more common ones:

   hängenbleiben *to remain hanging*

   Meine Jacke ist an der Türklinke **hängen**geblieben. — *My jacket got caught on the door handle.*

   stehenbleiben *to remain standing, to stop*

   Warum bleibst du niemals **stehen?** — *Why don't you ever stay in one place?*

spazierengehen *to go walking*

Gestern sind wir im Park **spazieren**gegangen.	*Yesterday we went walking in the park.*

liegenlassen *to leave (lying)*

Wo hast du deine Bücher **liegen**lassen (*colloquially:* **liegen**gelassen)?	*Where did you leave your books?*

ÜBUNGEN

A. Gute Besserung! Ergänzen Sie die Sätze mit Verben aus den Listen. Achten Sie auf die Verbzeit: Präsens, Perfekt oder Präteritum.

begegnen	erkennen
bekommen (*to do one good*)	genießen
sich erkälten	sich gewöhnen an (*to get accustomed to*)

Vor acht Tagen _____[1] Herr Poschinger seiner Ärztin, Frau Doktor Zubringer, auf der Straße. Sie _____[2] ihn gleich und fragte: „Wie geht es Ihnen, Herr Poschinger? _____[3] Sie das schöne, warme Wetter heute?" „Nein", antwortete er und schüttelte den Kopf. „Vorgestern war es sehr kalt und feucht (*damp*). Jetzt habe ich mich stark _____.[4] Ich kann mich an dieses veränderliche Wetter nicht _____.[5] Das norddeutsche Klima _____[6] mir überhaupt nicht."

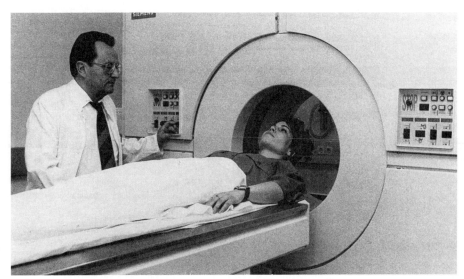

Neue Technologie in der Medizin

begeistern (*to enthuse*)	erwärmen
enthalten (*to contain*)	verschreiben (*to prescribe*)
erröten	verstehen

„Jetzt _____[7] ich, warum Sie so erschöpft (*exhausted*) aussehen", sagte Frau Doktor Zubringer. Ihre Aussage hat peinlich (*embarrassing*) gewirkt, und der arme Herr Poschinger _____[8] gleich. Er steckte sich die kalten Hände wieder in die Taschen, um sie ein bißchen zu _____.[9] Dann brachte die Ärztin einen Zettel (*slip of paper*) hervor, auf dem sie dem Kranken ein Medikament _____.[10] Sie sagte dazu: „Hier ist ein Rezept für ein neues Medikament, das mich sehr _____.[11] Es wirkt bei praktisch jeder Erkältung."

befehlen (*to command*)	genügen
sich erholen	vergessen
gehorchen (*to obey*)	sich verschlimmern (*to get worse*)

„Wie viele Tabletten geben Sie mir?" fragte Herr Poschinger daraufhin. „Zwölf. Die werden sicherlich _____,[12] solange Sie nicht mehr als vier Tabletten pro Tag nehmen. Ich werde Ihnen natürlich nicht _____,[13] die ganze Zeit im Bett zu bleiben, aber Sie müssen auf alle Fälle ausspannen, damit Ihr Zustand (*condition*) sich nicht _____."[14]

Und da Herr Poschinger der guten Frau Doktor Zubringer _____,[15] _____[16] er sich in wenigen Tagen von seiner Erkältung.

B. Fett macht dick. Ergänzen Sie die Sätze mit Verben aus den Listen. Achten Sie auf die Verbzeit!

abnehmen	einfallen (*to occur to*)
anrufen	festsetzen (*to set up*)
aufgeben	zunehmen

Während der Weihnachtszeit hat Richard zehn Pfund _____.[1] Jetzt will er unbedingt _____.[2] Er hat also vor ein paar Tagen seinen Arzt _____,[3] um mit ihm einen Termin _____.[4] Was ihm der Arzt wohl raten wird, ist Richard schon _____:[5] mehr Sport treiben, weniger Fett essen und Süßigkeiten auf alle Fälle _____.[6]

anbieten	nachprüfen (*to check*)
aufstehen	vorschlagen
ausfallen (*to work out*)	zubereiten (*to prepare*)
einnehmen (*to drink*)	zurückkommen
einsehen (*to understand*)	

Beim Termin fragt Richard seinen Arzt, was er machen soll, wenn man ihm fettes Essen oder Bonbons _____,[7] denn wenn er vom Tisch _____[8] würde, wäre das nämlich unhöflich. Sein Arzt _____ das auch _____.[9] Deshalb (*therefore*) _____ er Richard _____,[10] kleinere Portionen zu essen und mehrere Flüssigkeiten, wie z.B. Mineralwasser und Saft, _____.[11] Zu Hause müsse Richard auch nur gesundes Essen wie Salate und Gemüse _____.[12] Da sein Arzt aber _____[13] will, ob die Diät gut _____,[14] bittet er Richard, in einem Monat _____.[15]

C. Mit anderen Worten. Ersetzen Sie die fettgedruckten (*boldface*) Ausdrücke mit den Verben in Klammern. Achten Sie auf die Verbzeit!

BEISPIEL: Wann **beginnt** die Aerobicstunde? (anfangen)
Wann **fängt** die Aerobicstunde **an**?

1. Ich würde sofort **mit dem** Zahnarzt **telefonieren,** wenn du immer noch Zahnschmerzen hast. (anrufen + *Akk.*)
2. Oma hat versucht, **sich** wieder zu **erheben,** doch ist es ihr nicht gelungen (*succeed*). (aufstehen)
3. Dieses feuchtkalte Klima ist gar nicht zu **ertragen!** (aushalten)
4. Die schöne chinesische Vase ist **zerbrochen.** (entzweibrechen)
5. **Entspanne dich** doch! Du bist ja so aufgeregt (*excited*)! (ausspannen)
6. Wir waren ganz **begeistert** von der Rede dieser Ärztin. (hinreißen)
7. Kathrin will, daß ich **sie** zum Frauenarzt **begleite.** (mitfahren mit)
8. Mein Arzt hat mir **empfohlen,** weniger Fett und Zucker zu essen. (vorschlagen)
9. Die Ernährungswissenschaft **kontrolliert** die Qualität verschiedener Speisen (*foods*). (nachprüfen)
10. Weil ich gegen Zigarettenrauch allergisch bin, kann ich Rauchen in meiner Wohnung auf keinen Fall **erlauben.** (zulassen)

D. Warum macht man das? Beantworten Sie die Fragen mit Verben aus der folgenden Liste.

BEISPIEL: Warum ißt man weniger? (um . . . zu) →
Man ißt weniger, um abzunehmen.

Warum nimmt man Schlaftabletten? (damit) →
Man nimmt Schlaftabletten, damit man einschlafen kann.

aufstehen	sich erwärmen
sich ausruhen	mitspielen
einkaufen	sich darauf vorbereiten
sich entschließen (*to decide*)	wegfahren
sich erholen (*to recover*)	zunehmen

1. Warum ißt man mehr Kalorien? (um . . . zu)
2. Warum stellt man abends den Wecker (*alarm clock*)? (damit)
3. Warum macht man Urlaub? (um . . . zu)
4. Warum geht man ins Kaufhaus? (damit)
5. Warum geht man ins Sanatorium? (um . . . zu)
6. Warum sitzt man vorm Kamin (*fireplace*)? (damit)

7. Warum lernt man für die Prüfung? (um . . . zu)
8. Warum lernt man die Spielregeln (*rules*)? (damit)
9. Warum überlegt (*consider*) man alle Vorschläge? (um . . . zu)
10. Warum kauft man sich eine Fahrkarte? (damit)

E. Interview. Stellen Sie Ihrem Partner / Ihrer Partnerin folgende Fragen. Er/Sie soll eine Antwort wählen, die mit seiner/ihrer Meinung am besten übereinstimmt (*corresponds to*). Vergleichen Sie dann die Antworten mit der ganzen Klasse.

1. Was hältst du von würzigen (*spicy*) Speisen?
   a. Sie bekommen (*agree*) mir nicht.
   b. Ich habe mich an sie gewöhnt.
   c. Ich genieße sie sehr.
2. Wie findest du die Fitneßbewegung (*fitness movement*)?
   a. Ich verstehe sie überhaupt nicht.
   b. Sie gefällt mir gut.
   c. Sie begeistert mich sehr.
3. Folgst du oft dem Rat deiner Eltern?
   a. Nein, von ihnen lasse ich mir nichts befehlen.
   b. Meistens, denn meine Eltern sind schließlich besorgt (*concerned*) um mich.
   c. Ja, ich gehorche (*obey*) ihnen immer.
4. Was hältst du von dem Klima in dieser Gegend?
   a. Es scheint mir nicht so gut zu bekommen.
   b. Ich gewöhne mich allmählich (*gradually*) daran.
   c. Es gefällt mir sehr.
5. Wie findest du vegetarisches Essen?
   a. Es begeistert mich sehr.
   b. Ich kann mich schon damit begnügen (*to be satisfied*).
   c. Das kannst du gleich vergessen!

F. Ist Ihnen das schon einmal passiert? Unterhalten Sie sich mit Ihrem Partner / Ihrer Partnerin.

BEISPIEL: sich den Fuß verstauchen (*to sprain*)
ST. A: Hast du dir schon mal den Fuß verstaucht?
ST. B: Ja (nein), ich habe mir (noch nie) den Fuß verstaucht. Und du?

NÜTZLICHE AUSDRÜCKE

einen Schlüssel verlieren
sich über ein schlechtes Essen beschweren (*to complain*)
sich in einer Stadt verlaufen (*to get lost*)

einen Freund/eine Freundin mißverstehen
ein Polizeiauto mit 75 Meilen pro Stunde überholen (*to pass, overtake*)

<table>
<tr><td>einen schlechten Witz (joke) erzählen</td><td>einen wichtigen Termin vergessen</td></tr>
</table>

G. Der Tagesablauf (*daily routine*). Partnerinterview: Stellen Sie sich gegenseitig Fragen, und machen Sie Notizen über den Tagesablauf Ihres Partners / Ihrer Partnerin. Berichten Sie dann danach vor der Klasse.

<small>BEISPIEL:</small> aufstehen

<small>ST. A:</small> Wann stehst du auf?

<small>ST. B:</small> Um halb acht. Und wann stehst du auf?

<small>ST. A:</small> Um Viertel vor sieben.

<small>NÜTZLICHE AUSDRÜCKE</small>

aufstehen	fernsehen
frühstücken	radfahren
mit der Arbeit anfangen	spazierengehen
mit der Arbeit aufhören (*to quit*)	einschlafen
einkaufen	

EITHER/OR PREFIXES: *durch, über, um, unter, voll,* AND *wider*

The prefixes **durch** (*through*), **über** (*over*), **um** (*around*), **unter** (*under*), **voll** (*fully, completely*), and **wider** (*against*) can be separable or inseparable, depending on the verb to which they are attached. Remember that they are stressed as separable prefixes but unstressed as inseparable prefixes.

SEPARABLE (STRESSED) PREFIX	INSEPARABLE (UNSTRESSED) PREFIX
dúrcharbeiten Ich **arbeite** das Problem **durch.** *I'm working through the problem.*	durchblä́ttern Ich **durchblättere** das Kochbuch. *I'm thumbing through the cookbook.*
ǘberfließen Die Badewanne ist **übergeflossen.** *The tub overflowed.*	überrá́schen Jürgen hat uns alle **überrascht.** *Jürgen surprised us all.*
ú́msteigen Hier müssen wir **umsteigen.** *We have to transfer here.*	umá́rmen Dieter will alle **umarmen.** *Dieter wants to embrace everyone.*
ú́nterbringen Man hat uns gut **untergebracht.** *They gave us good accommodations.*	untersú́chen Der Arzt hat mich **untersucht.** *The doctor examined me.*

SEPARABLE (STRESSED) PREFIX	INSEPARABLE (UNSTRESSED) PREFIX
vólltanken Hast du schon **vollgetankt?** *Did you fill up the car yet?* wíderspiegeln Die Sonne **spiegelte** sich im Wasser **wider.** *The sun was reflected in the water.*	vollénden Dagmar hat ihre Arbeit endlich **vollendet!** *Dagmar has finally completed her paper!* widerspréchen Oft **widersprichst** du dir selbst! *You often contradict yourself!*

The addition of an either/or prefix to a verb stem can occasionally create two different verbs, depending on whether the prefix is separable (stressed) or inseparable (unstressed).

SEPARABLE	INSEPARABLE
übersetzen Udo **setzte** uns mit dem Boot **über.** *Udo took us across with the boat.*	übersétzen Udo **übersetzte** den Satz. *Udo translated the sentence.*

Study Hint

Remember that separable verbs, unlike inseparable verbs, required **ge-** in the past participle:

dúrchgearbeitet	BUT	durchbláttert
úbergeflossen	BUT	überráscht
úmgestiegen	BUT	umármt
úbergesetzt (*took across*)		übersétzt (*translated*)

The easiest way to memorize such verbs is to memorize not only their infinitives but also their past participles, *even if they are weak.* The past participle will help you remember whether the particular verb is separable or inseparable, stressed or unstressed.

Einen Schritt weiter

When the prefix **um** is used separably it often indicates some type of *modification:*

umsteigen

Ich bin von der Straßenbahn   *I **transferred** from a streetcar*
in einen Bus **umgestiegen.**   *to a bus.*

umschulen

| Man hat viele Arbeiter aus den kommunistischen Ländern **umgeschult.** | *They **retrained** many workers from Communist countries.* |

umziehen

| Viele Deutsche sind aus der ehemaligen DDR in die BRD **umgezogen.** | *Many Germans **moved** from the former German Democratic Republic to the Federal Republic of Germany.* |

sich umziehen

| Ich muß mich jetzt wegen dem Wetter **umziehen.** | *I have **to change my clothes** now because of the weather.* |

ÜBUNGEN

A. Trennbar oder untrennbar? Markieren Sie die betonte Silbe.

BEISPIEL: Du wirst sicherlich ein gutes Rezept finden, wenn du dieses Kochbuch durchblätterst. (untrennbar)

1. Sie können an dieser Haltestelle umsteigen.
2. Laß dich mal untersuchen!
3. Würdest du bitte diesen Satz übersetzen?
4. Wir hörten, daß sie ihre Gäste in einem teuren Hotel unterbrachte.
5. Man soll die Sache noch einmal durchdenken.
6. Ich möchte gerne eine Reise nach Asien unternehmen.
7. Die Party wird Sabine wirklich überraschen.
8. Er kann die Arbeit erst morgen vollenden.
9. Können Sie die Summe in Dollar umrechnen?
10. Wollen Sie in diesem Kurort übernachten?

B. Die Busfahrt. Ergänzen Sie die Sätze. Benutzen Sie Präteritum, wo es paßt.

| erklären | umsteigen | wiedergeben |
| übersetzen | unterbrechen | wiederholen |

Gestern _____ ich in den falschen Bus _____.[1] Der Busfahrer versuchte, mir den Weg zu _____[2] und _____ mir sogar meine Fahrkarte _____.[3] Ich konnte ihn aber nicht so gut verstehen, denn er sprach mit einem starken Akzent. Ich bat ihn, alles noch einmal zu _____,[4] aber es half nichts. Endlich _____[5] ein anderer Passagier unser Gespräch und _____[6] alles, was mir der Busfahrer sagen wollte ins Englische. Endlich konnte ich aussteigen und in den richtigen Bus wieder umsteigen.

Sind Sie einmal in einem fremden Land gewesen? Welche Schwierigkeiten haben Sie mit der Sprache gehabt?

C. Was machen Sie? Beantworten Sie die Fragen.

BEISPIEL: Was machen Sie, wenn ein Freund Geburtstag hat?
Ich überrasche ihn mit einem Geschenk.

NÜTZLICHE AUSDRÜCKE

durchblättern	umarmen	volltanken
übernachten	umsteigen	widersprechen
übersetzen	sich umziehen	(+ *Dat.*)

Was machen Sie, wenn . . .

1. Sie ein neues deutsches Wort nicht verstehen?
2. Sie ein gutes Rezept suchen?
3. Sie von einem Bus in einen anderen müssen?
4. Ihr Auto Benzin braucht?
5. Sie Ihren besten Freund / Ihre beste Freundin treffen?
6. Sie andere Kleidung tragen wollen?
7. Sie für ein paar Tage von Freunden eingeladen sind?
8. Sie mit jemandem nicht übereinstimmen (*agree*)?

ADVERBS OF PLACE

In German, the choice of an adverb to indicate a place (**hier/her, da/dahin, wo/wohin, draußen/hinaus,** and so on) depends on whether the adverb implies a set position or movement toward a destination. This is the same concept underlying the choice of the dative or the accusative with the prepositions given on pages 148–149. Compare:

LOCATION	DESTINATION
Wo ist der Hörsaal?	**Wohin** geht ihr jetzt?
Der Hörsaal ist **da (dort)** drüben.	Warum geht ihr schon **dahin (dorthin)?**
Heute liest man **hier** über die Ernährungswissenschaft.	Ralf, komm mal **her (hierher),** und schau!
Ich will heute nicht **drinnen** (*inside*) bleiben.	Also, du willst nicht **hinein**(gehen)?
Nein, ich will schon **draußen** sitzen.	Okay. Antje, komm doch auch **heraus!**

SEPARABLE PREFIXES *hin* AND *her*

As the examples in the right column illustrate, **hin** and **her** show the direction of motion in relation to the speaker and may be attached to other prefixes.

The separable prefix **hin** denotes motion away from the speaker.

> Antje, wir wollen heute draußen bleiben. Wir gehen nicht **hin**ein.

The separable prefix **her** denotes motion toward the speaker.

> Peter, komm mal auch **her**aus! Laß uns doch Fußball spielen!

Note: All compounds beginning with **hin-** or **her-** are stressed on the second syllable: **heréin, hináus, herúber, hináuf,** and so on.

In colloquial German, the prefix **her** is used for both **hin** and **her** and is usually reduced to **'r** when it is attached to other prefixes.

'Raus!	*Get out!*
'Rein!	*Come in!*

The adverbs **oben** (*upstairs*), **unten** (*downstairs*), **rechts** (*to* or *on the right*), **links** (*to* or *on the left*), **vorne** (*in* [*the*] *front*), and **hinten** (*in* [*the*] *back*) are generally preceded by the preposition **nach** to express change of location.

> Alexandra ist **nach oben (unten)** gegangen.
> Wir müssen jetzt **nach rechts (links)** fahren.
> Die Professorin geht jetzt **nach vorne (hinten)** im Klassenzimmer.

ÜBUNGEN

A. Eine Vorlesung. Ergänzen Sie die Sätze durch ein passendes Adverb aus der Liste.

da	draußen	vorne
dahin	hier	nach vorne
drinnen	hinten	

1. Heute hält Professor Binder eine Vorlesung über die Ernährungswissenschaft. Es ist zehn nach zwei, und er ist noch nicht _____.
2. Viele Studenten gehen _____, denn dieser Professor ist sehr beliebt.
3. _____ vor der Tür stehen noch einige Studenten, denn _____ ist alles überfüllt.
4. An den Seiten, _____ und _____ stehen sogar einige Leute.
5. Schließlich kommt der Professor und geht _____ auf das Podium.
6. Die Studenten klopfen auf ihre Tische, denn so grüßt man den Professor _____.

B. Das Fitneß-Center. Beschreiben Sie das Fitneß-Center in der Zeichnung unten. Benutzen Sie die angegebenen Vokabeln.

BEISPIEL: Oben im ersten Stock ist der Kraftraum.

NÜTZLICHE AUSDRÜCKE

draußen	hinten	unten
drinnen	links	vorne
	oben	
	rechts	

die Bar	die Ruheräume (*relaxation areas*)
die Duschen (*showers*)	die Sauna
der Freiübungsraum	das Solarium
der Whirl-Pool (*hot tub*)	das Schwimmbecken
der Kraftraum (*weight room*)	der Umkleideraum

C. Ein guter Fitneß-Plan.

1. Entwickeln (*develop*) Sie einen Fitneß-Plan! Benutzen Sie die Zeichnung unten.

BEISPIEL: Man geht zuerst zum Umkleideraum, dann . . .

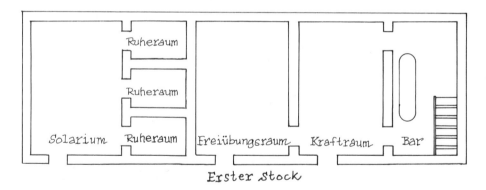

Erster Stock

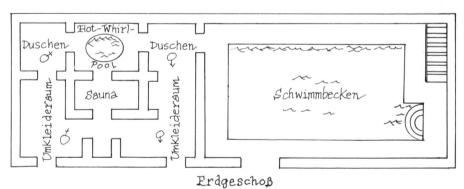

Erdgeschoß

2. Suchen Sie einen Kommilitonen / eine Kommilitonin, mit dem/der Sie gut und gerne im Fitneß-Center trainieren könnten. Vergleichen Sie Ihre Fitneß-Pläne. Wer hat den besten Plan? Warum?

VERBS *wissen, kennen,* AND *können*

FORMS

Although the present tense of **kennen** is perfectly regular, the verb **wissen** shares the irregularities of the modals discussed on pages 181–182:

1. The first- and third-person singular forms have no endings and are identical.
2. The stem vowel in the singular is different from that of the plural.

wissen			
ich	wei**ß**	wir	w**i**ssen
du	wei**ß**t	ihr	w**i**ßt
er/sie/es	wei**ß**	sie	w**i**ssen
	Sie w**i**ssen		

Wissen, kennen, and **können** form the past stem with the weak ending **-te** and also show a vowel change. The same vowel occurs in the past participle.

INFINITIVE	PAST STEM	PAST PARTICIPLE
wissen	w**u**ßte	gew**u**ßt
kennen	k**a**nnte	gek**a**nnt
können	k**o**nnte	gek**o**nnt

USE

Wissen, kennen, and **können** can all mean *to know.* **Kennen** is used with direct objects that can be seen, touched, or heard (for example, music or literature); it means *to be familiar with* (*someone* or *something*).

> **Kennst** du diese **Symphonie** von Brahms? Ich habe eine CD davon
> —Nein, aber ich **kenne Herbert von Karajan, den Dirigenten**
> (*conductor*).

Wissen is used for facts, concepts, or information. Unlike **kennen,** it can be used with clauses.

Wissen Sie, wo das neue Reformhaus ist? —Nein, **das weiß** ich
  leider nicht.
Ich kann dieses Problem nicht lösen (*solve*). **Weißt** du **die
  Antwort?**

The modal verb **können** can mean *to know how to* in reference to languages, activities requiring skills or talents, and works meant to be recited
or sung.

Unser Lehrer **kann** gut **Englisch.** Er **kann** auch gut **kochen.**

Kannst du dieses **Volkslied?**   **Kennst** du dieses **Volkslied?**
Do you know this folk song?   *Do you know this folk song?*
(*Can you sing it?*)   (*Are you familiar with it?*)

ÜBUNGEN

A.   Wer weiß das? Wer kennt das? Wer kann das?

1. _____ du Bachs „Chromatische Fantasie"?
2. _____ Sie, wo Darmstadt liegt?
3. Japanisch? Ich _____ das doch nicht.
4. _____ du, wie man dieses Wort ausspricht?
5. _____ Sie die Stadt Magdeburg?
6. _____ ihr die Antwort?
7. _____ ihr den Professor gut?
8. _____ Günther, wie lange dieser Film läuft?
9. Ihr _____ diese Musik schon, nicht wahr?
10. _____ du die Universität Bonn?

B.   Wissenswertes. Was kennen Sie? Was können Sie? Was wissen Sie?

BEISPIEL: Ich kenne die „Mona Lisa".
             Ich kann Spanisch.
             Ich weiß, welcher Tag heute ist.

EINIGE IDEEN

kennen: Beethovens „Fünfte Symphonie"
das Drama *Faust*
?

können: Ski laufen
Deutsch
?

wissen: den Namen des Lehrers
wer der deutsche Bundeskanzler ist
?

C. Gib's auf! Ergänzen Sie die Sätze mit **kennen** und **wissen.**

UTE: _____ du denn nicht, daß Rauchen der Gesundheit schadet?

KARIN: Doch. Das _____ ja jeder.

UTE: Warum rauchst du dann immer noch?

KARIN: Ich kann es einfach nicht aufgeben. Verstehst du?

UTE: Nein, das verstehe ich nicht. Du bist ja schließlich Medizinerin (*medical student*) und _____ sehr viel über Krebs und Lungenbeschwerden (*lung problems*).

KARIN: Na gut. Aber viele von uns rauchen wegen dem Streß. Wir können ja nicht anders.

UTE: Aber du _____ schon mehrere Patienten, die an Lungenkrebs leiden oder sogar gestorben sind.

KARIN: Das reicht schon (*That's enough*)! Wer _____, vielleicht gebe ich es nach meinem Studium auf.

D. Was wissen Sie alles über gesundes Leben? Stellen Sie Ihrem Partner / Ihrer Partnerin Fragen über gesundes Essen und Leben. Schreiben Sie die interessantesten Aussagen (*statements*) auf, egal (*regardless*) ob sie richtig oder falsch sind. Berichten Sie sie dann der Klasse.

BEISPIEL: ST. A: Weißt du, daß Zigarettenrauch sogar dem Nichtraucher schadet?

ST. B: Ja, das weiß ich schon.

MÖGLICHE THEMEN

vegetarisches Essen
hoher Blutdruck
Lungenkrebs
Krebs
Sport treiben
Streß
Reformkost

Aktivitäten

IN WORT UND BILD: ESSEN MIT KÖPFCHEN

A. Die AOK. Die AOK (Allgemeine Ortskrankenkasse) ist eine der größten Krankenversicherungen (*health insurance companies*) in Deutschland. Lesen Sie den Text, und diskutieren Sie die folgenden Fragen.

Essen mit Köpfchen

Eigentlich toll, so ein Hundeleben: ausgewogene[a] Ernährung, regelmäßige Bewegung und viel frische Luft.

Genau das, was uns oft fehlt.

Damit wir gesünder essen, hilft die AOK, z. B. mit dem „Küchenplan mit Köpfchen".[b]

Wenn Sie also das nächste Mal mit Ihrem Hund spazierengehen, kommen Sie doch bei uns vorbei.

Wir bieten Ihnen Kurse über Gesundheitsverträglichkeit,[c] Umweltverträglichkeit und vieles mehr.

Als Kunde der AOK Lahn-Dill sind Sie herzlichst eingeladen, kostenlos an Kursen für Ihre Bedürfnisse[d] teilzunehmen.

Zum Beispiel:
– Abnehmen mit Genuß,[e] Teil I
– Abnehmen mit Genuß, Teil II
– Schmecken soll's (Kurs für Kinder)
– Essen die Männer weniger als die Frauen? (Abnehmen für „Paare")
– Natürlich genießen: Vollwertnahrung[f]

Die Kurse beginnen dreimal jährlich: Mitte Januar, Ende April und Anfang September.

Interessenten wenden sich an:
AOK Lahn-Dill

Geiersberg 6/8, W-6330 Wetzlar, Tel. 06441/403105, Fax 06441/46844

[a]*well-balanced*
[b]*wisdom*
[c]*tolerance*
[d]*needs*
[e]*enjoyment*
[f]*complete nutrition*

1. Warum bietet die AOK verschiedene Kurse an?
2. Warum wird heutzutage soviel Wert auf eine gesunde Ernährung gelegt?
3. Abnehmen: Ein Geschäft? Wie stehen Sie zu Organisationen wie „Weight Watchers"?

B.   Gesundheitspolitik. Sie sind Mitglied einer neuen Gesundheitspartei (*public interest group for health*) in Deutschland, die ein einwöchiges Seminar zur Gesundheitserziehung (*health education*) aller Bürger im wahl- und „kochfähigen" (*able to vote and cook*) Alter fördert (*sponsors*).

1. Bilden Sie einen Sonderausschuß (*committee*) zu dritt oder zu viert, der sich mit der Entwicklung dieses Seminars befaßt (*will deal with*). Wie heißt Ihre Partei?
2. Stellen Sie ein kurzes Seminarprogramm mit etwa zehn Themen zusammen. Beschreiben Sie mit ein paar Worten jedes Thema.
3. Stellen Sie Ihr Programm den anderen Gruppen vor.

ANREGUNGEN ZUR UNTERHALTUNG

Wie gesundheitsbewußt sind Ihre Kommilitonen/Kommilitoninnen?

1. Entwickeln (*develop*) Sie in Kleingruppen einige Vorschläge für einen Fragebogen (*survey*). Das können Fragen, Aussagen oder etwas ganz Originelles sein.

BEISPIEL: Fragebogen Typ I: Rauchen Sie? Wie oft?
              Machen Sie Leibesübungen (*physical exercise*)? Wie oft?
              Fragebogen Typ II: Ich rauch nicht/gelegentlich/oft.
              Ich mache keine/gelegentlich/oft Leibesübungen.
              Fragebogen Typ III: ?

2. Diskutieren Sie Ihre Vorschläge mit den anderen Teilnehmern des Kurses, und entwickeln Sie einen Fragebogen, der von allen auszufüllen ist.

RÜCKBLICK

Übersetzen Sie. Wiederholen Sie die vorigen Kapitel. Übersetzen Sie keine Ausdrücke in eckigen Klammern ([ ]).

RUHE ODER TABLETTEN?

INGRID: Regina, are you cold in this room? A thicker **(dickere)** jacket is lying on the bed in my bedroom. Do you want to put* it on? I [will] go upstairs to get **(holen)** it for you. You can change here. Wait,† I [will] bring it to you.

REGINA: Thanks a lot, Ingrid. I believe‡ that I caught a cold the day before yesterday.

INGRID: Do you know how that happened **(passieren)**§ to you?

REGINA: Well, **(Also)** I was running to meet my **(meiner)** friend Gertrud at the train station, but I had left** **(liegenlassen)** my jacket at home.

INGRID: Maybe you're not eating enough fruit and vegetables, and maybe you should **(solltest)**‡ exercise more.

REGINA: But, Ingrid, I'm** a vegetarian! And I try§ to get up early every day in order to go running in the park.

INGRID: Are you working overtime? You know,** you can't recover without resting enough **(richtig)**. Besides, I believe you lost too much weight. You should **(solltest)** gain a little weight.

REGINA: Yes, that [is something] I know.§ Do you know my gynecologist, Ruth Klein? Well, she heard† me coughing when she examined me, and she wants me to (that I) stay** home more often **(öfter)** instead of working five days per **(in der)** week. She also prescribed these tablets **(Tabletten)** for me. According to her **(ihrer Meinung nach)** they help* me to relax.

INGRID: Well, I know‡ your doctor well, and I will definitely not contradict her **(ihr)**!

---

*Include the particles **mal eben.**
†Include the particle **mal.**
‡Include the particle **ja.**
§Include the particle **schon.**
Include the particle **doch. See page 355.

SCHREIBEN SIE!

A.   Was ist Ihre Meinung? Finden Sie, daß zuviel Aufregung oder Streß der Gesundheit schadet? Gibt es Ihrer Ansicht nach positiven Streß? Welche Rolle spielen Ernährung und Ruhe für die Gesundheit? Was halten Sie von Medikamenten?

B.   Viele Leute betrachten (*view*) Fitneß als eine Art Ersatzreligion (*substitute religion*). Sind Sie auch mit diesem Standpunkt einverstanden (*in agreement*)? Wenn ja, welche Gründe könnte es dafür geben? Wenn nein, warum legen so viele Leute Wert auf Fitneß?

Lebensstandard und Lebensstil

Junge Deutsche lesen auch *Cosmopolitan*.

DECLENSION OF ADJECTIVES

COMPARISON OF ADJECTIVES AND ADVERBS

ADJECTIVES USED AS NOUNS

Wortschatz

das Alltagsleben everyday life

die Altpapiersammlung paper collection for recycling

das Bargeld cash

die Bürgerversammlung (-en) town meeting

das Geschäft (-e) business, store

der Gottesdienst church service, mass

das Kaufhaus (-̈er) department store

der Kirchenchor (-̈e) church choir

die Kleidung clothing

die Kneipe tavern

die Kreditkarte (-n) credit card

der Kunde (-n, -n), die Kundin (-nen) customer

der Laden (-̈) shop

die Lebensmittel groceries

die Miete rent

der Scheck (-s) check

das Schild (-er) sign

der Schlußverkauf (-̈e) large sale at the end of each season

der Schmuck jewelry

Skat popular German card game

der Supermarkt (-̈e) supermarket

die Tankstelle (-n) gas station

die Tüte (-n) bag (usually plastic)

der Verkäufer (-), die Verkäuferin (-nen) salesperson

die Wohngemeinschaft (-en) cooperative house, *abbr.* WG

auf·heben*† to keep (in storage)

bezahlen to pay; **bar bezahlen** to pay cash

ein·kaufen: einkaufen gehen to go shopping

ein·lösen to cash

führen *here:* to carry, stock

bunt colorful, multicolored

günstig favorable, reasonable (price)

niedrig low

rund um die Uhr 24 hours a day

üblich customary

---

†From now on, all verbs with separable prefixes will be indicated by a bullet separating the prefix from the infinitive.

A. Ordnen Sie jedem Substantiv links ein passendes Substantiv rechts zu.

1. Geld
2. Lebensmittel
3. Kleidung, Schmuck
4. Bier, Wein
5. Fahrplan
6. Urlaubsreise

a. Kneipe
b. Bank
c. Reisebüro
d. Kaufhaus
e. Supermarkt
f. Bahnhof

B. Ergänzen Sie die folgenden Sätze.

Annette hat Besuch von ihrer amerikanischen Brieffreundin Jennifer. Im deutschen _____ findet die Amerikanerin viele neue und ungewohnte (*unexpected*) Dinge, zum Beispiel, beim Einkaufen.

ANNETTE: Komm, wir müssen uns beeilen, wir wollen doch noch _____ gehen!

JENNIFER: Aber warum schon jetzt? Es ist doch erst 18.00 Uhr.

ANNETTE: Die _____ schließen doch in einer halben Stunde!

JENNIFER: Wirklich? Um halb sieben? In meiner Heimatstadt sind manche Geschäfte _____ geöffnet!

ANNETTE: Vergiß nicht, den Einkaufskorb (*reusable shopping basket*) mitzunehmen.

JENNIFER: Warum? Der _____ im Supermarkt gibt uns doch eine _____.

ANNETTE: Aber dann müssen wir extra _____. Weißt du, es ist Verschwendung (*waste*), jedesmal eine neue _____ zu benutzen. Hast du auch dein Geld dabei?

JENNIFER: Ich habe kein _____, aber ich werde mit einem Scheck bezahlen.

ANNETTE: Im Supermarkt? Das ist bei uns nicht _____. In Geschäften bezahlt man hier bar, nur größere Beträge (*amounts*) kann man mit Scheck oder Kreditkarte bezahlen.

JENNIFER: Also gut, aber dann muß ich noch auf die _____, um einen Scheck _____.

ANNETTE: Zu spät! Die Banken machen in Deutschland schon um 4.00 Uhr nachmittags zu. Aber ich kann dir etwas Geld leihen.

C. Ordnen Sie jeder Frage links eine passende Erwiderung rechts zu.

1. Meinst du, die Preise werden nach der Wiedervereinigung niedriger?
2. Hast du dir schon warme Kleidung für den Winter gekauft?
3. Wo verbringt ihr dieses Jahr eure Ferien?
4. Was machst du mit allen diesen Zeitungen?
5. Schaust du dir heute abend das Fußballspiel im Fernsehen an?
6. Gehst du Sonntagmorgen zum Gottesdienst in die Kirche?
7. Kommt ihr am Wochenende mit zur Demonstration vor dem Rathaus?
8. Wo finde ich diese Art Schmuck?

a. Ja, natürlich, du weißt doch, ich singe im Kirchenchor.
b. Wir fahren mit den Kindern auf einen Bauernhof (*farm*) in Süddeutschland, um uns gründlich zu erholen.
c. Im Gegenteil, sie werden immer höher!
d. Ich glaube, man führt so was im KaDeWe.*
e. Auf jeden Fall, und nachher wollen wir noch zur Bürgerversammlung.
f. Ich hebe sie auf bis zur nächsten Altpapiersammlung.
g. Nein, ich gehe heute abend aus. Ich treffe mich jeden Mittwoch mit meinen Freunden zum Skatspielen.
h. Nein, ich warte damit bis zum Schlußverkauf, dann ist alles billiger.

trukturen

DECLENSION OF ADJECTIVES

There are three classes of adjectives:

1. **ein**-WORDS:

    ein, kein, and the possessive adjectives: **mein, dein, sein, ihr** (*her* or *their*), **euer, unser, Ihr** (*your formal*);

2. **der**-WORDS:

    der, dieser, jeder (*plural:* **alle**), **welcher, solcher, mancher,** and **jener;**

*****das KaDeWe** the **Kaufhaus des Westens:** Largest department store in Berlin, well known for the variety of its goods and its food displays.

3. GENERAL ADJECTIVES:

All other adjectives, including **andere, einige, mehrere, viele.**

The declension of **ein**-words and **der**-words is given on pages 120–125.

When general adjectives precede the nouns to which they refer ("attributive use"), they take case endings; in all other positions ("predicative use"), they take no endings.

PREDICATIVE USE	ATTRIBUTIVE USE
Der Preis ist niedrig. Das Wetter wird warm.	Der niedrige Preis steht auf dem Schild. Das warme Wetter gefällt mir sehr.

General adjectives are declined according to one of two different sets of endings, strong or weak, depending on the following rule:

THE GENERAL ADJECTIVE RULE

If a **der**-*word or an* **ein**-*word with an ending precedes,* then the general adjective follows the weak declension.

If no ending at all precedes, then the general adjective follows the strong declension.

STRONG DECLENSION: FORMS

	MASCULINE	NEUTER	FEMININE	PLURAL
Nominative	alt**er**	alt**es**	alt**e**	alt**e**
Accusative	alt**en**	alt**es**	alt**e**	alt**e**
Dative	alt**em**	alt**em**	alt**er**	alt**en**
Genitive	alt**en**	alt**en**	alt**er**	alt**er**

The strong endings are identical to the endings of the **der**-words except that the masculine and neuter genitive ending **-es** is replaced by **-en:**

Die Qualität des Weines ist gut.

BUT: Die Qualität alt**en** Weines ist gut.

However, the genitive of attributive adjectives rarely occurs in conversation. Instead one is more likely to hear: Die Qualität **von altem Wein.**

Here are examples of the strong declension:

1. Nominative

Alter Wein ist teuer. (*masculine*)   **Alte** Milch ist sauer. (*feminine*)
Altes Brot ist trocken. (*neuter*)   **Alte** Weine sind teuer. (*plural*)

2. Accusative

> Ich kaufe **alten** Wein. (*masculine*)
> Ich kaufe nie **altes** Brot. (*neuter*)
> Ich kaufe nie **alte** Milch. (*feminine*)
> Ich kaufe **alte** Weine. (*plural*)

3. Dative

> Er kam mit **altem** Wein nach Hause. (*masculine*)
> Er kam mit **altem** Brot nach Hause. (*neuter*)
> Er kam mit **alter** Milch nach Hause. (*feminine*)
> Er kam mit **alten** Weinen nach Hause. (*plural*)

4. Genitive

> Die Qualität **alten** Weines ist oft gut. (*masculine*)
> Die Qualität **alten** Brotes ist oft schlecht. (*neuter*)
> Die Qualität **alter** Milch ist oft schlecht. (*feminine*)
> Die Qualität **alter** Weine ist oft gut. (*plural*)

STRONG DECLENSION: USE

According to the General Adjective Rule, general adjectives take strong
endings when no ending precedes them. This happens if:

1. *No **ein**-word or **der**-word precedes the general adjective; or*
2. *An **ein**-word without an ending precedes the general adjective.*

1. No **der-** or **ein**-word precedes

> Starker Kaffee schmeckt mir. —Dazu heißes Brot mit frischer But-
> ter!
> Übrigens, morgen müssen wir einige Einkäufe machen, denn wir
> brauchen viele Lebensmittel für die Silvesterparty.

2. An **ein**-word without an ending precedes

If you examine the chart on page 124, you will notice that there are
three slots where **ein**-words have no endings. General adjectives following these slots must take strong endings.

MASCULINE NOMINATIVE

> **Mein** neuer Pullover paßt mir gut. —Wo hast du ihn gekauft?

NEUTER NOMINATIVE

> **Ein** großes Kaufhaus steht zwischen der Schillerstraße und der
> Frieburger Allee. Dort kaufe ich gewöhnlich ein.

Es gibt **ein** tolles Sonderangebot (*sale*) im KaDeWe.
—Gut, vielleicht finde ich dort **ein** rotes Armband (*bracelet*).

WEAK DECLENSION: FORMS

	MASCULINE	NEUTER	FEMININE	PLURAL
Nominative	**alte**	**alte**	**alte**	alten
Accusative	alten	**alte**	**alte**	alten
Dative	alten	alten	alten	alten
Genitive	alten	alten	alten	alten

The ending **-en** is used throughout the declension except in the nominative singular and in the accusative neuter and feminine.

Here are examples of where the weak ending **-e** occurs:

1. Nominative singular

    Der neue Plan ist gut für Deutschland. (*masculine*)
    Das neue Gesetz ist auch gut für Deutschland. (*neuter*)
    Die politische Wiedervereinigung war auch gut für Deutschland. (*feminine*)

2. Accusative singular

    Heutzutage interessiert man sich mehr für das deutsche Alltagsleben. (*neuter*)
    Wir heben diese Zeitungen für die nächste Altpapiersammlung auf. (*feminine*)

Aside from these five instances, *the ending* **-en** *occurs everywhere else* in the weak declension. Since there are only two endings, **-e** and **-en,** this declension is not distinctive, hence the term *weak*.

Here are a few examples showing some of the slots where **-en** occurs in the preceding chart:

1. Accusative

    Kennst du den jung**en** Leiter unseres Kirchenchors?
        —Sicher! Seine Frau ist meine Ärztin. (*masculine*)

2. Nominative / Accusative

    Die jung**en** Kunden suchen immer bunte Kleidung.
        —Wir führen aber keine rot**en** Tennisschuhe. (*plural*)

3. Dative

    Wir sind mit dem alt**en** Wagen gefahren. (*masculine*)
    Wir sind mit dem alt**en** Taxi gefahren. (*neuter*)
    Wir sind mit der alt**en** Straßenbahn gefahren. (*feminine*)
    Wir sind mit den alt**en** Wagen gefahren. (*plural*)

^abirthday

Liebe Mutti!
Zu Deinem heutigen Wiegenfeste [a] wünschen wir Dir das Allerbeste! Wir danken Dir für alle Tage und hoffen – Du wirst' 100 Jahre!
Gaby und Bernd

4. Genitive

> Kennst du die Adresse des alten Ladens? (*masculine*)
> Kennst du die Adresse des alten Rathauses? (*neuter*)
> Kennst du die Adresse der alten Schule? (*feminine*)
> Kennst du die Adressen der alten Läden? (*plural*)

WEAK DECLENSION: USE

A general adjective takes weak endings when a **der**-word or **ein**-word with endings precedes it. Here are a few examples.

> Wie heißt der neue Manager dieses großen Supermarkts? Woher kommt er? —Er heißt Dieter Schmelling und kommt aus einem kleinen Dorf in Westfalen.
> Welche schwarzen Schuhe willst du dir kaufen? —Ich will mir die mit der dünnen Sohle kaufen.

Study Hint

In the dative plural, virtually all components of the noun phrase end in **-n** (except plural nouns that end in **-s** like **Restaurants**):

> Die Managerin sprach mit den neuen, amerikanischen Verkäufern.

PARALLEL ENDINGS

If several general adjectives occur in a series, they must all take the same ("parallel") endings.

STRONG	WEAK
Alter, teurer, goldener Schmuck gehört in den Safe.	Dieser alte, teure, goldene Schmuck gehört in den Safe.
Ein großes, weißes Schild stand vor dem Rathaus.	Welches große, weiße Schild stand vor dem Rathaus?
Viele junge deutsche Teenager kaufen solche CDs.	Die vielen jungen deutschen Teenager kaufen solche CDs.

andere, einige, mehrere, viele, wenige, AND alle

Andere, einige, mehrere, viele, and **wenige** are *general* adjectives that often introduce a series of adjectives. Since the entire series—including these five—consists of general adjectives, *the entire series must take parallel endings:*

STRONG

—Gestern habe ich viele günstige, wunderbare Schlußverkäufe in der Stadt gefunden. Und heute habe ich im KaDeWe noch andere ausgezeichnete, aber billige Kleidungsstücke zum Verkauf gefunden. Weißt du, mehrere (einige) junge, ausländische Studenten kaufen dort auch gern ein. —Ja, aber man sieht dort wenige junge, deutsche Studenten. —Doch!

WEAK

Die wenigen jungen, deutschen Studenten, die dort einkaufen, kommen nur am Wochenende. —Das ist Quatsch (*nonsense*)!
Übrigens, warst du die einzige Ausländerin bei der Versammlung? —Ja, die anderen neuen, ausländischen Studenten wollten nicht dabei sein. Sie hatten vor, in eine Kneipe zu gehen.

Alle is the plural of **jeder** and also a **der**-word. Therefore, all general adjectives that follow it must take weak endings:

Alle neuen Kunden bekommen eine kleine Landkarte bei dieser Tankstelle.

However, **alle** has no effect on the endings of **ein-** or **der**-words that follow it:

Die Kette (*chain, necklace*) ist teuer! —Alle diese Ketten sind teuer.
Wer kommt mit zum Gottesdienst? —Alle unsere Freunde kommen mit.

ADJECTIVES DERIVED FROM THE NAMES OF CITIES

Adjectives derived from names of cities are formed by adding **-er** with no further endings. Unlike other adjectives, they are always capitalized.

Dieses Geschäft macht immer Reklame (*advertising*) in den Berliner Zeitungen.

Münchner Leberkäse mit Senf!   *Munich Leberkäse with mustard!*
Toll!   *Fantastic!*

ADJECTIVES ENDING IN -el; THE ADJECTIVE hoch

Adjectives ending in **-el** (and often those that end in **-er**) lose the **e** in these syllables when endings are attached. Similarly, the adjective **hoch** loses the **c** when endings are attached.

Diese Kneipe ist dunkel.   Das ist eine **dunkle** Kneipe.
Dieser Schmuck ist teuer.   Das ist **teurer** Schmuck.
Unsere Miete ist hoch.   Wir haben eine **hohe** Miete.

Study Hint

The best way to learn adjective endings is to practice them in simple oral drills. For example:

Das ist ein neu**es** Haus.
Das ist ein dick**es** Buch.
Der jung**e** Verkäufer arbeitet in diesem Geschäft.
Der neu**e** Manager kommt aus Düsseldorf.
Der Laden gehört der freundlich**en** Berlinerin.
Der Laden gehört der exotisch**en** Ausländerin.

Such practice will give you what in German is called a **Sprachgefühl**, a feeling for the language. The correct forms will simply sound right to you without your having to run through the General Adjective Rule over and over again.

ÜBUNGEN

A. Geld und Handel (trade). Schreiben Sie neue Sätze.

BEISPIEL: Dieser _____ Scheck ist nicht mehr gültig (*valid*). Er ist zu alt.
Dieser alte Scheck ist nicht mehr gültig.

1. Das _____ Kaufhaus macht bald zu. Es ist bankrott.
2. Diese _____ Miete kann ich nicht bezahlen. Sie ist zu hoch.
3. Ich gebe meine _____ Kleidung weg. Sie ist alt.
4. Wir tanken nur bei dieser _____ Tankstelle. Sie ist billig.
5. Die _____Verkäufer beim Kaufhof finde ich sehr sympatisch. Sie sind immer so hilfreich.
6. Viele Leute kaufen in diesem _____ Laden. Er ist neu.
7. Dieses Geschäft führt _____ Schmuck. Er ist sehr teuer.
8. Diese Marke (*brand*) findet man nur in _____ Supermärkten. Solche Supermärkte sind exklusiv.

B. Machen Sie Werbung! Schreiben Sie kurze Werbetexte (*advertisements*). Kombinieren Sie Elemente aus den beiden Spalten. Alle Adjektive in der rechten Spalte sollten starke Endungen haben.

BEISPIEL: Suche alte Damenhüte für Kostümfest.

Flüge nach New York	unerwünscht (*undesirable*)
Verbringen Sie Ferien im Schwarzwald	alt
	preiswert
Luxuswagen für den Mann	einmalig (*unique*)
Millionen Leute haben es er- reicht (*achieved*)—50 Pfund in drei Wochen!	deutsch
	elegant
	exklusiv
Kein Fest ohne Bier	sensationell
Möbel (*furniture*), Sofa zu verkaufen	erfolgreich (*successful*)

C. Drang nach Süden. Ergänzen Sie die Wörter in diesem Absatz durch die richtigen schwachen Endungen.

Gestern fuhren wir mit unserem neu_____ Wagen nach München.[1] Wir wollten unsere alt_____ Freunde besuchen.[2] Diese gut_____ Freunde wohnen in einer eng_____ Straße nicht weit von dem groß_____ Münchner Bahnhof.[3] Sie heißen Max und Diethild Arndt. Diethild, eine jung_____ Frau, arbeitet als Verkäuferin in einem modern_____ Kaufhaus, wo man verschiedene Sachen für Teenager führt (*here: carries*).[4]

Nach dem kurz_____ Besuch reisten wir weiter nach Süden in die schön_____ Schweiz.[5] Dort besuchten wir auch unsere viel_____ Verwandten und staunten (*were astonished*) über die viel_____ wild_____ Landschaften dieser interessant_____ Gegend (*region*).[6] Dann sind wir wieder nach Bayern gefahren. Am Ende dieser lang_____ Reise habe ich meine müd_____ Familie gefragt: „In welchem bayrisch_____ Dorf möchtet ihr übernachten?"[7] Alle haben das klein_____, malerisch_____ (*picturesque*) Dorf Füssen genannt.[8] Wir sind alle müde nach Hause gekommen. Es ist immer so am Ende solcher lang_____ Reisen.[9]

D. Landschaften ohne Bäume. Ergänzen Sie die Wörter in diesem Absatz durch die richtigen starken Endungen.

Viel_____ amerikanisch_____ und kanadisch_____ Touristen besuchen oft Deutschlands wild_____ und doch malerisch_____ Landschaften.[1] Eines Tages ging ein jung_____ Amerikaner mit einig_____ kanadisch_____ und deutsch_____ Freunden in den Schwarzwald, um dort auf ein paar lang_____ Sommertage zu zelten.[2] Dazu brachten sie drei voll_____ Rucksäcke mit.[3] Sie legten ihr schwer_____ Gepäck auf den Boden und ruhten sich ein bißchen aus.[4] Dann holten sie klar_____, eiskalt_____ Wasser aus einem Bach und machten stark_____, frisch_____ Kaffee.[5] „Herrlich_____

Wetter, nicht?" fragte der Amerikaner.[6] „Ja, und auch strahlend____ (*bright*) Sonnenschein!" antworteten zwei erschöpft____ (*exhausted*) Kanadier.[7] „Und ein köstlich____ (*delicious*) Frühstück dazu," sagte eine Kanadierin.[8] „Leider," bemerkten zwei traurig____ Deutsch____, „können wir aber Deutschlands grün____ Wälder nicht so wie früher genießen.[9] Wie ihr sicher wißt, sind viel____ alt____ Tannen (*fir trees*) hier im Schwarzwald wegen des sauren Regens gestorben.[10] Wenn wir Deutschlands grün____, malerisch____ Wälder erhalten wollen, dann müssen wir mehrer____ schwierig____ und vielleicht katastrophal____ Umweltprobleme lösen."[11]

Schwarzwald: (*links*) Höllental mit Ravennaschlucht; (*rechts*) Schwarzwaldhaus im Gutachtal

E. Wohnungstausch (*apartment exchange*). Ergänzen Sie die abgekürzten Wörter, und geben Sie auch die richtigen Adjektivendungen an.

Jung.____, amerikan.____ Student sucht gemütl.____ Zi.____ in nett.____ WG (Miete bis 600,-), möglichst zentr.____ Lage, mit gr.____ Küche u.____ Garten od.____ klein.____ Balkon. Biete klein.____ Zelt in ruh.____ Lage (*area*) mit gr.____ Garten (Stadtpark).

F. Eine Wohnungsanzeige (*rental notice*). Schreiben Sie selbst eine Wohnungsanzeige. Schreiben Sie eine Fassung (*version*), in der Sie vollständige (*complete*) Wörter und Adjektivendungen benutzen. Dann schreiben Sie die gleiche Anzeige mit möglichst vielen Abkürzungen.

G. Bei mir zu Haus. Beschreiben Sie Ihr Zimmer oder Ihre Wohnung. Wie sieht es/sie aus? Benutzen Sie möglichst viele Adjektive dabei.

BEISPIEL: Mein neuer Tennisschläger liegt unter meinem braunen Schreibtisch. Unser alter Hund, Arno, schläft neben dem blauen Sofa.

COMPARISON OF ADJECTIVES AND ADVERBS

In German, as in English, adjectives have three degrees of comparison.

POSITIVE

Die weißen Jacken sind **lang.**

COMPARATIVE

Die braunen Jacken sind noch **länger.**

SUPERLATIVE

Die schwarzen Jacken sind am **längsten.**
(Die schwarzen Jacken sind die **längsten.**)

FORMATION

The *comparative* degree is formed from the positive by adding **-er.** The *superlative* is formed from the positive degree by adding **-st.**

fleißig	fleißig**er**	fleißig**st-**
reich	reich**er**	reich**st-**
schön	schön**er**	schön**st-**

Contrast the formation of the comparative and superlative in English and German:

COMPARATIVE	SUPERLATIVE
dick**er** *thicker* modern**er** (*not* "mehr . . . ") *more modern*	dick**st-** *thickest* modern**st-** (*not* "meist- . . . ") *most modern*

FORMS WITH UMLAUT

If the positive degree consists of only one syllable and can take umlaut, the comparative and superlative forms usually have umlaut.

jung	jünger	jüngst-
klug	klüger	klügst-
lang	länger	längst-

Important exceptions: The adjectives **klar** (*clear*), **schlank** (*slender*), and **voll** (*full*), and adjectives with the diphthong **au** (such as **laut** [*loud*] or **schlau** [*clever*]), do not take umlaut.

klar	klarer	klarst-
laut	lauter	lautest-

SUPERLATIVE IN -est

If the positive degree ends in **-d, -t, -s,** or **-ß,** the superlative is formed by adding **-est** rather than **-st.**

gesund	gesünder	gesündest-
kalt	kälter	kältest-
kurz	kürzer	kürzest-
heiß	heißer	heißest-

Note also:

leise (*quiet*)	leiser	leisest-

Einen Schritt weiter

If the last syllable is unstressed, only **-st** is added. For example, participles used as adjectives or adverbs take **-st** in the superlative even though they end in **-d** or **-t.**

Susanne ist das reizend**ste** Mädchen, das ich kenne.	*Susanne is the most charming girl I know.*
Lincoln war einer der hochgeachtet**sten** Präsidenten.	*Lincoln was one of the most respected presidents.*

The present participle (verbal forms that end in *-ing* in English) rarely occurs except in literary German. It is usually formed by adding **-d** to the infinitive: **reizend** (*charming*), **fließend** (*flowing*), **laufend** (*running*).

IRREGULAR COMPARISON OF ADJECTIVES

groß	größer	größt-
gut	besser	best-
hoch	höher	höchst-
nah	näher	nächst-
viel	mehr	meist-

ATTRIBUTIVE USE OF THE COMPARATIVE AND SUPERLATIVE

When the comparative or superlative form of an adjective precedes a noun, it takes the same weak or strong ending that the adjective in the positive degree would take in the same position.

> Der junge Professor schreibt ein Buch über Kafka. (*positive*)
> Der *jüngere* (*jüngste*) Professor schreibt ein Buch über Kafka.
>   (*comparative; superlative*)
> *The younger (youngest) professor is writing a book about Kafka.*

> Ein junger Professor lehrt politische Wissenschaft. (*positive*)
> Ein *jüngerer* Professor lehrt politische Wissenschaft.   (*comparative*)
> *A younger professor is teaching political science.*

> Ich verstehe das neue Gesetz nicht. (*positive*)
> Ich verstehe das *neuere* (*neuste*) Gesetz nicht. (*comparative; superlative*)
> *I don't understand the newer (newest) law.*

> Das Parlament hat ein neues Gesetz verabschiedet. (*positive*)
> Das Parlament hat ein *neueres* Gesetz verabschiedet. (*comparative*)
> *The parliament passed a newer law.*

> Die aktiven Mitglieder sind alle jung. (*positive*)
> Die *aktiveren* (*aktivsten*) Mitglieder sind alle jung. (*comparative; superlative*)
> *The more active (most active) members are all young.*

ADJECTIVES *viel* AND *wenig*

The adjectives **viel** and **wenig** take endings like any other adjectives in the plural:

> Heute habe ich *viele* (*wenige*) Einkäufe beim Schlußverkauf
>   gemacht.

However, these two adjectives usually take no endings in the singular.

> Morgen kann ich nicht gehen, weil ich **wenig** (nicht **viel**) Geld
>   übrig (*left*) habe.

Mehr (the comparative degree of **viel**) and **weniger** (the comparative of **wenig**) never take endings.

> **Mehr** junge Männer tragen Ohrringe (*earrings*) und lange Haare als
>   ältere Männer.
> **Weniger** junge Frauen tragen heutzutage Miniröcke (*miniskirts*) als
>   vor zehn Jahren.

Meist- (*most*), the superlative degree of **viel,** is always preceded by the definite article and therefore takes weak endings.

>Die meist**en** Kunden benutzen heutzutage eine Kreditkarte.

Einkaufen in München: Ein Zeichen des Wohlstands

PREDICATIVE USE OF THE COMPARATIVE AND SUPERLATIVE

As in the positive degree, *no case ending* can be attached to the comparative ending **-er** when it is used *as a predicate adjective*.

>Diese Schuhe **sind lang.** (*positive*)
>—Ja, aber diese Schuhe **sind** noch **länger.** (*comparative*)
>Das Wetter **wird** heute **warm.** (*positive*)
>Das Wetter **wird** heute noch **wärmer.** (*comparative*)

However, in the *superlative degree*, predicate adjectives usually take the following form: **am . . . -sten**

>Es gibt viele große Kaufhäuser in Berlin, aber das KaDeWe **ist am größten.**
>Sabine ist klug, Annette ist noch klüger, aber Rita **ist am klügsten.**

COMPARISON OF ADVERBS

In English, most adverbs are formed by adding *-ly* to adjectives:

>beautiful → beatiful*ly*; intelligent → intelligent*ly*

In German, no ending is added to adjectives to form adverbs.

| GERMAN | ENGLISH EQUIVALENTS | |
	Adjective	*Adverb*
schön schöner am schönsten	beautiful more beautiful most beautiful	beautifully more beautifully most beautifully

ADJECTIVES

Dieser Ring ist **schön
(schöner, am schönsten).**

*This ring is beautiful (more
beautiful, the most beautiful).*

ADVERBS

Itzhak Perlman spielt Geige
**schön (schöner, am
schönsten).**

*Itzhak Perlman plays the violin
beautifully (more beautifully,
most beautifully).*

Note the comparative and superlative forms of the adverb **gern:**

Petra hat Ralf **gern,** sie hat
Wolfgang noch **lieber,** doch
den schönen Martin hat sie
am liebsten.

*Petra likes Ralf, she likes Wolf-
gang even better, but she pre-
fers handsome Martin.*

Lieber Life als Style

Ich spiele **gern** Tennis, ich spiele **lieber** Fußball, aber Schach
spiele ich **am liebsten.**

Note: If a general adjective *with no ending* precedes another adjective *with
an ending,* the first adjective is being used adverbally:

ADJECTIVE

Das ist eine **schöne bestickte**
Bluse.

*That's a **beautiful embroidered**
blouse.*

BUT

ADVERB

Das ist eine **schön bestickte**
Bluse.

*That's a **beautifully embroidered**
blouse.*

als, so . . . wie, AND immer

Comparisons can be expressed by using **als** *with the comparative degree* or
so . . . wie or **ebenso (genauso) . . . wie** *with the positive.*

Dein Mantel ist wärm**er als** meiner.	*Your coat is warmer than mine.*
Mein Mantel ist nicht **so** warm **wie** deiner.	*My coat isn't as warm as yours.*
Doch, dein Mantel ist eben**so** warm **wie** meiner.	*You're wrong. Your coat is just as warm as mine.*

Immer used in conjunction with the comparative is the equivalent of *more and more.*

Leider wird unser amerika-nisches Alltagsleben **immer komplizierter.** —Aber ich glaube, die Qualität von unserem Leben wird **immer besser.**	*Unfortunately, our American everyday life is becoming **more and more complicated.** —But I believe the quality of our life is getting **better and better.***

ÜBUNGEN

A. Vergleichen Sie! Bilden Sie Sätze mit dem Komparativ.

BEISPIEL: Berlin im Gegensatz (*contrast*) zu Bonn (groß) →
Berlin ist größer als Bonn.

1. Deutschland im Gegensatz zu Amerika (klein)
2. ein Flugzeug im Gegensatz zu einem Wagen (schnell)
3. ein Hochhaus im Gegensatz zu einem Einfamilienhaus (hoch)
4. das Wetter in Alaska im Gegensatz zum Wetter in Mexiko (kalt)
5. ein Hotel im Gegensatz zu einer Pension (*boarding house*) (teuer)
6. ein Roman (*novel*) im Gegensatz zu einer Kurzgeschichte (lang)

B. Was meinen Sie? Beantworten Sie die Fragen.

BEISPIELE: Sind Frauen begabter als Männer?
Ja, Frauen sind begabter als Männer. ODER
Nein, Frauen sind nicht so begabt wie Männer. ODER
Nein, Männer sind genauso begabt wie Frauen.

1. Sind Frauen klüger als Männer?
2. Sind Männer stärker als Frauen?
3. Leben Männer länger als Frauen?
4. Sind Frauen friedlicher (*more peaceful*) als Männer?
5. Sind Katzen klüger als Hunde?
6. Sind Hunde freundlicher als Katzen?
7. ?

C. Immer mehr. Beantworten Sie die Fragen.

BEISPIELE: Wie werden die Tage im Winter? (lang, kurz) →
Im Winter werden die Tage immer kürzer.

Wie sprechen Sie Deutsch? (gut, schlecht) →
Ich spreche immer besser Deutsch.

1. Wie wird das Wetter im Sommer? (schön, miserabel)
2. Wie werden die Preise heutzutage (*nowadays*)? (niedrig, hoch)
3. Wieviel schneit es im Winter? (wenig, viel)
4. Wie teuer werden Autos heutzutage? (teuer, billig)
5. Wie finden Sie die Stadtbewohner? (freundlich, unfreundlich)
6. Wie schnell sterben die Wälder ab? (schnell, langsam)
7. Wie finden Sie die Kinder von heute? (brav [*well-behaved*], frech)
8. Wie wird die deutsche Sprache für Sie? (leicht, schwer)

D. Nach Guinness. Bilden Sie Sätze mit dem Superlativ. Wenn Sie die Antwort nicht wissen, dann schlagen Sie sie nach.

BEISPIEL: Jericho ist eine (reiche, alte, junge) Stadt. →
Jericho ist die älteste Stadt.

1. Die Sowjetunion ist ein (großes, kleines, reiches) Land.
2. Pluto ist ein (heißer, kalter, kleiner) Planet.
3. Die Engländerin Jan Todd ist eine (kleine, kluge, starke) Frau.
4. Der gebürtige (*by birth*) Österreicher Arnold Schwarzenegger ist vielleicht ein (muskulöser, armer, intelligenter) Mann.
5. Die „Mona Lisa" ist ein (großes, junges, teures) Gemälde.
6. Der brasilianische Fußballspieler Pelé hat (viele Fußballspiele gespielt, viele Tore geschossen [*scored*], wenige Tore geschossen).
7. Merkur ist wahrscheinlich ein (winziger [*tiny*], heißer, naher) Planet.

E. Gut, besser, am besten. Bilden Sie Sätze mit dem Komparativ und Superlativ.

BEISPIEL: Marie ist 17 Jahre alt.
Tina ist 18 Jahre alt.
Virginia ist 20 Jahre alt. (jung)

Tina ist jünger als Virginia, aber Marie ist am jüngsten.

1. Edith kann 100 Kilo heben.
Erich kann 120 Kilo heben.
Wolf kann 160 Kilo heben. (stark)

2. Wilfried versteht wenig.
Frank versteht viel.
Irmgard versteht alles. (klug)

3. Der Mont Blanc in den Alpen ist ungefähr 4 810 Meter hoch.
Der Vulkan Cayambe in Ecuador ist ungefähr 5 880 Meter hoch.
Der Everest im Himalaja ist ungefähr 8 850 Meter hoch. (hoch)

4. Liechtenstein ist 161 Quadratkilometer groß.
   Die Schweiz ist 40 122 Quadratkilometer groß.
   Österreich ist 83 851 Quadratkilometer groß. (groß)
5. Die Mosel ist 515 Kilometer lang.
   Der Rhein ist 1 320 Kilometer lang.
   Die Donau ist 2 859 Kilometer lang. (lang)
6. Nina Hagen hat etwa 1,3 Millionen Fans.
   Udo Lindenberg hat etwa 2,5 Millionen Fans.
   Marlene Dietrich hat etwa 15 Millionen Fans. (beliebt)

F.   Jedem das Seine. Interview: Stellen Sie Ihrem Partner / Ihrer Partnerin folgende Fragen.

> BEISPIEL: ST. A: Was trinkst du gern?
>   ST. B: Ich trinke gern Milch, aber ich trinke lieber Cola, und am liebsten trinke ich Apfelsaft.

1. Welche Filme haben dir gut gefallen?
2. Welche Speisen schmecken dir gut?
3. Welche Schauspieler / Schauspielerinnen gefallen dir gut?
4. Welche Musik hörst du gern?
5. In welchen Kaufhäusern kaufst du gern ein?
6. Welche Farben gefallen dir gut?

G.   Ein Hotel wirbt für sich. Ergänzen Sie die Lücken mit passenden Formen des Komparativs und Superlativs. Achten Sie auf die Adjektivendungen.

Machen Sie Urlaub im _____ (schön) Hotel im Norden Deutschlands.[1] Kommen sie in das _____ (gut) Hotel, das an der Nordsee liegt.[2] Unser Hotel Seeblick ist _____ (billig) als die Konkurrenz (*competition*) und hat vor allem eine _____ (günstig) Lage:[3] Es liegt _____ (nah) am Meer als alle anderen Hotels.[4] Die Zimmer haben den _____ (wunderschön) Blick auf die See.[5] Die _____ (groß) Zimmer haben einen Balkon und eine Teeküche, die _____ (klein) Zimmer haben die _____ (komfortabel) Dusche, die Sie sich vorstellen können.[6] Unser Restaurant bietet das _____ (fein) und _____ (gesund) Essen, zubereitet von dem _____ (berühmt) Küchenchef in Deutschland.[7] Buchen Sie jetzt! Sie können nicht _____ (freundlich) bedient und _____ (gut) versorgt (*taken care of*) werden.[8] Kurz: Sie können einen _____ (erholsam [*relaxing*]) Urlaub verbringen.[9]

H.   Machen Sie Werbung! Entwerfen (*design*) Sie eine Reklame für ein Produkt oder einen Dienst (*service*) Ihrer Wahl. Vergleichen Sie es/ihn mit anderen Produkten/Diensten auf dem Markt.

> BEISPIEL: Machschlank Kekse (*cookies*) sind die besten Kekse für Leute, die abnehmen wollen . . .

ADJECTIVES USED AS NOUNS

OMISSION OF *Mann, Frau, Leute*

The nouns **Mann, Frau,** and **Leute** are often omitted after adjectives. Such adjectives must, of course, be declined just like all other attributive adjectives. If the adjective is a descriptive adjective (indicating size, shape, color, and the like), it is usually capitalized because it is then acting as a noun.

> Ein **Deutscher** (~~Mann~~) hat mir den Plan des Kanzlers erklärt.
> Kennst du diese **Deutsche** (~~Frau~~)?
> Man hat mehr **Konservative** (~~Leute~~) als **Liberale** (~~Leute~~) gewählt.

Such adjectival nouns can be used for males or females of any age.

> Die **Kleine** hat den **Alten** um ein Glas Milch gebeten.
>
> *The little girl asked the old man for a glass of milk.*
>
> Hast du den **Kleinen** gesehen? Sein Vater sucht ihn.
>
> *Have you seen the little boy? His father is looking for him.*

Present and past participles are also often capitalized and used in this manner.

> Ein **Reisender** (*traveler*) hat uns nach dem Fahrplan gefragt.
> Ich habe einen Brief von einer **Verwandten** bekommen.
> Hast du viele **Verwandte?**
> Der **Beamte** (*official*) war bei der Bürgerversammlung.
> Ein **Beamter** arbeitet da.

Note that **Beamtin,** the feminine counterpart of **Beamter,** is not a declined adjective but an ordinary feminine noun: **Die Beamtin hat uns geholfen.**

The noun **Junge** (*boy*) is a weak masculine noun (see pages 138–139), not an adjective used as a noun; it does not take adjective endings. Compare:

> Ein Junge arbeitet da.
> Ein Beamter arbeitet da.

NEUTER ADJECTIVES USED AS NOUNS

Adjectives declined with neuter endings (weak or strong as appropriate) can be used to refer to things or concepts and are usually capitalized.

> Platon hat an **das Gute, das Schöne** und **das Wahre** geglaubt.
>
> *Plato believed in the good, the beautiful, and the true.*

Das Interessante daran war die Tatsache, daß der Kirchenchor auch amerikanische Volkslieder konnte.	*What was interesting about that was the fact that the church choir also knew American folksongs.*
Das Geschriebene war schwer zu lesen.	*What was written was hard to read.* *(It was difficult to read what was written.)*

Past participles can also be used in this manner, as the last example illustrates.

OMISSION OF REPEATED NOUNS

In German, a modified noun is sometimes understood rather than restated after an adjective. In this case, the adjective is *not* capitalized.

Gib mir keine kleine Tüte! Ich brauche doch eine **große** (~~Tüte~~)!	*Don't give me a little bag! I need a big one!*
Gehören dir die schwarzen Schuhe oder die **braunen** (~~Schuhe~~)?	*Do the black shoes or the brown ones belong to you?*

Note that the omitted noun is usually replaced with the word *one* or *ones* in English.

CAPITALIZATION

Adjectives are normally only capitalized in German when

1. They begin a sentence, as in English.
2. They are part of a name, as in English:

    Kennst du das **Deutsche** Museum in München? —Nein, aber ich kenne das **Römisch-Germanische** Museum in Köln.

3. They are used as nouns.

    Der **Alte** (~~Mann~~) singt schon zehn Jahre im Kirchenchor.

4. They are derived from place names and end in **-er** (see page 237).

    Ich lese nur die **Hamburger** Zeitungen.

Otherwise, adjectives are not capitalized. Unlike in English they are not capitalized when

1. They refer to nationalities:

Ist das ein **deutsches** Buch oder ein **amerikanisches** Buch?

Is that a German book or an American book?

2. They are part of titles:

Das Buch hieß *Die* **ökonomische** *Krise nach der* **deutschen** *Wiedervereinigung.*

The book was called The Economic Crisis after German Reunification.

ÜBUNGEN

A. Wie lebt man in Deutschland? Bilden Sie Substantive aus den Adjektiven in Klammern.

BEISPIEL: Die **Blinden** (*blind*) tragen in Deutschland eine gelbe Armbinde mit drei schwarzen Punkten.

1. Leute, die man zwar schon lange kennt, mit denen man aber nicht enger befreundet ist, nennt man _____ (bekannt) und nicht Freunde.
2. Wenn ein Freund oder ein _____ (verwandt) zu Besuch kommt, bringt er meistens Blumen—und für die _____ (klein)—Schokolade mit.
3. Zum Karneval sieht man viele _____ (fremd) auf den Straßen.
4. Als _____ (arbeitslos) geht man in Deutschland zuerst zum Arbeitsamt.
5. Man sagt immer, in Deutschland gibt es nur _____ (fleißig), aber es gibt auch _____ (faul).
6. Die _____ (grün) interessieren sich vor allem für die Umweltpolitik Deutschlands.
7. Erst vor kurzem hat man gemerkt, daß es auch in Deutschland _____ (obdachlos [*homeless*]) gibt.

B. Ein Anekdötchen (*a little anecdote*). Ergänzen Sie das Anekdötchen mit den passenden Formen von **Deutsche-, Beamte-** und **Verwandte-.**

Eine alte _____ ging an den Schalter in der Post und sagte dem _____: „Ein _____ von mir in Amerika hat mir ein Paket geschickt, aber ich habe es noch nicht bekommen.[1] Vielleicht ist dieses Paket von meinem _____ verlorengegangen.“[2] Der _____ fragte die _____: „Woher wissen Sie, daß Ihr _____ in Amerika dieses Paket schon geschickt hat?“[3] Die _____ antwortete: „Der _____ hat mir letzten Monat einen Brief geschickt und hat geschrieben, daß ich bald ein Paket bekomme.“[4] Der _____ sah sehr zufrieden aus und sagte der _____: „Sehen Sie, wir haben doch etwas richtig gemacht. Sie haben ja den Brief bekommen!“[5]

C. Was ist der Unterschied? Beantworten Sie die Fragen.

> BEISPIEL: Was für Wetter findet man in London und in Barcelona?
> (regnerisch / sonnig) →
> In London findet man regnerisches Wetter, aber in Barce-
> lona sonniges.

1. Was für Wetter findet man in Italien und in Schweden? (warm / kalt)
2. Was für Politiker sind Ted Kennedy und George Bush? (liberal / konservativ)
3. Was für Länder sind die Sowjetunion und die Schweiz? (groß / klein)
4. Was für Städte sind Berlin und Kairo? (deutsch / ägyptisch)
5. Was für Autos fahren die Amerikaner und die Europäer? (groß / klein)

D. Das Schönste daran. Stellen Sie Ihrem Partner / Ihrer Partnerin Fragen.

> BEISPIEL: der Winter (schönst-)
> ST. A: Was ist das Schönste an dem Winter?
> ST. B: Das Schönste daran ist, daß man Ski fahren kann.

1. diese Stadt (interessantest-)
2. diese Universität (best-)
3. die Freundschaft (wichtigst-)
4. die Technik (eindruckvollst- [*most impressive*])
5. die Arbeit (schlimmst-)
6. das Leben (wunderbarst-)

Aktivitäten

IN WORT UND BILD: HAUS UND HOF

A. Immobilien-Anzeigen: Abkürzungen. Finden Sie für jede Abkürzung auf Seite 252 das passende Vollwort rechts auf Seite 253.

1. Ausst.
2. Balk.
3. Bj.
4. ca.
5. Einfam.-Haus
6. exkl.
7. Gar.
8. ges.
9. kompl.
10. Kü.
11. m.
12. m²
13. Mio.
14. modernis.
15. renov.
16. Schlafzi.
17. sof.
18. Terr.
19. u.
20. verkehrsg.
21. Wfl.
22. Wohnzi.
23. Zi.

a. circa
b. modernisiert
c. gesamt (*total*)
d. sofort
e. mit
f. Wohnzimmer
g. Baujahr
h. verkehrsgünstig
i. Zimmer
j. Garage
k. renoviert
l. und

m. Ausstattung (*furnishings and appliances*)
n. Wohnfläche (*living space*)
o. komplett
p. Million(en)
q. exklusiv
r. Balkon
s. Terrasse
t. Küche
u. Quadratmeter (*square meter*)
v. Schlafzimmer
w. Einfamilienhaus

Immobilien
in Wort und Bild

Stilvoll. Villenanwesen/Heidelberg, renov. u. modernisiert, 10 Zi., Kü., Bäder, Wfl. ca. 265 m², Areal 264 m², **DM 890 000,–.** Büro Sulzfeld 0 72 69 / 245

Zweifam.-Haus/Heidelberg, teilrenov., 7 Zi., Kü., Bad, Wfl. ca. 130 m², Areal ca. 330 m², **DM 450 000,–.** Büro Sulfeld 0 72 69 / 245

Exkl. Einfam.-Haus m. Bürotrakt u. Einl.-Wohng./Nähe Koblenz, für höchste Ansprüche, Terr., Kamin, Hallenbad, Wfl. ca. 360 m², 3 Gar., Büroteil u. Schwimmhalle ca. 198 m², schöne Gartenanlage m. Blick über das Moseltal, Areal ca. 888 m², **DM 935 000,–.** Büro Brodenbach 0 26 05 / 83 95

Ferienhaus/Murtalblick/Pöls/Murtal, Bj. 81, rustikale Ausst., Wohnzi., 2 Schlafzi., 2 Bäder, Balk., Wfl. ca. 83 m², Areal ca. 475 m², **DM 155 000.** Büro München 0 89 / 76 64 61

Erlesene Villa zum Wohnen oder repräsent. Firmensitz/direkt am Rhein, sehr verkehrsgünstig zu Mainz–Wiesbaden –Frankfurt, Bj. um Jahrhundertwende, kompl. renov., gute Ausst., Wfl. ges. 780 m², Areal ca. 3000 m², **DM 2 Mio.** Büro Bingen 0 67 21 / 1 24 60

Eigentumswohnung / Berlin-Alt-Mariendorf, verkehrsg., modernis. 88, oberste Etage, 3½ Zi., Kü., Bad/WC, Diele, Balk., Keller, Wfl. ca. 92 m², sof. bezugsfrei. **DM 265 000,–.** Büro Berlin 0 30 / 882 67 11

B. Wählen Sie sich eins! Welches Haus oder welche Wohnung gefällt Ihnen am besten? Am wenigsten? Warum? Beschreiben Sie es/sie.

C. Das Haus meiner Träume. Wie sieht Ihr Traumhaus aus? Beschreiben Sie es mit Hilfe des Wortschatzes auf Seiten 252–253. Beantworten Sie dabei folgende Fragen:

1. Wie viele Zimmer hat Ihr Traumhaus?
2. Hat es eine Garage?
3. Wieviel Quadratmeter hat es?
4. Wie viele Bäder und WCs (*toilets*) hat es?
5. In was für einer Gegend liegt Ihr Traumhaus? Ist es verkehrsgünstig oder eher abgelegen (*off the beaten track*)?
6. Wohnen Sie alleine oder mit Ihrer Familie oder mit Ihren Freunden?

ANREGUNGEN ZUR UNTERHALTUNG

A. So leben deutsche Studenten. In Deutschland leben viele Studenten in sogenannten WGs (kurz für *Wohngemeinschaft*). Sie teilen (*share*) mit mehreren anderen Studenten eine Wohnung, manchmal ein Haus. Viele amerikanische Studenten leben dagegen auf dem Campus in Studentenwohnheimen. Welche Vor- und Nachteile hat das Wohnen in WGs und in Studentenwohnheimen?

B. Wie wohnen Sie? Beschreiben Sie Ihrem Partner / Ihrer Partnerin, wo und wie Sie wohnen. Wer hat die schönste Wohnung? Die verkehrsgünstigste? Die größte? Die komfortabelste? Die modernste?

RÜCKBLICK

Übersetzen Sie! Wiederholen Sie die vorigen Kapitel. Übersetzen Sie keine Ausdrücke in eckigen Klammern ([ ]), und verwenden Sie möglichst oft Präteritum.

DIE SCHÖNE ZEIT DER JUNGEN LIEBE

Dieter became acquainted with Renate in a colorful, Catholic **(katholisch)** church on the border [of] beautiful Switzerland. The two young Germans were very active **(aktiv-)** members [of] the little church choir, but they didn't know each other. After Dieter had heard Renate singing two wonderful cantatas **(Kantaten),** he knew that such a voice was better than his. Indeed **(In der Tat),** her strong, rich **(voll)** voice was the best one [of] the entire choir. He decided to introduce himself [to] this interesting woman. He invited her to **(zum)** coffee, and they went to a small, congenial (**gemütlich-**) inn. They sat down next to a large, warm fireplace (**Kamin,** *m.*). After that (**später**) they often came back to their favorite inn to drink coffee or hot tea and to read the Munich or Berlin newspapers together. One could see them talking and laughing. While singing, Renate often helped Dieter pronounce difficult words. They both (**die beid-**) knew that they were falling in love with each other. A year later Dieter took (**bringen**) his talented (**begabt-**) girlfriend to the little inn again. They were sitting once again at their pleasant little table when Dieter gave smiling (**lächelnd-**) Renate a small gold ring (**Ring,** *m.*).

SCHREIBEN SIE!

A. Haben Sie sich je in jemanden verliebt? Wie und wo haben Sie diese Person kennengelernt? Sind Sie beide noch befreundet? Glauben Sie, daß man sich leichter verliebt, wenn man Teenager ist? Verwenden Sie möglichst viele Adjektive in Ihrem Aufsatz.

B. Wie stellen Sie sich Ihren idealen Lebenspartner / Ihre ideale Lebenspartnerin vor? Welche Eigenschaften (*characteristics*) sollte er/sie haben? Sollte er/sie ähnliche Interessen haben und genauso gebildet (*educated*) / hübsch / intelligent / alt / usw. sein wie Sie? Warum (nicht)?

Identität

Ausländische Restaurants sind in Deutschland sehr beliebt.

INTRODUCTION TO THE SUBJUNCTIVE MOOD

CONDITIONAL SENTENCES

als ob CLAUSES

Wortschatz

das Ausland foreign countries
im Ausland abroad
der Ausländer (-), die Ausländerin (-nen) foreigner
der Auswanderer (-), die Auswanderin (-nen) emigrant
das Bundesland (¨er) federal province
der Durchschnitt average; **im Durchschnitt** on the average
Durchschnitts- (z.B. der Durchschnittsmensch average person
die Durchschnittsnote average grade
der Einwanderer (-), die Einwanderin (-nen) immigrant
die Erwartung (-en) expectation

der Flüchtling (-e) refugee
der Frieden peace
das Klischee (-s) cliché, stereotype
der Mitmensch (-en, -en) fellow human being
der Ortswechsel (-) change of location
die Rolle (-n) roll
die Schwierigkeit (-en) difficulty
der Umzug move, change of residence
die Verbindung (-en) connection
das Verhalten behavior
das Vorurteil (-e) prejudice
die Wirtschaft economy

adoptieren to adopt
sich an·passen an (+*acc.*) to adapt (to something)

aus·kommen* (mit) to get along (with)
aus·wandern (ist . . . ausgewandert) to emigrate
bei·treten* (+*dat.*) to join
ein·wandern (ist . . . eingewandert) to immigrate
erfüllen to fulfill
erwarten to expect
sich identifizieren mit to identify with
um·ziehen* to move, change residence

eher rather (than)
friedlich peaceful
schlimm unfavorable, poor

ÜBUNGEN

A. Aus Substantiven Verben. Bilden Sie neue Wörter.

BEISPIEL: Erwartung → erwarten

1. der Auswanderer
2. der Einwanderer
3. die Erfüllung
4. der Umzug
5. die Verbindung
6. die Identifizierung

B. Ergänzen Sie die Sätze mit einem passenden Wort aus der Wortschatzliste.

1. Vor dem Rathaus hat es eine Demo gegen die vielen neuen Einwanderer gegeben. Viele Demonstranten haben „_____ 'raus!" gerufen.
2. Es gibt viele _____ über die Amerikaner. Manche Deutschen glauben immer noch, daß die Amerikaner keine Fremdsprachen lernen können.

3. Indem es jetzt mehr Ausländer in Deutschland gibt, lernt man allmählich (*gradually*) andere Kulturen zu schätzen (*appreciate*) und mit seinen _____ besser auszukommen.

4. Viele ausländische Kinder, die fast ihr ganzes Leben in Deutschland verbrachten, _____ eher mit den Deutschen als mit ihrem eigenen Volk.

5. Wenn man in ein neues Land einwandert, hat man oft _____, die nie erfüllt werden.

6. Die Flüchtlinge aus den Ostblockländern hatten anfangs _____, sich dem kapitalistischen Wirtschaftssystem anzupasssen.

C.   Frage und Antwort. Ordnen Sie jeder Frage links eine passende Erwiderung rechts zu.

1. Bist du schon umgezogen?
2. Freust du dich auf den Ortswechsel nach Bayern?
3. Findest du die Klischees über die Deutschen zutreffend (*appropriate, correct*)?
4. Hat die Wiedervereinigung die Erwartungen der Deutschen erfüllt?
5. Identifizieren sich die Deutschen jetzt mehr mit ihrem Land oder eher mit anderen Dingen?
6. Sind in Deutschland die traditionellen Rollenerwartungen an Männer und Frauen noch sehr stark vorhanden (*present*)?

a. Manchmal. Aber oft sind sie sehr übertrieben (*exaggerated*).
b. Die ältere Generation ist oft noch sehr traditionell, aber die jungen Leute sind heute schon viel flexibler.
c. Nein, meine neue Wohnung ist erst Ende des Monats fertig.
d. Seit der Nazi-Zeit sehen sich viele Deutsche eher als Europäer und weniger als Deutsche.
e. Eigentlich ja, aber ich weiß nicht, ob ich dort den Dialekt verstehen werde.
f. Bis jetzt nicht ganz; es gibt noch sehr viele wirtschaftliche Schwierigkeiten.

Strukturen

INTRODUCTION TO THE SUBJUNCTIVE MOOD

So far in this text we've been using the indicative mood—the mood that is used to *indicate* facts or to ask questions about facts. In this chapter we'll discuss the subjunctive mood—the mood used to express *unfulfilled wishes, hope, conjecture, or politeness*—especially as this mood is used in conditional clauses.

PRESENT INDICATIVE

Viele Deutsche **können** keine Arbeit in den östlichen Bundesländern finden.

Many Germans cannot find any work in the eastern federal provinces.

SIMPLE SUBJUNCTIVE: *UNFULFILLED WISH*

Wenn diese Deutschen Arbeit finden **könnten,** wäre die wirtschaftliche Lage viel besser in Deutschland.

If these Germans could find work, the economic situation would be much better in Germany.

SIMPLE SUBJUNCTIVE: *HOPE*

Wenn alle Länder nur friedlich **wären!**

If only all countries were peaceful!

SIMPLE SUBJUNCTIVE: *CONJECTURE*

In Zukunft werden die Deutschen wohl in starke wirtschaftliche Verbindung mit Polen und der Tschechoslowakei treten. —Ja, das **könnte** sein.

In the future the Germans will probably develop strong economic ties with Poland and Czechoslovakia. —Yes, that could be.

SIMPLE SUBJUNCTIVE: *POLITENESS*

Möchtest du ins Kino? —Ja, das **wäre** nett.
Könnten Sie mir bitte helfen?

Would you like to go to the show? —Yes, that would be nice.
Could you please help me?

PAST INDICATIVE

Es **gab** keine Pressefreiheit in der DDR, und die politische und wirtschaftliche Lage **blieb** sehr schlimm.

There was no freedom of the press in the GDR, and the political and economic situation remained very poor.

COMPOUND SUBJUNCTIVE: *CONJECTURE*

Wenn es nur Pressefreiheit in der DDR **gegeben hätte, wäre** die Lage nicht so schlimm **geblieben.**

If there had been freedom of the press in the GDR, the situation would not have remained so bad.

COMPOUND SUBJUNCTIVE: *UNFULFILLED WISH*

Wenn man die Berliner Mauer nur nicht **errichtet hätte!**

If only they hadn't built the Berlin Wall!

· **IDENTITÄT** 259

Ich wollte, meine Verwandten **hätten** nicht in der DDR **bleiben müssen.**	*I wished my relatives hadn't had to remain in the GDR.*

As you can see, the function of the indicative mood is to express facts, but the basic function of the subjunctive is to express conjecture or unfulfilled wishes (**wenn nur**). We will practice the most important uses of the subjunctive in this chapter. We will cover the other uses, found mainly in literature, in Chapter 11.

FORMATION OF THE SIMPLE SUBJUNCTIVE

The simple subjunctive is formed from the simple past of the verb by

1. Adding **-e** to the past stem (unless it already ends in **-e**); and
2. Adding umlaut if the root vowel of the simple past is *different* from the root vowel of the infinitive.*

INFINITIVE	PAST STEM	SIMPLE SUBJUNCTIVE
binden	band	bände
dürfen	durfte	dürfte
geben	gab	gäbe
kommen	kam	käme
können	konnte	könnte
mögen	mochte	möchte
müssen	mußte	müßte
sein	war	wäre

Most weak verbs (verbs with past stems ending in **-te**) and the modals **sollen** and **wollen** have subjunctive forms identical to their past forms since the past stem already ends in **-e** and has the *same stem vowel* as the infinitive.

Wir möchten Sie informieren.

*The only vowels that take umlaut are *a, o,* and *u*: **ä, ö, ü.**

INFINITIVE	PAST STEM	SIMPLE SUBJUNCTIVE
lernen	lernte	lernte
lieben	liebte	liebte
machen	machte	machte
sollen	sollte	sollte
wollen	wollte	wollte

Haben is irregular in the simple subjunctive: It requires umlaut even though the vowel of the past stem (**hatte**) is the same as the vowel of the infinitive (**haben**): **hätte.**

Einen Schritt weiter

A few strong verbs whose past stems contain the vowel **a** change this vowel to **ü** or **ö** rather than the expected **ä** in the simple subjunctive. Here are some of the most common:

INFINITIVE	PAST STEM	SIMPLE SUBJUNCTIVE
empfehlen	empfahl	empfähle *or* (*rarely*) empföhle
helfen	half	hälfe *or* (*rarely*) hülfe
sterben	starb	stürbe
(ver)stehen	(ver)stand	(ver)stünde *or* (ver)stände
werfen	warf	würfe

The complete conjugation of the simple subjunctive is formed by adding the endings shown in bold in the following examples of a strong verb (**sein**) and a weak verb (**sollen**):

sein			
ich	wäre	wir	wäre**n**
du	wäre**st**	ihr	wäre**t**
er/sie/es	wäre	sie	wäre**n**
	Sie wäre**n**		

sollen			
ich	sollte	wir	sollte**n**
du	sollte**st**	ihr	sollte**t**
er/sie/es	sollte	sie	sollte**n**
	Sie sollte**n**		

Only eight verbs normally appear in the simple subjunctive in conversational German:

1. The *two auxiliary* verbs **haben** and **sein:**

   hätte   *would have; had*   wäre   *would be; were*

2. The *six modal* verbs:

   dürfte   *could; were permitted to*
   könnte   *could; would be (were) able to*
   möchte   *would like*
   müßte   *would have to*
   sollte   *should; were to*
   wollte   *would want to; wished*

würde-CONSTRUCTION

In conversational German, the subjunctive of all other verbs is normally expressed by **würde** used in conjunction with the infinitive. This combination is called the ***würde*-construction:**

Ich würde . . .	gehen.	I would go.
Du würdest . . .	bekommen.	You would receive.
Er würde . . .	schreiben.	He would write.
Sie würde . . .	studieren.	She would study.
Es würde . . .	regnen.	It would rain.
Wir würden . . .	lesen.	We would read.
Ihr würdet . . .	wissen.	You would know.
Sie würden . . .	ankommen.	They (you) would arrive.

Here are more examples:

Wenn du die Sowjetunion besuchen **möchtest, müßtest** du immer noch ein Visum beantragen.

If you would like to visit the Soviet Union, you would still have to apply for a visa.

Wenn ich du **wäre, würde** ich ein Visum sofort **beantragen.**

If I were you, I would apply for a visa right away.

The simple subjunctive has various English equivalents:

Wenn du **mitkommen würdest, könntest** du Rita kennenlernen.

*If you **would come** along, you **could** meet Rita.*

*If you **came** along, you **would be able** to meet Rita.*

*If you **were to come** along, you **could** (you'd **be able to**) meet Rita.*

Was die Menschen wohl sagen würden, wenn sie bellen (*bark*) könnten.

Study Hint

Do not confuse the forms **könnte** and **konnte.** Although both can often be translated by *could*, they have very different meanings in German. **Könnte** is the simple subjunctive and is the equivalent of English *would be able to.* **Konnte** is the simple past indicative and is the equivalent of English *was able to.* **Konnte** always refers to the past; **könnte** can only refer to the present or future:

Ich **konnte** Vati **gestern** helfen.	*I was able to help Dad yesterday.*
Ich **könnte** Vati **morgen** helfen.	*I could help Dad tomorrow.*

The form **sollte** is the equivalent of English *should* when it refers to the present or future; it is the equivalent of English *was supposed* to when it refers to the past.

Ich **sollte gestern** zu Hause bleiben.	*I was supposed to stay home yesterday.*
Ich **sollte morgen** zu Hause bleiben.	*I should stay home tomorrow.*

FORMATION OF THE COMPOUND SUBJUNCTIVE

The compound subjunctive is expressed by **hätte** or **wäre** *used in conjunction with the past participle of the main verb.* Verbs that express the perfect tenses with a form of **sein** use **wäre** in the compound subjunctive. All other verbs form the compound subjunctive with **hätte.**

Wenn meine armen Großeltern nur vor der Nazi-Zeit **ausgewandert wären!**		*If only my poor grandparents had emigrated before the Nazi period!*
Wenn die Kommunisten nur mehr Redefreiheit **erlaubt hätten!**		*If only the Communists had permitted more freedom of speech!*

Here is the complete conjugation of the *compound subjunctive* of two verbs, one formed with **hätte** and the other with **wäre.**

sehen			
ich hätte . . . gesehen		wir hätten . . . gesehen	
du hättest . . . gesehen		ihr hättet . . . gesehen	
er/sie/es hätte . . . gesehen		sie hätten . . . gesehen	
	Sie hätten . . . gesehen		

gehen			
ich wäre . . . gegangen		wir wären . . . gegangen	
du wärest . . . gegangen		ihr wäret . . . gegangen	
er/sie/es wäre . . . gegangen		sie wären . . . gegangen	
	Sie wären . . . gegangen		

COMPOUND SUBJUNCTIVE OF MODAL VERBS

The compound subjunctive of the modals is formed with **hätte-** and a *double infinitive.* (See pages 188–190.)

Here are examples of the most common occurrences:

Die Volkspolizei der DDR **hätte** nicht auf die Flüchtlinge **schießen sollen.**		*The People's Police of the GDR **should** not **have shot** at the refugees.*
Hätten die Westberliner den Flüchtlingen nicht **helfen können?**		***Couldn't** the West Berliners **have helped** the refugees?*

Here is an example of their complete conjugation:

helfen			
ich hätte . . . helfen sollen		wir hätten . . . helfen sollen	
du hättest . . . helfen sollen		ihr hättet . . . helfen sollen	
er/sie/es hätte . . . helfen sollen		sie hätten . . . helfen sollen	
	Sie hätten . . . helfen sollen		

A. Toni will immer das Unmögliche! Bilden Sie Wünsche für Toni. Benutzen Sie den einfachen Konjunktiv oder **würde** + Infinitiv.

BEISPIELE: Meine Haare sind so kurz! →
Wenn meine Haare nur länger wären!

Meine Professorin gibt soviel auf! →
Wenn meine Professorin nur nicht soviel aufgeben würde!

1. Mein Wagen ist so alt!
2. Meine Freunde rufen mich nicht an!
3. Ich habe so wenige Freunde!
4. Ich verstehe diese Aufgabe nicht!
5. Ich muß soviel Hausarbeit machen!
6. Ich bekomme so wenig Post!
7. Ich kann nicht besser Englisch!
8. Ich weiß die Lösung dieses Problems nicht!

Welche Wünsche haben Sie?

B. An deiner Stelle . . . ! Ergänzen Sie die Minidialoge! Benutzen Sie folgende Verben.

BEISPIEL: JÜRGEN: Ich werde so dick!
HILDE: An deiner Stelle würde ich weniger Fett essen.

das Rauchen aufgeben   eine Tasse Kaffee trinken
die Zeitung lesen   es putzen
ein paar Aspirin nehmen

1.   KATRIN: Ich bin so müde heute!
     MAX:
2.   MELANIE: Ich habe solche Kopfschmerzen!
     SABINE:
3.   UWE: Dieser Husten wird immer schlimmer.
     KAROLINE:
4.   SUSANNE: Mein Motorrad ist aber schmutzig!
     GEORG:
5.   HARRY: Was ist alles neulich in der Welt passiert?
     ABDUL:

C. Etwas Höflichkeit ist immer am Platze! Drücken Sie die folgenden Bitten (*requests*) etwas höflicher aus. Benutzen Sie Verben wie **dürfte**, **könnte** und **würde**.

BEISPIEL: Reich mir die Straßenkarte! →
Würdest du mir bitte die Straßenkarte reichen!

1. Schweigen Sie!
2. Kannst du das Fenster ein bißchen öffnen?

3. Ich will noch ein Eis haben, Mutti.
4. Können Sie mir sagen, wie man zum Bahnhof kommt?
5. Fahrer, halten Sie hier!
6. Wir wollen auch mitfahren.
7. Einen Kaffee mit Sahne (*cream*)!
8. Ich will mit Herrn Meyer reden.

D. Selbstkritik. Machen Sie eine Liste Ihrer Schwächen. Dann vergleichen Sie Ihre Liste mit denen der anderen Studenten/Studentinnen. Welche Ähnlichkeiten und Unterschiede gibt es?

BEISPIEL: Ich sollte eigentlich nicht soviel Schokolade essen.
Ich sollte eigentlich früher ins Bett.
Ich sollte eigentlich öfter in die Bibliothek.

E. Ein Kettenspiel. Bilden Sie mit Ihrem Partner / Ihrer Partnerin eine Kette aus Wunschsätzen. Dann lesen Sie sie der Klasse vor. Das Paar mit der längsten Kette gewinnt das Spiel.

BEISPIEL: ST. A: Wenn ich reich wäre, würde ich mir einen Mercedes kaufen.
ST. B: Wenn ich mir einen Mercedes kaufen würde, könnte ich eine Reise durch das ganze Land machen.
ST. A: Wenn ich eine Reise durch das ganze Land machen würde, könnte ich viele interessante Menschen kennenlernen.

Und so weiter . . .

F. Wenn nur . . . ! Anneliese wünschte, sie hätte alles anders gemacht. Was würde sie in den folgenden Situationen sagen? Benutzen Sie Ausdrücke aus der folgenden Liste.

BEISPIEL: Mein neues Auto geht nicht mehr! →
Wenn ich nur nicht dieses Auto gekauft hätte!

einen Regenschirm mitbringen	Italienisch lernen
etwas essen	mehr pauken
fliegen	mitkommen
einen neuen Fernseher kaufen	zu Hause bleiben

1. Aldo spricht nur Italienisch, und ich kann ihn überhaupt nicht verstehen!
2. Diese Prüfung ist aber schwer!
3. Meine Kusine wollte mich besuchen, aber ich war im Konzert.
4. Ich kann nicht mehr fernsehen!
5. Diese Autofahrt nach Bremen dauert zu lange!

6. Mensch, habe ich aber großen Hunger!
7. Bei diesem Regen werde ich völlig (*thoroughly*) naß!
8. Ihr habt so einen tollen Urlaub in Griechenland gehabt!

G. Besser wissen. Was hätte Frank alles anders machen sollen? Bilden Sie Sätze mit Hilfe der folgenden Verben.

BEISPIEL: Ich habe schon wieder Hunger. →
             Du hättest mehr essen sollen!

besuchen   mitgehen   trinken
Englisch lernen   pauken

1. Ich bin bei der letzten Prüfung durchgefallen.
2. Als ich in Trier war, habe ich meine Großeltern nicht gesehen.
3. Ich habe noch großen Durst.
4. Ich kann die Touristen aus Amerika nicht verstehen.
5. Ich wollte den neuen Film mit Michelle Pfeiffer auch sehen.

H. Wenn ich nur . . . ! Was sind die speziellen Wünsche Ihrer Familie? Schreiben Sie mindestens fünf Sätze mit Wünschen.

BEISPIELE: DIE MUTTER: Wenn wir nur weniger Kinder gehabt hätten!
                DER VATER: Wenn mir nur die Haare nicht ausgefallen
                           wären!
               DER BRUDER: Wenn ich mir nur ein tolles Auto leisten
                           könnte!

I. Zu meinem Bedauern (*regret*). Was bedauern Sie? Schreiben Sie mindestens fünf Sätze, in denen Sie Ihr Bedauern ausdrücken.

BEISPIEL: Ich wünschte, ich hätte mehr für die letzte Deutschprüfung
             gelernt.

J. Jeder braucht Rat. Spielen Sie Ratgeber/Ratgeberin. Ihr Partner / Ihre Partnerin vertraut Ihnen ein persönliches Problem an (*divulges*). Sie müssen eine treffende Lösung vorschlagen. Wechseln Sie die Rollen ab, erzählen Sie dann der Klasse von Ihrem Problem und der vorgeschlagenen Lösung.

BEISPIELE: ST. A: Ich habe ein großes Problem. Ich habe so wenige
                     Freunde.
              ST. B: Dann solltest du zu mehr Partys gehen oder einem
                     Klub beitreten.

              ST. B: Ich hatte jemanden sehr gern, aber er/sie hat mich
                     nie angerufen. Was hätte ich machen sollen?
              ST. A: Du hättest ihn/sie anrufen sollen! Warum mußte
                     immer der/die andere dich anrufen?

CONDITIONAL SENTENCES

REAL CONDITIONS: THE INDICATIVE MOOD

Examine the following sentences:

Wenn die Deutschen in
ökonomische Verbindung
mit Polen und der
Tschechoslowakei **treten,**
wird die ökonomische Lage
Mitteleuropas sehr gut **sein.**

*If the Germans develop economic
ties with Poland and Czechoslovakia, the economic conditions of Central Europe will
be very good.*

Wenn du fleißig **lernst,**
werden deine Deutsch-
kenntnisse sehr gut.

*If you study hard, your knowl-
edge of German will really
improve.*

A *conditional sentence* is a sentence with a *main clause* and a *subordinate clause* introduced by the conjunction **wenn.** Such a sentence states that *a condition must be fulfilled* (**du lernst fleißig**) *in order for the result expressed in the main clause to be realized* (**deine Deutschkenntnisse werden sehr gut**).

The two preceding sentences are examples of conditional sentences that make use of the *indicative* rather than the *subjunctive*. In these sentences, the indicative mood is used in both English and German because it is expected that the conditions will be realized. For this reason they are called *real conditions.*

UNREAL CONDITIONS: THE SUBJUNCTIVE MOOD

Now examine the following sentences:

Im Falle, daß der Mensch nur
seine Vorurteile ablegen und
auch sein Verhalten gegenüber seinen Mitmenschen
ändern **sollte,** würde es
weniger Kriege **geben.**

*If people **were only to (should)**
lay aside their prejudices and
also **change** their behavior
toward their fellow human beings, there **would be** fewer
wars.*

Wenn es nur Pressefreiheit in
der DDR **gegeben hätte,**
wäre die Lage nicht über so
lange Zeit so schlimm
geblieben.

*If there **had been** freedom of the
press in the GDR, the situation **would** not **have remained** so bad for such a
long time.*

Wenn ich du **wäre,** (dann)
würde ich nicht in dieses
Restaurant **gehen.**

*If I **were** you, I **wouldn't go** to
that restaurant.*

Note that these sentences express *unreal situations*: Things *hoped for* (**wenn der Mensch nur seine Vorurteile ablegen würde**), *mere conjectures* (**wenn** es Pressefreiheit gegeben hätte), or even *contrary-to-fact conditions* (wenn ich du wäre).

SIMPLE SUBJUNCTIVE OR *würde*-CONSTRUCTION

The *simple subjunctive or **würde**-construction* is used in the following sentences to express hopes or doubtful situations in present time:

WENN-CLAUSE	RESULT-CLAUSE
Wenn ich heute meine Kreditkarte benutzen **könnte,** *If I **could** use my credit card today,*	**müßte** ich heute nicht auf die Bank. *I **wouldn't have to** go to the bank.*
Wenn ich du **wäre,** *If I **were** you,*	**würde** ich mir hier keinen Schmuck **kaufen.** *I **wouldn't buy** any jewelry here.*

SIMPLE SUBJUNCTIVE IN LITERARY GERMAN

We noted on page 262 that only eight verbs normally occur in the *simple subjunctive* in conversational German: the auxiliary verbs **haben** and **sein** and the six modal verbs. All other verbs are generally expressed by the **würde**-construction—for example, **ich würde gehen (sprechen, fliegen, lernen,** and so on).

In formal German, virtually all verbs can occur in the simple subjunctive. Here are a few examples:

CONVERSATIONAL GERMAN	FORMAL GERMAN
Wenn ich du **wäre, würde** ich nicht in diesem Restaurant essen.	Wenn ich du **wäre, äße** ich nicht in diesem Restaurant.
Wenn wir viel Geld **hätten, würden** wir einen Mercedes **kaufen.**	Wenn wir viel Geld **hätten, kauften** wir einen Mercedes.
Wenn Bob Deutsch **könnte, würde** er es mit dem Opa **sprechen.**	Wenn Bob Deutsch **könnte, spräche** er es mit dem Opa.

COMPOUND SUBJUNCTIVE

To express a wish or a mere conjecture, use the *simple subjunctive* or **würde**-*construction.* However, if the statement refers to the past, especially missed opportunities, use the *compound subjunctive.* Compare:

SIMPLE SUBJUNCTIVE OR *WÜRDE*-CONSTRUCTION	COMPOUND SUBJUNCTIVE
Wenn ich mehr Zeit **hätte, würde** ich **jetzt** zur Bürgerversammlung **gehen.** *If I had more time, I'd go to the town meeting now.*	Wenn ich mehr Zeit **gehabt hätte, wäre** ich **letzte Woche** zur Bürgerversammlung **gegangen.** *If I'd had more time, I would've gone to the town meeting last week.*
Wenn sie das **wissen würde, würde** sie es uns **sagen.** *If she knew that, she would tell us.*	Wenn sie das **gewußt hätte, hätte** sie es uns **gesagt.** *If she had known that, she would have told us.*

*Both the simple and the compound subjunctive can occur in the same conditional sentence. Usually the compound subjunctive describes a missed opportunity, whereas the simple subjunctive or **würde**-construction expresses the result of that missed opportunity in the present:*

Wenn die Kommunisten eine Marktwirtschaft **erlaubt hätten, wäre heute** die wirtschaftliche Lage nicht so schlimm.

If the Communists had permitted a free market economy, the economic situation today would not be so bad.

Wenn du **gestern** abend die Hausaufgaben **gemacht hättest, könntest** du **heute** mit uns zum Festzug gehen.

If you had done the homework last night, you'd be able to go with us to the parade today.

Study Hint

If you have difficulty in determining whether to use the *simple subjunctive* or the *compound subjunctive*, the following chart might help you:

GERMAN: SUBJUNCTIVE	ENGLISH: KEY WORDS
simple (or **würde**-construction)	would, could, should, were (to), had
compound	had, would have, should have, could have } + past participle

CONDITIONAL SENTENCES: WORD ORDER

The main clause shows inverted word order if the **wenn**-clause *precedes* it:

Wenn Deutschland Polen **helfen würde, könnte** sich die ökonomische Lage verbessern.	*If Germany would help Poland, the economic situation could improve.*

As in English, the conjunction **wenn** can be omitted in German if the **wenn**-clause comes first. In this case the verb must begin the clause:

Hätte ich mehr Zeit, (so) würde ich dem Chor beitreten. (Wenn ich mehr Zeit hätte, [so] würde ich dem Chor beitreten.)	*Had I enough time, I'd join the choir.*
Wäre die Welt friedlicher, dann könnte man mehr für die Armen tun.	*Were the world more peaceful, we could do more for the poor.*

RESULT-CLAUSE OMITTED

As you have seen earlier, the **wenn**-clause can stand alone as a wish. Often the adverb **nur** is used for emphasis:

Wenn die Welt nur friedlicher wäre!
Wenn Sonja nur mitgekommen wäre!
Wenn der Professor nur nicht soviel aufgeben (*assign*) würde!

ÜBUNGEN

A. **Was dann?** Was macht man in den folgenden Situationen? Bilden Sie Sätze, indem Sie jedem Ausdruck links einen passenden Ausdruck rechts zuordnen.

BEISPIEL: Wenn man arbeitslos ist, sucht man sich eine Stelle.

1.	Hunger haben	a.	zur Post gehen
2.	Geld brauchen	b.	täglich trainieren
3.	Sportler/Sportlerin werden möchten	c.	jemanden fragen
4.	krank sein	d.	einen Kräutertee (*herb tea*) trinken
5.	ein Problem haben	e.	sich etwas leihen
6.	etwas wissen wollen	f.	etwas essen
7.	ein Paket schicken möchten	g.	den Arzt holen lassen
8.	nicht einschlafen können	h.	jemanden um Rat bitten

Eine Türkin unterhält sich mit einer deutschen Nachbarin.

B. Das hätte sein können. Sagen Sie, was hätte sein können.

> BEISPIEL Hast du im Lotto gewonnen? (Nein, denn ich habe keine Karte gekauft.) →
> Ich hätte im Lotto gewonnen, wenn ich eine Karte gekauft hätte.

1. Habt ihr schöne Tage in Bregenz verbracht? (Nein, denn es hat so viel geregnet.)
2. Hast du den Film verstanden? (Nein, denn ich kann so wenig Französisch.)
3. Hast du deinen Zug erwischt (*caught*)? (Nein, denn ich bin am Bahnhof nicht pünktlich angekommen.)
4. Habt ihr Brot eingekauft? (Nein, denn die Bäckerei hatte schon zugemacht.)
5. Hast du dich schon geduscht? (Nein, denn das Wasser war zu kalt.)
6. Habt ihr das Restaurant genossen? (Nein, denn es hat soviel Zigarettenrauch gegeben.)
7. Habt ihr an der Demonstration teilgenommen? (Nein, denn wir waren nicht damit einverstanden [*agree*].)
8. Bist du auch nach Wien mitgefahren? (Nein, denn ich habe meine Eltern besucht.)
9. Konntet ihr eure Seminararbeiten fertigschreiben? (Nein, denn unser Computer war kaputt.)
10. Konntest du das Problem lösen? (Nein, denn ich habe es nicht verstanden.)

C. Metamorphosen. Was würden Sie machen, wenn . . . ? Fragen Sie Ihren Partner / Ihre Partnerin, dann wechseln Sie die Rollen ab.

> BEISPIEL: ST. A: Was würdest du machen, wenn du Millionär/Millionärin wärest?
> ST. B: Wenn ich Millionär/Millionärin wäre, würde ich eine Weltreise machen.

1. Präsident/Präsidentin der USA sein
2. im 12. Jahrhundert leben

3. Tourist in Australien sein
4. Astronaut/Astronautin sein
5. Zauberer/Zauberin (*magician*) sein
6. ein Vogel sein

als ob CLAUSES

Both the *simple* and the *compound subjunctive* occur in clauses introduced by **als ob** (*as if*) to express *a comparison with an unreal standard.*

COMPARISON WITH PRESENT SITUATION

Marianne spricht Deutsch, *als ob sie Deutsche wäre.*   Marianne speaks German as if she were a German.

COMPARISON WITH PAST SITUATION

In Zukunft wird Deutschland aussehen, *als ob es nie geteilt gewesen wäre.*   In the future, Germany will look as if it had never been divided.

Als ob is sometimes shortened to **als;** in this case, the finite verb immediately follows **als:**

Marianne spricht Deutsch, *als wäre sie Deutsche.*
In Zukunft wird Deutschland aussehen, *als wäre es nie geteilt gewesen.*

ÜBUNGEN

A.   Eine Familie mit Ambitionen und Illusionen. Bilden Sie Sätze mit **als ob,** um sie zu beschreiben.

BEISPIEL: Unser Hund (ein Miniaturpudel) glaubt, daß er eine große, furchterregende Bestie (*beast*) ist. →
Unser Hund tut so, als ob er eine große Bestie wäre.

1. Tante Klara singt wie eine Operndiva.
2. Meine Schwester lächelt wie Mona Lisa.
3. Du spielst Tennis wie Boris Becker.
4. Ich gebe Geld aus wie ein Multimillionär.
5. Meine Mutter kocht wie Julia Child.
6. Mein Vater fährt Auto wie Mario Andretti.

B.   Sein oder Schein (*appearance*)? Manche Leute scheinen anders als sie es eigentlich sind.

BEISPIEL: SEIN: Die Bürger dieser Kleinstadt begrüßen die Ausländer eigentlich nicht.
SCHEIN: Die Bürger dieser Kleinstadt verhalten sich (*act*) so, als ob *sie die Ausländer begrüßten.*

1.   SEIN: Professor Bachmann hat sich im Seminar eigentlich nicht gelangweilt.

   SCHEIN: Professor Bachmann saß da so, als ob ____.

2.   SEIN: Markus und Anja verstehen eigentlich nichts von Regie (*directing movies*).

   SCHEIN: Markus und Anja kritisieren Filme, als ob ____.

3.   SEIN: Die Bürgermeisterin interessiert sich eigentlich nicht für die Probleme der Obdachlosen (*homeless*).

   SCHEIN: Die Bürgermeisterin redet immer so, als ob ____.

4.   SEIN: Die Dorfbewohner freuen sich eigentlich nicht über die neue Touristenwelle.

   SCHEIN: Die Dorfbewohner haben das Referendum bejaht (*approved*), als ob ____.

5.   SEIN: Der Politiker glaubt eigentlich nicht an Gleichberechtigung (*equal rights*).

   SCHEIN: Der Politiker sprach mit uns, als ob ____.

6.   SEIN: Dieser Schauspieler hat eigentlich keine Fans.

   SCHEIN: Dieser Schauspieler tut so, als ob ____.

7.   SEIN: Der Gast hat den Witz (*joke*) nicht verstanden.

   SCHEIN: Der Gast hat so gelacht, als ob ____.

8.   SEIN: Die Auswanderer wollen eigentlich nicht in ihre Heimat zurückkehren.

   SCHEIN: Die Auswanderer sprechen manchmal so, als ob ____.

C. Aussehen beschreiben. Wie sehen Ihre Kommilitonen/Kommilitoninnen heute aus? Beschreiben Sie sie!

BEISPIELE: Mark sieht heute aus, als ob er gleich einschlafen möchte. Beth sieht heute aus, als ob sie nicht gefrühstückt hätte.

Aktivitäten

IN WORT UND BILD: SIND IHRE ELTERN IHRE ELTERN?

A. Diskutieren Sie! Wie würden Sie reagieren, wenn Sie heute erführen, daß Ihre Eltern Sie adoptiert haben?

B. Ein Interview. Das Frauen-Magazin *Brigitte* interviewt Psychotherapeutin Barbara Strehlow. Lesen Sie die Kurztexte und beantworten Sie die Fragen.

Veronika und Dotscheri Kolev mit den Töchtern Tanja (*l.*) und Eva, die sie als Baby adoptiert haben.

BRIGITTE: **Warum muß ein Kind überhaupt erfahren, daß es adoptiert ist?**

STREHLOW: Die Tatsache, daß er zwei Elternpaare hat, ist für die Identitätsbildung eines Menschen entscheidend.[1] Wenn die ersten Eltern ein Kind weggegeben haben und die zweiten ihm nicht helfen, damit zurechtzukommen,[2] ist das, als ob es ein zweites Mal im Stich[3] gelassen würde.

BRIGITTE: **Warum suchen Adoptivkinder dann überhaupt nach ihren Eltern?**

STREHLOW: Sie wollen sich ein Bild machen von den Menschen, denen sie ähnlich sind—auch wenn sie dann vielleicht nie versuchen, sie zu treffen. Aber sie wollen auch etwas finden von der Liebe, die ihre Eltern verbunden hat. Wenn das nicht möglich ist, ist das sehr schmerzlich. Dieser Schmerz ist schwer zu benennen, und deshalb können Adoptiveltern manchmal nicht erkennen, wie wichtig sie gerade jetzt sind.

---

[1] *decisive*   [2] *to come to terms with*   [3] *abandoned*

1. Warum ist es für ein Kind wichtig, daß es erfährt, wer seine leiblichen (*real, biological*) Eltern sind?
2. Warum suchen viele Adoptivkinder ihre Eltern?
3. Wenn Sie adoptiert wären, würden Sie ihre leiblichen Eltern unter allen Umständen (*circumstances*) kennenlernen wollen? Warum (nicht)?
4. Welche Probleme könnte das mit sich bringen?
5. Würden Sie ein Kind adoptieren? Warum (nicht)?

ANREGUNGEN ZUR UNTERHALTUNG

A. Ein anderes Leben. Wie würde Ihr Leben anders sein, wenn Ihre Vorfahren (*ancestors*) nicht nach Amerika gekommen wären? Wenn Sie amerikanisch-indianischer Abstammung sind, wie würde Ihr Leben anders sein, wenn keine Europäer nach Amerika gekommen wären? Unterhalten Sie sich mit Ihrem Partner / Ihrer Partnerin über folgende Fragen. Benutzen Sie den Konjunktiv.

> BEISPIEL: ST. A: Wo würdest du vielleicht leben, wenn deine Vorfahren nicht nach Amerika ausgewandert wären?
> ST. B: Wenn meine Vorfahren nicht nach Amerika ausgewandert wären, würde ich wohl in Frankfurt leben.

WEITERE FRAGEN

1. Welche Sprache würdest du jetzt sprechen?
2. Was für einen Beruf würdest du wohl jetzt haben?
3. Ist es möglich, daß deine Eltern sich nicht kennengelernt hätten?
4. Wie wäre deine Weltanschauung (*worldview, philosophy of life*)?
5. Wäre dein Leben interessanter?

B. Diskutieren Sie! Wenn Sie alles haben könnten, was Sie sich wünschen, würden Sie glücklich sein? Warum (nicht)?

RÜCKBLICK

Übersetzen Sie! Wiederholen Sie die vorigen Kapitel. Übersetzen Sie keine Ausdrücke in eckigen Klammern ([]).

LEIPZIG, EIN ALTER FREUND

REGINA: Peter, if I were you, I would visit* your old friends in Leipzig. You have known them for a long time **(schon lange).**
PETER: Yes, Regina, actually **(eigentlich)** I would even like **(sogar gern)** to move there **(dahin ziehen).**

---

*Add the particle **mal.** See page 355.

REGINA: What do they think† about (**halten von**) the German reunification and the refugee problem (**Flüchtlingsproblem**)?

PETER: They're‡ for stronger connections between all peoples (**Völkern**) and countries. They identify more with Europe than with Germany and act (**sich verhalten**) as if they were more (**eher**) modern (**modern-**) Europeans than traditional (**traditionell-**) Germans.

REGINA: We would have§ a better world if the average person would get rid of (**ab·legen**) old nationalistic prejudices. We would actually (**schon**) have to do that in order to be able to live with our fellow human beings in peace.

PETER: If the richest countries sell fewer weapons (**Waffen**) [to] the poorer countries, the world will become more peaceful.

REGINA: Yes and let us rather (**lieber**) help those poor countries produce food (**Lebensmittel produzieren**).

PETER: Yes, I plan to discuss all that (**das alles**) with my dear old friends. If I had* time, I would read the most interesting newspapers from all the federal provinces rather than just (**nur**) the Bonn newspapers.

REGINA: Do they (**man**) know that you are coming back for a visit (**zum Besuch**)?

PETER: No, I'm going there without writing my friends in order to surprise (**überraschen**) them. I would have surprised† them the last time, if they hadn't found out (**erfahren**) when (**wann**) I was supposed to arrive.

REGINA: That is§ too bad. No one should have told (**Bescheid sagen**) them!

SCHREIBEN SIE!

A.   Was müßte man machen, um eine friedlichere Welt zu schaffen?
Was halten Sie von der Tatsache (*fact*), daß die höchstentwickelten (*best-developed*) Länder den weniger entwickelten Ländern der Dritten Welt alle Art Waffen verkaufen?

B.   Welche Klischees über die Deutschen glauben viele Amerikaner?
Inwiefern (*to what extent*) sind Klischees gefährlich (*dangerous*)? Wie kann man Klischees bekämpfen (*fight*)?

---

* Add the particle **mal.** See page 355.
† Add the particle **schon.**
‡ Add the particle **ja.**
§ Add the particle **doch.**

Der Natur zuliebe

Verkehr in der Großstadt belastet die Umwelt.

Wortschatz

die Bedrohung (-en) threat **das Benzin** gasoline **die Geschwindigkeits- begrenzung (-en)** speed limit **die Grünen** the Greens (*a German political party in- terested in preserving the environment*) **die Industrie (-n)** industry **die Kernkraft** nuclear power **das Öl** oil **das Recycling** recycling **der saure Regen** acid rain **die Tierart (-en)** animal species	**die Umwelt** environment **die Umweltkatastrophe (-n)** environmental catastrophe **die Umweltverschmutzung** environmental pollution **der Verkehr** traffic **die Verschmutzung** pollution **das Waldsterben** destruction of forests through pollution **bedrohen** to threat **ersticken** to suffocate **importieren** to import	**recyceln** to recycle **retten** to save **schützen** to protect **verbessern** to improve **verbrauchen** to burn, use (*fuel*) **verschmutzen** to pollute **verursachen** to cause **zerstören** to destroy **bedroht** endangered, threatened **notwendig** necessary **sauber** clean **schmutzig** dirty **verseucht** contaminated

ÜBUNGEN

A. Aus Verben Substantive. Bilden Sie Substantive mit **-ung.**

BEISPIEL: bedrohen → die Bedrohung

1. begrenzen   3. verbessern   5. zerstören
2. retten   4. verschmutzen

B. Assoziationen. Welche Ausdrücke assoziieren Sie mit diesen Begriffen (*concepts*)?

BEISPIEL: Ölindustrie: Autos, Umweltverschmutzung, Benzin,
Tankstellen, . . .

1. Kernkraft   4. Umweltverschmutzung
2. Recycling   5. Verkehr
3. Tierart

C. **Ergänzen Sie die folgenden Sätze.**

1. Viele _____ sind heute vom Aussterben bedroht.
2. Wegen der Geschwindigkeitsbegrenzung _____ Autos weniger Benzin.
3. Fast alle Flüsse in der ehemaligen (*former*) DDR sind stark _____.
4. Wenn _____ stärker wird, gibt es bestimmt mehr Luftverschmutzung.
5. Auf vielen Autobahnen kann man kaum atmen; oft glaubt man, man könnte sogar leicht _____.
6. Die Ölindustrie hat schon viele _____ verursacht. Es ist daher _____, etwas dagegen zu tun.

Strukturen

INDIRECT DISCOURSE

Direct discourse is used to report statements exactly as they were first spoken or written. For this reason quotation marks must be used:

> Bernd hat gesagt: „**Ich esse** sehr wenig Fleisch.“
>
> *Bernd said, "I eat very little meat."*

Indirect discourse is used to report the same information without repeating the original words in their exact form. No quotation marks can be used:

> Bernd hat gesagt, daß **er** sehr wenig Fleisch **ißt**.
>
> *Bernd said that he eats very little meat.*

The present indicative form **ißt** in this last sentence would only appear in *conversational* German. In *formal* German, the *simple subjunctive* would normally be used, and this last sentence would appear as:

> Bernd hat gesagt, daß er sehr wenig Fleisch **äße**.

SUBJUNCTIVE IN INDIRECT DISCOURSE: TENSES

In Chapter 10 you saw how the simple and compound subjunctive, as well as the **würde**-construction, are formed and used in conditional sentences. These same verb forms are used in indirect discourse.

1. Simple Subjunctive (**essen**)

> Bernd hat gesagt, daß ich sehr wenig Fleisch **äße**.
>
> *Bernd said that I eat very little meat.*

> . . . du sehr wenig Fleisch **äßest**.
> . . . er/sie/es sehr wenig Fleisch **äße**.

. . . wir sehr wenig Fleisch **äßen.**

. . . ihr sehr wenig Fleisch **äßet.**

. . . sie sehr wenig Fleisch **äßen.**

. . . Sie sehr wenig Fleisch **äßen.**

2. Compound Subjunctive **(essen)**

Bernd hat gesagt, daß ich sehr wenig Fleisch **gegessen hätte.**   *Bernd said that I had eaten very little meat.*

. . . du sehr wenig Fleisch **gegessen hättest.**

. . . er/sie/es sehr wenig Fleisch **gegessen hätte.**

. . . wir sehr wenig Fleisch **gegessen hätten.**

. . . ihr sehr wenig Fleisch **gegessen hättet.**

. . . sie sehr wenig Fleisch **gegessen hätten.**

. . . Sie sehr wenig Fleisch **gegessen hätten.**

3. **Würde**-construction **(essen)**

Bernd hat gesagt, daß ich sehr wenig Fleisch **essen würde.**   *Bernd said that I would eat very little meat.*

. . . du sehr wenig Fleisch **essen würdest.**

. . . er/sie/es sehr wenig Fleisch **essen würde.**

. . . wir sehr wenig Fleisch **essen würden.**

. . . ihr sehr wenig Fleisch **essen würdet.**

. . . sie sehr wenig Fleisch **essen würden.**

. . . Sie sehr wenig Fleisch **essen würden.**

ALTERNATE SUBJUNCTIVE IN INDIRECT DISCOURSE

In indirect discourse, alternate forms of the subjunctive and the **würde**-construction often occur in the *third-person singular*. Such forms have the same meaning as the normal forms and are interchangeable with them. The main difference is that the alternate forms are considered more elegant. Here are examples of the simple and compound subjunctive, as well as of the **würde**-construction, showing the alternate forms.

Remember that the alternate forms normally occur only in the third-person singular.

1. Simple Subjunctive **(essen)**

NORMAL FORM

Bernd hat gesagt, daß er/sie/es sehr wenig Fleisch **äße.**

ALTERNATE FORM

Bernd hat gesagt, daß er/sie/es sehr wenig Fleisch **esse.**

2. Compound Subjunctive (**essen**)

> NORMAL FORM
>
> Bernd hat gesagt, daß er/sie/es sehr wenig Fleisch **gegessen hätte.**
>
> ALTERNATE FORM
>
> Bernd hat gesagt, daß er/sie/es sehr wenig Fleisch **gegessen habe.**

3. **Würde**-construction (**essen**)

> NORMAL FORM
>
> Bernd hat gesagt, daß er/sie/es sehr wenig Fleisch **essen würde.**
>
> ALTERNATE FORM
>
> Bernd hat gesagt, daß er/sie/es sehr wenig Fleisch **essen werde.**

The alternate forms are created by replacing the infinitive ending **-(e)n** of the finite verb with the ending **-e:**

	INFINITIVE	ALTERNATE FORMS
Simple subjunctive	Main verb: **essen**	er/sie/es **esse**
Compound subjunctive	Perfect auxiliary: **haben**	er/sie/es **habe** . . . gegessen
Würde-construction	Auxiliary: **werden**	er/sie/es **werde** . . . essen

Here are more examples of the *alternate* forms of the *simple subjunctive:*

> INFINITIVE: **recyceln**
>
> Anna behauptet, daß sie alle Papierprodukte **recycele.**
>
> *Anna claims that she recycles all paper products.*

> INFINITIVE: **helfen**
>
> Ihr Mann sagt, sie **helfe** oft bei der Altpapiersammlung.
>
> *Her husband says she often helps with the paper drive.*

> INFINITIVE: **müssen**
>
> Die beiden meinen, daß man die Umwelt retten **müsse.**
>
> *They both express the opinion that we must save the environment.*

INFINITIVE: **gefährden**

Sie behaupten, man **gefährde**
sonst sein eigenes Leben.

*They claim we will otherwise be
threatening our own lives.*

ALTERNATE SUBJUNCTIVE OF THE VERB *sein*

The alternate subjunctive of the verb **sein** is irregular; it is formed by dropping **-n** from the infinitive: **sei.** Unlike that of other verbs, the alternate subjunctive of the verb **sein** can be used in all persons, singular and plural.

NORMAL FORMS	ALTERNATE FORMS
ich wäre	ich sei
du wärest	du seiest
er/sie/es wäre	er/sie/es sei
wir wären	wir seien
ihr wäret	ihr seiet
sie wären	sie seien
Sie wären	Sie seien

NORMAL FORM: Der Arzt hat gesagt, daß ich jetzt gesund wäre.
ALTERNATE FORM: Der Arzt hat gesagt, daß ich jetzt gesund sei.
The doctor said that I'm healthy now.

NORMAL FORM: Der Arzt hat gesagt, daß die Kinder jetzt gesund wären.
ALTERNATE FORM: Der Arzt hat gesagt, daß die Kinder jetzt gesund seien.
The doctor said that the children are healthy now.

The normal and alternate forms of **sein** *are used interchangeably* to compose the compound subjunctive of verbs that require the auxiliary **sein** in the perfect tenses. For example, the compound subjunctive of **gehen** has these two sets of forms:

NORMAL FORMS	ALTERNATE FORMS
ich wäre . . . gegangen	ich sei . . . gegangen
du wärest . . . gegangen	du seiest . . . gegangen
er/sie/es wäre . . . gegangen	er/sie/es sei . . . gegangen
wir wären . . . gegangen	wir seien . . . gegangen
ihr wäret . . . gegangen	ihr seiet . . . gegangen
sie wären . . . gegangen	sie seien . . . gegangen
Sie wären . . . gegangen	Sie seien . . . gegangen

NORMAL FORM:	Der Arzt hat gesagt, daß ich krank gewesen wäre.
ALTERNATE FORM:	Der Arzt hat gesagt, daß ich krank gewesen sei. *The doctor said that I had been sick.*
NORMAL FORM:	Der Arzt hat gesagt, daß die Kinder krank gewesen wären.
ALTERNATE FORM:	Der Arzt hat gesagt, daß die Kinder krank gewesen seien. *The doctor said that the children had been sick.*

The only significant difference between the normal and the alternate forms of the subjunctive in modern German is one of style: The alternate forms are considered to be more elegant. But remember that *they can never be used in conditional sentences:* **"Wenn ich du wäre** (*never* **sei!**) **. . ."**

ÜBUNGEN

A. Ein Interview. Rekonstruieren Sie das Interview in direkter Rede.

BEISPIEL: Ron Wilson hat Monika Harz, eine deutsche Studentin, gefragt, ob die Deutschen umweltbewußt seien. Monika sagte, daß sich viele junge Leute sehr um die Umwelt sorgten.
Ron: „Sind die Deutschen umweltbewußt?"
Monika: „Ja, viele junge Leute sorgen sich sehr um die Umwelt."

In Deutschland gehört Recycling längst zum Alltag.

1. Ron fragte, was typische Beispiele dieses Engagements (*involvement*) seien.
2. Monika antwortete, daß viele Leute heute nur noch mit phosphatfreien Waschmitteln wüschen.
3. Ron wollte wissen, ob sie noch andere Beispiele nennen könne.
4. Monika sagte, daß die meisten Leute ihre alten Batterien beim Händler abgäben (*return*).
5. Ron fragte, ob die Deutschen ihr Altglas recycelten.
6. Monika meinte, man recycelte entweder Altglas oder kaufte Pfandflaschen (*returnable bottles*).
7. Ron wollte wissen, ob viele Leute mit dem Auto führen.
8. Monika meinte, daß leider immer noch nicht genug Menschen die öffentlichen (*public*) Verkehrsmittel benutzten, aber daß es allerdings (*nevertheless*) mehr seien als in den USA.

B. Immer diese Versprechungen! Was haben die folgenden Personen versprochen? Benutzen Sie **würde** + Infinitiv.

BEISPIEL: Detlev zu Nicole: „Ich kaufe dir einen Mantel (*coat*) zum Geburtstag." →
Detlev sagte Nicole, er würde ihr einen Mantel zum Geburtstag kaufen.

1. Katrin zu Melanie: „Ich schreibe dir bestimmt nächste Woche."
2. Herr Schneider zu Sohn Peter: „Wir gehen am Samstag in den Zirkus."
3. Marianne zu Axel: „Ich hole dich heute um Viertel vor vier vom Bahnhof ab."
4. Frau Kurz zu ihrem Mann: „Ich bringe heute nachmittag das Altglas und Altpapier zum Recycling."
5. Reisebüro Kletter zu seinen Kunden: „Wir akzeptieren jederzeit Ihre Kreditkarten."
6. Jutta zu ihren Freunden: „Ich lade euch gern zum Abendessen ein."
7. Martina zu Christoph: „Ich werde dir bei deinen Hausaufgaben helfen."
8. Jens zu Stefan: „Wir spielen bestimmt morgen Tennis."

C. Unsere verseuchte Erde. Schreiben Sie die folgenden Sätze, wenn möglich, mit den Ersatzformen (*alternate forms*) des Konjunktivs um. Nicht alle Sätze lassen sich umschreiben.

BEISPIEL: Marie behauptet, man sollte nicht soviel Öl importieren.
Marie behauptet, man *solle* nicht soviel Öl importieren.

ABER: Marie behauptet, wir sollten nicht soviel Öl importieren.
(Läßt sich nicht umschreiben!)

1. Eduard meinte, der Verkehr würde immer schlimmer.
2. Toni sagte, daß man immer länger im Verkehrsstau (*traffic jam*) stände.

3. Lotte behauptete, der Kölner Dom wäre jetzt wegen des Smogs ganz schwarz.
4. Mein Vater meinte, viele Tannen (*fir trees*) im Schwarzwald wären wegen des sauren Regens tot.
5. Richard meinte, die Lage würde so schlecht bleiben, bis man weniger Öl verbrauchte.
6. Oma sagte, die Leute hätten gesünder gegessen, als sie Kind war.

SUBJUNCTIVE IN INDIRECT DISCOURSE: USE

The following is a fictitious article that might have been taken from the front page of an American newspaper:

> **Police claim** *that Jeanette Brown attempted to bribe the mayor of Jonesville. . . . Brown,* **according to these sources,** *handed Mayor Finch an envelope with $5,000.* **It is further alleged** *that Brown and her partner embezzled $500,000 in funds from the firm of Edgar, Edgar, and Smith.*

The italicized phrases in this passage serve to place a certain distance between the reporter who wrote the article and the incriminating statements against the accused. *Without such phrases it would appear that the reporter is personally accusing Brown of the crimes mentioned.* Because of these qualifying phrases, the reporter's attitude toward the allegations can be described as neutral.

In German, the same effect of neutrality is achieved by use of the subjunctive mood (the mood of doubt and conjecture). By placing every allegation against Brown in the subjunctive mood, the reporter implicitly refuses to take a position on the validity of the allegations against Brown. *The reporter appears to be simply reporting what the authorities have stated:*

> **Die Polizei behauptet,** Jeanette Brown **habe** versucht, den Bürgermeister von Jonesville . . . zu bestechen. Brown **habe** Bürgermeister Finch einen Umschlag mit $5.000 überreicht. Brown und ihr Partner **hätten** auch von der Firma Edgar, Edgar und Smith $500.000 erschwindelt.

If the *indicative* instead of the *subjunctive* were used in this passage, the reader would be left with the *impression that the reporter,* like the police, *is accusing Brown* of all the charges listed: **Brown *hat* versucht, den Bürgermeister zu bestechen; Brown *hat* dem Bürgermeister Geld überreicht. Brown und ihr Partner *haben* Geld von einer Firma erschwindelt.** Note that the German version provides at least one advantage over the English: The source of the allegations (the police) does not have to be repeated in phrases like *Police claim . . . , according to these sources . . . , It is further alleged. . . .* Only one reference to the source of the allegations need be made: **Die Polizei behauptet. . . .**

FROM DIRECT TO INDIRECT DISCOURSE

The *simple subjunctive* is used in *indirect* discourse if the *present* indicative is used in *direct* discourse.

DIRECT DISCOURSE PRESENT INDICATIVE	INDIRECT DISCOURSE SIMPLE SUBJUNCTIVE
Ingo: „Ich **esse** sehr wenig Fleisch."	Ingo sagte, er **äße** sehr wenig Fleisch. Ingo sagte, er **esse** sehr wenig Fleisch.
Ingo: „Ich **bin** fast Vegetarier."	Ingo sagte, er **wäre** fast Vegetarier. Ingo sagte, er **sei** fast Vegetarier.
Wolf: „Meine Eltern **trinken** kein Bier."	Wolf sagte, seine Eltern **tränken** kein Bier.

Note that the *compound* subjunctive is used in *indirect* discourse *if any past tense* is used in *direct* discourse.

DIRECT DISCOURSE ALL PAST TENSES	INDIRECT DISCOURSE COMPOUND SUBJUNCTIVE
Simple past Ingo: „Ich **aß** sehr wenig Fleisch." *Present perfect* Ingo: „Ich **habe** sehr wenig Fleisch **gegessen**." *Past perfect* Ingo: „Ich **hatte** sehr wenig Fleisch **gegessen**."	Ingo sagte, er **hätte (habe)** sehr wenig Fleisch **gegessen**.

Here are more examples of direct discourse in a *past tense* and the corresponding use of the *compound subjunctive* in indirect discourse:

DIRECT DISCOURSE	INDIRECT DISCOURSE
Fritz: „Ich **war** gestern krank."	Fritz sagte, er **wäre (sei)** gestern krank **gewesen**.
Inge: „Meine Mutter **hatte** ein Lebensmittelgeschäft."	Inge sagte, ihre Mutter **hätte (habe)** ein Lebensmittelgeschäft **gehabt**.
Heidi: „Mein Großvater **wurde** schon als junger Mann Vegetarier."	Heide behauptete, ihr Großvater **wäre (sei)** schon als junger Mann Vegetarier **geworden**.

würde-CONSTRUCTION IN INDIRECT DISCOURSE

The **würde**-construction in indirect discourse parallels the *would* construction in English and poses no problems. Here are a few examples:

GERMAN	ENGLISH
Petra meinte, die westlichen Länder **würden** in Zukunft sogar mehr Öl **importieren.**	*Petra claimed the western countries **would import** even more oil in the future.*
Petra meinte, die Umweltverschmutzung **würde** schließlich sogar viele Tierarten **bedrohen.** (Petra meinte, die Umweltverschmutzung **werde** schließlich sogar viele Tierarten **bedrohen.**)	*Petra claimed pollution **would** eventually **threaten** many animal species.*

Study Hint

Sometimes the past tense must be translated as the *compound subjunctive,* as expected, but sometimes it must be translated as the *simple subjunctive.*

Let's say that you want to translate the sentence:

> *The Greens said Germans **drank** a lot of contaminated water.*

It is not clear from this sentence whether you should translate *drank* by the *compound* subjunctive, **hätten getrunken,** as expected, or by the *simple* subjunctive, **tränken.** The way around this difficulty is to *substitute the present tense* **(drink)** *or the past perfect* **(had drunk)** *for the past tense* **(drank)** *to determine which tense best captures the meaning:*
If you can substitute the *present* tense in English

> *The Greens said Germans **drank** contaminated water every day.*

=

> *The Greens said Germans **drink** contaminated water every day.*

then use the *simple* subjunctive in German:

> Die Grünen sagten, die Deutschen **tränken** jeden Tag verseuchtes Wasser.

But if you can better capture the meaning by substituting the *past perfect* tense in English

*The Greens said Germans **drank** contaminated water in the fifties.*
*= The Greens said Germans **had drunk** contaminated water in*
the fifties.

then use the *compound* subjunctive in German:

Die Grünen sagten, die Deutschen **hätten** in den fünfziger Jahren verseuchtes Wasser **getrunken.**

Einen Schritt weiter

Note that the *simple past* of the *modal verbs* and **lassen** is expressed by the *double infinitive* in indirect discourse when these verbs have dependent infinitives:

DIRECT DISCOURSE	INDIRECT DISCOURSE
Marie: „Ich **konnte** als Kind gut **schwimmen.**"	Marie sagte, sie **hätte** als Kind gut **schwimmen können.**
Elke: „Ich **mußte** gestern eine Arbeit **schreiben.**"	Elke sagte, sie **hätte** gestern eine Arbeit **schreiben müssen.**
Kurt: „Ich **ließ** mir die Haare sehr kurz **schneiden.**"	Kurt sagte, er **hätte** sich die Haare sehr kurz **schneiden lassen.**

ÜBUNGEN

A. Eine Umweltkonferenz. Berichten Sie, wer was gemeint hat. Benutzen Sie möglichst viele Ersatzformen (*alternate forms*) des Konjunktivs.

BEISPIEL: Professor Schneider: „Man muß weniger Benzin verbrauchen. Unsere Autos können effizienter sein." →
Professor Schneider meinte, man müsse weniger Benzin verbrauchen. Unsere Autos könnten effizienter sein.

1. Anneliese Mutke: „Ich bin gegen den Gebrauch von Tieren in Experimenten. Diese Behandlung ist unmenschlich."
2. Fritz Reinhard: „Wir müssen unbedingt weniger Öl importieren."
3. Helmut Demitz: „Man soll mehr Hühner und Fische als Vieh (*cattle*) züchten (*raise*)."
4. Professor Schneider: „Man hat zu viele Bäume in den Amazonaswäldern gefällt. Deswegen gibt es jetzt weniger Sauerstoff (*oxygen*) in der Atmosphäre."

5. Rita Bäuml: „Unsere Kinder werden unserer Dummheit wegen leiden (*suffer*). Wir haben viele Verbrechen (*crimes*) gegen die Umwelt begangen (*committed*)."
6. Bertold Schmidt: „Es gibt sauren Regen in fast allen hochentwickelten (*highly developed*) Ländern. Deswegen sind so viele Bäume gestorben."

B.   Bevor das Umweltbewußtsein erwachte (*awoke*). Herr Schmutzfink hat früher alles falsch gemacht. Auf einem Nachbarschaftstreffen (*neighborhood meeting*) hat er Ihnen seine Umweltsünden gebeichtet (*confessed*). Schockiert erzählen Sie diese Dinge weiter an Ihren Freund / Ihre Freundin.

> BEISPIEL: Ich warf früher immer alle Zeitungen in den Müll (*garbage*). →
> Stell dir vor, Herr Schmutzfink hat mir erzählt, er hätte früher alle Zeitungen in den Müll geworfen.

1. Ich kaufte nie Pfandflaschen (*returnable bottles*).
2. Ich machte den Ölwechsel (*oil change*) auf der Straße.
3. Ich warf Farbreste (*leftover paint*) in den Müll.
4. Ich tankte verbleites (*leaded*) Benzin.
5. Ich benutzte immer Spraydosen mit FCKW.*
6. Ich fuhr nie mit dem Fahrrad, sondern immer mit dem Auto.
7. Ich goß (gießen = *to pour*) chemische Reinigungsmittel (*cleansers*) in die Toilette.

C.   Da haben Sie sich geirrt. (*You were wrong.*) Drücken Sie aus, was Sie immer gemeint haben.

> BEISPIEL: Du hast also den Mercedes nicht gekauft! →
> Und ich habe immer gemeint, du hättest den Mercedes gekauft.

1. Eine Freundin zur anderen: Andreas hat mich nie geliebt.
2. Vater zum Sohn: Du willst also nicht Jura studieren?
3. Ein Freund zum anderen: Erika mag mich nicht.
4. Mutter zu ihrem zehnjährigen Sohn: Du hast deine Hausaufgaben immer noch nicht gemacht.
5. Ein Nachbar zum anderen: Das alte Auto vor meinem Haus gehört nicht Ihrem Sohn?
6. Student zu einem anderen: Also, ich bin nicht der einzige, der diesen Professor nicht versteht.
7. Erika zu ihrem Freund: So, dieser Porsche gehört dir also gar nicht. Und Medizin hast du auch nicht studiert.
8. Kundin im Geschäft: Die Würstchen sind gar nicht frisch.

---

* Fluorchlorkohlenwasserstoff (*fluorocarbons*)

D. Thema „Umwelt". Was meint Ihr Partner / Ihre Partnerin zum Thema Umwelt? Interviewen Sie ihn/sie, indem Sie ihm/ihr folgende Fragen stellen. Machen Sie sich Notizen, und berichten Sie dann vor der Klasse.

1. Was ist unser größtes Umweltproblem?
2. Welche Lösung(en) empfiehlt er/sie?
3. Was macht er/sie persönlich, um die Umwelt zu retten?

„Umweltbewußtsein" ist ein ziemlich neuer, aber wichtiger Begriff in der deutschen Sprache.

INDIRECT DISCOURSE IN CONVERSATIONAL GERMAN

The subjunctive of indirect discourse is generally avoided in conversational German. *Instead the same tense of the indicative that appeared in the original statement appears in indirect discourse.*

DIRECT DISCOURSE	INDIRECT DISCOURSE
Toni: „Unsere Autos **sind** zu groß."	Toni sagte, daß unsere Autos zu groß **sind.**
Elke: „Ich **habe** mir ein kleineres Auto **gekauft.**"	Elke sagte, daß sie sich ein kleineres Auto **gekauft hat.**

QUESTIONS IN INDIRECT DISCOURSE

Indirect questions are introduced by the conjunction **ob** (*whether, if*). *The same tense of the indicative that appeared in the original question generally appears in indirect discourse.*

DIRECT QUESTION	INDIRECT QUESTION
Anna fragte: „**Kann** man die Wälder überhaupt vor dem sauren Regen retten?" *Anna asked, "Can we save the forests from acid rain at all?"*	Anna fragte, ob man die Wälder überhaupt vor dem sauren Regen retten **kann.** *Anna asked whether we could save the forests from acid rain at all.*
Anna fragte: „Warum **haben** die Regierungen der Welt nicht mehr gegen die Luftverschmutzung **gemacht?"** *Anna asked: "Why haven't the governments of the world done more about air pollution?"*	Anna fragte, warum die Regierungen der Welt nicht mehr gegen die Luftverschmutzung **gemacht haben.** *Anna asked why the governments of the world haven't done more about air pollution.*

Note: Do not confuse **ob** with **wenn.** The conjunction **ob** means *if* in the sense of *whether*; **wenn** means *if* in the sense of *when(ever)*:

Wenn man die Geschwin- digkeitsbegrenzung erhöht, verbraucht man mehr Benzin.

If (**whenever**) *they raise the speed limit, we'll burn more gasoline.*

COMMANDS IN INDIRECT DISCOURSE

The same tense of the indicative that appeared in the original command generally appears in indirect discourse. Note that *the modal* **sollen** *must be used* to capture the force of the original command.

DIRECT COMMAND	INDIRECT COMMAND
Volker sagte zu seinem Bruder: „**Kauf** einen effizienteren Wagen!" *Volker said to his brother, "Buy a more efficient car."*	Volker sagte seinem Bruder, daß er einen effizienteren Wagen **kaufen soll.** *Volker told his brother to buy a more efficient car.*
Volker sagte zu seinen Kindern: „**Fahrt** mal mit dem Bus statt immer mit dem Wagen!" *Volker said to his children, "Take the bus instead of always using the car."*	Volker sagte seinen Kindern, daß sie mal mit dem Bus statt immer mit dem Wagen **fahren sollen.** *Volker told his children to take the bus instead of always using the car.*

Note that in English, indirect commands are usually expressed with the infinitive of the main verb: *Volker told his brother* **to buy** *a car; he told his children* **to take** *the bus.*

ALTERNATE SUBJUNCTIVE IN WISHES AND DIRECTIONS

The alternate subjunctive occurs in main clauses in certain set phrases in formal German to express a wish:

Es **lebe** die Freundschaft!	*Long live friendship!*
Sie **ruhe** in Frieden!	*May she rest in peace!*
Unser lieber Bürgermeister, er **lebe** hoch, hoch, hoch!	*Our dear mayor, let's give him three cheers!*

The alternate subjunctive also occurs in directions appearing in manuals, cookbooks, or texts:

Man **nehme** zwei Pfund Mehl, ein Pfund Zucker und drei Eier.	*Take two pounds of flour, one pound of sugar and three eggs.*
Die Figur A **sei** . . .	*Let Figure A be (represent) . . .*
Der Leser **merke** diesen Unterschied.	*The reader should note (let the reader note) this difference.*

The English equivalents of these wishes or directions often contain the verbs *should, let,* or *may.*

This use of the alternate subjunctive should not be confused with its use in indirect discourse. In indirect discourse the subjunctive forms are always accompanied by a statement or phrase of reporting such as **Die Polizei sagte, (daß) . . .**

ÜBUNGEN

A. Ein Gespräch. Berichten Sie über das folgende Gespräch in indirekter Rede. Benutzen Sie den Indikativ.

BEISPIEL: Helmut: „Monika, was kann man gegen den sauren Regen machen? Soll man weniger Benzin verbrauchen?" →
Helmut hat Monika gefragt, was man gegen den sauren Regen machen kann. Er hat auch gefragt, ob man weniger Benzin verbrauchen soll.

1. Helmut: „Ja, leider verbraucht mein alter Wagen zuviel Benzin."
2. Monika: „Kauf dir dann einen neueren Wagen."
3. Rita: „Was kann man gegen die Wasserverschmutzung machen?"
4. Erich: „Wir brauchen bessere Kläranlagen (*water treatment facilities*)."
5. Krista: „Wir lassen aber auch zu viele gefährliche Chemikalien in die Flüsse laufen."
6. Tina: „Ja, sicher. Aber Krista, glaub nicht, daß das genügt."
7. Krista: „Eduard, schreib diese Ideen auf, bitte."

8. Eduard: „Ich habe kein Papier dabei. Wer kann mir etwas Papier geben?"
9. Erich: „Besprechen wir jetzt Energie!"
10. Tina: „Ja, läßt sich Öl durch eine andere Energiequelle (*energy source*) ersetzen (*replace*)?"
11. Eduard: „Kernkraft ist eine mögliche Quelle."
12. Krista: „Du spinnst wohl. (*You're crazy.*) Jeder weiß, wie gefährlich Kernkraft ist. Hat niemand einmal an die Entwicklung von Sonnenenergie gedacht?"

B. Dumme Angewohnheiten (*habits*). Partnerarbeit zu dritt: Ihr Nachbar / Ihre Nachbarin hat die dumme Angewohnheit, morgens um 6.30 Uhr sein/ihr Auto warmlaufen zu lassen. Ihr WG-Partner / Ihre WG-Partnerin und Sie beschweren sich (*complain*), aber wegen des Autolärms kann Ihr Nachbar Ihren Partner / Ihre Partnerin nicht verstehen. Sie müssen alles wiederholen. Benutzen Sie den Indikativ.

BEISPIEL: ST. A: Wissen Sie, wie spät es ist?
ST. B (Nachbar/Nachbarin): Was?
ST. C: Mein Freund / meine Freundin fragt, ob Sie wissen, wie spät es ist.
ST. B: Ja, warum.
ST. A: Andere Leute schlafen noch.
ST. B: Wie bitte?
ST. C: Mein Freund / meine Freundin meint, andere Leute schlafen noch.

WEITERE AUSSAGEN (STATEMENTS)

Das ist ein fürchterlicher Lärm.
Es stinkt auch.
Es ist schädlich für die Umwelt.
Der Motor kann kaputt gehen.

Wissen Sie, daß das verboten ist?
Sie sind ein Idiot.
Wir holen die Polizei.

C. Die Rache (*revenge*) des Nachbarn. Partnerarbeit zu dritt: Nun beschwert sich (*complains*) telefonisch Ihr Nachbar / Ihre Nachbarin über Ihre Angewohnheiten. Sagen Sie Ihrem Partner / Ihrer Partnerin, was der Nachbar / die Nachbarin bereits gesagt hat.

BEISPIEL: ST. A: (Nachbar/Nachbarin) Wie kann man bei solcher lauten Musik schlafen?
ST. B: Was meint Herr/Frau Schmidt?
ST. C: Er/Sie meint, man kann bei solcher lauten Musik nicht schlafen.
ST. B: Sagen Sie ihm/ihr, die Musik ist gar nicht so laut.
ST. C: Mein Freund / meine Freundin meint, die Musik ist gar nicht so laut.

Ihr Hund bellt (*barks*) immer.
Sie putzen nie Ihre Treppen (*stairs*).
Sie stellen Ihre Fahrräder immer auf den Gang (*hallway*).
Sie lassen immer Ihre Wäsche im Hof (*backyard*) hängen.
Ihre Partys dauern bis spät in die Nacht.
Ich werde Sie anzeigen (*report to the police*).

D. Übersetzen Sie die folgenden Sätze ins Englische.

1. Möge es nie wieder Krieg geben!
2. Der Leser merke das folgende . . .
3. Man nehme einen Liter Milch, ein halbes Pfund Zucker und hundert Gramm Butter.
4. Die Figur X sei ein Rechteck (*rectangle*).
5. Es lebe der König!
6. Gott gebe es!

Aktivitäten

IN WORT UND BILD: VERKEHR UND UMWELT

A. Das Fahrrad im Straßenverkehr. Sehen Sie sich das Schaubild unten links an. Welche Gründe könnte es dafür geben, daß ein Fahrrad in der Stadt schneller ist als der Zug oder ein Auto?

B. Umwelt schützen, Rad benützen ist eine aktuelle (*current*) Münchner Parole (*motto*). Erfinden Sie eine ähnliche Parole, die andere Menschen zum Radfahren, Energiesparen oder Umweltbewußtsein motivieren soll.

Das Fahrrad — im Stadtverkehr am schnellsten

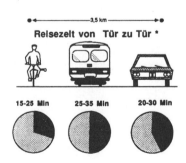

*) Durchschnittswerte einschließlich Wartezeiten, Parkplatzsuche, etc. (Quelle: ADFC)

Reisezeit von Tür zu Tür *

3,5 km

15-25 Min   25-35 Min   20-30 Min

[a]*protect*
[b]*use*

UMWELT SCHÜTZEN[a]
RAD BENÜTZEN[b]

ANREGUNGEN ZUR UNTERHALTUNG

A. Der energiebewußte Fahrer. Lesen Sie die folgenden Ratschläge zum energiebewußten Fahren. Bilden Sie Gruppen zu dritt oder zu viert, und diskutieren Sie folgende Fragen.

V. CHECKLISTE FÜR ENERGIEBEWUSSTE AUTOFAHRER

▶ Feststellen[a] wieviel der eigene Wagen verbrauchen darf (steht in der Betriebsanleitung).[b]

▶ Prüfen[c] ob der Kofferraum[d] von überflüssigem[e] Ballast[f] befreit werden kann. Auch gerade nicht benötigte Dachgepäckträger[g] oder Skihalter abmontieren[h]

▶ Reifendruck[i] prüfen.

▶ Überlegen[j] ob die Fahrt wirklich notwendig ist.

▶ Nachdenken, ob man wirklich jetzt fahren muß. (Zusammenlegen mit anderen Fahrten, Vermeiden[k] von langwieriger[l] Parkplatzsuche.)

▶ Falls man wirklich und jetzt fahren muß: Reihenfolge[m] der Besorgungen[n] und günstigste Wegstrecken[o] überdenken.

▶ km-Stand[p] und getankte Liter zur Kontrolle des Verbrauchs notieren.

▶ Aufkleber[q] „Ich bin Energiesparer" beim Bundesministerium für Wirtschaft, Pressestelle, 5300 Bonn, anfordern[r] (wird kostenlos zugesandt) und aufkleben.[s]

[a]Ascertain
[b]operation instructions
[c]Check
[d]trunk
[e]unnecessary
[f]weight
[g]roof rack
[h]remove
[i](Tire) Pressure
[j]Consider
[k]avoid
[l]lengthy
[m]order
[n]errands
[o]günstige . . . best routes
[p]Current mileage
[q]Sticker
[r]request
[s]stick on (car)

1. Welche Ratschläge finden Sie besonders wichtig? Warum?
2. Welche anderen Ratschläge können Sie zum Energiesparen geben?
3. Finden Sie, daß der Staat Anreize (*incentives*) zum Energiesparen geben sollte? Wenn ja, was für Anreize? Wenn nein, warum nicht?

B. Eine Umfrage. Machen Sie in der Klasse eine Umfrage zum Energieverbrauch. Folgende Punkte könnten berücksichtigt werden:

1. wie viele Studenten/Studentinnen ein Auto besitzen
2. wie oft man in einer Woche mit dem Auto fährt
3. wie viele Meilen man im Monat fährt
4. ob man regelmäßig andere Verkehrsmittel benutzt

5. welche Maßnahmen (*measures*) man zum Energiesparen schon ergreift (*takes*)
6. welche anderen Maßnahmen man zum Energiesparen in Zukunft vorhat (*is planning*)

RÜCKBLICK

Übersetzten Sie! Wiederholen Sie die Strukturen in den vorigen Kapiteln. Verwenden Sie Konjunktiv der indirekten Rede bei allen Aussagen (*statements*). Übersetzen Sie keine Ausdrücke in eckigen Klammern ([   ]).

UNSERE WELT, UNSER LEBEN

The new professor (*masc.*) said [that] we (**man**) can produce better cars. I know that we could* use less gas if we really wanted to (**das**). Of course, it would cost a lot to improve our air. People (**man**) would also save (**sparen**) a lot of money if they (**man**) would only take the bus a couple of times per week instead of always driving their own car. If the price of gasoline were higher, people would have to take the bus more often. We (**man**) could also protect the environment if we would recycle paper and old cans (**Dosen**). I wish (**wollte**) people weren't so lazy. There is a lot that (**was**) they could do without disrupting (**stören**) their daily life. My younger sister and my older brother claim [that] few people understand how important this issue (**Sache**) is.† I don't know if they are right (**recht haben**). People (**man**) say it is an important issue. But they don't act (**so tun**) as if it were important. In any case (**Jedenfalls**) scientists tell us that our industries have already polluted our most beautiful rivers. [Furthermore, they claim] our air is* very dirty, and we must‡ try to save our forests. [They also claim] there will be a great environmental catastrophe in [the] future unless (**wenn . . . nicht**) we begin to use less oil. I know our behavior endangers (**gefährden**) even (**sogar**) our own lives (*singular*).

SCHREIBEN SIE!

A. Was halten Sie von der Kernkraft (*nuclear energy*)? Ist sie so gefährlich, daß man sie nie als Energiequelle (*energy source*) verwenden soll? Oder kann man sich vor ihren Gefahren (*dangers*) schützen? Gilt Tschernobyl (*does Chernobyl count*) als Beispiel davon, daß die Kernkraft zu gefährlich ist? Machen Sie einige Nachforschungen (*research*) über diese Frage, bevor Sie schreiben. Könnte man durch Kernkraft unsere Wälder vorm Waldsterben retten?

B. Warum is Recycling wichtig für die Umwelt? Warum ist es wichtig, daß man recycelt, wenn man die Qualität unserer Flüsse und unserer Luft verbessern will?

---

* Use the particle **doch**. See page 355.
† Place this verb in the indicative because it is in a relative clause.
‡ Use the particle **mal**.

Kommunikation und die Medien

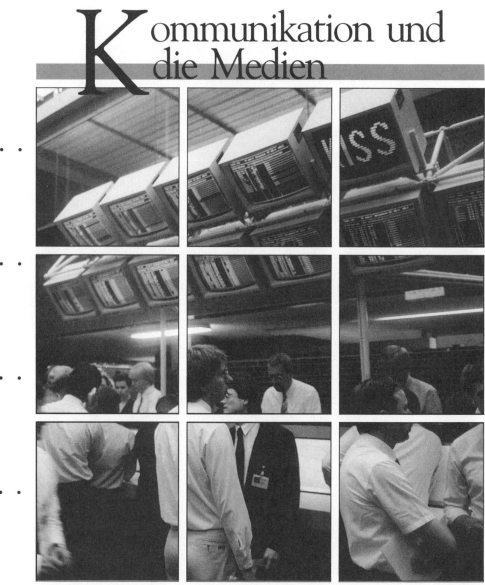

Computer: Ein wichtiges Kommunikationsmittel

INTERROGATIVE PRONOUNS AND ADJECTIVES

wo- AND da- COMPOUNDS

RELATIVE PRONOUNS

DEMONSTRATIVE PRONOUNS

INDEFINITE PRONOUNS AND ADJECTIVES

Wortschatz

die Ansage (-n)
announcement
der Ansager (-), die Ansagerin (-nen)
announcer
die Anzeige (-n)
announcement (in print); advertisement
der Bericht (-e) report
das Fernsehen television:
im Fernsehen on television
der Fernseher (-)
television set
die Fernsehserie (-n)
television series
die Illustrierte (declined adj.) magazine (with photographs)
das Kabelfernsehen cable television
die Massenmedien mass media

die Nachrichten news
die Reklame advertisement;
Reklame machen to advertise
die Sendung (-en)
broadcast, program
die Tageszeitung (-en)
daily paper
der Videofilm (-e)
videotaped movie, video
der Videorekorder (-)
videocassette recorder, VCR
die Werbesendung (-en)
advertisement (on television or radio), commercial
die Zeitschrift (-en)
magazine
die Zeitung (-en)
newspaper
die Zensur censorship

abonnieren to subscribe to (magazine, newspaper, and so on)
an·schalten to switch on
aus·schalten to switch off
beeinflussen to influence
berichten to report
wechseln to (ex)change;
das Programm wechseln to change channels on the TV set

empfehlenswert worthy of recommendation
staatlich owned or supported by the government, public

ÜBUNGEN

A. Aus Verben Substantive. Welche Substantive sind mit diesen Verben verwandt?

BEISPIEL: ansagen → der Ansager, die Ansagerin, die Ansage

1. berichten
2. fernsehen
3. senden

4. werben
5. zensieren

B. Ordnen Sie jeder Frage links eine passende Antwort rechts zu.

1. Schaust du dir viele Sendungen im Fernsehen an?
2. Ich habe mir einen neuen Videofilm ausgeliehen (*borrowed*). Hast du Lust, ihn dir heute abend anzusehen?
3. Habt ihr Kabelfernsehen zu Hause?
4. Peter und Claudia, wollt ihr euch heute nachmittag die Kindersendung im Fernsehen anschauen?
5. Frau Krüger, haben Sie heute schon die Tageszeitung gelesen?

a. Ja, es waren ein paar sehr interessante Anzeigen dabei.
b. Ja, aber ich finde es langweilig; es gibt zu viele Werbesendungen.
c. Nein, wir sind mit Klaus zum Rollschuhlaufen (*rollerskating*) verabredet.
d. Nein, wozu? Wir sehen nur abends die Nachrichtensendung an.
e. Ja klar! Ich komme gegen acht Uhr bei dir vorbei!

C. Ergänzen Sie die folgenden Sätze.

1. Ralf ____ den Fernseher jeden Tag um 6.00 Uhr abends ____, um sich die Nachrichten zu schauen.
2. Die meisten Amerikaner sind gegen ____, denn sie wollen die Freiheit der Presse und der Rede behalten.
3. Ich habe wenige Zeitschriften ____, weil ich nicht genug Zeit habe, soviel zu lesen.
4. Ich finde diese Zeitschrift sehr ____. Sie enthält viele gute Berichte über Politik und Wirtschaft.
5. Ich habe viel im ____ von der Umweltkatastrophe im Prince William Sound und im Persischen Golf gesehen.

$\int$ trukturen

INTERROGATIVE PRONOUNS AND ADJECTIVES

INTERROGATIVE PRONOUN *wer*

The declension of **wer** is illustrated in these sentences:

NOMINATIVE: **Wer** hat den Präsidenten interviewt?
Who interviewed the president?

ACCUSATIVE: **Wen** hast du gestern im Fernsehen gesehen?
Who(m) did you see on TV yesterday?

DATIVE:	**Wem** gehört dieser Computer?
	Who does this computer belong to?
	(*To whom does this computer belong?*)
GENITIVE:	**Wessen** Computer ist das?
	Whose computer is that?

If the interrogative pronoun **wer** is the object of a preposition, it must be in the appropriate case:

ACCUSATIVE:	**Für wen** ist diese Zeitschrift?
	Who is this magazine for?
	(*For whom is this magazine?*)
DATIVE:	**Von wem** ist diese Anzeige?
	Who is this announcement from?
	(*From whom is this announcement?*)

In conversational English, a preposition governing an interrogative pronoun is usually moved to the end of the clause; this is not possible in German:

An wen schreibst du?

FORMAL ENGLISH:	*To whom are you writing?*
CONVERSATIONAL ENGLISH:	*Who are you writing to?*

wer AND *was* USED WITH *sein*

In both German and English, **wer** (*who*) and **was** (*what*) can be used with the plural of the verb **sein** (*to be*):

Wer ist diese Ansagerin?	BUT	**Wer sind** diese Ansagerinnen?
Who is this announcer?		*Who are these announcers?*
Was ist das?	BUT	**Was sind** das?
What is that?		*What are those?*

INTERROGATIVES *welcher* AND *was für (ein)*

The interrogative adjective **welcher** (*which*) must agree with the noun it modifies in gender, number, and case, as does any other adjective. Because it is declined like the definite article, all adjectives following it must take weak endings.*

Welcher neue Videorekorder gefällt dir am besten?— Der japanische dort.

Welche amerikanischen Zeitschriften abonnieren die meisten Politiker? —Vielleicht *Time* und *Newsweek.*

---

*See pages 235–236 on the declension of general adjectives following **welcher**.

As an interrogative pronoun, **welcher** agrees with its antecedent in gender.

> Wir haben verschiedene Videofilme. **Welchen** willst du dir anschauen?

The phrase **was für (ein)** (*what kind of*) functions as an interrogative adjective. For this reason **für** loses its function as a preposition and has no effect on the case of the following noun.

> NOMINATIVE: **Was für ein** Fernseher ist das?
>
> ACCUSATIVE: **Was für einen** Fernseher hast du gekauft?
>
> DATIVE: Mit **was für einem** Zug fährst du nach Leipzig?

Note that **was für** is also used in exclamations:

> **Was für** eine Werbesendung!   *What an advertisement!*

wo- AND *da-*COMPOUNDS

*wo-*COMPOUNDS

When used in conjunction with a preposition, **was** is usually replaced by the form **wo-,** which is prefixed to the preposition.

> **Wodurch** wird man eigentlich ein guter Redner? —Durch Talent und viel Übung.
>
> *By what means (how) does one become a good speaker? —Through talent and a lot of practice.*

> **Womit** schreibst du normaler-weise? —Mit einem Kuli.
>
> *What do you usually write with? —With a ballpoint pen.*

If the preposition begins with a vowel, the compound begins with **wor-.**

> **Woran** denkst du? —An den letzten Bericht von Richard.
>
> *What are you thinking about? —About Richard's last report.*

> **Worüber** hat er berichtet? — Über die Umweltkatastrophe im Persischen Golf.
>
> *What did he report on? —On the environmental catastrophe in the Persian Gulf.*

Wo-compounds cannot be used to refer to people:

> **Von wem** spricht Richard in seinem Bericht?
>
> *Who does Richard mention in his report? (About whom does Richard talk in his report?)*

In fact, in conversational German, **wo-**compounds are sometimes avoided even in reference to things:

> **Über was** hat die Reporterin gesprochen?
>
> *What did the reporter talk about?*

da-COMPOUNDS

Da-compounds are formed by attaching the prefix **da-** to a preposition. Most prepositional phrases can be replaced by **da**-compounds.

PREPOSITIONAL PHRASE

DA-COMPOUND

Machst du oft Notizen **beim Lesen?**
Do you often take notes while reading?

—O ja. Wenn man **dabei** schreibt, behält man viel mehr.
—*Oh yes. If you write while doing that, you'll remember much more.*

Ingo meint, er hat viel **durch diese Methode** gelernt.
Ingo says he's learned a lot with this method.

—Ich glaube das schon. Man kann viel **dadurch** lernen.
—*I believe it. You can learn a lot with it.*

Offensichtlich interessiert sich Ingo **für Informatik.**
Apparently Ingo is interested in computer science.

—Tatsächlich? Ich interessiere mich auch **dafür.**
—*Really? I'm interested in that too.*

Ist das Mathematikbuch **unter der Zeitung?**
Is the mathematics book under the newspaper?

—Nein, schau mal, es liegt **daneben.**
—*No, look, it's next to it.*

Was macht ihr **nach den Nachrichten?**
What are you doing after the news?

—**Danach** sehen wir eine Sportsendung.
—*After that we'll watch a sports program.*

Stellst du deinen neuen Fernseher **zwischen die beiden Regale?**
Are you going to put your new TV set between the two book-cases?

—Ich weiß es nicht. Entweder **dazwischen** oder **davor.**
—*I don't know. Either between them or in front of them.*

If the preposition begins with a vowel, the compound begins with **dar-.**

Erinnert ihr euch **an die staatliche Sendung über Luftverseuchung?**
Do you remember the state-sponsored show about air pollution?

—Ja, wir erinnern uns gut **daran.**
—*Yes, we remember it well.*

Wir freuen uns **auf die neue Fernsehserie mit Kevin Costner.** *We are looking forward to the new TV series with Kevin Costner.*	—Wir freuen uns auch **darauf.** —*We are also looking forward to it.*
Die Professorin sprach **über den Einfluß der Massenmedien.** *The professor spoke about the influence of the mass media.*	—Tatsächlich? Was hat sie **darüber** gesagt? —*Really? What did she say about it?*

Da-compounds, like **wo**-compounds, always refer to inanimate objects or ideas. They cannot be used in reference to people:

Ich denke oft **an meine Heimat.** *I often think about my hometown.*	—Warum denkst du so oft **daran?** —*Why do you think about it so often?*

BUT

Ich denke oft **an meine Freundin.** *I often think about my friend.*	—Warum denkst du so oft **an sie?** —*Why do you think so often about her?*

Da-compounds are also often used to introduce an infinitive with its modifiers as well as **daß**-clauses. Compare the following:

Ich freue mich **auf** das Jazzkonzert. *I'm looking forward to the jazz concert.*	Ich freue mich **darauf,** ins Jazzkonzert zu gehen. *I'm looking forward to going to the jazz concert.*
Antje geht mit, denn sie interessiert sich auch **für** Jazzmusik. *Antje is going along, since she is also interested in jazz.*	Antje interessiert sich auch **dafür,** Jazzmusik zu hören. *Antje is also interested in listening to jazz.*

Das Alte und das Neue

ÜBUNGEN

A. Krista sucht eine Stellung. Lesen Sie den folgenden Absatz. Dann stellen Sie Fragen dazu. Benutzen Sie die Fragewörter **wer, wem, wen** oder **was.**

> BEISPIEL: ST. A: Wer sucht eine Stellung als Reporterin?
> ST. B: Krista Schneider sucht eine Stellung als Reporterin.

Krista Schneider sucht eine Stellung als Reporterin. Sie kennt (*knows her way around*) sich gut auf diesem Gebiet (*area*) aus. Sie liest jeden Tag **die Anzeigen in allen Zeitungen** und ruft **viele Bekannte** an. **Sie** besucht **vier Redaktionen** (*editorial offices*), findet aber nichts. Eine Freundin, **Toni Schotte,** lädt Krista zum Kaffee ein. Die beiden Freundinnen gehen in eine Konditorei. Krista begegnet da **Otto Meyer,** einem Bekannten. Er besitzt **eine große Redaktion in der Schweiz.** Er verspricht **Krista,** sie anzurufen, wenn eine Stelle bei seiner Redaktion offen wird. Eines Tages bekommt **Krista** einen Brief von Otto. **Eine Stelle** sei endlich frei. Sie dankt **Otto** von Herzen, als sie zur Redaktion kommt. Endlich hat sie **eine gute Stelle als Reporterin** gefunden.

B. Jedem das seine. Sehen Sie sich im Klassenzimmer um. Dann fragen Sie Ihren Partner / Ihre Partnerin, wem alles gehört.

> BEISPIEL: ST. A: Wem gehört die rote Jacke?
> ST. B: Die gehört John.

C. Ein bißchen Geographie. Bereiten Sie zehn Fragen über historische Figuren vor. Benutzen Sie möglichst viele Fragewörter wie **wer, was, wessen, welcher, was für (ein).** Stellen Sie Ihrem Partner / Ihrer Partnerin Ihre Fragen. Wer die meisten Fragen richtig beantwortet, gewinnt das Spiel.

> BEISPIELE: FRAGE: Wer hat die „Mona Lisa" gemalt?
> ANTWORT: Leonardo da Vinci hat sie gemalt.
>
> FRAGE: Welchen Präsidenten hat man in Dallas erschossen?
> ANTWORT: Man hat Präsident Kennedy in Dallas erschossen.

D. Eine schlechte Verbindung. Sie unterhalten sich am Telefon mit einer Freundin aus Deutschland. Leider ist die Verbindung sehr schlecht, und Sie müssen beide oft nachfragen.

> BEISPIEL: SIE: Man spricht in Deutschland viel über *Grrpiiieeepssssss.*
> IHRE FREUNDIN: Worüber spricht man viel?
> SIE: Über Politik.

IHRE FREUNDIN: Ach so. Ich interessiere mich für *Grrpiiieeepssssss*.

SIE: _____?

IHRE FREUNDIN: Für grüne Politik.

SIE: Ja, die Grünen sprechen viel über Um—*tütütüt*.

IHRE FREUNDIN: _____?

SIE: Über Umweltpolitik.

IHRE FREUNDIN: Ahh, gut. Ich fahre jetzt auch immer mit dem *Rrrrr-klick-klick*.

SIE: _____?

IHRE FREUNDIN: Mit dem Rad.

SIE: Ich selbst träume von *piieeep*.

IHRE FREUNDIN: _____?

SIE: Von einem Rennrad!!! Und von *tüüüüüüüt*.

IHRE FREUNDIN: _____?

SIE: Von einer besseren Telefonverbindung.

IHRE FREUNDIN: Ja, wir sollten Briefe schreiben. Ich freue mich auf dein *klick-knister-krrr*.

SIE: _____?

IHRE FREUNDIN: Auf dein *Sssssssssssss*.

ANSAGERIN: *Tüt*. If you want to make a call, please hang up and try again.

E. Wofür interessierst du dich? Stellen Sie Ihrem Partner / Ihrer Partnerin Fragen. Benutzen Sie Fragewörter mit **wo-, wer, wem** oder **wen**.

BEISPIELE: ST. A: Wofür interessierst du dich?

ST. B: Ich interessiere mich für CDs.

ST. B: Worauf freust du dich?

ST. A: Ich freue mich auf die Sommerferien.

NÜTZLICHE AUSDRÜCKE

an jemanden denken
an jemanden schreiben
auf jemanden/etwas warten
sich auf etwas freuen
sich für etwas interessieren

sich in jemanden verlieben
sich mit jemandem über etwas
  unterhalten (*to converse*)
über etwas nachdenken

F. Derselbe Planet, verschiedene Welten. Partnerarbeit: Sie versuchen mit Ihrem neuen Mitbewohner / Ihrer neuen Mitbewohnerin, gemeinsame Interessen zu finden. Er/sie scheint aber ganz andere Interessen zu haben oder gar keine Interessen! Benutzen Sie **da-**Komposita (*compounds*).

BEISPIELE: gern im Garten arbeiten →

ST. A: Arbeitest du auch so gern im Garten wie ich?

ST. B: Nee, also davon versteh' ich nichts.

NÜTZLICHE AUSDRÜCKE

über etwas Bescheid wissen (*to know about something*)
von etwas gehört haben
zu etwas Lust haben
sich für etwas interessieren
mit etwas umgehen können (*to know how to use something*)
von etwas verstehen

1. eine Videokamera haben
2. einen Computer haben
3. gern ins Kino gehen
4. gern klassische Musik hören
5. gern lesen
6. gern über Politik diskutieren
7. kochen können
8. Sport treiben

G. Interessierst du dich auch dafür? Stellen Sie Ihrem Partner / Ihrer Partnerin Fragen. Benutzen Sie **da-**Komposita.

> BEISPIEL: ST. A: Ich interessiere mich für CDs. Interessierst du dich auch dafür?
>
> ST. B: Ja (Nein), ich interessiere mich (nicht) dafür.

NÜTZLICHE AUSDRÜCKE

auf etwas (*acc.*) stehen
  (*to be crazy about*)
auf etwas warten
mit etwas schreiben
sich auf etwas freuen
sich für etwas interessieren
über etwas erzählen
über etwas nachdenken
über etwas sprechen

RELATIVE PRONOUNS

RELATIVES *der, das, die*

In the sentence **Das ist der Computer, den Hans gekauft hat** (*This is the computer that Hans bought*), **den** is a relative pronoun; it refers to **der Computer** and relates the second clause to the first clause. Sentences with relative pronouns can be viewed as two independent sentences that have been combined.

Wo wohnt **das Kind?**	→ Wo wohnt **das Kind,**
Du spielst oft mit **dem Kind.**	mit **dem** du oft spielst?
	Where does the child live with
	whom you often play?

Das ist **der Reporter.** → Das ist **der Reporter,**
Ute hat **den Reporter** in Bonn **den** Ute in Bonn kennen-
kennengelernt. gelernt hat.

That's the reporter whom Ute met in Bonn.

Wo ist **der Verlag?** → Wo ist **der Verlag,**
Du arbeitest bei **dem Verlag.** bei **dem** du arbeitest?

Where is the publisher for whom you work?

The clause that contains the relative pronoun (called a *relative clause*) is a subordinate clause: It cannot stand alone. For this reason it is set off by a comma, and the finite verb appears at the end. The relative clause closely follows its antecedent (the noun replaced by the relative pronoun) and must agree with it in gender and number: If the noun is feminine singular, the relative pronoun must also be feminine singular; if the noun is plural, the relative pronoun must also be plural. *The case of the relative pronoun, however, is determined by its function in its clause* (subject, accusative object, dative object, and so on) *and not by the case of the noun to which it refers.* Here is how the relative pronouns **der, das,** and **die** are declined:

	MASCULINE	NEUTER	FEMININE	PLURAL
Nominative	der	das	die	die
Accusative	den	das	die	die
Dative	dem	dem	der	**denen**
Genitive	**dessen**	**dessen**	**deren**	**deren**

1. *Nominative:* subject of relative clause

   Das ist der Mann,   **der** neben mir wohnt.   (*masculine*)
   Das ist das Kind,   **das** neben mir wohnt.   (*neuter*)
   Das ist die Frau,   **die** neben mir wohnt.   (*feminine*)
   Das sind die Kinder, **die** neben mir wohnen. (*plural*)

2. *Accusative:* object of relative clause

   Das ist der Mann,   **den** ich kennengelernt habe. (*masculine*)
   Das ist das Kind,   **das** ich kennengelernt habe. (*neuter*)
   Das ist die Frau,   **die** ich kennengelernt habe. (*feminine*)
   Das sind die Kinder, **die** ich kennengelernt habe. (*plural*)

3. *Dative:* indirect object of relative clause

   Das ist der Mann,   **dem** ich geschrieben habe.   (*masculine*)
   Das ist das Kind,   **dem** ich geschrieben habe.   (*neuter*)
   Das ist die Frau,   **der** ich geschrieben habe.   (*feminine*)
   Das sind die Kinder, **denen** ich geschrieben habe. (*plural*)

4. *Genitive:* possessor in relative clause

Das ist der Mann,	**dessen** Mutter das Buch schrieb. (*masculine*)
Das ist das Kind,	**dessen** Mutter das Buch schrieb. (*neuter*)
Das ist die Frau,	**deren** Mutter das Buch schrieb. (*feminine*)
Das sind die Kinder,	**deren** Mutter das Buch schrieb. (*plural*)

Note that the relative pronoun is declined similarly to the definite article (see pages 120–121), except that the dative plural is **denen,** not **den,** and there are two genitive forms to express *whose:* **dessen** for masculine or neuter antecedents and **deren** for feminine or plural antecedents.

ANTECEDENT	RELATIVE CLAUSE	
Der Mann,	**dessen** Adresse ich suche, heißt Udo Adler.	(*masculine*)
Das Kind,	**dessen** Adresse ich suche, heißt Wolf Heck.	(*neuter*)
Die Frau,	**deren** Adresse ich suche, heißt Rita Gengler.	(*feminine*)
Die Kinder,	**deren** Adresse ich suche, heißen Ute und Toni.	(*plural*)

In English, the relative pronoun is often omitted, but this is not possible in German.

Hast du die Zeitschrift gelesen, **die** ich auf den Couchtisch gelegt habe?	*Did you read the magazine* **(that)** *I laid on the coffee table?*

A preposition governing a relative pronoun often occurs at the end of the clause in English, especially if the relative pronoun is omitted. This cannot be done in German.

Kennst du den Deutschen, **an den** Max geschrieben hat?	*Do you know the German Max wrote* **to?** *(Do you know the German* **to whom** *Max wrote?)*

Note that a preposition can have no effect on a following **dessen/deren** (*whose*):

Das ist der Mann, **dessen** Tochter/Sohn bei CNN arbeitet.	*That's the man whose daughter/ son works for CNN.*
Das ist der Mann, **mit dessen** Tochter/Sohn Dieter arbeitet.	*That's the man whose daughter/ son Dieter works with. (That's the man with whose daughter/ son Dieter works.)*
Das ist die Frau, **deren** Tochter/Sohn bei CNN arbeitet.	*That's the woman whose daughter/son works for CNN.*

Das ist die Frau, **mit deren** Tochter/Sohn Dieter arbeitet.

That's the woman whose daughter/son Dieter works with. (That's the woman with whose daughter/son Dieter works.)

Der Computer ist ein unentbehrliches (*indispensable*) Werkzeug für Journalisten. Hier Reuters Pressedienst.

RELATIVES *wer* AND *was*

1. When the pronouns **wer/was (auch . . . immer)** introduce a subordinate clause, they are equivalent to *whoever/whatever* in English.

   Wer (auch immer) die meisten Zeitungen verkauft, bekommt den Preis.

   Whoever (no matter who) sells the most newspapers gets the prize.

   Was (immer) du **(auch)** willst, gebe ich dir.

   Whatever you want, I'll give you.

2. If the antecedent is **alles, nichts, etwas,** or a declined adjective in the neuter, then the relative pronoun **was** (not **das**) must be used.

   Alles, was Barbara in der Zeitschrift las, war höchst interessant.

   Everything Barbara read in the magazine was most interesting.

   Nichts, was ich heute in den Nachrichten gehört habe, hat mich sehr gefreut!

   Nothing I heard on the news today made me very happy.

   Etwas, was ich gestern in der Tageszeitung gelesen habe, hat mich sehr beeindruckt.

   Something I read in the (daily) paper yesterday really impressed me.

   Das ist **das Interessanteste, was** ich je erfahren habe.

   That is the most interesting thing I have ever learned.

A. Aus zwei mach eins! Schreiben Sie Zeitungsannoncen. Verbinden Sie die Sätze durch Relativpronomen.

BEISPIEL: Für unser Reisebüro suchen wir eine Sekretärin. Sie muß ausgezeichnete Englischkenntnisse besitzen. →
Für unser Reisebüro suchen wir eine Sekretärin, die ausgezeichnete Englischkenntnisse besitzt.

1. Für den ersten August suchen wir einen Verkäufer. Er soll mindestens zehn Jahre Erfahrung im Schuhverkauf haben.
2. Kinderreiche Familie sucht ein Einfamilienhaus. Es muß mindestens fünf Schlafzimmer haben.
3. Junger Mann sucht nette, junge Dame. Er möchte schöne Ferien in Spanien mit ihr verleben.
4. Attraktive Eva sucht Adam. Sie möchte ihn verwöhnen (*spoil*).
5. Für die Sommerreisesaison suchen wir Studenten. Sie sollen als Reiseleiter (*tour guides*) arbeiten.

B. Was halten Sie davon? Ihr Partner / Ihre Partnerin nennt einen Namen oder ein Wort, und Sie drücken Ihre Meinung darüber aus. Wählen Sie Ausdrücke aus der Liste.

BEISPIEL: ST. A: Skifahren
ST. B: Skifahren ist ein Sport, der mir sehr gefällt.

NÜTZLICHE AUSDRÜCKE

Skifahren	Angst haben vor
Tennisspielen	gefallen
Joggen	hassen
Kevin Costner (Schauspieler)	interessieren
Michelle Pfeiffer (Schauspielerin)	lesen
Die *New York Times* (Zeitung)	lieben
Der *National Enquirer* (Illustrierte)	mögen
Katze/Hund (Tier)	nervös machen
Weihnachten (Fest)	sich freuen auf
Prüfungen (ein notwendiges Übel)	sich interessieren für

C. Übung macht den Meister. Beantworten Sie die folgenden Fragen, indem Sie Ausdrücke aus der Liste rechts wählen.

BEISPIEL: Wer spricht Deutsch am besten? →
Wer Deutsch bei jeder Gelegenheit benutzt, spricht Deutsch am besten.

1. Wer weiß immer die neusten Nachrichten?	a. am meisten essen
	b. täglich Zeitung lesen
2. Wer hält sich am fitesten?	c. den Wettbewerb (*contest*) gewinnen
3. Wer schickt die meisten Ansichtskarten?	
4. Wer nimmt am meisten zu?	d. am häufigsten in Urlaub fahren
5. Wer bekommt die Goldmedaille?	e. oft trainieren

D. Alles war schön, und nichts war billig. Partnerarbeit: Beantworten Sie die Fragen Ihres Partners / Ihrer Partnerin.

> BEISPIEL: das Schönste (erleben) →
> ST. A: Was war das Schönste, was Sie je erlebt haben?
> ST. B: Ich war in Deutschland. Alles, was ich sah, war sehr schön. Nichts, was ich kaufen wollte, war billig.

1. das Interessanteste (hören)
2. das Langweiligste (erleben)
3. das Schlimmste (sehen)
4. das Dümmste (hören)
5. das Aufregendste (*most exciting*) (machen)

DEMONSTRATIVE PRONOUNS

der, das, die

Der, das, and **die** can be used not only as relative pronouns but also as demonstrative pronouns.

Kennst du die neue Fernsehserie mit Madonna?—Nein, **die** kenne ich nicht.	*Do you know the new TV series with Madonna?—No, that one I don't know.*

Demonstrative pronouns are more emphatic than personal pronouns, are strongly stressed in speech, and usually precede the verb. The answer to the question **Kennst du die neue Fernsehserie?** could have been **Nein, ich kenne sie nicht,** but this would have been less emphatic. The demonstrative pronoun **(der, das, die)** has the same forms as the relative pronoun (see the chart on page 308).

Ingrid, hast du den neuen Computer gesehen?— Mensch, **der** kostet viel!	*Ingrid, have you seen the new computer? —Man, that one costs a lot!*
Wo ist euer neuer Fernseher? —**Den** mußten wir leider in die Reparatur bringen.	*Where's your new TV set? —Unfortunately we had to take it in for repairs.*

Wo ist Renate heute? —Ach, **deren** Großvater in Kiel ist sehr krank, und sie wollte ihn besuchen.	*Where is Renate today? —Oh, her grandfather in Kiel is very sick, and she wanted to visit him.*

The neuter forms **das** or **dies** can be used with the verb **sein** to introduce a singular or plural predicate in any gender.

Das ist der Redakteur der neuen Zeitschrift.	*That (This) is the editor of the new magazine.*
Das sind meine neuen CDs.	*These (Those) are my new CDs.*
Das waren interessante Zeiten.	*Those were interesting times.*

derselbe

Derselbe (in all its forms) is written as one word unless the first syllable—the definite article—is contracted with a preceding preposition:

Thorsten hat **denselben** Videorekorder wie ich.	*Thorsten has the same VCR as I do.*
Wir beide sehen gern **dieselben** Dokumentarsendungen.	*We both like to watch the same documentaries.*

BUT

Wohnt ihr alle **im selben** Studentenheim?	*Do all you guys live in the same dormitory?*

INDEFINITE PRONOUNS AND ADJECTIVES

1. **alle** (*everyone*); **alles** (*everything*)

    Heutzutage verstehen fast **alle** Jugendlichen* etwas von Computern.
    Aber niemand kann **alles** von Computern verstehen.

2. **ein bißchen (ein wenig)** (*a little*)

    Könnten wir noch **ein bißchen** länger fernsehen? Dieses Programm ist doch interessant!

3. **ein paar** (*a couple, a few*)

    Vor **ein paar** Wochen habe ich einen tollen Videofilm über Skilaufen in den Alpen gesehen.

    Note that **ein paar** (*a few*) is indeclinable. In other words, it never takes any endings and should not be confused with **ein Paar** (*a pair*):

    Ich möchte ein (zwei) Paar Schuhe kaufen.†

---

*See pages 235–237 on the declension of general adjectives following **alle(s)**.

†Compare **ein (zwei) Bogen Papier,** page 161.

4. **etwas** (*something, some*)

> Hast du **etwas** zum Frühstück gekauft? —Ja, ich habe **etwas** Kaffee und ein paar Brötchen (*rolls*) gekauft.

5. **Jeder (jedermann)** (*everyone*)

> **Jeder(mann)** sollte diese Serie über die ehemalige (*former*) DDR sehen.

> | | |
> |---|---|
> | Es ist schwer, **jedem** gerecht zu sein. | *It is hard to be fair to everyone.* |

6. **jemand** (*someone, somebody*); **niemand (keiner)** (*no one, nobody*)

> | | |
> |---|---|
> | **Jemand** hat mir ein Abonnement für *Den Spiegel* geschenkt. | *Someone gave me a subscription to Der Spiegel.* |

> **Niemand (keiner)** konnte meinen CD-Spieler reparieren.

Occasionally **jemand** and **niemand** are declined like **der**-words, especially in literary German.[*]

> Kennst du **jemand(en),** der mir helfen kann? —Ja, ich habe gerade mit **jemand(em)** gesprochen, der dir helfen kann. [—Nein, ich kenne **niemand(en),** der dir helfen kann.]

7. **man** (*one, you, they*)

> Kann **man** die Leute so leicht beeinflussen, wenn **man** Reklame macht?

The pronoun **er** cannot be used in place of **man:**

> Wenn **man** die Nachrichten zu oft sieht, wird **man** (*not* **er**) depressiv.

The other case forms of **man** are:

> | | |
> |---|---|
> | ACCUSATIVE: | Solche Werbesendungen machen **einen** verrückt (*crazy*). |
> | DATIVE: | Rauchen schadet **einem.** |

8. **nichts** (*nothing, not . . . anything*)

> Was machst du normalerweise am Sonntag? —Gewöhnlich **nichts.**

9. **viel** (*much, many, a lot [of]*)

> Müßt ihr **viel** für Kabelfernsehen bezahlen? —Ja, aber es macht **viel** Spaß, denn es bringt **viele** interessante Sendungen und Spielfilme.

---

[*] See pages 120–121 on the declension of **der**-words.

The adjective **viel** takes no endings in the singular but does in the plural. The following forms are usually written together as compounds:

soviel (*so much*),   **wieviel** (*how much*),   **zuviel** (*too much*)

Wieviel Arbeit hast du? —**Zuviel!**

The plural forms **so viele, wie viele, zu viele** are always written as two words:

Wie viele CDs hast du heute gekauft? —**Zu viele!**

10. **wenig** (*little, few*)

Heute habe ich **wenig** Arbeit. Endlich kann ich mal ausspannen.
Weißt du, **wenige** Leute wissen, wie man richtig ausspannt.

Note that **wenig,** like **viel,** takes no endings in the singular.
Many indefinite pronouns—including **etwas, nichts, viel, wenig,**
and **alles**—can be used together with adjectives. Adjectives following
alles take weak endings; adjectives following other indefinite pronouns
usually take strong endings. Such adjectives are usually capitalized:

Ich wünsche dir **alles Gute!**   *I wish you good luck (everything good)!*

Die Wissenschaftlerin sagte **etwas Interessantes** über die Umwelt.
Sie schrieb auch **viel Wichtiges** (*many important things*) darüber in ihren Büchern.

A few adjectives are not capitalized after indefinites. Here are examples of the most important:

alles **andere** (*everything else*)   nichts **ander(e)s** (*nothing else*)
alles **mögliche** (*everything possible*)   alles **übrige** (*everything remaining*)

Alles **andere** kann Rita dir morgen berichten.

anders AND *irgend*

Anders (*n.* anderes) (*else*) may be used after almost any indefinite pronoun.

Hat Rita es dir berichtet? —Nein, es war jemand **anders** (*else*).
War die staatliche Sendung über Politik oder über etwas **anderes?**

Note that **anders** means *different(ly)* when used to modify verbs:

Berlin sieht ganz **anders** aus ohne die Mauer.

Irgend may be used before **etwas** or **jemand** for emphasis.

Verstehst du **irgend etwas** (*anything at all*) von dieser Software?
Irgend jemand (*someone or other*) hat mir meine Schreibmaschine gestohlen.

Irgend (negative = **nirgend**) is also often prefixed to question words.

> Ich habe das **irgendwo** (*somewhere or other*) in einer Zeitschrift gelesen, aber Näheres (*details*) kann ich dir nicht sagen.

> Manfred konnte seine neue Cassette **nirgendwo** **(nirgends)** finden.
>
> *Manfred couldn't find his new cassette anywhere.*

Irgend can also be used in combination with **ein-** in the sense of *some . . . or other.*

> Hast du **irgendeine** Illustrierte, die ich lesen könnte?
>
> *Do you have some magazine or other I could read?*

ÜBUNGEN

A. Was meinst du dazu? Ergänzen Sie die Sätze durch Demonstrativpronomen.

1. Hast du je mit Rudi Tennis gespielt? —Mit _____ habe ich keine Lust zu spielen. _____ spielt doch erst seit kurzer Zeit.
2. Seine Schwester hat schon mehrere Turniere gewonnen. _____ hat wirklich Talent dazu.
3. _____ Vater ist Trainer und trainiert jeden Tag mit ihr.
4. Wie findest du übrigens den neuen Woody Allen Film? —_____ habe ich noch nicht gesehen.
5. Wo ist dein neuer Wagen übrigens? —Stell dir vor, _____ ist schon in der Reparatur! Die automatische Gangschaltung (*transmission*) funktionierte nicht richtig.
6. Ich hab' heute abend 'ne Fete (*party*) bei mir. Bring die Gisela auch mit! —Nee, _____ kann heute nicht; _____ Vater hat nämlich heute Geburtstag.
7. Sind das neue Schuhe? —Ja, _____ sind wirklich bequem. In _____ kann ich stundenlang laufen.

B. Etwas Interessantes oder nichts Neues? Was paßt zusammen? Es gibt mehrere mögliche Kombinationen.

1. Unsere Fernsehprogramme bringen selten . . .	a. nichts Neues.
	b. alles Gute!
2. Du willst Drachenfliegen (*hanggliding*) lernen?	c. Das ist mal was ganz anderes.
	d. etwas Lustiges.
3. Was möchtest du denn zum Geburtstag?	e. nichts Besonderes.
	f. etwas Interessantes.
4. Ich wünsche Ihnen dabei . . .	
5. Das kenne ich schon. Es ist mir . . .	
6. So ein Spiel ist wirklich . . .	

C. Freiheit für Nichtstuer. Ergänzen Sie den Text mit folgenden Wörtern.

anders
einem
einen
etwas

irgend etwas
irgend jemand
man

Nichtstun muß _____ lernen.[1] Wenn _____ ein Arbeitssüchtiger (*worka-holic*) ist, fällt _____ nichts schwerer als das Nichtstun.[2] Niemand _____ kann _____ helfen.[3] _____ muß lernen, sich zu entspannen.[4] Sie kennen die Geschichte vielleicht: _____ sitzt gemütlich in einem bequemen Sessel (*armchair*) und tut nichts.[5] Plötzlich überfällt (*occurs to*) _____ der Gedanke, daß man _____ vergessen hat, z.B. einzukaufen, Wäsche aus der Waschmaschine zu nehmen oder _____ _____ anzurufen.[6] Man findet immer _____ _____ zu tun.[7] Und schon ist es mit dem Nichtstun vorbei, denn diese Gedanken lassen _____ keine Ruhe.[8]

D. Angelika war auf Reisen. Angelika war mit einer Reisegruppe in Europa, hat aber keine große Lust, von der Reise zu erzählen. Daher beantwortet sie Ihre interessierten Fragen nur sehr ungenau. Ergänzen Sie Angelikas Antworten mit den unbestimmten Pronomen und Adjektiven aus der Liste.

BEISPIEL: SIE: Wann seid ihr denn nach Europa gefahren?
ANGELIKA: **Irgendwann** im Februar.

ein paar
einige (*twice*)
etwas (*twice*)

irgend jemand
nichts
viel

SIE: Wie lange wart ihr denn unterwegs?
ANGELIKA: _____ Wochen.
SIE: Wer hat denn die Gruppe geleitet?
ANGELIKA: _____ aus Wien.
SIE: Was habt ihr denn alles gesehen?
ANGELIKA: _____ südeuropäische Länder.
SIE: Was hast du denn gelernt?
ANGELIKA: _____ Griechisch und _____ Wörter Französisch.
SIE: Was habt ihr denn Schönes in Frankreich gegessen?
ANGELIKA: _____ Französisches.
SIE: Habt ihr denn etwas Interessantes erlebt?
ANGELIKA: Nein, _____ Aufregendes.
SIE: Kannst du denn gar nichts erzählen?
ANGELIKA: Eigentlich nicht _____.

Aktivitäten

IN WORT UND BILD: PARTNER FÜR 3,50 DM

Lesen Sie den Artikel „Partner für 3,50 DM" und beantworten Sie die Fragen.

Gesellschaft **Partner für 3,50 DM**

^a*could use*
^b*stored, saved*

Mögen Sie nicht allein im Biergarten rumsitzen? Fehlt der Bridge- oder Tennispartner? Sind Sie gar einsam oder haben Langeweile? Eine neue Agentur, zunächst mal in München, schafft Abhilfe. Christiane Schmidt bringt in ihrer Spiel- und Sportpartner-Vermittlung Partner für alle möglichen Freizeitvergnügungen zusammen. Per Telefon: 0 89/65 47 79. 600 Adressen von unternehmungslustigen Leuten zwischen 18 und 80 hat sie gespeichert.^b Angerufen werden kann von 18 bis 22 Uhr in der Woche, am Wochenende ganztags. Jeder erfolgreich vermittelte Partner kostet 3,50 DM, der Jahresbeitrag 65 DM. Einmal im Monat gibt's Wochenendtreffen zum Skifahren, Langlaufen, Wandern, Bergwandern.

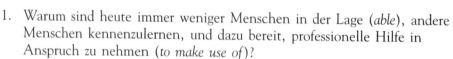

Ich brauchte jemand,^a der sich wie ich gut langweilen kann...

1. Warum sind heute immer weniger Menschen in der Lage (*able*), andere Menschen kennenzulernen, und dazu bereit, professionelle Hilfe in Anspruch zu nehmen (*to make use of*)?
2. Wie kann man ohne Kontaktanzeigen und Heiratsvermittler (*matchmakers*) andere Leute kennenlernen? Machen Sie eine Liste von Vorschlägen.
3. Kann man eigentlich „Kennenlernen" lernen?
4. Sind Sie mit jemandem befreundet oder verheiratet? Wie haben Sie Ihren Freund / Ihre Freundin oder Ihren Mann / Ihre Frau kennengelernt?

ANREGUNGEN ZUR UNTERHALTUNG

A. Sprachen und Weltsprachen.

1. Englisch ist eine Weltsprache. Warum lernen Sie Deutsch?
2. Welche Sprache(n) finden Sie für Ihr eigenes Leben besonders wichtig? Warum?
3. Sollten mehr Leute Fremdsprachen lernen? Warum (nicht)?
4. Welche Vor- und Nachteile hätte Ihrer Meinung nach eine künstliche (*artificial*) Weltsprache wie Esperanto?

B. Die Körpersprache (*body language*).
Die Körpersprache wird überall auf der Welt benutzt, aber auch hier gibt es Unterschiede. Kennen Sie Beispiele? Drücken Sie folgendes durch Gesten (*gestures*), Zeichen oder Mimik aus:

1. Freude
2. Angst
3. Schmerz
4. Hunger
5. Unverständnis
6. Wut (*anger*)
7. Müdigkeit
8. Erleichterung (*relief*)
9. „Du Idiot!"
10. „Komm her!"
11. „Ich ruf dich an!"
12. ?

RÜCKBLICK

Übersetzen Sie! Wiederholen Sie vorher die Strukturen in den letzen vier Kapiteln. Verwenden Sie Konjunktiv der indirekten Rede bei allen Aussagen. Übersetzen Sie keine Ausdrücke in eckigen Klammern ([ ]).

EINE BEGABTE FAMILIE

CAROL: Do you know Wolfgang, the German that lives next to me?

BOB: Yes, that's the same student you were talking to yesterday.

CAROL: That's right. That's the one (**derjenige**) whose mother works as an announcer. They say she will also appear (**auftreten**) in that new TV series, in spite of her other job.

BOB: My older brother said the German has a younger sister at the university with whose roommate my brother discusses* environmental problems. [And that] Wolfgang's younger sister is called Irmgard and is very intelligent. [He added that] she is interested in (**dafür**) writing something interesting about (the) traffic for the mass media on account of (the) environmental pollution.

CAROL: Are those the two young people you helped at the Frankfurt airport?

BOB: No, that was someone else.

---

* Place this verb in the indicative because it is in a relative clause.

CAROL: Someone or other told me both are just as talented as their mother and also just as committed **(engagiert).**

BOB: Yes, if I were like those [people] I would attend the university too, but I wouldn't become a reporter because I don't like television. There are too many obnoxious **(widerlich-)** commercials.

CAROL: Are you for (the) censorship?

BOB: No. Nobody should tell one what one may see on TV. One should be able to see almost everything one wants.

CAROL: Well **(nun),** not everything they show on TV is worthy of recommendation. But one can always change channels or at least turn the TV set off.

BOB: What was Wolfgang talking about yesterday?

CAROL: Yesterday he saw something favorable in an announcement, and he asked me if I knew something or other about it. But the announcement was in a small Lübeck [pictorial] magazine, and that [magazine] he has now lost. Now we can't find it anywhere, unfortunately.

SCHREIBEN SIE!

A. Was halten Sie von der Zensur? Sollte man brutale Filme zensieren? Sollte man wenigstens Filme zensieren, in denen man Vergewaltigungen (*rapes*) und andere Brutalitäten gegen Frauen und Kinder darstellt (*depict*)? Sollte man Kindersendungen zensieren, oder sollten Kinder dieselben Sendungen wie Erwachsene (*adults*) sehen dürfen?

B. Welche sind Ihre Lieblingssendungen? Warum sind solche Sendungen insbesondere empfehlenswert?

Theater und Kunst

Mehr als 16 Millionen Menschen gehen jährlich ins Theater in Deutschland.

- PASSIVE VOICE
- STATAL PASSIVE
- PASSIVE WITH MODAL VERBS
- PASSIVE WITH PHYSICAL ACTIVITIES
- ALTERNATIVES TO THE PASSIVE
- EXTENDED ADJECTIVES

Wortschatz

die Bühne (-n) stage (in a theater) **der Dichter (-), die Dichterin (-nen)** poet, writer **der Dirigent (-en, -en), die Dirigentin (-nen)** conductor **das Gedicht (-e)** poem **die Geige (-n)** violin **das Gemälde (-)** (*pronounced* **Gemählde**) painting, picture **das Klavier (-e)** piano **der Komponist (-en, -en), die Komponistin (-nen)** composer	**das Konzert (-e)** concert, concerto **die Kunst (¨e)** art **das (Kunst)Werk (-e)** work (of art) **der Künstler (-), die Künstlerin (-nen)** artist **der Musiker (-), die Musikerin (-nen)** musician **die Orgel (-n)** organ **die Plastik (-en)** sculpture **der Roman (-e)** novel **der Schriftsteller (-), die Schriftstellerin (-nen)** writer, author	**das Stück (-e)** piece (*also in reference to art*) **der Walzer (-)** waltz **auf·führen** to perform **aus·stellen** to exhibit **fördern** to promote, further **klatschen** to applaud, clap **komponieren** to compose **malen** to paint **übertragen** to broadcast **veröffentlichen** to publish **erfolgreich** successful

ÜBUNGEN

A. Ergänzen Sie die Sätze mit einem passenden Verb aus dem Wortschatz.

BEISPIEL: Man <u>klatschte</u> nach dem Konzert.

1. Man _____ ein Gemälde.
2. Man _____ eine Symphonie.
3. Man _____ Kunstwerke im Museum _____.
4. Man _____ Theaterstücke auf einer Bühne _____.
5. Man _____ Romane.

B. Ordnen Sie jedem Kunstwerk links einen bekannten Namen rechts zu.

BEISPIEL: Orgelstück → J. S. Bach

1. Gemälde
2. Roman
3. Gedicht
4. Theaterstück
5. Walzer
6. Oper

a. F. Dürrenmatt
b. R. M. Rilke
c. J. Strauss
d. A. Dürer
e. R. Wagner
f. H. Hesse

C. Ordnen Sie jeder Frage links eine passende Antwort rechts zu.

1. Wer hat dieses Orgelkonzert komponiert?
2. Kommst du heute mit ins Kunstmuseum? Es gibt dort eine neue Ausstellung über moderne Malerei.
3. Leiht (*lend*) ihr mir mal diesen Roman? Ich möchte ihn gerne lesen.
4. Herr Schmitt, was hat Ihre Tochter vor, wenn sie die Schule beendet hat?
5. Habt ihr schon Karten für das Rockkonzert nächsten Mittwoch gekauft?
6. Wie hat euch das große Konzert letztes Wochenende gefallen?
7. Spielst du selbst ein Musikinstrument?
8. Siehst du die Frau da vorne? Sie ist die Dichterin, die heute einen Vortrag (*lecture, talk*) gibt.

a. Ich glaube, sie möchte Literatur studieren und Schriftstellerin werden, aber das wird sicher sehr schwer sein.
b. Das Orchester war sehr gut, aber der Dirigent war ziemlich schlecht.
c. Nein, noch nicht, aber wir machen das morgen.
d. Weißt du das etwa nicht? Johann Sebastian Bach natürlich!
e. Gerne, aber ich kann nicht lange bleiben, weil ich heute abend noch eine Verabredung habe.
f. Wirklich? Ich kenne sie nur dem Namen nach, aber ich habe schon viel von ihr gelesen.
g. Ja, natürlich. Er wird dir sehr gut gefallen.
h. Ja, ich habe fünf Jahre lang Klavierunterricht genommen, aber ich spiele nur noch selten.

$\mathcal{S}$trukturen

PASSIVE VOICE

Look at the following examples of the active and passive voices in English. The true performers of the action, the "agents," are in boldface.

ACTIVE VOICE	PASSIVE VOICE
Many young people are buying this CD.	This CD is being bought by **many young people.**
The French made the Statue of Liberty.	The Statue of Liberty was made by **the French.**

The agent is the *subject* of the sentence in the *active* voice but becomes the *object of the preposition* **by** in the *passive* voice. On the other hand, the direct object of the active sentence becomes the new subject in the passive sentence: this CD; the Statue of Liberty.

FORMATION

In the English sentences the passive is formed with the auxiliary verb *to be* and the past participle of the main verb. In German, the passive is formed with **werden** (*to become*) and the past participle of the main verb. Although the passive voice can occur in a variety of tenses, for now let's consider only the most common tenses: the present and the simple past.

> Dieses Orgelstück **wird** oft **gespielt.** (*present*)
> *This piece for organ is often played.*

> Dieses Orgelstück **wurde** oft **gespielt.** (*simple past*)
> *This piece for organ was often played.*

Note that the past participle is located at the end of the clause and that the auxiliary **werden** is singular to agree with the new subject, **dieses Orgelstück.** If the subject is plural, a plural form of **werden** must be used.

> **Bachs Orgelstücke werden** oft gespielt. (*present*)
> *Bach's pieces for organ are often played.*

> **Bachs Orgelstücke wurden** oft gespielt. (*simple past*)
> *Bach's pieces for organ were often played.*

To use another example:

Dieser Roman wurde im neunzehnten Jahrhundert geschrieben.	*This novel was written in the nineteenth century.*

| Solche Romane wurden im neunzehnten Jahrhundert geschrieben. | Such novels were written in the nineteenth century. |

The verb must agree with the subject not only in number but also in person:

| Ich wurde zum Konzert eingeladen. | I was invited to the concert. |
| Du wurdest auch zum Konzert eingeladen. | You were also invited to the concert. |

AGENT OF THE ACTION

In English the agent—the person or thing that actually performs the action—is usually expressed through the preposition *by*. In German, one must make a distinction: *Animate* agents (humans or animals) are expressed using **von,** but *inanimate* objects or processes are usually expressed using **durch.**

Dieses schöne Stück wurde **von dem jungen Mozart** komponiert.	This beautiful piece was composed by the young Mozart.
Einige Gedichte wurden **von Dichtern** für seine Musik geschrieben.	Some poems were written for his music by poets.
Fast jede Aufführung wurde **vom Publikum** unterbrochen.	Almost every performance was interrupted by the audience.
Die Aufführung von Don Giovanni wurde **durch langen Beifall** unterbrochen.	The performance of Don Giovanni was interrupted by long applause.
Leider wurde meine CD von seiner Prager Symphonie **durch Hitze** beschädigt.	Unfortunately my CD of his Prague Symphony was damaged by heat.

Remember that the preposition **von** takes the dative case but that **durch** takes the accusative.

By far the most commonly occurring past tense in the passive voice is the simple past:

| Dieses Gemälde **wurde** im achtzehnten Jahrhundert gemalt. | This painting was painted in the eighteenth century. |

But occasionally you will encounter two other tenses while reading: the present perfect and the past perfect. Notice that the simple past used above and the present perfect used in the following sentence have essentially the same meaning:

> Dieses Gemälde **ist** im achtzehnten Jahrhundert gemalt **worden.**
>
> *This painting was painted in the eighteenth century.*

The past perfect tense of the passive voice is occasionally encountered in literature. Like the past perfect active, it is used to indicate that one past action precedes another past action (see pages 57–58). Here is an example:

> Die Bibel **war** vierzehnmal ins Deutsche **übersetzt worden,** bevor Martin Luther die beste Übersetzung von allen machte.
>
> *The Bible **had been translated** into German fourteen times before Martin Luther made the best translation of all.*

Although you should avoid using the present perfect and past perfect tenses in the passive voice, you should be able to understand them when you encounter them in print.

FORMATION OF THE PRESENT PERFECT AND THE PAST PERFECT

Since **werden** takes the auxiliary **sein** (not **haben**), **sein** is used to form the perfect tenses of the passive voice. **Worden,** shortened from **geworden,** is used as the past participle of **werden.** The basic order of elements in the present perfect tense of the passive is as follows:

SUBJECT	+	PRESENT TENSE OF **sein**	+	PAST PARTICIPLE OF MAIN VERB	+	**worden**
Dieser Roman		**ist** von vielen		**gelesen**		**worden.**
This novel has been read by many.						
Bachs Orgelstücke		**sind** schon tausendmal		**aufgeführt**		**worden.**
Bach's organ pieces have been performed a thousand times.						

The basic order of elements in the past perfect of the passive is similar.

> subject + simple past + past participle + **worden**
> of **sein** of main verb

> Viele Übersetzungen **waren** vor Luther **gemacht** **worden.**
> *Many translations had been made before Luther.*

Note that the past participle of the main verb always precedes the special participial form **worden.**

SUMMARY OF THE TENSES OF THE PASSIVE VOICE

All tenses of the passive voice use **werden** in combination with the past participle of the main verb. The last tense listed in the accompanying table—the future—is rarely used.

	PASSIVE VOICE	ENGLISH EQUIVALENT
Present:	wird . . . gemalt	*is (being) painted*
Simple Past:	wurde . . . gemalt	*was (being) painted*
Present Perfect:	ist . . . gemalt worden	*has been (was) painted*
Past Perfect:	war . . . gemalt worden	*had been painted*
Future:	wird . . . gemalt werden	*will be painted*

WORD ORDER IN THE PASSIVE VOICE

The same principles of word order discussed in Chapter 2 (pages 49–50) apply to the passive voice. Either the present or the simple past tense of the auxiliary **werden** functions as the finite verb and is positioned accordingly. (In the perfect tenses, the verb **sein** functions as the finite verb.)

NORMAL WORD ORDER

SUBJECT	FINITE VERB	OTHER ELEMENT	PAST PARTICIPLE
Viele CDs	**werden**	in Deutschland	**verkauft.**
Luthers Übersetzung	**wurde**	im 16. Jahrhundert	**veröffentlicht.**
Das Saxophon	ist	1846	**erfunden worden.**
Dieses Volkslied	war	1450	**entdeckt worden.**

INVERTED WORD ORDER

OTHER ELEMENT	FINITE VERB	SUBJECT	PAST PARTICIPLE
In Deutschland	**werden**	viele CDs	**verkauft.**
Im 16. Jahrhundert	**wurde**	Luthers Übersetzung	**veröffentlicht.**
1846	ist	das Saxophon	**erfunden worden.**
1450	war	dieses Volkslied	**entdeckt worden.**

TRANSPOSED WORD ORDER

Ich glaube, daß . . .

SUBJECT	OTHER ELEMENT	PAST PARTICIPLE	FINITE VERB
viele CDs	in Deutschland	**verkauft**	**werden.**
seine Übersetzung	im 16. Jahrhundert	**veröffentlicht**	**wurde.**
das Saxophon	1846	**erfunden worden**	ist.
dieses Volkslied	1450	**entdeckt worden**	war.

ÜBUNGEN

A. Festspiele in Österreich. Ergänzen Sie: **wird, werden, wurde, worden** oder **geworden.**

ZUR WIEDERHOLUNG: 1. **werden (ist geworden)** = *to become*
2. **werden** + *infinitive* = *future tense*
3. **werden** + *past participle* = *passive*

1. In vielen Teilen Österreichs sind Festspiele zu einer beliebten Tradition _____.
2. Dieses Jahr _____ wir zu den Salzburger Festspielen reisen.
3. In Salzburg _____ auch Mozart geboren.
4. Vor dem Salzburger Dom _____ jedes Jahr das Drama „Jedermann" aufgeführt.
5. Dieses Drama erinnert an das Mittelalter, aber es _____ doch erst in unserem Jahrhundert geschrieben.
6. Obwohl das Stück auf deutsch gespielt _____, sind doch viele ausländische Besucher unter den Zuschauern.
7. Nach der Aufführung _____ wir noch ein wenig durch die Straßen der Stadt spazierengehen.

Theateraufführungen
für jeden Geschmack:
Hier ein Theaterstück
aus der Renaissance.

B. Barockmusik in einem gotischen Dom. Ergänzen Sie die Lücken mit **von** oder **durch.**

Gestern abend lud mich ein alter Freund ein, mit ihm den Kölner Dom zu besuchen. Man gab nämlich ein Orgelkonzert. Viele Stücke _____ Johann Sebastian Bach sollten gespielt werden.[1] Unterwegs (*along the way*) fragte ich meinen Freund, _____ wem der Dom errichtet wurde.[2] Der Dom sei _____ einem unbekannten Architekten entworfen (*designed*) und _____ unbekannten Arbeitern errichtet worden, meinte er.[3]

Wir mußten die U-Bahn zum Dom nehmen. Die Autobahn war gesperrt, weil sie _____ viel Verkehr abgenutzt (*worn out*) worden war und _____ den Arbeitern erneuert werden mußte.[4] Wir wollten sowieso nicht mit dem Wagen fahren, denn es gab viel Regen, und viele Bäume waren _____ Blitz und Wind beschädigt.[5] Endlich saßen wir im Dom. Die Musik war herrlich. Ich freute mich sehr und hatte viele Fragen über Bach. Was für eine Weltanschauung hatte er? Ich fragte meinen Freund, ob Bach Atheist war. Bestimmt nicht, antwortete mein Freund. Er meinte, Bach habe geglaubt, das ganze Universum wurde _____ Gott geschaffen.[6] Das konnte ich dem Bach wohl glauben. „Musik ist höhere Offenbarung (*revelation*) als alle Weisheit und Philosophie." Das ist ein Spruch _____ Beethoven.[7]

C. Es wird musiziert. Schreiben Sie die Sätze im Präsens des Passivs um.

> BEISPIEL: Man singt Händels „Messias" oft zu Weihnachten. →
> Händels „Messias" **wird** oft zu Weihnachten **gesungen.**

1. Viele Musiker spielen die Trompete.
2. Der Berliner Rundfunk (*radio*) überträgt heute abend die „Brandenburgischen Konzerte".
3. Man führt diese Woche in Salzburg „Die Zauberflöte" auf.
4. In den meisten westlichen Ländern bevorzugen Jugendliche Popmusik.
5. In diesem Laden verkauft man Stereoanlagen und Radiorecorder.

D. Wichtige Daten. Schreiben Sie die Sätze im Präteritum des Passivs um.

> BEISPIEL: Grass schrieb 1959 *Die Blechtrommel* (*The Tin Drum*). →
> *Die Blechtrommel* wurde 1959 von Grass geschrieben.

1. Man baute im 12. und 13. Jahrhundert viele gotische Dome.
2. Man enthüllte (*unveiled*) 1886 die Freiheitsstatue in New York.
3. In den Jahren 1888 und 1889 malte Van Gogh viele Bilder.
4. Den Eiffelturm errichtete man 1889 in Paris.
5. Man verfilmte 1939 „Vom Winde verweht" (*Gone with the Wind*).
6. Man erfand 1942 das Tonbandgerät.
7. 1967 nahmen die Beatles „Sergeant Pepper" auf.

E. Wien, Wien nur du allein! Schreiben Sie die Sätze im Passiv um. Achten Sie auf die Verbzeit!

> BEISPIELE: Richard Wagner komponierte viele Opern. →
> Viele Opern **wurden** von Richard Wagner **komponiert.**
>
> Man führt oft die Oper „Tannhäuser" in Salzburg auf. →
> Die Oper „Tannhäuser" **wird** oft in Salzburg **aufgeführt.**

1. Etwa vierzehn Millionen Ausländer besuchten Österreich letztes Jahr.
2. Man besucht Wien und Salzburg besonders gern.
3. Täglich veranstaltete man Opern, Konzerte und Liederabende mit bekannten Künstlern.
4. Viele junge Künstler hoffen, daß man sie dort entdeckt.
5. Am Musikinstitut bildet man talentierte, junge Künstler aus der ganzen Welt aus.
6. Man vergleicht das moderne Wien oft mit dem Wien der Jahrhundertwende (*turn of the century*).
7. Man erkannte Wien lange als kulturelles Zentrum Europas an.

F. Ein geselliger (*social*) Konzertabend. Sie und Ihr Partner / Ihre Partnerin planen einen geselligen Konzertabend und geben anderen Personen in der Klasse bestimmte Aufgaben auf.

> BEISPIEL: ST. A: Wer reserviert den Raum?
> ST. B: Der Raum wird von Jane reserviert. Wer schreibt (*is contacting*) die Musiker an?
> ST. A: Die Musiker werden von mir angeschrieben.

1. Wer bestellt die Getränke?
2. Wer macht Salate?
3. Wer tippt (*is typing*) die Einladungen?
4. Wer informiert die Presse?
5. Wer organisiert (*is arranging for*) ein Klavier?
6. Wer bringt Lautsprecher?
7. Wer macht Aufnahmen?
8. Wer schreibt einen Artikel für die Unizeitung?

STATAL PASSIVE

As you have seen, the passive, formed with the auxiliary **werden,** expresses an *ongoing action.* This should not be confused with the statal passive construction, in which the auxiliary **sein** is used with the past participle to express the *state or condition* resulting from an action. Compare the following sentences.

TRUE PASSIVE (ACTION)	STATAL PASSIVE (CONDITION)
Die Tür **wurde** um vier Uhr geschlossen. *The door was (being) closed at four o'clock.*	Die Tür **war** den ganzen Tag geschlossen. *The door was closed all day.*
Diese Platte **wurde** auf der Party zerbrochen. *This record was broken at the party.*	Wir konnten die Platte nicht spielen, denn sie **war** zerbrochen. *We couldn't play the record because it was broken.*
Das Haus **wurde** gestern grün gestrichen. *The house was painted green yesterday.*	Das Haus, in dem wir wohnten, **war** grün gestrichen. *The house we lived in was (painted) green.*

PASSIVE WITH MODAL VERBS

Modal verbs can be used in passive constructions.

		PAST PARTICIPLE OF MAIN VERB	PASSIVE AUXILIARY
Present	Dieser Brief **darf** nicht von jedem *This letter must (may) not be read by everyone.*	**gelesen**	**werden.**
	Diese Sonate **kann** auf dem Klavier *This sonata can be played on the piano.*	**gespielt**	**werden.**
Simple Past	Diese Geige **sollte** *This violin was supposed to be repaired.*	**repariert**	**werden.**
	Das Stück **mußte** auf der großen Bühne *The piece had to be performed on the big stage.*	**aufgeführt**	**werden.**
Simple Subjunctive	Diese Musik **könnte** auch auf der Orgel *This music could also be played on the organ.*	**gespielt**	**werden.**

Note in the preceding examples that the last two elements are the past participle of the main verb and the *infinitive* **werden.**

PASSIVE WITH PHYSICAL ACTIVITIES

Many *repetitive physical activities* can be expressed in the passive using **wird (wurde)** with no subject.

Auf dem Oktoberfest **wird** sehr viel **getanzt, getrunken** und **gesungen.**	*There is a lot of dancing, drinking, and singing at the Oktoberfest.*
Am Ende der Aufführung **wurde** lange **geklatscht.**	*There was a lot of applause at the end of the performance.*
Wurde an die Tür **geklopft?**	*Was there a knock on the door?*
Wurde heute schnell auf der Autobahn **gefahren?**	*Were people driving fast on the freeway today?*
Heute **wird** am Strand viel Volleyball **gespielt.**	*A lot of people are playing volleyball at the beach today.*

Note that this use of the passive is often the equivalent of English expressions using *people* or *there is (was)*.

ALTERNATIVES TO THE PASSIVE

man + VERB IN THE ACTIVE VOICE

The pronoun **man** used as the subject of the main verb in the active voice is especially common in conversational German. Compare:

PASSIVE VOICE	**man** + ACTIVE VOICE
Solche Gemälde **werden** oft **ausgestellt.** *Such paintings are often exhibited.*	**Man stellt** oft solche Gemälde **aus.**
Deutsche Opern **werden** auch in Amerika **aufgeführt.** *German operas are also staged in America.*	**Man führt** deutsche Opern auch in Amerika **auf.**
Das Schloß Neuschwanstein **wurde** im neunzehnten Jahrhundert **erbaut.** *Neuschwanstein Castle was built in the nineteenth century.*	**Man hat** das Schloß Neuschwanstein im neunzehnten Jahrhundert **erbaut.**

CONSTRUCTIONS WITH *können, sich lassen*, AND *sein zu*

The following three constructions are equivalent to each other.

könned + past participle + the infinitive werden	sich lassen + infinitive; sein + zu + infinitive
Das **kann** leicht **erklärt werden.** *That can be easily explained.*	Das **läßt sich** leicht **erklären.** Das **ist** leicht **zu erklären.**
Diese Sache **kann** schnell **erledigt werden.** *This matter can be disposed of quickly.*	Diese Sache **läßt sich** schnell **erledigen.** Diese Sache **ist** schnell **zu erledigen.**
So(lch) ein Dom **könnte** nie wieder **erbaut werden.** *Such a cathedral could never be built again.*	So(lch) ein Dom **ließe sich** nie wieder **erbauen.** So(lch) ein Dom **wäre** nie wieder **zu erbauen.**

ÜBUNGEN

A. Heute ist Premiere. Sabine und ihr Mann wollen heute zu einer Opernpremiere und sind sehr nervös. Wurde wirklich an alles gedacht? Benutzen Sie das Zustandspassiv (*statal passive*).

BEISPIEL: Die Karten müssen noch abgeholt werden. →
Die Karten sind doch schon abgeholt.

1. Du mußt noch dein Hemd bügeln (*iron*).
2. Ich muß noch meine Fingernägel lackieren (*polish*).
3. Das Auto muß noch in die Garage gestellt werden.
4. Deine Schuhe müssen noch geputzt werden.
5. Ich muß noch Geld holen.
6. Der Babysitter muß noch angerufen werden.
7. Wir müssen noch ein Taxi bestellen.

B. Viel Kultur, aber keinen Nachtisch. Ergänzen Sie die folgenden Sätze mit dem Verb **sein** oder **werden.**

BEISPIELE: Wann **werden** die Theaterkarten gekauft? (sind/werden) →
Die **sind** schon längst gekauft. (sind/werden)

MARIE: Gehen wir heute nachmittag ins Museum! Weißt du, wann die Türen zugemacht _____?[1] (sind/werden)

ALOIS: Ich glaube um 4 Uhr. Das Museum soll täglich von zehn bis vier geöffnet _____.[2] (sein/werden)

MARIE: Die Öffnungszeiten stehen wohl in der Zeitung. Leider kann ich sie nicht lesen, weil meine Brille zerbrochen _____.[3] (ist/wird)

ALOIS: Danach können wir ins Burgtheater. Gestern abend _____[4] „König Lear" aufgeführt. (war/wurde) Vielleicht heute abend auch.

MARIE: Eine gute Idee. Ich habe neulich erfahren, daß Shakespeares Dramen hier häufig aufgeführt _____.[5] (sind/werden)

ALOIS: Ja, sie sind sehr beliebt. Am Ende der Aufführung _____[6] oft lange geklatscht. (ist/wird)

MARIE: Übrigens, wann _____[7] das Museum renoviert? (war/wurde)

ALOIS: Ich glaube, es ist immer noch nicht fertig. Es _____[8] immer noch umgebaut. (ist/wird) Aber das Burgtheater _____[9] schon seit vielen Jahren renoviert. (ist/wird)

MARIE: Ich glaube, die Eintrittskarten _____[10] nur an der Kasse im Burgtheater verkauft. (sind/werden) Wir müssen uns beeilen, sonst finden wir keine Plätze mehr.

ALOIS: Und nach der Oper essen wir ein Stück Sachertorte bei mir. Ach! Ich habe vollkommen vergessen. Die Torte _____[11] schon aufgegessen! (ist/wird)

C. Gesellschaftsfragen. Beantworten Sie die Fragen, indem Sie Passivsätze bilden.

BEISPIEL: Kann man arme Familien unterstützen? →
Ja, arme Familien können unterstützt werden.

1. Soll man Hunger abschaffen (*end*)?
2. Muß man mehr Arbeiter umschulen (*retrain*)?
3. Soll man die Künste fördern?
4. Kann man die Umwelt retten?
5. Muß man mehr Geld für Jugenderziehung (*training young people*) ausgeben?

D. Was ist hier los? Bilden Sie Passivsätze mit Ausdrücken aus beiden Spalten.

BEISPIEL: Nach einer Aufführung / klatschen →
Nach einer Aufführung wird geklatscht.

1. Beim Fasching	arbeiten
2. Beim Picknick	diskutieren
3. Beim Weinfest	essen
4. Im Café	jodeln
5. Im Wald	kochen
6. In den Bergen	singen
7. In der Klasse	tanzen
8. In der Küche	trinken
9. In der Oper	wandern

E. Ein beliebtes österreichisches Gericht. Wie wird es gemacht? Drücken Sie alle Sätze mit **man** im Aktiv aus.

BEISPIEL: Zuerst wird das Rezept für Wiener Schnitzel im Kochbuch nachgeschlagen. →
Zuerst schlägt man das Rezept für Wiener Schnitzel im Kochbuch nach.

1. Zuerst werden Kalbsschnitzel eingekauft.
2. Dann werden die Kalbsschnitzel mit Ei und Semmelbröseln (*bread crumbs*) paniert.
3. Danach werden die Schnitzel in heißem Fett gebraten.
4. Dann werden sie gold-braun knusprig serviert.
5. Die Schnitzel werden mit Zitronenscheiben (*lemon slices*) garniert.

F. Wie läßt sich das anders sagen? Schreiben Sie die Sätze um.

BEISPIEL: Moderne Musik läßt sich schwer spielen. →
Moderne Musik ist schwer zu spielen.

1. Moderne Literatur läßt sich oft nur schwer verstehen.
2. Dieser Dialekt läßt sich nicht leicht verstehen.
3. Ich lasse mich leicht überreden (*convince*).
4. Mein Auto ließ sich nicht mehr reparieren.
5. Von meinem Fenster lassen sich die Berge sehen.
6. Hinten im Konzertsaal ließ sich fast nichts hören.

G. Rita besucht Wien. Drücken Sie die Sätze aus ihrem Tagebuch anders aus. Ersetzen **Sie können** durch **sich lassen.**

BEISPIEL: Wien kann nicht an einem Tag besichtigt werden. →
Wien läßt sich nicht an einem Tag besichtigen.

1. Von meinem Hotelfenster kann man den Stephansdom sehen.
2. Der österreichische Dialekt kann nur schwer verstanden werden.
3. Man konnte das Weinlokal zuerst nicht finden.
4. Der Wein war so sauer. Man konnte ihn nicht trinken.
5. In Wien kann man gut leben.

H. Eine interessante Veranstaltung (*event*). Bechreiben Sie eine interessante Veranstaltung, die Sie miterlebt haben. Benutzen Sie möglichst viele Passivsätze.

BEISPIEL: Ich war auf einer Party, die sehr lustig war. Es wurde viel gesungen, gegessen, getanzt und auch geflirtet. Fast alle meine Freunde waren dabei.

EXTENDED ADJECTIVES

In Chapter 12 (pages 307–310) you learned how to form relative clauses. Note how a relative clause can be reduced to a shorter construction called an *extended adjective.*

RELATIVE CLAUSE	EXTENDED ADJECTIVE
Das Flugzeug, **das gestern auf dem Frankfurter Flughafen landete,** war voll besetzt. *The airplane that landed at the Frankfurt airport yesterday was completely full.*	Das **gestern auf dem Frankfurter Flughafen landende** (*landing*) Flugzeug war voll besetzt.
Man sprach über ein Gedicht, **das von Rilke kurz vor seinem Tod geschrieben wurde.** *They spoke about a poem that was written by Rilke shortly before his death.*	Man sprach über ein **von Rilke kurz vor seinem Tod geschriebenes** Gedicht.
Diese Erfindung, **die für die Kernforschung so wichtig ist,** wurde von einem Deutschen gemacht. *This discovery, which is so important for atomic research, was made by a German.*	Diese **für die Kernforschung so wichtige** Erfindung wurde von einem Deutschen gemacht.
Diese uralte Schrift, **die selbst von Experten schwer zu entziffern ist,** bleibt ein Rätsel. *This ancient script, which is difficult even for experts to decipher, remains a riddle.*	Diese **selbst von Experten schwer zu entziffernde** (*to be deciphered*) uralte Schrift bleibt ein Rätsel.

Most modern writers avoid lengthy extended adjectives, although they are quite common in modern technical literature, in newspapers (to save space), and in older literature. For this reason you should develop a facility to read them.

Study Hint

If you find it difficult to comprehend an extended adjective, try reconstructing the original relative clause by following these steps:

1. Place the noun modified by the extended adjective directly after the introductory **ein**-word, **der**-word, or adjective.

> Das gestern auf dem Flughafen landende Flugzeug war voll besetzt.
>
> Das Flugzeug

2. Insert the appropriate relative pronoun after the noun:

>Das Flugzeug, **das**

3. Change any verb form ending in **-ende-** (the present participle) to an active present or simple past tense form as appropriate and make it agree with the subject noun discussed in step 1.

>Das Flugzeug, das gestern auf dem Flughafen **landete,** war voll besetzt.

Here is another example. This one contains the preposition **zu** followed by the present participle:

>Diese uralte selbst von Experten schwer **zu entziffernde** Schrift bleibt ein Rätsel.

1. **Diese uralte Schrift . . .**
2. **Diese uralte Schrift, die . . .**
3. Change the construction **zu** + present participle to **zu** + infinitive and insert the appropriate tense of **sein** after the infinitive. Of course, the form of **sein** used must agree with the subject relative pronoun.

>Diese uralte Schrift, **die** selbst von Experten schwer **zu entziffern ist,** bleibt ein Rätsel.

The following example contains a *past* participle (**geschriebenes**) rather than a *present* participle:

>Man sprach über ein von Rilke kurz vor seinem Tod geschriebenes Gedicht.

1. **Man sprach über ein Gedicht . . .**
2. **Man sprach über ein Gedicht, das . . .**
3. Insert the appropriate form of the auxiliary **werden** or **sein** after the past participle to recreate a passive form. Make sure the auxiliary agrees with the subject relative pronoun.

>Man sprach über ein Gedicht, **das** von Rilke kurz vor seinem Tod geschrieben **wurde.**

Here is one last example. This one contains an adjective but no participles.

>Diese für die Kernforschung so **wichtige** Erfindung wurde von einem Deutschen gemacht.

1. **Diese Erfindung wurde von einem Deutschen gemacht.**
2. **Diese Erfindung, die . . . , wurde von einem Deutschen gemacht.**

3. Insert the appropriate form of **sein** after the adjective and make sure the inserted form agrees with the subject relative pronoun. Remove the case endings from the adjective.

> Diese Erfindung, **die** für die Kernforschung so **wichtig ist,** wurde von einem Deutschen gemacht.

ÜBUNGEN

A. Aus der Presse. Drücken Sie die erweiterten Partizipialgruppen (*extended adjectives*) als Relativsätze aus.

BEISPIEL: Die beiden in Richtung Aarau fahrenden Züge kollidierten kurz nach 23 Uhr. →
Die beiden Züge, die in Richtung Aarau fuhren, kollidierten kurz nach 23 Uhr.

1. Großes Glück hatte der dreijährige Stefan. Er fiel aus dem Fenster der im vierten Stock gelegenen Wohnung seiner Eltern.
2. Er stürzte 15 Meter in die Tiefe und schlug auf die hintere Windschutzscheibe (*rear windshield*) eines unter dem Fenster stehenden Volkswagens auf. Er landete fast unverletzt auf dem Rücksitz des Autos.
3. Wie am Dienstag zu erfahren war, wird das sowjetische Fernsehen einen etwa 60 Minuten dauernden Film über den Prozeß gegen den neunzehn Jahre alten westdeutschen Piloten Mathias Rust zeigen.
4. Der mit seinem Sportflugzeug auf dem Roten Platz in Moskau gelandete junge Deutsche ist zu vier Jahren Arbeitslager verurteilt worden.
5. Der am 7. Mai 1833 in Hamburg geborene Brahms zeigte schon früh eine große musikalische Begabung.

B. Die älteste Stadt Deutschlands. Lesen Sie den Text, und ersetzen Sie alle Sätze in Schrägschrift (*italics*) mit Relativsätzen.

BEISPIEL: Man findet überall in Europa **schöne von den Römern errichtete Bauten.** →
Man findet überall in Europa **schöne Bauten, die von den Römern errichtet wurden.**

Man findet überall in Europa **schöne von den Römern errichtete Bauten.** Oft sieht man darauf **einige schwer zu verstehende Inschriften (*inscriptions*).** Letzten Monat habe ich die Porta Nigra in Trier besucht, **einer an der Mosel liegenden Stadt. Dieses hohe, vor zweitausend Jahren von den Römern errichtete Tor** wird oft von Touristen besucht. Natürlich ist Trier, **diese von Julius Caesar eroberte Stadt,** auch aus anderen Gründen weltberühmt. Überall in Europa und in Amerika findet man **den ausgezeichneten und mit viel Sorgfalt (*care*) hergestellten Moselwein,** und da denkt man oft an Trier, die älteste Stadt Deutschlands.

Aktivitäten

IN WORT UND BILD: JUGEND MUSIZIERT

Lesen Sie zuerst die zwei Comics unten, dann machen Sie die Aufgaben.

FRITZ WOLF

Bilder aus der Provinz

JUGEND MUSIZIERT

a *praise*
b *famous conductor*
c *offspring*
d *Erwartungen . . .*
  fulfills
  expectations
e *get all worked up*
f *violins*
g *reaches*
h *reif = mature,*
  ready
i *overtaxed*

Vielen Eltern ist das Lob[a] eines Musiklehrers mindestens so wichtig . . .

. . . wie das eines Tennislehrers . . .

. . . obwohl nicht jeder Sprößling[c] die
in ihn gesetzten Erwartungen erfüllt.[d]

Oft gilt einer, der kaum die Pedale
erreicht,[g] schon als hauskonzertreif[h] . . .

. . . andere fühlen sich überfordert[i] . . .

. . . und manche sind einfach
überinstrumentalisiert.

A. Welche Aussagen kommen (*are found*) in den Comics vor? Kreuzen
Sie an!

_____ 1. Für viele Eltern ist das Lob (*praise*) des Musiklehrers nicht so
wichtig wie das des Tennislehrers.

_____ 2. Die Erwartungen vieler Eltern gegenüber ihren Kindern sind oft
zu hoch.

_____ 3. Es ist leichter, die Eltern zufriedenzustellen (*to satisfy*), wenn
man Tennis spielt.

_____ 4. Viele Kinder sind schon im jungen Alter bereit, Hauskonzerte zu geben.

_____ 5. Von manchen Kindern wird mehr verlangt (*expected*), als sie leisten (*achieve*) können.

_____ 6. Kinder sind viel zu jung, um Geige zu spielen.

B. Zur Diskussion.

1. Spielen Sie ein Instrument? Wenn ja, welches? Wie sind Sie darauf gekommen, dieses Instrument zu spielen? Wenn Sie kein Instrument spielen, möchten Sie eins spielen lernen? Warum (nicht)?

2. Finden Sie, daß in unserer Gesellschaft genügend Wert auf Musik und Kunst gelegt wird? Soll der Staat Musikunterricht und Kunstunterricht in den Schulen finanziell unterstützen (*support*), oder sollen Eltern den Privatunterricht in Musik und Kunst selber finanzieren?

ANREGUNGEN ZUR UNTERHALTUNG

A. Eine Plastik. Beantworten Sie die Fragen.

1. Was ist auf dem Foto dargestellt (*depicted*)?
2. Was könnte diese Plastik symbolisieren? Geben Sie eine Interpretation!
3. Gefällt Ihnen dieses Werk? Warum (nicht)?
4. Was halten Sie von moderner Kunst?

B. Zur Debatte: Manche Europäer meinen, daß die meisten Amerikaner ungebildet (*uncultivated*) sind. Was halten Sie von diesem Standpunkt? Trifft er zu (*is valid*) oder nicht? Begründen (*Give support for*) Sie Ihre Antwort!

RÜCKBLICK

Übersetzen Sie! Wiederholen Sie vorher die Strukturen in den letzten vier Kapiteln. Verwenden Sie Konjunktiv der indirekten Rede bei allen Aussagen. Verwenden Sie auch Präteritum statt Perfekt möglichst oft, und übersetzen Sie keine Ausdrücke in eckigen Klammern ([   ]).

BACHS MUSIK: EINE GÖTTLICHE OFFENBARUNG

Quite a few **(manche)** people claim **(meinen)** that Johann Sebastian Bach was the greatest genius **(Genie, n.)** [of] all time. Many famous baroque pieces **(Barockstücke)** were composed by him, for example, the six Brandenburg Concertos **(Konzerte)**. But **(Doch)** few of his pieces were published during his lifetime **(Leben)**. Someone or other once said* his works are not easy to play **(sich lassen)**. Most art historians **(Kunsthistoriker)** claim he was born in Eisenach in the former **(ehemalig-)** GDR [in] 1685. [They also claim] he was orphaned **(Waise werden)** ten years later. [They also note that] his older brother, Johann Christoph, was an organist **(Organist, -en, -en)** and took care of **(versorgen)** little Sebastian. [It is also said that] he also taught him music. They claim (that) the older brother was jealous of **(eifersüchtig auf + acc.)** young Sebastian. Apparently **(wahrscheinlich)** Christoph possessed **(besitzen)** a collection of manuscripts **(Handschriftensammlung)** that had been written by several famous organists. They claim the younger brother was not permitted **(nicht dürfen)** to look at **(sich an·schauen)** the collection. But [they claim] the younger brother defied **(trotzen + dat.)** the older one and copied **(ab·schreiben)** the collection late at night by moonlight **(Mondlicht)**. Few people who know his music well know that he wrecked **(verderben)** his eyes from **(durch)** that. Unfortunately after that Sebastian's older brother took away **(weg·nehmen)** the copy **(die Abschrift)** that Sebastian had made. The youngster had it hard, but he still **(immernoch)** led a full life and was very successful, although in his last year he became blind. Bach had twenty children, and at the Bachs' there was always singing and dancing. He composed* some [of] the most wonderful pieces of music **(Musikstücke)** that the human race **(der Mensch)** has ever heard or will [ever] hear.

SCHREIBEN SIE!

A. Kennen Sie einen anderen berühmten, erfolgreichen Menschen (z. B. Florence Nightingale), der viele Schwierigkeiten im Leben überwunden (*overcome*) hat? Schreiben Sie eine Zusammenfassung (*summary*) seines Lebens. Warum interessieren Sie sich für diesen Menschen?

B. Wer ist Ihr Lieblingskünstler / Ihre Lieblingskünstlerin? Schreiben Sie einen Aufsatz über sein/ihr Leben.

---

*Place this verb in the present perfect.

Mensch und Welt

Ein neuer Brunnen in Afrika: Ein kleiner, aber wichtiger Beitrag zur Entwicklungshilfe

Wortschatz

der Anspruch (¨e) claim (on something): **in Anspruch nehmen*** to lay claim to something, to make demands on something **die Armut** poverty **die Bedingung (-en)** conditon: **die Lebensbedingungen** living conditions **die Dritte Welt** the Third World **das Elend** misery **die Entwicklung (-en)** development **die Entwicklungshilfe** foreign aid **das Entwicklungsland (¨er)** Third World country (*developing country*) **das Entwicklungsprogramm (-e)** foreign aid program	**der, die Freiwillige** (*declined adj.*) volunteer **das Kreuz (-e)** cross: **das Rote Kreuz** the Red Cross **die Organisation (-en)** organization **die Schwierigkeit (-en)** difficulty **die Umgebung (-en)** environment, area **das Volk (¨er)** people **ab·schaffen** to get rid of, do away with **bei·treten*** (+ *dat.*) to join (an organization) **benötigen** to be in need of **beobachten** to observe **ein·sehen*** to realize, come to the realization; to understand	**erhalten*** to receive **gelingen*** (+ *dat.*) succeed: **Es ist mir gelungen** I succeeded **leiden*** to suffer **teil·nehmen* an** (+ *dat.*) to take part in **zurecht: sich zurecht finden*** to find one's way around **begabt** talented **besorgt** worried, concerned **engagiert** committed **freiwillig** voluntarily: **sich freiwillig (bei jemandem) melden** to volunteer **verantwortlich** responsible

ÜBUNGEN

A.   Welches Wort steht in keinem logischen Zusammenhang (*logical connection*) mit dem ersten in der Reihe (*series*)?

1. teilnehmen: Organisation, Aufführung, Klavier, Versammlung
2. Entwicklungsland: Äthiopien, Frankreich, Indien, Jordanien
3. abschaffen: Armut, Gemälde, Elend, Hunger
4. beobachten: Roman, Verkehr, Fußballspiel, Verhalten
5. anpassen: Umgebung, Alltagsleben, Bedingung, Zeitschrift
6. Bedingungen: angenehm, günstig, anstrengend, engagiert

B. Ergänzen Sie die Sätze.

1. Heutzutage melden sich viele besorgte und begabte Jugendliche ____,
    um in der Dritten Welt zu arbeiten.
2. Sie treten Organisationen wie dem Roten Kreuz und dem Peace Corps
    bei, weil sie sehen, daß viele andere Völker unter ____ und ____
    leiden.
3. Daher wollen sie ihre Hilfe anbieten, um die ____ in den Entwick-
    lungsländern zu verbessern.
4. Außer freiwilligen Helfern und Helferinnen muß es auch ____ geben,
    um die Verbesserungen zu bezahlen.
5. ____ ist eine der Organisationen, die versuchen, das Elend in der
    Dritten Welt abzuschaffen.

C. Ordnen Sie den Fragen links eine passende Antwort rechts zu.

1. Ich habe dich lange nicht
    mehr gesehen! Bist du verreist
    gewesen?
2. Das war sicher sehr interes-
    sant, oder?
3. Hast du Schwierigkeiten
    gehabt, dich an die neuen
    Lebensbedingungen anzu-
    passen?
4. Wie sind denn die Lebens-
    bedingungen dort?
5. Gibt es denn keine Programme
    zur Entwicklungshilfe für diese
    Länder?
6. Hast du vor, noch einmal dort
    zu arbeiten?

a. Ja, besonders am Anfang war
    es sehr schwierig für mich,
    aber ich habe mich schließlich
    zurecht gefunden.
b. Doch, aber es sind noch viel
    zu wenige, um allen Menschen
    zu helfen.
c. Wenn ich mein Studium be-
    endet habe, werde ich noch
    einmal als Freiwilliger dort
    arbeiten; die Menschen
    benötigen sehr dringend Hilfe
    dort.
d. Ja, ich habe als Kranken-
    pfleger in Indien gearbeitet.
e. Sehr schlecht, es gibt sehr viel
    Armut und Elend.
f. Ja, aber auch sehr anstren-
    gend. Die Lebensbedingungen
    dort sind so schlecht, daß oft
    schon harmlose Krankheiten
    fatale Folgen haben.

Strukturen

CONJUNCTIONS

As you saw on pages 17–18, there are two types of conjunctions, coordinating conjunctions, which have no effect on word order, and subordinating conjunctions, which cause the finite verb to move to the end of its clause.

COORDINATING CONJUNCTIONS

A coordinating conjunction joins words, phrases, or entire clauses and generally has no effect on word order. **Aber** (*but*) is a common coordinating conjunction.

Es ist schwer, Armut und Elend völlig abzuschaffen, **aber** man kann doch etwas Hilfe anbieten.	*It is difficult to get rid of poverty and misery completely, but you can nevertheless offer some help.*

The other coordinating conjunctions are **denn** (*for*), **doch** (*however, but*), **oder** (*or*), **sondern** (*but rather*), and **und** (*and*).

Sabine hat sich freiwillig beim Roten Kreuz gemeldet, **denn** sie ist ein fürsorglicher und verantwortlicher Mensch.	*Sabine volunteered at the Red Cross, since she is a caring and responsible human being.*
Am Anfang war sie sehr begeistert, **doch** nachher hat sie eingesehen, wieviel Zeit die Stelle in Anspruch nimmt.	*In the beginning she was very enthusiastic; however, later she realized how much time the position demanded.*

Note that **doch** is stronger than **aber** when used as a conjunction.

Ich glaube, sie bleibt beim Roten Kreuz, **oder** sie tritt einer anderen kleineren Organisation bei.	*I believe she'll remain with the Red Cross, or she'll join another smaller organization.*
Eigentlich hat sie dieses Jahr nicht genug Zeit für solche Organisationen, **sondern** sie kann nur Teilzeitarbeit machen.	*Actually she doesn't have enough time for such organizations this year, but instead she can only do part-time work.*

Jetzt arbeitet sie gegen die Umweltverschmutzung, **und** sie freut sich über diese Art Arbeit.	*Now she is working to combat environmental pollution, and she is happy with this type of work.*

Das Rote Kreuz ist auch in Deutschland „zu Hause".

TWO-PART CONJUNCTIONS

Two-part conjunctions are phrases that function as coordinating conjunctions. The most important are **entweder . . . oder** (*either . . . or*), **nicht nur . . . sondern auch** (*not only . . . but also*), and **weder . . . noch** (*neither . . . nor*)

Entweder sie arbeitet nächstes Jahr gegen die Verschmutzung im Persischen Golf, **oder** sie fliegt nach Alaska, um in Prince William Sound zu arbeiten, weil man dort viel Hilfe benötigt.	*Either she will work next year to combat pollution in the Persian Gulf, or she will fly to Alaska to work in Prince William Sound because they need a lot of help there.*
Entweder Sabine **oder** ihr Bruder hat eine Belobigung vom Kanzler erhalten, weil sie an so vielen Entwicklungsprogrammen teilgenommen haben.	*Either Sabine or her brother has received a commendation from the chancellor because they have taken part in so many foreign aid programs.*

Nicht nur die Geschwister, **sondern auch** ihre Eltern haben in Entwicklungsländern gearbeitet.	*Not only the siblings but also their parents have worked in developing countries.*
Weder Sabine **noch** ihr Bruder hat Schwierigkeiten, sich an die Lebensbedingungen der Dritten Welt anzupassen.	*Neither Sabine nor her brother has trouble adjusting to the living conditions of the Third World.*

Note that the finite verb generally agrees with the closest subject noun: **Ihr Bruder hat . . . ; ihre Eltern haben. . . .**

SUBORDINATING CONJUNCTIONS

A subordinating conjunction joins a subordinate clause to another clause. In a subordinate clause (which cannot stand alone as a sentence), the finite verb appears last (see pages 17–18). **Daß** is the most common subordinating conjunction.

> Stephan sagt, daß er die Akrobaten gern beobachtet.

In the preceding example, **Stephan sagt** is a main clause, and **daß er die Akrobaten gern beobachtet** is a subordinate clause. The most common subordinating conjunctions are the following:

1. **als** (*when*)

> **Als** Neil Armstrong am einundzwanzigsten Juli 1969 auf dem Mond landete, war er der erste Mensch, dem das gelang.

Als, wenn, and **wann** all mean *when* but have different uses. **Als** refers to one uninterrupted period or single event in the past: **Als ich in der Stadt war . . . , Als Rita in Leipzig lebte . . . . Wenn** is much less frequently used to refer to the past and in that usage always means *whenever.*

Wenn wir München besuchten, haben wir immer Leberkäse mit Senf im Hauptbahnhof gegessen.	*Whenever we were in Munich, we always ate Leberkäse and mustard in the central railroad station.*

Wenn (never **als**) is also used in future or present time and is the equivalent of *when, whenever,* or *if.*

> Wenn Marie kommt, gehen wir einkaufen.
> **Wenn** (*whenever*) es einen Schlußverkauf gibt, kaufen wir immer gern ein paar neue CDs.

Wann is only used in direct and indirect questions.

DIRECT QUESTION

Marie, **wann** hast du zum letzten Mal eine CD gekauft?

INDIRECT QUESTION

Ich habe Marie gefragt, **wann** sie zum letzten Mal eine CD gekauft hat.

Als is also the equivalent of *once* when used with the past perfect (see page 58).

2. **als ob** (*as if*)

Matthias spielt Tennis, **als ob** es ihm ein Profi beigebracht hätte.

3. **bevor** (*before*)

Richard und Sue hatten bei einer Bank gearbeitet, **bevor** sie dem Peace Corps beitraten.

4. **bis** (*until*)

Carol blieb beim Peace Corps, **bis** sie dreißig Jahre alt war.

5. **da** (*since, given the fact that*)

Da diese Armen an so vielen Krankheiten leiden, können sie kaum arbeiten.

When **da** causes *transposed* word order, it is equivalent to *since* or *given the fact that*, as in the preceding example. When **da** functions as an adverb, it causes *inverted* word order and is equivalent to *there* or *then*:

Ich suchte überall nach meinem Hund, und **da** lag er hinter dem Ofen (*stove*).

Auf einmal kam die Katze gelaufen, und **da** lief auch der Hund ihr nach.

6. **damit** (*pronounced* damít; *in order that, so that*)

Ich machte die Küchentür auf, damit die beiden Tiere hinaus konnten.

7. **daß** (*that*)

Die Eltern meinen, **daß** meine Tiere doch draußen bleiben sollen.

Don't confuse **daß** with **das**. **Daß** never has a noun antecedent; the relative pronoun **das** always does:

Was ist mit **dem Haustier** (*pet*) passiert, **das** du von deinem Bruder bekommen hast?

If **daß** is omitted, the subordinate clause is in normal word order. This often happens when the subjunctive of indirect discourse is used (see pages 286–289):

Die Eltern meinen, meine Tiere sollten doch draußen bleiben.

8. **indem** (*implies intention and simultaneity*)

Ralf verbringt seine Freizeit, **indem** er alte Wagen repariert.	Ralf spends his free time (by) repairing old cars.

Brenda verbessert ihre Deutschkenntnisse, indem sie an einem Konversationskurs teilnimmt.

9. **nachdem** (*after*)

Nachdem Brenda ihre Studien beendet, will sie Dresden besuchen.

10. **ob** (*whether, if*)

Ich Habe Brenda gefragt, **ob** sie auch Leipzig besuchen will.

Do not confuse **ob** with **wenn. Ob** can only be used to introduce clauses after verbs of communication or knowledge and can always be translated by *whether:*

Hat Brenda gesagt, **ob** sie auch Leipzig besuchen will?	Did Brenda say whether (if) she also intends to visit Leipzig?

Ich weiß nicht, **ob** Brenda auch Leipzig besuchen will.

11. **obgleich, obwohl** (*although*)

Obgleich Brenda nicht fließend Deutsch kann, versteht sie fast alles, was sie hört.

12. **seit** (*since [the time that]*) *

Seit Helmut Deutsch mit Brenda übt, spricht sie immer besser.

13. **während** (*while, whereas*)

Heute holt Brenda ihre Flugtickets, **während** wir Kleidung einkaufen gehen.

Diese Schuhe sind mir zu weit, **während** die da zu eng sind.	These shoes are too wide for me, whereas (while) those are too narrow.

14. **weil** (*because*)

Brenda interessiert sich für Deutsch, **weil** ihre Großeltern aus Bayern stammen.

---

* **Seit** often appears as **seitdem** in literature.

INTERROGATIVES USED AS SUBORDINATORS

Question words (interrogatives) function as subordinating conjunctions when they are used to introduce indirect questions.

> **Warum** fliegt Helmut nicht mit Brenda nach Dresden? —Ich weiß nicht, **warum** er nicht mitfliegt.
>
> **Wen** besucht Brenda in Dresden? —Hast du sie nicht gefragt, **wen** sie dort besucht?

As the examples show, interrogatives act as subordinators after verbs of knowledge **(ich weiß nicht, warum . . .)** or communication **(hast du nicht gefragt, wen . . .).**

SUBORDINATE CLAUSE + MAIN CLAUSE

An introductory subordinate clause functions as the first element of the sentence and requires inverted word order in the main clause:

> Da wir nächsten Sommer den Mount Everest besteigen wollen, **machen wir** jeden Tag Leibesübungen (*physical exercises*).

An initial clause in quotation marks also requires inverted word order in the main clause.

> „Eines Tages wollen wir den Himalaja besteigen," **sagten Martin und Sigrid.**
>
> „Man muß doch sehr fit sein, nicht wahr?" **fragte Monika.**

SENTENCE ADVERBS

In the sentence **Ja, es gibt viele begabte** (*talented*) **Jugendliche im Zirkus,** the word **ja** functions as a separate sentence; for this reason, it is separated from the main clause by a comma and has no effect on the word order in the main clause. Other common sentence adverbs are **bitte, danke, doch** (*on the contrary* [*that is, yes*]), **nein,** and **nun** (*now, well*).

> **Bitte,** sag mir, wo der Zirkus ist.

> **Danke,** ich finde mich jetzt zurecht.   *Thanks, I think I can manage now.*

> Im deutschen Zirkus gibt es fast keine Elefanten. —Doch (*on the contrary*), es gibt viele!

Note that **doch** is used to negate a previous negation **(keine Elefanten).** **Nein,** on the other hand, strengthens a previous negation:

> Hast du das nicht gewußt? —**Nein,** das habe ich nicht gewußt.

Nun, wenn du mir nicht glaubst, frag doch am Schalter!	*Well, if you don't believe me, why don't you ask at the ticket window?*

Note that when the adverb **nun** means *now* rather than *well*, it is not separated from the main clause by a comma and causes inverted word order.

Wir haben endlich Eintrittskarten gekauft. **Nun** können wir hinein.	*We have finally bought tickets. Now we can go in.*

As the preceding example shows, **nun**—in the sense of *now*—always implies a conclusion. The adverb **jetzt** must be used if the reference is strictly to time.

Es ist **jetzt** 19.30 Uhr.

ÜBUNGEN

A. Leonardo der Große. Ergänzen Sie die Sätze mit den passenden Konjunktionen.

BEISPIEL: Leonardo da Vinci, der große italienische Maler, war Bildhauer (*sculptor*), Architekt, Musiker, Ingenieur (und/ sondern/oder) <u>und</u> Philosoph.

Leonardo da Vinci, der große italienische Maler, Bildhauer, Architekt, Musiker, Ingenieur (und/sondern/oder) ＿＿＿ Philosoph wurde 1452 geboren.[1] (Wenn/Weil/Sobald) ＿＿＿ sich Andrea del Verrocchio, ein erstklassiger Handwerker (*craftsman*), die Zeichnungen (*sketches*) des jungen Leonardo ansah, nahm Verrocchio den Jugendlichen als Lehrling (*apprentice*) an.[2] Leonardo blieb bei Verrocchio, (da/aber/bis) ＿＿＿er 1477 eine Stelle als selbständiger (*independent*) Künstler bei Lorenzo dem Herrlichen akzeptierte.[3] Er wollte keine alten Meister nachahmen (*imitate*), (sondern/und/aber) ＿＿＿ er sah ein, daß der Künstler das Leben selbst studieren muß.[4] (Da/Bevor/Wenn) ＿＿＿ Leonardo die verlorene Herrlichkeit der griechisch-römischen Kunst wieder ins Leben rufen wollte, wurde er ein Student der lebendigen Natur, (nachdem/damit/indem) ＿＿＿ seine eigenen Werke diese alte, natürliche Herrlichkeit widerspiegeln könnten.[5] Er erreichte dieses Ziel (*goal*), (indem/ob/obgleich) ＿＿＿ er Licht mit Schatten (*shadow*), genaue Definition mit fließendem Rhythmus kombinierte.[6] Daß ihm das gut gelungen ist, zeigt die Tatsache (*fact*), (weil/ daß/indem) ＿＿＿ seine Werke bis heute weltberühmt sind.[7] Seine Werke ziehen immer noch die Welt der Kunst in ihren Bann (*spell*), (indem/weil/ sondern) ＿＿＿ seine Werke der Natur treu (*faithful*) blieben.[8] (Bevor/ Doch/Nachdem) ＿＿＿ er nach Milan umgezogen war, malte er das weltberühmte „Abendmahl" zwischen 1495 und 1498.[9]

Hier hatte er auch seine wissenschaftliche Arbeit begonnen, (bevor/nachdem/da) _____ er nach Florenz zurückkehrte.[10] (Als/Aber/Indem) _____ er in Florenz wohnte, malte er das vielleicht berühmteste Gemälde der Welt, seine wunderbare „Mona Lisa."[11] (Während/Wenn/Wann) _____ er als Maler, Architekt, und Ingenieur für Franziskus I (den Ersten) in Amboise, Frankreich arbeitete, starb er 1517.[12]

B. Das Turmspringen (*high diving*) in Acapulco. Ergänzen Sie die Sätze mit **als, ob, wann** oder **wenn.**

SABINE: _____ fliegst du nach Acapulco?

KAI: Ich fliege nächsten Monat dahin, _____ das Wetter schön bleibt. Letztes Mal, _____ ich da war, habe ich die Turmspringer beobachtet. Weißt du, _____ man richtiger Turmspringer ist, muß man unbedingt nach Acapulco. Hier kann man von den Felsen (*rocks, cliffs*) aus einer Höhe von 36 Metern ins Wasser springen.

SABINE: Das weiß ich schon. Du hast vergessen, daß ich dort als Studentin ein ganzes Jahr verbracht habe. Jedes Mal, _____ ich am Wochenende Zeit hatte, beobachtete ich das Turmspringen.

KAI: Das war aber lange her. Hast du damals bemerkt (*noticed*), _____ viele Touristen das Turmspringen selbst versuchen?

SABINE: Sehr wenige Touristen haben das versucht. Es ist zu gefährlich. Übrigens, weißt du schon, _____ du abfliegst?

KAI: Noch nicht. Morgen rufe ich das Reisebüro an, _____ ich Zeit habe.

C. Kennen Sie das auch? Es gibt Leute, die erst jeden Satz wiederholen müssen, um ihn zu verstehen. So jemand ist Margot. Was würde Margot in diesem Gespräch mit ihrer Freundin Karin sagen? Geben Sie für jede von Karins Aussagen eine mögliche Paraphrase. Benutzen Sie die folgenden Konjunktionen.

BEISPIELE:KARIN: Stell dir vor, ich ging gerade in die neue Disco, da sah ich Max.

MARGOT: Ach was! Als du in die Disco gingst, sahst du Max?

KARIN: Ja, ich konnte mich noch nicht einmal hinsetzen, da stand er auch schon vor mir und fragte, . . .

MARGOT: Er stand schon vor dir, bevor du dich hinsetzten konntest?

aber	ob	während
bevor	obwohl	weil
nachdem		

KARIN: Jaja, und er fragte: „Willst du tanzen?"

MARGOT: Er fragte, _____?

KARIN: Ja, und ich schüttelte den Kopf, denn ich wollte nicht.

MARGOT: Du hast den Kopf geschüttelt, _____?

KARIN: Genau. Er hat sich aber einfach neben mich gesetzt, und ich hatte ihn nicht einmal eingeladen.

MARGOT: Er hat sich aber neben dich gesetzt, _____?

KARIN: Unmöglich, was? Ich hab' mir dann ein Bier bestellt, und er sah mich die ganze Zeit mit seinen verliebten Hundeaugen an.

MARGOT: _____, sah er dich die ganze Zeit mit seinen verliebten Hundeaugen an?

KARIN: Ganz recht. Ich bin dann aufgestanden, aber eigentlich finde ich ihn ganz nett.

MARGOT: Du bist aufgestanden, _____?

KARIN: Na klar. Ich bin erst zum Klo (restroom) gegangen und dann auf die Tanzfläche (dance floor).

MARGOT: _____, bist du auf die Tanzfläche gegangen?

KARIN: Logo (right). Ich habe zwei Songs durch allein getanzt, dann ist Max auf die Tanzfläche gekommen.

MARGOT: Du hast zwei Songs durch allein getanzt, _____?

KARIN: Mmm. Ich habe mit ihm getanzt, und nun gehen wir zusammen.

MARGOT: So was!

D. Wie kommt man zur Münchner Olympiastadt? Ergänzen Sie die Sätze mit einer der folgenden Ausdrücke: **also, bitte, danke, doch, ja, jetzt, nein, nun.**

TOURIST: _____, könnten Sie mir sagen, wie ich zur Olympiastadt komme?

POLIZIST: _____, Sie müssen immer geradeaus bis zur nächsten U-Bahn Station gehen. Aber der nächste Zug kommt erst in einer Stunde. _____ müssen Sie leider warten. Vielleicht sollten Sie lieber ein Taxi nehmen.

TOURIST: _____, ich kann warten. Es eilt nicht. Wahrscheinlich gibt es hier in der Nähe kein Café, wo ich etwas Kaffee trinken kann, während ich warte.

POLIZIST: _____! Gehen Sie rechts um die Ecke, und dort finden Sie ein kleines, gemütliches Café.

TOURIST: _____ nochmals für die Auskunft (information). _____ ist es erst 8 Uhr, und ich habe noch viel Zeit. Auf Wiedersehen.

POLIZIST: _____ schön! Auf Wiedersehen.

E. Meine Heimatstadt. Schreiben Sie einen Minidialog zwischen sich und einem Touristen / einer Touristin. Der Tourist / die Touristin bittet Sie um Auskunft, und Sie versuchen, ihm/ihr zu helfen. Benutzen Sie die Ausdrücke **also, bitte, danke, doch, ja, jetzt, nein** und **nun** möglichst oft.

F. Meine Freizeit. Erzählen Sie, was Sie in Ihrer Freizeit machen, indem sie die Sätze ergänzen. Achten Sie auf die Wortstellung.

1. Am Wochenende gehe ich gern ins Kino, und . . .
2. Ich arbeite nicht gern im Garten / zu Hause / in der Bibliothek. . . . , sondern ich . . .
3. Entweder ich . . . am Wochenende. . . . , oder. . . .
4. Ich besuche gern meine Freunde / gehe in den Park / arbeite im Garten. . . . , weil. . . .
5. Da ich nicht viel Geld habe / nicht viel Zeit habe / immer viele Hausaufgaben habe. . . . ,
6. Obgleich ich sehr gerne Filme sehe / mit meinen Freunden ausgehe / in der Sonne liege. . . . ,
7. Meine Eltern wollen, daß ich. . . . , aber ich verstehe nicht, warum. . . .
8. Weder ich noch meine Freunde / meine Geschwister / meine Familie. . . .
9. Ich nutze (*use*) meine Zeit gut aus, indem ich . . .
10. Jedes Mal, wenn. . . .
11. Das letzte Mal, als . . .
12. Meine Eltern wollen, daß ich mehr zu Hause bleibe / fleißiger arbeite / besser Noten bekomme . . . , damit ich. . . .
13. Ich will mir neue Skier kaufen / nach Deutschland reisen. . . . , aber ich muß warten, bis ich / meine Eltern / meine Freunde. . . .
14. Ich will mal in die Schweiz / nach Europa. . . . , aber ich weiß nicht, wann / ob / wieviel. . . .

PARTICLES

Particles (such as **also, bloß, denn, doch, eigentlich, ja, mal,** and **nämlich**) express the speaker's attitude toward the statement made. Particularly common in conversational German, particles generally intensify the meaning of what is being said but are themselves unstressed:

1. **also:** intensifies a conclusion, reassures

Du gehst **also** nicht mit ins Kino.	*So you won't go along to the movies.*
Er will den Wagen **also** bar bezahlen. **Also,** ich würde das nicht machen.	*So he wants to pay cash for the car. Well, I wouldn't do that.*
Ich komme **also** morgen.	*Okay, so I'll come tomorrow.*

2. **bloß:** shows concern, anxiety

Wie konntest du so etwas **bloß** glauben?	*How could you even believe such a thing?*

3. **denn:** Intensifies personal interest in questions

Wo hast du **denn** so eine alte Schreibmaschine gefunden?	*Where in heaven's name did you find such an old typewriter?*

4. **doch:** intensifies wishes and imperatives; confirms something unexpected; generally emphasizes statements

Komm **doch** mit!	*Come on along!*
Wenn er **doch** mitkäme!	*If he would just come along!*
Du gehst (also) **doch*** mit.	*So you're going along after all!*
Ich leihe ihm **doch** kein Geld. Ich bin **doch** kein Dummkopf.	*I won't lend him any money! I'm no fool!*

5. **eigentlich:** used in questions and statements to express that something is incidentally so

Was ist **eigentlich** Besonderes an ihm?	*What is so special about him, anyway?*
Man sollte diese Leute **eigentlich** ignorieren.	*One really ought to ignore these people.*

6. **ja:** generally emphasizes; expresses surprise; confirms a known fact (a little less intense than **doch**)

Wir gehen ins Museum. Es gibt da **ja** eine neue Ausstellung.	*We're going to the museum. There's a new exhibit there, you know.*
Da kommt er **ja**!	*There, he's coming!*
Er kann sich das Auto **ja** leisten. Er hat **ja** Geld.	*He can afford the car for sure. He does have (the) money (as everyone knows).*

7. **mal:** used for emphasis in casual requests; also in questions that are really polite requests

Komm' **mal** her! Willst du **mal** sehen, was ich habe?	*Come on over here! Do you want to see what I have? (Why don't you come see?)*

The combination **doch mal** is used to strengthen imperatives and implies an attempt to overcome resistance.

Komm **doch mal** mit ins Kino!	*Why don't you come along to the show?*

***Doch** is stressed when it confirms something unexpected; it is frequently accompanied by **also** in this meaning.

8. **nämlich:** explains the reason for an action or a statement

Ich muß fleißiger sein. Ich will **nämlich** bessere Noten bekommen.

I have to work harder. I do want to get better grades.

A. Ein Schaufensterbummel. Ergänzen Sie die Sätze durch eine Partikel.

CORNELIA: Schau dir _____ diese Schuhe an! (mal, nämlich, auch)

MAX: Ich habe _____ schon viele gute Schuhe. (also, aber doch, mal)

CORNELIA: _____ gut, aber du hast gar keine Anzüge, zu denen die Schuhe passen! (also, doch, aber)

MAX: Wie kannst du so etwas _____ sagen! (ja, nun, bloß) Ich habe _____ wenigstens vier Anzüge, zu denen meine Schuhe passen! (auch, also, doch)

CORNELIA: _____ gut, das stimmt. (bloß, aber, also) Ich meine _____ nur, daß du dir nun wirklich mal wieder etwas Neues kaufen solltest. (bloß, ja, denn)

MAX: Meinst du das wirklich? Willst du _____ vielleicht morgen mit mir einkaufen gehen? (ja, bloß, denn) Ich tue das _____ nicht gern allein. (schon, aber, nämlich)

CORNELIA: _____ gerne! (mal, aber, bloß)

B. Welche Übersetzung paßt am besten?

1. Walter, du hättest deinem Bruder doch etwas Geld geben sollen!
   a. *Walter, okay, okay, so you should have given your brother some money!*
   b. *You really should have given your brother some money, Walter!*
2. Warum benutzt du denn immer deine Kreditkarte?
   a. *After all, why do you always use your credit card?*
   b. *In heaven's name, why do you always use your credit card?*
   c. *On the contrary, why do you always use your credit card?*
3. Sie führen hier also tragbare Geräte.
   a. *So you do carry portable sets, as I expected.*
   b. *You mean, you do carry portable sets after all.*
   c. *Okay, okay! So you do carry portable sets.*
4. Du kannst mir eigentlich ein Stück Kuchen geben. Mutti hat ihn nämlich gebacken.
   a. *You can go ahead and give me a piece of cake. Mom made it, you know.*
   b. *So, you're going to give me a piece of cake. Mom made it, in heaven's name!*

NUMBERS

CARDINAL NUMBERS

0	null	11	elf	30	dreißig
1	eins*	12	zwölf	40	vierzig
2	zwei	13	dreizehn	50	fünfzig
3	drei	14	vierzehn	60	sechzig
4	vier	15	fünfzehn	70	siebzig
5	fünf	16	sechzehn	80	achtzig
6	sechs	17	siebzehn	90	neunzig
7	sieben*	18	achtzehn	100	hundert
8	acht	19	neunzehn	101	hunderteins†
9	neun	20	zwanzig	200	zweihundert
10	zehn	21	einundzwanzig		

1 000 tausend
2 001 zweitausendeins
100 000 hunderttausend
1 000 000 eine Million
3 600 000 drei Millionen‡ sechshunderttausend
1 000 000 000 eine Milliarde (*billion*)
1 000 000 000 000 eine Billion (*trillion*)

PRONUNCIATION OF CARDINAL NUMBERS

The **echs** of **sechs** is pronounced as in ex*tra*, but the **ech** of **sechzehn** and **sechzig** is pronounced as in **Recht**.

The **ie** of **vier** is pronounced as written, but the **ie** of **vierzehn** and **vierzig** is pronounced short as in **Firma**.

Dreißig contains an ß, not a z as in the other tens: **zwanzig, vierzig, fünfzig,** and so on.

Zwei is sometimes pronounced **zwo** where there is a danger of confusing it with **drei;** for instance, in telephone conversations. It is always written **zwei.**

CARDINAL NUMBERS IN WRITING

The numbers from one to 999,999 are written as one word, including the conjunction **und.**

---

*Germans write the numeral 1 as **1**; they write 7 as **7**.
†Notice from the table that, contrary to English usage, **und** is not usually used between **hundert** or **tausend** followed by any other number: **hundertvier, zweitausendzwanzig.**
‡Contrary to English usage, the plural of **Million (Milliarde,** and **Billion)** is used when followed by numbers or nouns.

Auf dieser Universität studieren nur zweitausendfünfhundertvierundzwanzig (2524) Studenten.

BUT:

Die Universitätsstadt selbst hat über eine Million fünfhunderttausend Einwohner.

Commas are used in German where a decimal point is used in English; a period or space is used in German where commas are used in English.

1,30 DM = eine Mark dreißig*   -, 22 DM = zweiundzwanzig
1.30 marks   Pfennig
                                 22 pfennigs

3 000 DM = dreitausend Mark   1 500 000 oder 1.500.000
3,000 marks   *1,500,000*

Zum „Live-Aid" hat Deutschland auch beigetragen.

-er, -mal

The suffix **-er** is often added to numbers to indicate decades. No other endings may be added to this suffix.

Mein Vater sagt, daß er in den **sechziger** und **siebziger** Jahren zu vielen großen Rockkonzerten gegangen ist.

My father says that he went to many large rock concerts in the sixties and seventies.

---

* Both **Mark** and **Pfennig** are always singular in prices.

The plural numbers **Hunderte** and **Tausende** are capitalized and used much as in English.

> Er behauptet, daß er dabei **Tausende** von Jugendlichen gesehen hat.

The adverbs *once, twice, three times,* and so on are formed through the addition of **-mal** to the cardinal numbers.

> Meine Mutter sagt, daß sie wenigstens **dreimal** mit meinem Vater hingegangen ist.

je, pro, beide

Je placed before numbers indicates an equal distribution and is equivalent to English *each/every.*

Die Freiwilligen mußten **je** vier Formulare ausfüllen. = Jeder Freiwillige mußte vier Formulare ausfüllen.	*Each (every) volunteer had to fill out four forms.*

The general adjective **beide** (plural) means *both* and is never capitalized (unless it begins a sentence, of course). The singular, **beides,** is a pronoun and refers mainly to concepts or inanimate objects that are closely associated with each other.

> Schmecken die **beiden** Würste? —O ja, die beiden sind sehr lecker!
> Sagt man „Würstchen" oder „Würstl"? —**Beides** ist richtig.

Adjectives following **beide** are usually declined weak.

> Hast du **beide** heißen Würstchen schon gegessen? —Natürlich!

eins

When unstressed, **ein** is the indefinite article *a* or *an;* when stressed, it is the number *one.* The stressed form is frequently preceded by **nur.**

> Wie viele Akrobaten siehst du da oben?
>
> —**Einen** kleinen und **einen** großen.
> —*A short one and a tall one.*
>
> —Tatsächlich? Ich sehe **nur einen** Akrobaten.
> —*Really? I only see one acrobat.*

Just as do other **ein**-words, **ein** becomes a pronoun when not followed by a noun and takes the endings of **der**-words:

> Sind alle Clowns schon nach hinten gegangen?
> —Nicht alle, **einer** bleibt noch hier.

No ending is added to **ein** if it is followed by **und** as part of another number.

einundzwanzig   BUT   hunderteins

ORDINAL NUMBERS

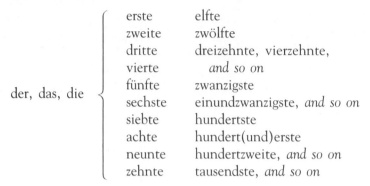

der, das, die
- erste — elfte
- zweite — zwölfte
- dritte — dreizehnte, vierzehnte, *and so on*
- vierte
- fünfte — zwanzigste
- sechste — einundzwanzigste, *and so on*
- siebte — hundertste
- achte — hundert(und)erste
- neunte — hundertzweite, *and so on*
- zehnte — tausendste, *and so on*

Ordinal numbers are formed from cardinal numbers by adding the suffix **-t** or **-st** and the appropriate adjective endings. The suffix **-t** is added to the cardinals from two to nineteen. All other cardinals take the suffix **-st**. The ordinals **erste-, dritte-, siebte-,** and **achte-** are irregular.

zwei**te**   zwanzig**ste**
zehn**te**   fünfundvierzig**ste**
neunzehn**te**   hundert**ste**

> Hast du nur das **zweite** Kapitel gelesen? —Nein, ich habe schon bis zum **einundzwanzigsten** gelesen.

The numerical adverbs **erstens, zweitens,** and so forth are formed by attaching the suffix **-ens** to ordinal numbers.

> **Erstens** habe ich keine Zeit, all diese Kapitel bis Montag zu lesen, und **zweitens** habe ich keine Lust dazu!

FRACTIONS

Fractions are neuter nouns formed from ordinal numbers through the addition of **-el.** They do not change in the plural.

ein Drittel   ein Viertel   ein Fünftel
a third   *a fourth*   *a fifth*

drei Viertel   ein Fünfundzwanzigstel
three-fourths   *a twenty-fifth*

The fraction *one-half* is not derived from any numeral: **die Hälfte.** The expression *half a(n)* is expressed by the adjective **halb.**

Möchtest du einen Apfel? —Bitte, gib mir nur **die Hälfte.**	*Would you like an apple?* *—Please give me just a half.*
Ich möchte einen **halben** Apfel.	*I would like half an apple.*

Note the following expressions based on **halb;** such expressions cannot be declined, although the following noun has to be declined.

anderthalb	zwei einhalb	drei einhalb
one and a half	*two and a half*	*three and a half*

In **anderthalb** Jahren kaufe ich mir einen neuen Wagen.	*In a year and a half (one and a half years) I'll buy a new car.*

TELLING TIME

TWELVE-HOUR SYSTEM, UNOFFICIAL TIME

In conversational German, time is told on a twelve-hour basis using the prepositions **nach** and **vor.**

Wieviel Uhr ist es? (Wie spät ist es?)

Es ist 8.05 Uhr.*	Es ist 7.45 Uhr.
Es ist fünf (Minuten) nach acht.	Es ist Viertel vor acht.

The half hour is commonly stated in two ways:

Es ist 5.30 Uhr.	Es ist 1.30 Uhr.
Es ist fünf Uhr dreißig.	Es ist ein Uhr dreißig.
Es ist halb sechs.	Es ist halb zwei.

To avoid ambiguity, the following expressions may be included:

8 Uhr **morgens**	8 Uhr **abends**
8:00 A.M.	8:00 P.M.

Other useful time expressions include:

gegen 8 Uhr	**(pünktlich) um** 8 Uhr
around eight o'clock	*(exactly) at eight o'clock*
Wieviel Uhr haben Sie? —Ich habe 8 Uhr.	*What time do you have? —I have eight o'clock. (My watch says eight o'clock.)*

---

*A period is used in time expressions where a colon is used in English: *It is 8:05.*

TWENTY-FOUR-HOUR SYSTEM, OFFICIAL TIME

In official use (transportation schedules, theater ads, and so forth), and whenever precision is deemed desirable, time is told on a twenty-four-hour basis (as it is in the U.S. armed services). In this system, qualifications such as A.M. and P.M. are avoided by designating the hours after noon as "thirteen" instead of "one P.M.," "fourteen" instead of "two P.M.," and so on until "twenty-four"—that is, midnight.

Es ist 1.15 Uhr.   Es ist 12.40 Uhr.
Es ist ein Uhr fünfzehn.   Es ist zwölf Uhr vierzig.
Es ist 19.55 Uhr.   Es ist 24.00 Uhr.
Es ist neunzehn Uhr fünf-   Es ist vierundzwanzig Uhr.
   undfünfzig. (7:55)   (*12:00 midnight*)

EXPRESSING DATES

Names of days of the week, months of the year, and seasons are masculine.

ein schöner Sonntag   ein warmer Juni   ein kurzer Sommertag

Dates are written and read in the following manner:

am 22. Juli 1992 / den 22. Juli 1992 (*in formal letters:* 22.7.92)
READ: am (*or:* den) zweiundzwanzigsten Juli neunzehnhundert-
   zweiundneunzig

Goethe wurde am 28. August 1749 geboren.
READ: Goethe wurde am achtundzwanzigsten August siebzehnhun-
   dertneunundvierzig geboren.

Dates in the heading of letters appear after the location: Hamburg, den 22. Juli 1991. To express a certain year (for example, *in 1832*) one simply states the year with no preposition: **Goethe ist 1832 gestorben.** Or more formally: **Goethe ist im Jahre 1832 gestorben.** But one cannot say **in 1832** in German.

The prepositional phrase **am** may be used with a day of the week or with any part of the day except **die Nacht. Im** is used with most other time expressions. (See pages 83–85 for more on time expressions.)

(am) Freitag   im März
am 22. März   im Winter
am Abend   im Jahre 1920
am Nachmittag   im 19. Jahrhundert

BUT:

in der Nacht

To ask about the date, one can say:

Welcher Tag ist heute?
Welchen Tag haben wir heute? $\}$ —Heute ist Freitag.

Der wievielte ist heute?
Den wievielten haben wir heute? $\}$ —Heute ist der 20. März.

ÜBUNGEN

A. An welche Zahl denken Sie? Nennen Sie die erste Zahl, die Ihnen bei den folgenden Stichwörtern einfällt.

BEISPIEL: Länder der Bundesrepublik → 16

1. eine Minute
2. Kolumbus
3. ein Jahr
4. die Vereinigten Staaten
5. das Alphabet
6. die Planeten
7. Beethovens Symphonien
8. eine amerikanische Fußballmannschaft
9. Ihr Geburtstag
10. Ihre Glückszahl (*lucky number*)

B. Wichtige Daten und Zahlen. Lesen Sie die folgenden Sätze vor.

1. Der römische Historiker Tacitus, der 120 nach Christi starb, schrieb viel über die germanischen Stämme (*tribes*).
2. Karl der Große lebte von 742 bis 814.
3. Im Jahre 1517 veröffentlichte Martin Luther seine 95 Thesen.
4. Der große deutsche Maler Albrecht Dürer starb 1528.
5. Johann Sebastian Bach lebte von 1685 bis 1750.
6. Der größte Dichter der deutschen Sprache, Johann Wolfgang von Goethe, wurde 1749 geboren.
7. Ludwig van Beethoven wurde 1770 geboren.
8. Deutschland ist 356 715 Quadratkilometer groß.
9. Der Rhein ist 1 320 Kilometer lang.
10. Die Zugspitze (in den Alpen) ist 2 962 Meter hoch.
11. Die heutige Bevölkerung (*population*) Deutschlands beträgt (*amounts to*) 78 000 000; die Österreichs beträgt 7 574 000; und die der Schweiz beträgt 6 463 000.
12. Zwischen 1820 und 1978 sind fast 6 977 000 Deutsche in die USA eingewandert (*immigrated*).
13. Zwischen 1951 und 1960 allein sind 477 765 Deutsche in die USA eingewandert.

C. Die Unkosten (*expenses*) des Lebens.

Partnerarbeit: Stellen Sie Ihrem Partner / Ihrer Partnerin Fragen zum folgenden Schaubild.

BEISPIEL: ST. A: Wie lange mußte man im Jahre 1950 arbeiten, um 1 Kilo Zucker zu kaufen?

ST. B: Im Jahre 1950 mußte man 56 Minuten arbeiten, um 1 Kilo Zucker zu kaufen.

[a] *acquisition*
[b] *necessities*
[c] *expend*
[d] *cutlet, chop*

Arbeitszeit für Erwerb[a] von Bedarfsgütern[b]

Um die genannten Waren kaufen zu können, mußte ein Industriearbeiter an Arbeitszeit aufwenden:[c]

	1950 Stunden Minuten		1960 Stunden Minuten		1985 Stunden Minuten	
1 kg Zucker	0	56	0	30	0	10
1 kg Butter	4	24	2	40	0	49
1 kg Kotelett[d]	3	25	2	39	1	01
1 kg Kaffee	23	02	7	12	2	06
Herrenschuhe	19	36	12	29	8	09
Herrenfahrrad	121	36	69	48	30	53

D. Wann darf man das in Deutschland?

Beantworten Sie die Fragen. Benutzen Sie Ordinalzahlen.

BEISPIEL: Wann darf man seine eigene Religion wählen? (14 Jahre) → Ab dem vierzehnten Lebensjahr darf man seine eigene Religion wählen.

1. Wann darf man Mofa (*moped*) fahren? (15 Jahre)
2. Wann darf man in der Öffentlichkeit (*public*) rauchen? (16 Jahre)
3. Wann darf man mit Zustimmung (*permission*) der Eltern heiraten? (16 Jahre)
4. Wann darf man Auto fahren? (18 Jahre)
5. Wann darf man bis Mitternacht eine Bar besuchen? (16 Jahre)
6. Wann darf man wählen (*vote*)? (18 Jahre)
7. Wann darf man Bier und Wein trinken? (16 Jahre)
8. Wann darf man ins Parlament gewählt werden? (25 Jahre)

Ab dem wievielten Lebensjahr darf man das in Ihrem Staat?

E. **Beschreiben Sie Kurts Tagesablauf** (*schedule*).

BEISPIEL: Um fünf nach sechs klingelt der Wecker, und Kurt steht
auf.

1.
2.
3.
4.
5.
6.
7.

F. **Ihr Tagesablauf.** Wie haben Sie gestern verbracht? Beschreiben Sie
Ihrem Partner / Ihrer Partnerin Ihren gestrigen Tagesablauf. Benutzen Sie
möglichst genaue Zeitangaben.

BEISPIELE: aufstehen → Ich bin um 7.20 Uhr aufgestanden.
zu Abend essen → Ich habe um 18.40 Uhr zu Abend gegessen.

NÜTZLICHE AUSDRÜCKE

aufstehen	sich anziehen
fernsehen	sich duschen
frühstücken	sich die Zähne putzen
für meinen _____kurs lernen	zu Abend essen
in die Bibliothek gehen	zu Mittag essen
ins Bett gehen	zur Arbeit gehen
nach Hause gehen	zur Uni gehen

Aktivitäten

IN WORT UND BILD: DER WELT-HUNGER-TAG

A. Fasten-Spende (*donation through fasting*). Überfliegen Sie den folgenden Text. Was kann man alles mit Fasten-Spenden für die unterentwickelten (*underdeveloped*) Länder machen? Verbinden Sie jede Zeichnung mit einer passenden Aussage.

Das bewirken[a] Sie mit Ihrer Fasten-Spende.[b]

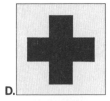

D.

DM 70,-
etwa werden monatlich benötigt, um einen Kranken medizinisch ausreichend[h] versorgen[i] zu können.

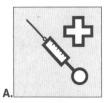

A.

DM 10,-
kostet die Kombiimpfung,[c] um ein Kind vor den wichtigsten, oft genug tödlichen Kinderkrankheiten zu schützen.

E.

DM 120,-
kostet etwa die Teilnahme an einer Ausbildung, die neue Lebenschancen schenkt.

B.

DM 35,-
kostet ein halber Sack Reis, der einer zehnköpfigen Familie zwei Wochen das Überleben[d] sichert.

F.

DM 375,-
betragen die Kosten für einen Pflug –[j] dem wichtigsten Werkzeug beim Ackerbau.[k]

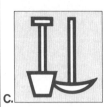

C.

DM 45,-
werden für Werkzeug benötigt,[e] um Gräben[f] zu ziehen, Häuser und Hütten[g] zu bauen und notwendige Reparaturen durchzuführen.

G.

DM 1.200,-
werden etwa zum Bau eines Brunnens[l] benötigt.

[a] accomplish
[b] donations based on self-deprivation
[c] multipurpose vaccination
[d] survival
[e] necessary
[f] ditches
[g] huts
[h] sufficiently
[i] take care of
[j] plow
[k] cultivation of land
[l] well

1. _____ Man kann den Bau von Brunnen finanzieren.
2. _____ Man kann den allgemeinen Unterricht unterstützen.
3. _____ Man kann Kinder gegen tödliche Krankheiten impfen.
4. _____ Man kann Pflüge für Bauern kaufen.
5. _____ Man kann für Kranke nötige Medikamente bezahlen.
6. _____ Man kann hungernde Familien mit Lebensmitteln versorgen.
7. _____ Man kann die Werkzeuge und Materialen für den Bau und die Reparatur von Häusern anschaffen (*acquire*).

B. Der Welt-Hunger-Tag. Der Welt-Hunger-Tag findet jedes Jahr am 15. März statt. Haben Sie schon einmal an diesem Tag gefastet? Finden Sie solche Aktionen hilfreich, oder genügt es, gelegentlich Geld zu spenden (*donate*)?

ANREGUNGEN ZUR UNTERHALTUNG

A. Entwicklungshilfe. Haben die Industrienationen eine Verantwortung (*responsibility*) gegenüber den Ländern der Dritten Welt? Warum (nicht)? Sollten die reicheren Nationen den ärmeren helfen? Wenn ja, wie?

B. Hunger in Amerika. In den USA hat 1992 jedes achte Kind Hunger. Kommentieren Sie.

RÜCKBLICK

Übersetzen Sie! Benutzen Sie möglichst oft Konjunktiv der indirekten Rede. Übersetzen Sie keine Ausdrücke in eckigen Klammern ([ ]). Wiederholen Sie die Strukturen in den vorigen Kapiteln.

DIE SCHWERSTE ENTSCHEIDUNG

People (man) say it is difficult to choose a career when you (**man**) are still young. Should you (**man**) work to make the world better (**verbessern**), or should you choose a profession in which you can make a lot of money? Should you go directly (**direkt**) to the university, or should you join an organization like the Red Cross or the (**dem**) Peace Corps that tries to help our fellow humans by improving the living conditions in the Third World? In other words (**Mit anderen Worten**) should you volunteer in order to take part in a foreign aid program? When I was [a] child I didn't think about such things (**Dinge**), but rather all important decisions (**Entscheidungen**) were made (**treffen**) for me. Either my mother or my father told me what to do. Now that (**da**) I am older, neither my parents nor my friends can do this for me. My parents often ask, "When will you be finished with your studies (**Studium**, *n.s.*)?" But (**doch**) I don't know when I will be finished, for perhaps I'll volunteer before I finish (**beenden**) my studies. Since this could be a difficult decision, I believe that my parents should be patient (**geduldig**). After I had explained it [to] them, they said they understood it. Since we talked about this, they are more patient although I know they want me to finish my studies soon. I know my parents! Well, on May 25th I have my twenty-first birthday. By then I will know (it).

SCHREIBEN SIE!

A. **Worüber sollte man nachdenken (*take into consideration*),** bevor man eine Berufsentscheidung trifft? Was ist wichtiger für Sie: (1) daß Sie viel Geld verdienen?; (2) daß Sie etwas Wichtiges für die Menschheit machen?; (3) daß Sie eine Berufswahl treffen, über die Sie sich freuen können? Kann man nicht alle drei Dinge haben?

B. **Wie kann man den Armen in der Dritten Welt am besten helfen?**

A P P E N D I X

GRAMMATISCHER ÜBERBLICK

DEFINITE ARTICLE / *der*-WORDS

	SINGULAR			PLURAL
	Masculine	*Neuter*	*Feminine*	
Nominative	der/dieser	das/dieses	die/diese	die/diese
Accusative	den/diesen	das/dieses	die/diese	die/diese
Dative	dem/diesem	dem/diesem	der/dieser	den/diesen
Genitive	des/dieses	des/dieses	der/dieser	der/dieser

INDEFINITE ARTICLE / *ein*-WORDS

	SINGULAR			PLURAL
	Masculine	*Neuter*	*Feminine*	
Nominative	**ein/mein**	**ein/mein**	eine/meine	meine
Accusative	einen/meinen	**ein/mein**	eine/meine	meine
Dative	einem/meinem	einem/meinem	einer/meiner	meinen
Genitive	eines/meines	eines/meines	einer/meiner	meiner

PERSONAL AND REFLEXIVE PRONOUNS

	PERSONAL			REFLEXIVE	
Singular	*Nominative*	*Accusative*	*Dative*	*Accusative*	*Dative*
1st person	ich	mich	mir	mich	mir
2nd person	du	dich	dir	dich	dir
3rd person	er/sie/es	ihn/sie/es	ihm/ihr/ihm	**sich**	**sich**
Plural					
1st person	wir	uns	uns	uns	uns
2nd person	ihr	euch	euch	euch	euch
3rd person	sie	sie	ihnen	**sich**	**sich**
Formal	Sie	Sie	Ihnen	**sich**	**sich**

RELATIVE AND DEMONSTRATIVE PRONOUNS

	SINGULAR			PLURAL
	Masculine	*Neuter*	*Feminine*	
Nominative	der	das	die	die
Accusative	den	das	die	die
Dative	dem	dem	der	**denen**
Genitive	**dessen**	**dessen**	**deren**	**deren**

INTERROGATIVE PRONOUNS

	ANIMATE	INANIMATE
Nominative	wer	was
Accusative	wen	was
Dative	wem	
Genitive	wessen	

DECLENSION OF NOUNS

SINGULAR

	Masculine		Neuter		Feminine
Nominative	der Mann	(Lehrer)	das Kind	(Mädchen)	die Frau
Accusative	den Mann	(Lehrer)	das Kind	(Mädchen)	die Frau
Dative	dem Mann	(Lehrer)	dem Kind	(Mädchen)	der Frau
Genitive	des Mannes	(Lehrers)	des Kindes	(Mädchens)	der Frau

PLURAL

Nom./Acc.	die Männer	(Lehrer)	die Kinder	(Mädchen)	die Frauen
Dative	den Männern	(Lehrern)	den Kindern	(Mädchen)	den Frauen
Genitive	der Männer	(Lehrer)	der Kinder	(Mädchen)	der Frauen

en-MASCULINE (WEAK) NOUNS*

SINGULAR

Nominative	der Student	der Psychologe	der Junge	der Herr
Accusative	den Studenten	den Psychologen	den Jungen	den Herrn
Dative	dem Studenten	dem Psychologen	dem Jungen	dem Herrn
Genitive	des Studenten	des Psychologen	des Jungen	des Herrn

PLURAL

Nom./Acc.	die Studenten	die Psychologen	die Jungen	die Herren
Dative	den Studenten	den Psychologen	den Jungen	den Herren
Genitive	der Studenten	der Psychologen	der Jungen	der Herren

ADJECTIVE DECLENSION: WEAK ENDINGS

	SINGULAR			PLURAL
	Masculine	*Neuter*	*Feminine*	
Nominative	der junge Mann	das junge Mädchen	die junge Frau	die jungen Leute
Accusative	den jungen Mann	das junge Mädchen	die junge Frau	die jungen Leute
Dative	dem jungen Mann	dem jungen Mädchen	der jungen Frau	den jungen Leuten
Genitive	des jungen Mannes	des jungen Mädchens	der jungen Frau	der jungen Leute

---

*See pp. 139–140 on the declension of irregular weak nouns like **Name, Glaube,** and **Herz.**

ADJECTIVE DECLENSION: STRONG ENDINGS

	SINGULAR			PLURAL
	Masculine	Neuter	Feminine	
Nominative	kalter Wein	kaltes Bier	kalte Milch	kalte Getränke
Accusative	kalten Wein	kaltes Bier	kalte Milch	kalte Getränke
Dative	kaltem Wein	kaltem Bier	kalter Milch	kalten Getränken
Genitive	kalten Weines	kalten Bieres	kalter Milch	kalter Getränke

ADJECTIVES USED AS NOUNS*

	SINGULAR		PLURAL
	Masculine	Feminine	
Nominative	der Jugendliche	die Jugendliche	die Jugendlichen
	ein Jugendlicher	eine Jugendliche	Jugendliche
Accusative	den Jugendlichen	die Jugendliche	die Jugendlichen
	einen Jugendlichen	eine Jugendliche	Jugendliche
Dative	dem Jugendlichen	der Jugendlichen	den Jugendlichen
	einem Jugendlichen	einer Jugendlichen	Jugendlichen
Genitive	des Jugendlichen	der Jugendlichen	der Jugendlichen
	eines Jugendlichen	einer Jugendlichen	Jugendlicher

PREPOSITIONS

(WITH)

Dative Objects	Accusative Objects	Dative/Accusative Objects	Genitive Objects
aus	bis	an	(an)statt
außer	durch	auf	trotz
bei	für	hinter	während
gegenüber	gegen	in	wegen
mit	ohne	neben	diesseits
nach	um	über	jenseits
seit		unter	oberhalb
von		vor	unterhalb
zu		zwischen	außerhalb
			innerhalb

CONJUNCTIONS

COORDINATING	CORRELATIVES	SUBORDINATING	
aber	entweder . . . oder	als	ob
denn	je . . . desto/umso	als ob	obgleich
doch	weder . . . noch	bevor	obwohl
oder		bis	seit(dem)
sondern		da	sobald
und		damit	während
		daß	weil
		indem	wenn
		nachdem	

---

* See pp. 249–250 for adjectives used as neuter nouns.

CONJUGATION OF VERBS

Present Tense
Auxiliary Verbs

	sein	**haben**	**werden**
ich	bin	habe	werde
du	bist	hast	wirst
er/sie/es	ist	hat	wird
wir	sind	haben	werden
ihr	seid	habt	werdet
sie	sind	haben	werden
Sie	sind	haben	werden

*Regular Verbs, Verbs with Vowel Change, Irregular Verbs**

	REGULAR		VOWEL CHANGE		IRREGULAR
	fragen	**finden**	**geben**	**fahren**	**wissen**
ich	frage	finde	gebe	fahre	weiß
du	fragst	findest	gibst	fährst	weißt
er/sie/es	fragt	findet	gibt	fährt	weiß
wir	fragen	finden	geben	fahren	wissen
ihr	fragt	findet	gebt	fahrt	wißt
sie/Sie	fragen	finden	geben	fahren	wissen

Simple Past Tense
Auxiliary Verbs

	sein	**haben**	**werden**
ich	war	hatte	wurde
du	warst	hattest	wurdest
er/sie/es	war	hatte	wurde
wir	waren	hatten	wurden
ihr	wart	hattet	wurdet
sie/Sie	waren	hatten	wurden

*Weak, Strong, and Irregular Weak Verbs**

	WEAK	STRONG		IRREGULAR WEAK
	fragen	**geben**	**fahren**	**wissen**
ich	fragte	gab	fuhr	wußte
du	fragtest	gabst	fuhrst	wußtest
er/sie/es	fragte	gab	fuhr	wußte
wir	fragten	gaben	fuhren	wußten
ihr	fragtet	gabt	fuhrt	wußtet
sie/Sie	fragten	gaben	fuhren	wußten

*See pp. 181–184 on the conjugation of the modal verbs.

Present Perfect Tense

	sein		haben		geben		fahren	
ich	bin		habe		habe		bin	
du	bist		hast		hast		bist	
er/sie/es	ist	gewesen	hat	gehabt	hat	gegeben	ist	gefahren
wir	sind		haben		haben		sind	
ihr	seid		habt		habt		seid	
sie/Sie	sind		haben		haben		sind	

Past Perfect Tense

	sein		haben		geben		fahren	
ich	war		hatte		hatte		war	
du	warst		hattest		hattest		warst	
er/sie/es	war	gewesen	hatte	gehabt	hatte	gegeben	war	gefahren
wir	waren		hatten		hatten		waren	
ihr	wart		hattet		hattet		wart	
sie/Sie	waren		hatten		hatten		waren	

Future Tense

	geben	
ich	werde	
du	wirst	
er/sie/es	wird	geben
wir	werden	
ihr	werdet	
sie/Sie	werden	

SUBJUNCTIVE MOOD

SIMPLE SUBJUNCTIVE

(Alternate Subjunctive in Parentheses)

	sein	haben	werden	fahren	fragen	wissen
ich	wäre (sei)	hätte	würde	führe	fragte	wüßte
du	wärest (seiest)	hättest	würdest	führest	fragtest	wüßtest
er/sie/es	wäre (sei)	hätte (habe)	würde (werde)	führe (fahre)	fragte (frage)	wüßte (wisse)
wir	wären (seien)	hätten	würden	führen	fragten	wüßten
ihr	wäret (seiet)	hättet	würdet	führet	fragtet	wüßtet
sie/Sie	wären (seien)	hätten	würden	führen	fragten	wüßten

COMPOUND SUBJUNCTIVE

	sein		haben		werden/fahren		fragen/wissen	
ich	wäre		hätte		wäre		hätte	
du	wärest		hättest		wärest		hättest	
er/sie/es	wäre (sei)	gewesen	hätte (habe)	gehabt	wäre (sei)	geworden/	hätte (habe)	gefragt/
wir	wären		hätten		wären	gefahren	hätten	gewußt
ihr	wäret		hättet		wäret		hättet	
sie/Sie	wären		hätten		wären		hätten	

würde-CONSTRUCTION

	fahren/fragen/wissen	
ich	würde	
du	würdest	
er/sie/es	würde (werde)	... fahren/fragen/wissen
wir	würden	
ihr	würdet	
sie/Sie	würden	

PASSIVE VOICE

einladen					
	Present		*Simple Past*		*Present Perfect*
ich	werde		wurde		bin
du	wirst		wurdest		bist
er/sie/es	wird	eingeladen	wurde	eingeladen	ist
wir	werden		wurden		sind	eingeladen worden
ihr	werdet		wurdet		seid
sie/Sie	werden		wurden		sind

IMPERATIVE

	sein	**geben**	**fahren**	**arbeiten**
Familiar Singular	sei	gib	fahr	arbeite
Familiar Plural	seid	gebt	fahrt	arbeitet
Formal	seien Sie	geben Sie	fahren Sie	arbeiten Sie
First Person Plural	seien wir	geben wir	fahren wir	arbeiten wir

PRINCIPAL PARTS OF STRONG AND IRREGULAR VERBS

The following chart shows the principal parts of strong and irregular verbs. Most verbs with prefixes are not listed; for example, the principal parts of the verbs **anfangen** and **beschreiben** are given under the verbs **fangen** and **schreiben**. The past participles of verbs that form their perfect tenses with the auxiliary **sein** are preceded by **ist**. Irregular third-person singular forms of the present indicative are also listed.

INFINITIVE	PAST STEM	PAST PARTICIPLE	THIRD-PERSON SINGULAR	SIMPLE SUBJUNCTIVE
backen to bake	backte (*or* buk)	gebacken	bäckt	backte
befehlen to command	befahl	befohlen	befiehlt	befähle (beföhle)
beginnen to begin	begann	begonnen		begänne (begönne)
beißen to bite	biß	gebissen		bisse
betrügen to deceive	betrog	betrogen		(betröge)
biegen to bend	bog	gebogen		böge

INFINITIVE	PAST STEM	PAST PARTICIPLE	THIRD-PERSON SINGULAR	SIMPLE SUBJUNCTIVE
bieten to offer	bot	geboten		böte
binden to bind	band	gebunden		(bände)
bitten to ask	bat	gebeten		bäte
blasen to blow	blies	geblasen	bläst	(bliese)
bleiben to remain	blieb	ist geblieben		bliebe
braten to roast	briet	gebraten	brät	briete
brechen to break	brāch	gebröchen	bricht	bräche
brennen to burn	brannte	gebrannt		—
bringen to bring	brachte	gebracht		brächte
denken to think	dachte	gedacht		dächte
dringen to force one's way	drang	ist gedrungen		(dränge)
dürfen to be allowed	durfte	gedurft	darf	dürfte
empfehlen to recommend	empfahl	empfohlen	empfiehlt	empfähle (empföhle)
erschrecken* to be frightened	erschrak	ist erschrocken	erschrickt	erschräke
essen to eat	āß	gegessen	ißt	äße
fahren to drive, ride, go	fuhr	ist gefahren	fährt	führe
fallen to fall	fiel	ist gefallen	fällt	fiele
fangen to catch	fing	gefangen	fängt	finge
finden to find	fand	gefunden		fände
fliegen to fly	flog	ist geflogen		flöge
fliehen to flee	floh	ist geflohen		—
fließen to flow	flōß	ist geflossen		flösse
fressen to eat (of animals)	frāß	gefressen	frißt	fräße
frieren to freeze	fror	gefroren		—
geben to give	gab	gegeben	gibt	gäbe
gehen to go	ging	ist gegangen		ginge
gelingen to succeed	gelang	ist gelungen		gelänge
gelten to be worth	galt	gegolten	gilt	gälte
genießen to enjoy	genōß	genossen		genösse
geschehen to happen	geschah	ist geschehen	geschieht	geschähe
gewinnen to win, gain	gewann	gewonnen		(gewänne)
gießen to pour	gōß	gegossen		(gösse)
graben to dig	grub	gegraben	gräbt	—
greifen to seize	griff	gegriffen		griffe
haben to have	hatte	gehabt	hat	hätte
halten to hold	hielt	gehalten	hält	hielte
hängen to hang (intr.)	hing	gehangen	hängt	hinge
heben to lift	hob	gehoben		höbe
heißen to be named; to order, command	hieß	geheißen		hieße
helfen to help	half	geholfen	hilft	—
kennen to know	kannte	gekannt		—
klingen to sound	klang	geklungen		klänge
kommen to come	kam	ist gekommen		käme

* The transitive verb **erschrecken** (to *frighten*) is weak.

INFINITIVE	PAST STEM	PAST PARTICIPLE	SINGULAR	SUBJUNCTIVE
können to be able	konnte	gekonnt	kann	könnte
laden to invite (*usually* **einladen**)	lud (*or* ladete)	geladen	lädt (*or* ladet)	—
lassen to let	ließ	gelassen	läßt	ließe
laufen to run	lief	ist gelaufen	läuft	liefe
leiden to suffer	litt	gelitten		litte
leihen to lend	lieh	geliehen		liehe
lesen to read	las	gelesen	liest	läse
liegen to lie, recline	lag	gelegen		läge
lügen to (tell a) lie	log	gelogen		löge
meiden to avoid	mied	gemieden		miede
messen to measure	mäß	gemessen	mißt	—
mögen to like; may	mochte	gemocht	mag	möchte
müssen to have to, must	mußte	gemußt	muß	müßte
nehmen to take	nahm	genommen	nimmt	nähme
nennen to name	nannte	genannt		—
pfeifen to whistle	pfiff	gepfiffen		pfiffe
quellen to gush forth	quoll	ist gequollen	quillt	—
raten to advise; to guess	riet	geraten	rät	riete
reiben to rub	rieb	gerieben		riebe
reißen to tear	riß	gerissen		risse
reiten to ride	ritt	ist geritten		ritte
rennen to run, race	rannte	ist gerannt		—
riechen to smell	roch	gerochen		röche
rufen to call	rief	gerufen		riefe
saufen to drink (*of animals*)	soff	gesoffen	säuft	söffe
schaffen* create	schuf	geschaffen		—
scheiden to part	schied	ist geschieden		schiede
scheinen to seem; to shine	schien	geschienen		schiene
schieben to shove	schob	geschoben		schöbe
schießen to shoot	schöß	geschossen		schösse
schlafen to sleep	schlief	geschlafen	schläft	schliefe
schlagen to strike	schlug	geschlagen	schlägt	schlüge
schließen to shut	schlöß	geschlossen		schlösse
schmelzen to melt	schmolz	ist geschmolzen	schmilzt	—
schneiden to cut	schnitt	geschnitten		schnitte
schreiben to write	schrieb	geschrieben		schriebe
schreien to cry	schrie	geschrie(e)n		schriě
schreiten to stride	schritt	ist geschritten		schritte
schweigen to be silent	schwieg	geschwiegen		schwiege
schwimmen to swim	schwamm	ist geschwommen		schwämme
schwinden to vanish (*usually* **verschwinden**)	schwand	ist geschwunden		schwände
schwingen to swing	schwang	geschwungen		—
sehen to see	sah	gesehen	sieht	sähe

* **Schaffen,** meaning *to manage, achieve,* is weak.

INFINITIVE	PAST STEM	PAST PARTICIPLE	THIRD-PERSON SINGULAR	SIMPLE SUBJUNCTIVE
sein to be	war	ist gewesen	ist	wäre
senden to send	sandte (*or* sendete)	gesandt (*or* gesendet)		—
singen to sing	sang	gesungen		sänge
sinken to sink (*intr.*)	sank	ist gesunken		sänke
sitzen to sit	sāß	gesessen		säße
sollen to be supposed to; shall (*denoting obligation*)	sollte	gesollt	soll	sollte
sprechen to speak	spräch	gespröchen	spricht	spräche
springen to jump	sprang	ist gesprungen		(spränge)
stechen to prick	stäch	gestöchen	sticht	stäche
stehen to stand	stand	gestanden		stände
stehlen to steal	stahl	gestohlen	stiehlt	—
steigen to climb	stieg	ist gestiegen		stiege
sterben to die	starb	ist gestorben	stirbt	stürbe
stoßen to push	stieß	gestoßen	stößt	stieße
streichen to stroke	strĭch	gestrĭchen		striche
streiten to contend	stritt	gestritten		stritte
tragen to carry	trug	getragen	trägt	(trüge)
treffen to meet; to hit	traf	getroffen	trifft	träfe
treiben to drive	trieb	getrieben		triebe
treten to step	trat	ist getreten	tritt	träte
trinken to drink	trank	getrunken		tränke
tun to do	tat	getan	tut	täte
verderben* to ruin, spoil	verdarb	verdorben	verdirbt	verdürbe
vergessen to forget	vergāß	vergessen	vergißt	vergäße
verlieren to lose	verlor	verloren		—
verzeihen to pardon	verzieh	verziehen		verziehe
wachsen to grow	wŭchs	ist gewachsen	wächst	wüchse
waschen to wash	wŭsch	gewaschen	wäscht	—
wenden to turn	wandte (*or* wendete)	gewandt (*or* gewendet)		—
werben to woo	warb	geworben	wirbt	—
werden to become	wurde (*or* ward)	ist geworden	wird	würde
werfen to throw	warf	geworfen	wirft	—
wiegen to weigh	wog	gewogen		wöge
winden to wind	wand	gewunden		wände
wissen to know	wußte	gewußt	weiß	wüßte
wollen to wish, want	wollte	gewollt	will	wollte
ziehen† to pull	zog	gezogen		zöge
zwingen to force	zwang	gezwungen		zwänge

---

* As an intransitive verb, **verderben** is conjugated with the auxiliary **sein**.

† As an intransitive verb, **ziehen** (*to move*) is conjugated with **sein**.

USEFUL GRAMMATICAL TERMS

GERMAN	ENGLISH
das Adjektiv (-e)	adjective
der Komparativ	comparative
der Superlativ	superlative
das Possessivpronomen (-)	possessive (pronoun) adjective
substantiviertes Adjektiv	adjective used as a noun
das Adverb (-ien)	adverb
der Artikel (-)	article
bestimmter Artikel	definite article
unbestimmter Artikel	indefinite article
die Endung (-en)	ending
das Fremdwort (-̈er)	foreign word
der Kasus (-)	case
der Nominativ	nominative
der Akkusativ	accusative
der Dativ	dative
der Genitiv	genitive
die Deklination (-en)	declension
die Kasusendung (-)	case ending
die Konjunktion (-en)	conjunction
koordinierende Konjunktion	coordinating conjunction
nebenordnende Konjunktion	subordinating conjunction
die Negation	negation
die Partikel (-n)	particle
das Präfix (-e)	prefix
trennbares Präfix	separable prefix
untrennbares Präfix	inseparable prefix
die Präposition (-en)	preposition
das Pronomen (-)	pronoun
das Demonstrativpronomen	demonstrative pronoun
das Indefinitpronomen	indefinite pronoun
das Interrogativpronomen	interrogative pronoun
das Personalpronomen	personal pronoun
das Possessivpronomen	possessive pronoun (adjective)
das Reflexivpronomen	reflexive pronoun
das Relativpronomen	relative pronoun
reflexiv	reflexive
der Satz (-̈e)	sentence
das Subjekt (-e)	subject
das Prädikat	predicate
das Objekt (-e)	object
das Akkusativobjekt	object in the accusative
das Dativobjekt	object in the dative
das Genitivobjekt	object in the genitive
direkte Rede	direct discourse
indirekte Rede	indirect discourse
der Hauptsatz	main clause
der Nebensatz	subordinate clause
der Relativsatz	relative clause

GERMAN	ENGLISH
schwach	*weak*
stark	*strong*
das Substantiv (-e)	*noun*
das Genus (Genera)	* gender*
maskulin	* masculine*
feminin	* feminine*
neutrum	* neuter*
zusammengesetztes Substantiv	* compound noun*
die Umgangssprache	*conversational German*
das Verb (-en)	*verb*
die Konjugation (-en)	* conjugation*
schwaches Verb	* weak verb*
starkes Verb	* strong verb*
regelmäßiges Verb	* regular verb*
unregelmäßiges Verb	* irregular verb*
das Modalverb	* modal verb*
das Hilfsverb	* helping verb*
das Partizip (-ien)	* participle*
die Personalform (-en)	* finite verb (form)*
erste Person	* first person*
zweite Person	* second person*
dritte Person	* third person*
die Aktionsart (-en)	* voice*
das Aktiv	* active voice*
das Passiv	* passive*
transitiv	* transitive*
intransitiv	* intransitive*
der Modus (Modi)	* mood*
der Imperativ	* imperative*
der Indikativ	* indicative*
der Infinitiv	* infinitive*
der Konjunktiv	* subjunctive*
irrealer Wunschsatz ("-e)	* contrary-to-fact condition*
die Zeit (-en) (das Tempus)	* tense*
das Präsens	* present (tense)*
das Präteritum	* simple past*
das Futur	* future*
das Perfekt	* present perfect*
das Plusquamperfekt	* past perfect*
die Wortstellung	*word order*
die normale Wortstellung	* normal word order*
die Inversion	* inverted word order*
die Nebensatzstellung	* transposed word order*
die Zahl (-en)	*number*
der Singular	* singular*
der Plural	* plural*

Vocabulary

Noun plurals, except when nonexistent or rare, are indicated. Note the following entries, however, in which the genitive singular is listed before the plural:

1. **-(e)n, -(e)n:** regular weak masculine nouns. *See pp. 138–139.*
2. **-ens, -en:** irregular weak masculine nouns. *See pp. 139–140.*

The comparative and superlative degrees of adjectives and adverbs showing umlaut or other stem variations are indicated. All country and other place names are neuter unless otherwise noted.

The following symbols and abbreviations are used:

*	strong or irregular weak verb (*see appendix*)
·	separable prefix
sein	verb requiring auxiliary **sein** in perfect tenses
acc.	accusative
adj.	adjective
adv.	adverb
coll.	colloquial
conj.	conjunction
dat.	dative
decl. adj.	declined adjective (*see pages 249–250*)
fam.	familiar
gen.	genitive
indecl.	indeclinable
int.	interjection
intr.	intransitive
pl.	plural
prep.	preposition
sing.	singular
sub. conj.	subordinating conjunction
tr.	transitive (requires an accusative object)

A

Aarau *town in northern Switzerland*
ab from
ab und zu now and then
der Abend (-e) evening; **gestern abend** last night; **heute abend** tonight; **morgen abend** tomorrow evening; **abends** in the evening; **zu Abend essen*** to eat dinner
das Abendessen (-) dinner, evening meal; **das Abendessen machen** to prepare dinner; **„das Abendmahl"** the Last Supper
abenteuerlich adventurous, hazardous
ab·fahren* (sein) to depart, leave
die Abfahrt (-en) departure
ab·fliegen* (sein) to take off (in an airplane)
die Abgasbelastung impact of car exhaust (*on environment*)
ab·geben* to turn in
abgekürzt abbreviated

abgelegen remote
abgenutzt worn-out
sich (eine Gewohnheit) ab·gewöhnen to get out of (a habit)
die Abhilfe remedy
ab·holen to pick up
das Abitur *final examination that entitles one to go from the* **Gymnasium** *to a university*
ab·kühlen to cool down
ab·kürzen to shorten, abbreviate

die Abkürzung (-en) abbreviation
ab·legen to put aside
ab·montieren to remove
ab·nehmen* to lose weight
das Abonnement (-s) subscription
abonnieren to subscribe (to a newspaper or magazine)
ab·reißen* to demolish
der Absatz (⸚e) paragraph
ab·schaffen to get rid of, do away with
ab·schreiben* to copy
die Abschrift (-en) copy
der Absender (-) sender, addresser
die Abstammung sing. descent; deutscher Abstammung of German descent
ab·stellen to switch off
ab·sterben* (sein) to be dying
die Abteilung (-en) department
ab·trocknen to dry off
ab·wählen to vote out (of office)
ab·wechseln to alternate, switch
ach int. oh
acht eight; gestern vor acht Tagen a week ago yesterday
achten auf (+ acc.) to pay attention to
der Ackerbau cultivation of land
das Adjektiv (-e) adjective
die Adjektivendung (-en) adjective ending
adoptieren to adopt
die Adoptiveltern pl. adoptive parents
das Adoptivkind (-er) adopted child
die Adresse (-n) address
der Adventskranz (⸚e) advent wreath
das Adverb (-ien) adverb
(das) Aerobic aerobics; Aerobic machen to do aerobics
die Aerobicstunde (-n) aerobics class
der Affe (-n, -n) monkey
Afrika Africa
die Agentur (-en) agency
ägyptisch Egyptian
aah int. oh
ähnlich (+ dat.) similar (to); ähnlich sehen* to resemble
die Ähnlichkeit (-en) similarity
die Ahnung (-en) idea, knowledge; keine Ahnung! no idea!
Akapulko Acapulco
der Akkusativ accusative
der Akrobat (-en, -en), die Akrobatin (-nen) acrobat
die Aktion (-en) action, activity
aktiv active
die Aktivität (-en) activity
aktuell current
der Akzent accent

akzeptieren to accept
Alaska Alaska
der Alkoholiker (-), die Alkoholikerin (-nen) alcoholic
all all; vor allem above all
alle pl. everyone, all
die Allee (-n) avenue
allein alone
der/die Alleinreisende decl. adj. person who travels alone
das Allerbeste the very best
allerdings though, mind you, but, to be sure
allergisch allergic
allerlei all kinds (of things)
alles everything; alles Gute! all the best!, good luck!
allgemein general
die Allgemeinheit general public
allmählich gradually
das Alltagsleben everyday life
die Alltagssache (-n) everyday event
die Alpen pl. the Alps
das Alphabet (-e) alphabet
als as; than; when; als Kind as a child; als ob as if
also well; so; therefore
die Alster tributary of the Elbe river
alt (älter, ältest-) old
das Alter (-) age
die Alternative (-n) alternative
das Altglas used glass
altmodisch old-fashioned
das Altpapier used paper
die Altpapiersammlung paper collection for recycling
die Altstadt old town, city center
der Amazonas Amazon
die Ambition (-en) ambition
Amboise town in France
der Amerikaner (-), die Amerikanerin (-nen) American (person)
amerikanisch American
sich amüsieren to have a good time
an·bieten* to offer
ander- other; different; alles andere everything else
andererseits on the other hand
ändern to change
anders different(ly); etwas anders a little different
anderthalb indecl. one and a half
aneinander together
das Anekdötchen (-) short story
der Anfang (⸚e) beginning
an·fangen* to begin
anfangs to begin with, initially
an·fordern to request
angeberisch boastful

angegeben given, indicated
an·gehören (+ dat.) to belong to
angeln to fish
angemessen appropriate
angenehm pleasant
angespannt tense, tight
der/die Angestellte decl. adj. employee
die Angewohnheit (-en) habit
die Angst (⸚e) fear
animieren to encourage
an·kämpfen to fight
die Anklage (-n) accusation
an·kommen* (sein) to arrive
an·kreuzen to check off
die Ankunft (⸚e) arrival
der Anlaß (⸚e) occasion
der Anlauf (⸚e) attempt
die Anonymität anonymity
sich an·passen (+ dat.) to adapt (to something)
die Anrede (-n) form of address
an·reden to address
die Anregung (-en) stimulation; Anregungen zur Unterhaltung hints for conversation
der Anreiz (-e) incentive
die Anrichte (-n) buffet
an·rufen* to phone
die Ansage (-n) announcement
an·sagen to announce
der Ansager (-), die Ansagerin (-nen) announcer
an·schalten to switch on
an·schauen to watch
anscheinend apparently
das Anschlagbrett bulletin board
an·schließen* to connect
anschließend afterward
an·schreiben* to write to
an·sehen* to look at
das Ansehen prestige
die Ansicht (-en) view; Ihrer Ansicht nach in your opinion
die Ansichtskarte (-n) picture postcard
der Ansprechpartner partner in conversation
an·springen* (intr. sein) to start (an engine)
der Anspruch (⸚e) claim; etwas in Anspruch nehmen* to lay claim to something
(an)statt (+ gen.) instead of
anstrengend strenuous
der Anthropologe (-n, -n), die Anthropologin (-nen) anthropologist
die Antike classical period
die Antwort (-en) answer
antworten auf (+ acc.) to answer

der Atheist (-en, -en), die Atheistin (-nen) atheist

die Anzeige (-n) announcement (*in print*); advertisement

an·ziehen* to dress; **sich anziehen** to get dressed

der Anzug (¨e) suit

der Apfel (¨) apple

der Apfelbaum (¨e) apple tree

der Apfelsaft apple juice

der Aphorismus (Aphorismen) aphorism

die Apotheke (-n) pharmacy, drugstore

der Apotheker (-), die Apothekerin (-nen) pharmacist

(der) April April

die Arbeit (-en) work; job; **eine Arbeit schreiben*** to write a paper

arbeiten to work

der Arbeiter (-), die Arbeiterin (-nen) worker

der Arbeitgeber (-), die Arbeitgeberin (-nen) employer

das Arbeitsamt (¨er) employment office

der Arbeitskollege (-n, -n), die Arbeitskollegin (-nen) colleague

das Arbeitslager (-) labor camp

arbeitslos unemployed

die Arbeitslosigkeit unemployment

der Arbeitsmarkt labor market, job situation

der Arbeitsplatz (¨e) job, position

die Arbeitsstelle (-n) job, position

der/die Arbeitssüchtige *decl. adj.* workaholic

der Arbeitstag (-e) day of work, working day

das Arbeitsverhältnis (-se) working conditions

die Arbeitsversicherung worker's compensation insurance

die Arbeitszeit time spent working

das Arbeitszimmer (-) study

der Architekt (-en, -en), die Architektin (-nen) architect

die Architektur architecture

ärgern to upset, annoy; **sich ärgern** to be upset, annoyed

das Argument (-e) argument

arm poor

der Arm (-e) arm

das Armband (¨er) bracelet

die Armbanduhr (-en) wrist watch

die Armbinde (-n) sling

die Armut poverty

die Art (-en) kind; **die Art und Weise** manner

der Artikel (-) article (*grammar*)

das Artikelwort (¨er) der-word, ein-word

der Arzt (¨e), die Ärztin (-nen) doctor

Asien Asia

das Aspirin aspirin

die Assoziation (-en) association

assoziieren to associate

der Astronaut (-en, -en), die Astronautin (-nen) astronaut

der Astronom (-en, -en), die Astronomin (-nen) astronomer

das Asyl (-e) asylum

Äthiopien Ethiopia

atmen to breathe

die Atmosphäre (-n) atmosphere

die Attraktion (-en) attraction

attraktiv attractive

auf (+ *acc. or dat.*) on; at; to; for; **auf deutsch** in German; **auf einmal** all at once; **auf Wiedersehen** good-bye

auf·bewahren to store

auf·bleiben* (sein) to stay up

aufeinander one on top of the other, one after the other

auf·essen* to eat up

die Aufführung (-en) performance

auf·führen to perform

die Aufgabe (-n) assignment

auf·geben* to assign; to give up

aufgeregt excited

auf·heben* to keep (*in storage*)

auf·hören to stop

der Aufkleber (-) sticker

auf·machen to open

aufmerksam attentive

die Aufnahme (-n) photograph; **Aufnahmen machen** to take pictures

auf·nehmen* to record

auf·räumen to tidy up

aufregend exciting

die Aufregung excitement, agitation

der Aufsatz (¨e) essay

sich (*dat.*) auf·setzen to put on

auf·stehen* (sein) to get up

auf·steigen* (sein) to climb up

auf·stellen to arrange; to put up (*a tent*)

auf·schreiben* to write down

auf·tauchen (sein) to appear

auf·teilen to divide up

der Auftrag (¨e) order; **im Auftrag** (+ *gen.*) by order of

auf·tragen*: **dick auftragen** to exaggerate, lay it on thick

auf·wachen (sein) to wake up

auf·wenden* to expend

das Auge (-n) eye

(der) August August

aus (+ *dat.*) from; out of; made of

aus·beuten to exploit

die Ausbildung (-en) education, training

der Ausbildungsplatz (¨e) training position

der Ausdruck (¨e) expression

aus·drücken to express

aus·fallen* (sein) to fall out; to turn out

der Ausflug (¨e) excursion

aus·füllen to fill out

aus·geben* to spend

ausgebildet educated, trained

aus·gehen* (sein) to go out

ausgewogen well-balanced

ausgezeichnet excellent

aus·halten* to endure

sich aus·kennen* to know one's way around

sich aus·klinken to release oneself

aus·kommen* (mit) (sein) to get along (with)

die Auskunft (¨e) information

das Ausland foreign countries, abroad; **im Ausland wohnen** to live abroad; **ins Ausland reisen** (sein) to go abroad

der Ausländer (-), die Ausländerin (-nen) foreigner

ausländisch foreign

aus·leihen* to borrow

aus·nutzen to make use of

aus·reichen to be enough

ausreichend sufficiently

aus·richten to organize

sich aus·ruhen to rest

die Aussage (-n) statement, assertion

aus·schalten to switch off

aus·sehen* to appear, look

außer (+ *dat.*) except; besides

außerdem *adv.* besides

sich äußern to express one's opinion

die Aussicht (-en) view

der Aussiedler (-), die Aussiedlerin (-nen) emigrant

aus·spannen to relax

aus·sprechen* to pronounce

die Ausstattung (-en) fixtures, fittings

aus·steigen* (sein) aus to get out of

aus·stellen to exhibit

die Ausstellung (-en) exhibition

das Aussterben extinction

Australien Australia

aus·suchen to select, choose

der Austausch exchange

aus·wählen to select, choose

der Auswanderer (-), die Auswanderin (-nen) emigrant

aus·wandern (sein) to emigrate

auswärts away from home; **auswärts**

essen* to eat out
sich aus·wirken auf (+ *acc.*) to have an effect on
aus·ziehen* to take off; sich aus·ziehen to get undressed
die Autobahn (-en) freeway
das Autofahren driving
die Autofahrt (-en) car ride
der Autolärm car noise
automatisch automatic
das Auto (-s) car

B
das Baby (-s) baby
babysitten to babysit
der Babysitter (-), die Babysitterin (-nen) babysitter
das Babysitting babysitting
der Bach (¨e) brook
backen* to bake
die Bäckerei bakery
der Backofen (¨) oven
Bad Dürkheim *town in the Rhineland-Palatinate*
das Bad (¨er) bathroom, swimming pool
baden to bathe
der Badeurlaub beach vacation
das Badezimmer (-) bathroom
die U-Bahn subway, underground train
die Bahn train, railway
der Bahnhof (¨e) train station
bald soon
der Balkon (-e) balcony
der Ball (¨e) ball
der Ballast weight
das Band (¨er) ribbon, tape
der Band (¨e) book, volume
die Band (-s) band (*music*)
Bangladesch Bangladesh
die Bank (-en) bank
die Bank (¨e) bench
bankrott bankrupt
bar cash; bar bezahlen to pay cash
die Bar (-s) bar
das Bargeld cash
barfuß barefoot
die Barockmusik baroque music
das Barockstück (-e) baroque play
der Baseball baseball
der Basketball basketball
der Bastler (-), die Bastlerin (-nen) hobbyist (*in crafts*)
die Batterie (-n) battery
der Bau *no pl.* construction
der Bau (-ten) building
bauen to build
der Bauer (-n, -n), die Bäuerin (-nen) farmer

der Bauernhof (¨e) farm
das Baujahr year of construction
der Baum (¨e) tree
der Baustein (-e) brick
Bayern Bavaria
bayrisch Bavarian
beachten to observe, follow
der Beamte *decl. adj.*, die Beamtin (-nen) official, civil servant
beantragen to apply for
beantworten to answer (*a question, letter, etc.*)
die Bedarfsgüter *pl.* necessities
das Bedauern (-) regret
bedauern to regret
bedienen to serve
die Bedingung (-en) condition
bedrohen to threaten
bedroht threatened, endangered
die Bedrohung (-en) threat
das Bedürfnis (-se) need
sich beeilen to hurry
beeindruckt impressed
beeinflussen to influence
beenden to complete, finish
sich befassen mit to deal with
der Befehl (-e) order, command
befehlen* to order, command
sich befinden* to be located, to be
befördert werden* (sein) to be promoted
die Beförderung (-en) promotion
befreien to free, clear
befreundet sein* to be friends
begabt talented
die Begabung (-en) talent
begegnen (sein) (+ *dat.*) to meet
begehen* to commit, make (*a mistake*)
begeistern to fill with enthusiasm, inspire
begeistert enthusiastic
beginnen* to begin
begleiten to accompany
sich begnügen to be content
begrenzen to limit, restrict
der Begriff (-e) concept
begründen to substantiate
begrüßen to greet
behalten* to keep
behandeln to treat
die Behandlung (-en) treatment
behaupten to claim, maintain
bei (+ *dat.*) with; at (*the house of*); near; among; in; beim (+ *verbal noun*) while (*doing something*)
bei·bringen* (+ *dat.*) to teach; to show how to
beichten to confess
beide both; die beiden the two of them

der Beifall *no pl.* applause
das Bein (-e) leg
das Beispiel (-e) example; zum Beispiel for example
beißen* to bite
bei·stehen* (+ *dat.*) to help, assist
bei·tragen* to contribute
bei·treten* (sein) (+ *dat.*) to join (*an organization*)
bejahen to answer in the affirmative, pass
bekämpfen to fight
bekannt known, well-known
der/die Bekannte *decl. adj.* acquaintance
bekommen* to get, receive; (+ *dat.*) to suit
belangen (wegen) to prosecute (for)
belegen to register for a class; to take a class
Belgien Belgium
beliebt popular, well-liked
die Beliebtheit popularity
bellen to bark
die Belobigung (-en) commendation
bemerken to notice
benennen* to name
sich benehmen* to behave
benötigen to be in need of
benutzen to use
die Benutzung use
das Benzin gasoline
beobachten to observe
bequem comfortable
die Bequemlichkeit (-en) comfort, convenience
der/das Bereich (-e) region, area
bereit ready; willing
bereiten to prepare
bereits already
der Berg (-e) mountain
der Bergsee (-n) mountain lake
berg·steigen* (sein) to mountaineer
das Bergwandern mountain hiking
der Bericht (-e) report
berichten to report
der Berliner (-), die Berlinerin (-nen) resident of Berlin; die Berliner Mauer the Berlin Wall
berücksichtigen to consider
der Beruf (-e) job, profession
beruflich professional(ly)
die Berufsaussicht (-en) job possibility
die Berufsentscheidung (-en) career choice
berufstätig working, employed
die Berufswahl choice of profession
der Berufswunsch (¨e) desired profession
berühmt famous

beschädigt damaged
beschäftigen to occupy, keep busy
der Bescheid notification; Bescheid wissen* to know, understand; Bescheid sagen to inform
beschreiben* to describe
die Beschreibung (-en) description
sich beschweren to complain
besetzt occupied, full
besichtigen to have a look at, visit
besitzen* to possess, own
besonder- special, particular
besonders especially
besorgt worried, concerned
die Besorgung (-en) errand
besprechen* to discuss
besser better
die Besserung recovery; gute Besserung! get well
bestechen* to bribe
das Besteck (-e) cutlery, silverware
bestehen* to pass (an exam); in (+ dat.) to consist in
besteigen* to climb (a mountain)
bestellen to order
die Bestie (-n) wild beast
bestimmt certain(ly), sure(ly)
die Bestrafung (-en) punishment
der Besuch (-e) visit; visitor; zu Besuch for a visit
besuchen to visit
der Besucher (-), die Besucherin (-nen) visitor
betont stressed
die Betonung emphasis, stress
betrachten to look at; etwas in Betracht ziehen* to take something into account
der Betrag (¨e) amount
betragen* to amount to
betreiben* to go in for, pursue
der Betrieb (-e) business; factory
die Betriebsanleitung (-en) operating instructions
betrunken drunk
das Bett (-en) bed
die Bevölkerung (-en) population
bevor conj. before
bewachen to watch over
die Bewährung: auf Bewährung on probation
sich bewegen to exercise
die Bewegung exercise
sich bewerben* um to apply for, look for (a job)
bewirken to accomplish; to bring about
bewundern to admire
bezahlen to pay
sich beziehen* auf (+ acc.) to refer to; to be related to
die Beziehung (-en) relationship

beziehungsweise (bzw.) respectively, or . . . as the case may be
in bezug auf (+ acc.) with respect to
die Bibel Bible
die Bibliothek (-en) library
das Bier (-e) beer
der Biergarten (¨) beer garden
das Bierzelt (-e) beer tent
bieten* to offer
das Bild (-er) picture; painting
bilden to form
das Bilderbuch (¨er) picture book
der Bildhauer (-), Bildhauerin (-nen) sculptor
billig cheap
die Billion (-en) trillion
binden* to bind
der Biologe (-n, -n), die Biologin (-nen) biologist
die Biologie biology
bis (+ acc.) until; as far as
bisher until now
bißchen: ein bißchen a little
bitten* um to ask for
bitterlich bitterly
blasen* to blow
blau blue
Die Blechtrommel The Tin Drum (novel by Günter Grass)
bleiben* (sein) to stay
der Blick (-e) view
blind blind; die Blinden pl. the blind (people)
der Blitz (-e) lightning
blitzen to flash; es blitzt it is lightning
blöd stupid
bloß simply; just
blühen to bloom
das Blümchen (-) little flower
die Blume (-n) flower
das Blumenarrangement (-s) flower arrangement
das Blumenbeet (-e) flower bed
die Blumenvase (-n) flower vase
die Bluse (-n) blouse
das Blut blood
der Blutdruck blood pressure
der Boden (¨) floor
der Bodybuilder (-), die Bodybuilderin (-nen) bodybuilder
das Bodybuilding bodybuilding
der Bogen (-) sheet (of paper)
der Bohrer (-) drill
das Bonbon (-s) (piece of) candy
Bonn seat of many government ministries, former West German capital
das Boot (-e) boat
der Börsenverein stock exchange
botanisch botanical
der Bote (-n, -n), die Botin (-nen) messenger

die Bowle (-n) punch
der Brandwein (nonstandard form of Branntwein) brandy
Brasilien Brazil
brasilianisch Brazilian
braten* to roast
der Brauch (¨e) custom
brauchen to need
braun brown
brav good, well-behaved
die BRD (Bundesrepublik Deutschland) Federal Republic of Germany
brechen* tr. (intr. sein) to break
Bregenz Swiss town on Lake Constance
Bremen city-state in northern Germany
brennen* to burn
die Brezel (-n) pretzel
der Brief (-e) letter
der Brieffreund (-e), die Brieffreundin (-nen) pen pal
die Briefmarke (-n) postage stamp
der Briefwechsel correspondence
die Brille (-n) (eye) glasses
bringen* to bring
die Broschüre (-n) pamphlet, brochure
das Brot (-e) bread
das Brötchen (-) roll
der Bruch (¨e) break
der Bruder (¨) brother
das Brüderchen (-), das Brüderlein (-) little brother
der Brunnen (-) spring, well
brutal brutal
die Brutalität (-en) brutality, act of cruelty
das Buch (¨er) book
buchen to book a trip
das Bücherlesen reading
der Büchermuffel (-) one who dislikes books
das Bücherregal (-e) bookshelf
der Buchhandel book trade
die Buchseite (-n) page of a book
der Buchstabe (-ns, -n) letter of the alphabet
bügeln to iron
die Bühne (-n) stage
bundesdeutsch federal German
der Bundeskanzler (-), die Bundeskanzlerin (-nen) federal chancellor
das Bundesland (¨er) federal province
die Bundesrepublik federal republic; Germany; Bundesrepublik Deutschland (BRD) Federal Republic of Germany
der Bundesstaat (-en) federal state
die Bundestagswahl (-en) election of representatives to the Bundestag (lower house of the German parliament)

bunt colorful; multicolored
der Buntstift (-e) colored pencil
die Burg (-en) castle, fortress
der Bürger (-), die Bürgerin (-nen) citizen
der Bürgermeister (-), die Bürgermeisterin (-nen) mayor
die Burgruine sing. castle ruins
das Burgtheater town theater
die Bürgerversammlung (-en) town meeting
das Büro (-s) office
der Bürostuhl (¨e) office chair
der Bus (-se) bus
der Busfahrer (-), die Busfahrerin (-nen) bus driver
die Busfahrt (-en) bus trip
die Bushaltestelle (-n) bus stop
die Butter butter

C

ca. (circa) approximately
das Café (-s) café
das Camping camping
der Campus campus
die Cassette (-n) cassette tape
die CD (-s) CD (compact disc)
der CD-Spieler (-) CD player
die Chance (-n) opportunity
Charlottenburg palace in Berlin
der Charterjet (-s) charter jet
der Chef (-s), die Chefin (-nen) boss, head
der Chefdirigent (-en, -en), die Chefdirigentin (-nen) head conductor
die Chemie chemistry
die Chemikalie (-n) chemical
chemisch chemical (adj.)
Chemnitz town in Saxony (formerly Karl-Marx-Stadt)
chinesisch Chinese
der Chor (¨e) choir
Christus Christ; nach Christus AD
Die chromatische Fantasie Chromatic Fantasy by J. S. Bach
der Clown (-s) clown
das Clubleben club life, life at a club
die Cola (-s) cola
die Comics pl. comic strip
der Computer (-) computer
das Computerspiel (-e) computer game
contra against; das Pro und Contra the pros and cons
der Couchtisch (-e) coffee table
die Country- und Westernmusik country-and-western music
der Cowboystiefel (-) cowboy boot

Cuxhaven town in Lower Saxony on the northern coast of Germany

D

dabei with that; in doing so; present
der Dachgepäckträger (-) roof rack
dadurch that way; thereby
dafür for it; instead
dagegen against it; on the other hand
daher thus; so
dahin to that place
dahin·fahren* (sein) to travel to that place
damals then, at that time
die Dame (-n) lady
der Damenhut (¨e) lady's hat
damit with it; (sub. conj.) so that
danach after that
daneben next to it
der Dank thanks; Gott sei Dank thank goodness; vielen Dank thank you very much
dankbar thankful
die Dankbarkeit thankfulness
danke thank you
danken (+ dat.) to thank
dann then
daran on it; about it
darauf on it; about it; wie kommen Sie darauf? what put that idea into your head?
daraufhin then
darin in it
Darmstadt city in Hesse
dar·stellen to portray, depict
darüber about it
das Datum (Daten) date
die Dauer duration
dauern to last, take time
dauernd lasting
davon about it; of that; from that
davor before that
dazu for that purpose; to that; in addition
dazwischen in between
DDR (Deutsche Demokratische Republik) former German Democratic Republic (East Germany)
die Debatte (-n) debate
debattieren to debate
die Decke (-n) ceiling; blanket
decken to cover; den Tisch decken to set the table
definieren to define
die Definition (-en) definition
die Dekoration (-en) decoration
dekorieren to decorate
die Demo (-s) demonstration
die Demokratie (-n) democracy
demokratisch democratic

der Demonstrant (-en, -en), die Demonstrantin (-nen) protestor
die Demonstration (-en) demonstration
denken* (an + acc) to think (of, about)
das Denkmal (¨er) memorial
depressiv depressed
derjenige, diejenige, dasjenige decl. adj. the one, that one
derselbe, dieselbe, dasselbe decl. adj. the same
deshalb therefore
deswegen therefore, for that very reason
das Detail (-s) detail
das Deutschbuch (¨er) German book
deutsch German
der/die Deutsche decl. adj. German (person)
die Deutschkenntnisse pl. knowledge of German
die Deutschklasse (-n) German class
Deutschland Germany
die Deutschprüfung (-en) German test
die Deutschstunde (-n) German lesson
der Deutschunterricht German class
(der) Dezember December
dezent decent
der Dialekt (-e) dialect
der Dialog (-e) dialogue
die Diät (-en) diet; Diät essen* to be on a diet
der Dichter (-), die Dichterin (-nen) poet, writer
dick thick, fat
dienen to serve
der Dienst (-e) service
(der) Dienstag Tuesday
dieser (der-word) this
die Diktatur (-en) dictatorship
das Ding (-e) thing
direkt direct(ly)
der Dirigent (-en, -en), die Dirigentin (-nen) conductor
das Dirndl (-) traditional Bavarian dress
die Disco (-s) disco
die Diskussion (-en) discussion
diskutieren to discuss
DM (die Deutsche Mark) German mark
doch of course; still; yet; however; doch! yes! (in reply to a negative question)
der Doktor (-en) doctor; doctorate
das Dokument (-e) document
der Dom (-e) cathedral
die Donau Danube River
der Donner thunder

donnern to thunder
(der) Donnerstag Thursday
das Dorf (¨er) village
der Dorfbewohner (-), **die Dorfbewohnerin** (-nen) village resident
der Dorn (-en) thorn
das Dornröschen Sleeping Beauty
der Dornstrauch (¨er) briar
dorthin to that place
die Dose (-n) can
dosiert measured, moderate
das Drachenfliegen skydiving; kite flying
der Draht wire; **auf Draht bleiben*** to remain attentive
das Drama (Dramen) drama, play
der Drang (¨e) push, pressure, drive
draußen outside
Dresden capital of Saxony
dringend urgent
drinnen inside
dritt- third; **zu dritt** in threes
das Drittel (-) third
am Drittwichtigsten third most important
die Droge (-n) drug
der Drogengenuß drug use
drogensüchtig drug addicted
der Drogentest (-s) drug test
drohen (dat.) to threaten
die Drohne (-n) drone
drüben over there
dumm (dümmer, dümmst-) stupid
die Dummheit (-en) stupidity
der Dummkopf (¨e) blockhead, fool
das Düngemittel (-) fertilizer
dunkel dark; **dunkelblau** dark blue
dünn thin
durch (+ acc.) through; by (means of)
durch·arbeiten to work through
durchaus thoroughly
durch·blättern to leaf through
durch·denken* to think through
durcheinander·bringen* to confuse, get in a muddle
durch·fallen* (sein) (in + dat.) to fail (an exam)
durch·führen to carry out
der Durchschnitt (-e) average; **im Durchschnitt** on average
der Durchschnittsmensch (-en, -en) average person
die Durchschnittsnote (-n) average grade
der Durchschnittswert (-e) average figure, value
dürfen* to be allowed to, may
der Durst thirst

durstig thirsty
die Dusche (-n) shower
(sich) duschen to take a shower
Düsseldorf capital of North Rhine-Westphalia
das Dutzend (-e) dozen

E
eben just; even
ebenso equally; **ebenso . . . wie** just as . . . as
echt genuine
die Ecke (-n) corner
eckig square
effektiv effective
effizient efficient
egal all the same
die Ehe (-n) marriage
ehemalig former
das Ehepaar (-e) married couple
eher (als) rather (than)
ehren to honor
das Ei (-er) egg
die Eiche (-n) oak
eifersüchtig jealous
der Eiffelturm Eiffel Tower
eigen own
eigentlich actually; really
die Eignung suitability
sich eignen to be suited
eilen to be urgent
einander each other
ein·arbeiten to train
eindeutig clearly, unmistakably
der Eindruck (¨e) impression
eindrucksvoll impressive
einfach simple; simply
ein·fallen* (sein) (+ dat.) to occur to
das Einfamilienhaus (¨er) one-family house
der Einfluß (Einflüsse) influence
das Einführungskapitel (-) introductory chapter
der Eingang (¨e) entrance
die Einheit (-en) unity
einige some; several
ein·kalkulieren to figure in
der Einkauf (¨e) purchase
ein·kaufen to buy; to shop; **einkaufen gehen** to go shopping
der Einkaufsbummel (-) shopping stroll
der Einkaufskorb (¨e) shopping basket
ein·laden* to invite
die Einladung (-en) invitation
ein·lösen to cash
einmal once; formerly; **auf einmal** suddenly
einmalig unique
sich ein·mischen to meddle

ein·nehmen* to take on; to take (medicine)
ein·packen to pack
ein·prägen (+ dat.) to impress upon (someone)
ein·räumen (+ dat.) to concede
ein·reichen to hand in, turn in
einsam lonely
die Einsamkeit loneliness
ein·schlafen* (sein) to fall asleep
ein·schlagen* to follow (a path)
einschließlich including
ein·sehen* to realize, understand
ein·setzen to insert; to put
ein·steigen* (sein) in (+ acc.) to board, get in
ein·stellen to shut down
das Eintrittsgeld (-er) entrance fee
die Eintrittskarte (-n) ticket
einverstanden in agreement
der Einwanderer (-), **die Einwanderin** (-nen) immigrant
ein·wandern (sein) to immigrate
ein·weihen to break in, initiate
einwöchig one week long
der Einwohner (-), **die Einwohnerin** (-nen) inhabitant
der Einzelgänger (-), **die Einzelgängerin** (-nen) lone wolf, individualist
der/die Einzelne decl. adj. individual
der Einzelzimmerzuschlag (¨e) extra fee for a single room
einzig single, only
das Eis ice; ice cream
der Eisenbahnwagen (-) railroad car
eiskalt ice-cold
eis·laufen* (sein) to ice skate
der Eisläufer (-), **die Eisläuferin** (-nen) ice skater
der Elefant (-en, -en) elephant
elegant elegant
das Element (-e) element
das Elend misery
die Eltern pl. parents
das Elternhaus (¨er) parents' home
das Elternpaar (-e) set of parents
empfangen* to receive
empfehlen* to recommend
empfehlenswert worthy of recommendation
empfinden* tr. to feel
empor·kommen* (sein) to rise, prosper
empor·steigen* (sein) to ascend
das Ende (-n) end; **zu Ende gehen*** to come to an end
enden to end
endlich finally, at last
die Endung (-en) ending
das Endvokabular (-e) end vocabulary
die Energie energy

energiebewußt energy-conscious
die Energiequelle (-n) source of energy
das Energiesparen energy conservation
der Energieverbrauch use of energy
eng narrow; small
das Engagement (-s) engagement, commitment
engagiert committed
England England
der Engländer (-), die Engländerin (-nen) Englishman, Englishwoman
englisch English
die Englischkenntnisse pl. knowledge of English
die Englischklasse (-n) English class
der Englischunterricht English class
der Enkel (-), die Enkelin (-nen) grandson, granddaughter
das Enkelkind (-er) grandchild
der Enkelsohn (-̈e) grandson
die Enkeltochter (-̈) granddaughter
die Entbindungsstation (-en) maternity ward
entdecken to discover
entfliehen* (sein) (+ dat.) to flee, escape (from)
entgegen against; toward
entgegen·kommen* (sein) (+ dat.) to come to meet; to cooperate
entgegen·laufen* (sein) (+ dat.) to run to meet; to run counter to
enthalten* to contain
entlang (+ acc.) along
sich entscheiden* (für) to decide (on)
entscheidend decisive
die Entscheidung (-en) decision; eine Entscheidung treffen* to make a decision
sich entschließen* to decide, make up one's mind
entschuldigen to excuse
die Entschuldigung (-en) apology, excuse; Entschuldigung! pardon me
sich entspannen to relax
entsprechend corresponding
entweder either; entweder . . . oder either . . . or
entwerfen* to design, sketch
(sich) entwickeln to develop
die Entwicklung (-en) development
die Entwicklungshilfe foreign aid
das Entwicklungsland (-̈er) Third-World country, developing country
das Entwicklungsprogramm (-e) development aid program
entziffern to decipher
entzwei·brechen* tr. (intr. sein) to break in two
entzwei·schneiden* to cut in two

die Enzyklopädie (-n) encylopedia
erbauen to construct
erben to inherit
erblicken to catch sight of
die Erbsensuppe pea soup
die Erde earth
das Erdgeschoß, im Erdgeschoß on the first floor
das Ereignis (-se) event
erfahren* to learn; to experience; to find out
die Erfahrung (-en) experience
erfassen to include
erfinden* to invent, make up
die Erfindung (-en) invention
der Erfolg (-e) success
erfolgreich successful
sich erfreuen (+ gen.) to enjoy
erfüllen to fulfill
ergänzen to complete
die Ergänzung (-en) completion
das Ergebnis (-se) result
ergreifen* to adopt; to take hold of
erhalten* to receive
sich erheben* to get up
erhöhen to raise
sich erholen to recover
erholsam refreshing, restful
erinnern an (+ acc.) to remind; sich erinnern an (+ acc.) to remember
die Erinnerung (-en) memory
sich erkälten to catch a cold
die Erkältung (-en) cold
erkennen* to recognize
erklären to explain
die Erklärung (-en) explanation
sich erkundigen (nach) to inquire (about)
erlauben (+ dat.) to permit
erleben to experience
erledigen to settle; to take care of
die Erleichterung (-en) relief
erlernen to learn
Der Erlkönig The Elf King (poem by Goethe)
ermöglichen to make possible
die Ernährung nourishment, food
die Ernährungswissenschaft nutritional science, food science
erneuern to renew
erobern to conquer
erreichen to reach
errichten to build, erect
erröten (sein) to blush
die Ersatzform (-en) substitute
erscheinen* (sein) to appear
erschöpft exhausted
erschießen* to shoot; to kill by shooting
erschwindeln to swindle

ersetzen to replace, substitute
erst only; first; not until
erstellen to make available
erstens in the first place
ersticken tr. (intr. sein) to suffocate
erstklassig first class
ertragen* to bear, endure
der/die Erwachsene decl. adj. adult
erwachen (sein) to awaken
erwärmen to warm up; sich erwärmen to warm oneself up
erwarten to expect
die Erwartung (-en) expectation
erweitert extended
der Erwerb (-e) acquisition
die Erwiderung (-en) response
erwischen to catch
erzählen to tell, relate
die Erziehung education, upbringing
das Esperanto Esperanto
essen* to eat; Diät essen to be on a diet; zu Abend essen to have dinner; zu Mittag essen to have lunch
das Essen eating; meal; food
das Eßzimmer (-) dining room
etwa approximately, about; perhaps
etwas something; a little; irgend etwas anything; so etwas such a thing
Europa Europe
der Europäer (-), die Europäerin (-nen) European (person)
europäisch European
eventuell possible, possibly
das Examen (-) exam
existieren to exist
exklusiv (exkl.) exclusive; not counting
das Experiment (-e) experiment
der Experte (-n, -n), die Expertin (-nen) expert
extra extra
extravagant extravagant

F
die Faasenacht (dialect for Fastnacht) Carnival, Mardi Gras
das Fach (-̈er) area of study, subject
fahren* (sein) to travel; to drive; to go
fahrend traveling
der Fahrer (-), die Fahrerin (-nen) driver
die Fahrkarte (-n) ticket
fahrlässig negligent
der Fahrplan (-̈e) (bus, train) schedule
das Fahrrad (-̈er) bicycle
die Fahrstrecke (-n) (travel) distance
das Fahrzeug (-e) vehicle

die **Fakultät** (-en) (academic) department

der **Fall** (=e) fall; case; **auf jeden Fall** in any case; **auf keinen Fall** on no account

fallen* (**sein**) to fall

falls in case

falsch false, wrong

die **Familie** (-n) family

das **Familienmitglied** (-er) family member

die **Familienrolle** (-n) role of the family

das **Familientreffen** (-) family reunion

das **Familienverhältnis** (-se) family relation

der **Fan** (-s) fan

der **Fang** (=e) catch

fangen* to catch

die **Fantasie** (-n) fantasy; imagination

die **Farbe** (-n) color

die **Farbreste** pl. leftover paint

der **Fasching** Carnival, Mardi Gras (in southern Germany)

die **Fassung** (-en) version

fast almost

fasten to fast

die **Fastenspende** donation of lunch money after one has skipped lunch

fasziniert fascinated

faul lazy

die **Faulheit** laziness

(der) **Februar** February

die **Feder** (-n) feather; quill; (fountain) pen

das **Federbett** (-en) feather bed, down quilt

fehlen to be missing

der **Fehler** (-) mistake

der **Feierabend** (-e) closing time

feiern to celebrate

fein fine

der **Felsen** (-) rock

das **Fenster** (-) window

die **Fensterscheibe** (-n) windowpane

die **Ferien** pl. vacation, holidays; **in die Ferien fahren** to go on vacation; **Ferien haben** to be on vacation

der **Feriengast** (=e) vacationer

der **Ferienjob** (-s) vacation job

das **Ferienziel** (-e) vacation destination

fern·sehen* to watch television

das **Fernsehen** television; **im Fernsehen** on television

der **Fernseher** television set

das **Fernsehprogramm** (-e) television program, channel

die **Fernsehsendung** (-en) television program

die **Fernsehserie** (-n) television series

fertig finished; ready

das **Fest** (-e) festival; party

fest·setzen to arrange

das **Festspiel** (-e) festival performance

fest·stellen to determine, ascertain

der **Festwagen** (-) float (in parades)

der **Festzug** (=e) parade

die **Fete** (-n) party

das **Fett** (-e) fat

der **Fettdruck** bold print

feucht damp

feuchtkalt clammy, cold and damp

das **Feuerwerk** (-e) firework

die **Figur** (-en) figure, shape

der **Film** (-e) movie, film

filmen to film

finanziell financial(ly)

finanzieren to finance

finden* to find; to consider, think

der **Fingernagel** (=) fingernail

die **Firma** (**Firmen**) firm, company

der **Fisch** (-e) fish

fischen to fish

fit fit, in shape

fit·bleiben* (**sein**) to remain fit, healthy

das **Fitneßcenter** (-) sports center

der **Fitneßplan** (=e) fitness plan

die **Fitneßbewegung** (-en) exercise

die **Flasche** (-n) bottle

der **Flaschenöffner** (-) bottle opener

das **Fleisch** meat

der **Fleiß** diligence, industry

fleißig diligent, hardworking

flexibel flexible

fliegen* (**sein**) to fly

fließen* (**sein**) to flow

fließend fluently

flirten to flirt

Florenz Florence (town in Italy)

der **Flüchtling** (=e) refugee

der **Flug** (=e) flight

der **Flügel** (-) wing

die **Fluggesellschaft** (-en) airline

der **Flughafen** (=) airport

der **Flugschein** (-e) airplane ticket

das **Flugticket** (-s) airplane ticket

das **Flugzeug** (-e) airplane

der **Fluß** (**Flüsse**) river

die **Flüssigkeit** (-en) liquid

folgen (**sein**) (+ dat.) to follow

folgend following

das **Fondue** fondue

fördern to promote

die **Form** (-en) form

das **Formular** (-e) (printed) form

formulieren to formulate

die **Forschung** (-en) research

die **Forschungsreise** (-n) research expedition

fort·dauern to last, continue

fort·fahren* (**sein**) to depart; to go on, continue

fort·führen to continue

das **Foto** (-s) photograph

der **Fotoapparat** (-e) camera

fotografieren to photograph

die **Frage** (-n) question

der **Fragebogen** (-) questionnaire

fragen to ask

das **Fragewort** (=er) question word

Frankfurt city in Hesse

Frankreich France

der **Franzose** (-n, -n), die **Französin** (-nen) Frenchman, Frenchwoman

französisch French

die **Frau** (-en) Mrs.; woman; wife

das **Frauenmagazin** women's magazine

der **Frauenarzt** (=e), die **Frauenärztin** (-nen) gynecologist

die **Frauenkirche** cathedral in Munich

die **Frauenliteratur** women's literature

das **Fräulein** (-) miss, young woman, unmarried woman under 18 years old

frech impudent

frei free

freigebig generous

die **Freigebigkeit** generosity

die **Freiheit** (-en) freedom

die **Freiheitsstatue** Statue of Liberty

(der) **Freitag** Friday

der **Freitagabend** Friday evening

der **Freiübungsraum** (=e) room for calisthenics

freiwillig voluntarily

die **Freizeit** leisure time

das **Freizeitangebot** (-e) list of leisure activities

die **Freizeitvergnügung** (-en) leisure activity

fremd foreign

die **Fremdsprache** (-n) foreign language

fressen* to eat (said of animals)

die **Freude** (-n) joy

freuen to please; **sich freuen auf** (+ acc.) to look forward to; **sich freuen über** (+ acc.) to be happy about

der **Freund** (-e), die **Freundin** (-nen) friend; boyfriend, girlfriend

freundlich friendly

die **Freundlichkeit** friendliness

die **Freundschaft** (-en) friendship

der **Frieden** peace

friedlich peaceful
frisch fresh
fröhlich happy
der Frosch (¨e) frog
das Fruchtbarkeitssymbol (-e) fertility
symbol
früh early; morgen früh tomorrow
morning
früher formerly; earlier
der Frühling spring
frühmorgens early in the morning
das Frühstück (-e) breakfast
frühstücken to have breakfast
fühlen to feel (touch); sich fühlen to
feel (emotion, sensation)
führen to carry, stock; Krieg führen
to wage war
der Führerschein (-e) driver's license
die Fülle abundance
fünfzig: in den fünfziger Jahren in
the 1950s
die Funktion (-en) function
funktionieren to work, function
für (+ acc.) for; was für what kind of
sich fürchten vor (+ dat.) to be
afraid of
fürchterlich dreadful
furchterregend frightening
füreinander for each other
der Fuß (¨e) foot
der Fußball soccer
der Fußballer (-), die Fußballerin
(-nen) soccer player
die Fußballmannschaft (-en) soccer
team
das Fußballspiel (-e) soccer game
der Fußballspieler (-), die
Fußballspielerin (-nen) soccer
player
der Fußboden (¨) floor
die Fußgängerzone (-n) pedestrian
zone
füttern to feed
das Futur future tense

G
die Gabel (-n) fork
die Galerie (-n) gallery
der Gang motion; gang und
gäbe usual
die Gangschaltung (-en) gear shift
der Gans (¨e) goose
ganz completely; quite; whole
ganztags all day
gar nicht at all; gar kein no . . . at all;
gar nicht not at all
die Garage (-n) garage
das Garn (-e) yarn

garnieren to garnish
der Garten (¨) garden
die Gartenarbeit gardening
der Gärtner (-), die Gärtnerin (-nen)
gardener
die Gasmaske (-n) gas mask
der Gast (¨e) guest
gastfreundlich hospitable
der Gastgeber (-), die Gastgeberin
(-nen) host, hostess
das Gasthaus (¨er) inn, guest house;
restaurant
das Gebäude (-) building
geben* to give; es gibt there is (are);
gib Gas! step on it! go for it! all
right!
das Gebiet (-e) area; region
das Gebirge (-) mountain range,
mountains
geblümt flowery
geboren born; née; wann sind Sie
geboren? when were you born?
der Gebrauch (¨e) use; custom
gebraucht used, secondhand
der Gebrauchtwagen (-) used car
die Gebühr (-en) fee
die Geburt birth
die Geburtenzunahme increase in
births
gebürtig born, native
der Geburtstag (-e) birthday
die Geburtstagsparty (-s) birthday
party
die Geburtstagsfeier (-n) birthday
party, celebration
das Geburtstagskind (-er) birthday
boy, birthday girl
die Geburtstagstorte (-n) birthday
cake
die Geburtstagtradition (-en) traditional way of celebrating a birthday
das Gebüsch (-e) bushes
der Gedanke (-ns, -n) thought
das Gedicht (-e) poem
geduldig patient
gefährdet endangered
gefährlich dangerous
gefallen* (+ dat.) to please; es gefällt
mir I like it
das Gefängnis (-se) prison, jail
die Gefängnisstrafe (-n) prison sentence
gefeit immune
das Gefieder plumage, feathers
das Geflügel poultry
gegen (+ acc.) against; toward; around
die Gegend (-en) region
gegeneinander against one another

der Gegensatz (¨e) contrast; im
Gegensatz zu in contrast to
gegenseitig mutually
der Gegenstand (¨e) object
das Gegenteil (-e) opposite
gegenüber (+ dat.) opposite; toward
das Gehalt (¨er) wages
die Gehaltserhöhung (-en) raise, increase in wages
gehen* (-sein) to go; to walk
geheimnisvoll mysterious
das Gehör hearing
gehorchen (+ dat.) to obey
gehören (+ dat.) to belong to
die Geige (-n) violin
der Geist (-er) spirit; ghost
die Geisteswissenschaften humanities
das Gelände (-) tract of land
gelangen (zu) to reach
gelb yellow
die Gelegenheit (-en) opportunity
gelegentlich occasionally
gelingen* (sein) (+ dat.) to be a success (for someone); es ist mir gelungen I succeeded, was successful
gelten* to count, be valid
das Gemälde (-) painting, picture
die Gemeinde (-n) community
gemeinsam common; general
das Gemüse vegetable
gemustert patterned
gemütlich comfortable, pleasant
genau exact(ly); genauso just as
die Genera (pl. of Genus) genders
die Generation (-en) generation
das Genie (-s) genius
genießen* to enjoy
der Genitiv genitive
die Genitivpräposition (-en) genitive
preposition
genug enough
genügen to suffice, be enough; genügend sufficient
das Genus (Genera) gender
der Genuß (Genüsse) pleasure, enjoyment
die Geographie geography
der Geologe (-n, -n), die Geologin
(-nen) geologist
das Gepäck luggage
gepunktet dotted, spotted
gerade just; straight, directly; right
now
geradeaus straight ahead
geradezu plain, downright
das Gerät (-e) instrument; tool; set
gerecht fair, just
das Gerede talk, gossip
das Gericht (-e) dish, course

der Gerichtssaal (Gerichtssäle) courtroom

germanisch Germanic

die Germanistik study of the language, literature and culture of Germany

gern gladly; willingly; (+ *verb*) to like to; **gern haben*** to like; **gern machen** to like to do

gesamt total, whole

das Geschäft (-e) business, store

geschehen* (sein) to happen

das Geschenk (-e) present, gift

das Geschichtchen tale

die Geschichte (-n) history; story

die Geschichtsklasse (-n) history class

der Geschichtsprofessor (-en), die Geschichtsprofessorin (-nen) history professor

der Geschichtsunterricht history lesson, class

das Geschirr dishes

das Geschlecht (-er) sex, gender

der Geschmack taste

die Geschwindigkeitsbegrenzung (-en) speed limit

die Geschwister siblings, brothers and sisters

gesellig pleasant, sociable

die Gesellschaft (-en) society

das Gesellschaftsspiel (-e) parlor game

das Gesetz (-e) law

die Gesetzesvorlage draft of a bill

das Gesicht (-er) face

der Gesichtspunkt (-e) point of view

gesperrt closed

das Gespräch (-e) conversation

die Geste (-n) gesture

gestern yesterday; **gestern abend** last night; **gestern vor acht Tagen** a week ago yesterday

gestreift striped

gestrig yesterday's, of yesterday

gesund healthy

die Gesundheit health

gesundheitsbewußt health-conscious

die Gesundheitserziehung health education

die Gesundheitspartei (-en) public health interest group

die Gesundheitspolitik health policy

das Getränk (-e) drink

die Gewerkschaft (-en) (labor) union

gewinnen* to win

sich gewöhnen an (+ *acc.*) to get used to

gewöhnlich usually

gießen* to pour

das Glas (¨er) glass

der Glaube (-ns, *no pl.*) belief, faith

glauben (+ *dat.*) to believe; to think

gleich *adv.* immediately, right away

gleich *adj.* same

die Gleichberechtigung equal rights

das Glöckchen (-) little bell

das Glück luck

glücklich happy

die Glückszahl (-en) lucky number

der Glühwein hot, spicy wine

das Gold gold

golden golden, gold

die Goldmedaille (-n) gold medal

der Gold barren (-) bar of gold

der Golf (-e) gulf; **der Persische Golf** the Persian Gulf

der Golfkrieg the Gulf war

gotisch Gothic

der Gott (¨er), die Göttin (-nen) God; god, goddess

der Gottesdienst church service; mass

das Grab (¨er) grave

das Gramm (-e) gram

die Grammatik (-en) grammar

die Graphik (-en) art work

das Gras (¨er) grass

gratulieren (+ *dat.*) to congratulate

greifen* to grasp, to reach

die Grenze (-n) border

Griechenland Greece

griechisch Greek

groß (größer, größt-) big; important; great

die Großeltern grandparents

die Großmutter (¨) grandmother

der Großvater (¨) grandfather

grün green; **ins Grüne fahren*** to go to the country

die Grünanlage (-n) park, gardens

der Grund (¨e) reason

gründen to found, to establish

gründlich thoroughly

die Grünen the Greens (*a German political party interested in environmental protection*)

die Gruppe (-n) group

der Gruselfilm (-e) horror film

der Gruß (¨e) greeting

grüßen to greet; **grüß Gott** hello (*southern Germany*)

gültig valid

günstig favorable, reasonable (*price*)

gut (besser, best-) good, well

das Gymnasium (Gymnasien) German secondary school

H

das Haar (-e) hair

haben* to have

der Hafen (¨) port, harbor

die Hafenstadt (¨e) port city

die Haft imprisonment; **Haft auf Bewährung** probation

halb half

die Hälfte (-n) half

hallo hello

halten* to hold; to keep; to stop; **halten von** to think of

die Haltestelle (-n) (bus, streetcar) stop

Hamburg *city-state in northern Germany*

die Hand (¨e) hand

der Handel trade

handeln to deal (with); to act

der Händler (-), die Händlerin (-nen) dealer, shopkeeper

die Handschriftensammlung (-en) collection of manuscripts

der Handschuh (-e) glove

die Handtasche (-n) purse

das Handtuch (¨er) (hand) towel

das Handwerk trade

der Handwerker (-), die Handwerkerin (-nen) craftsperson, artisan

der Handwerksmeister (-), die Handwerksmeisterin (-nen) master craftsperson

hängen* to hang (*weak when used transitively*)

hängen·bleiben* (sein) an (+ *dat.*) to get caught on

Hannover *capital of Lower Saxony*

harmlos harmless

hart (härter, härtest-) hard; difficult

der Hase (-n, -n) hare, rabbit

hassen to hate

häßlich ugly

häufig frequently

der Hauptbahnhof (¨e) main train station

das Hauptfach (¨er) major (subject)

die Hauptferienzeit main travel season

die Hauptverkehrsstraße (-n) main thoroughfare

hauptsächlich mainly

das Haus (¨er) house; **nach Hause gehen*** to go home; **zu Hause** at home

die Hausarbeit (-en) (class) paper

die Hausaufgabe (-n) homework (assignment)

das Häuschen little house, cottage

der Haushalt (-e) household

das Hauskonzert (-e) home concert, performance

hauskonzertreif ready to give a home concert, performance

das Hausmärchen (-) fairy tale

das Haustier (-e) pet

Hawaii Hawaii

die Hecke (-n) hedge
heftig severe
Heidelberg *university town in Baden-Württemberg*
heidnisch pagan
heilig holy; **das Heilig Römische Reich** the Holy Roman Empire
der Heiligabend (-e) Christmas Eve
die Heimat (-en) homeland
die Heimatstadt (¨e) home town
heim·gehen* (sein) to go home
heim·kommen* (sein) to come home
das Heimweh homesickness
heiraten to get married (to)
der Heiratsvermittler (-), die Heiratsvermittlerin (-nen) matchmaker
heiß hot
heißen* to be called; to mean; **ich heiße** my name is
helfen* (+ *dat.*) to help
der Helfer (-), die Helferin (-nen) helper
das Hemd (-en) shirt
her here, this way
herab·steigen* (sein) to climb down
heraus out
heraus·finden* to find out
heraus·kommen* (sein) to come out
heraus·ziehen* to pull out
her·bringen* to bring here
der Herbst fall, autumn
der Herd (-e) stove
herein in here
her·stellen to produce
her·kommen* (sein) to come (from)
die Herkunft origin, descent
der Herr (-n, -en) Mr.; sir, gentleman
herrlich splendid, wonderful
die Herrlichkeit splendor, glory
Hertie *German department store*
herüber over (here), across
herum·stehen* to stand around, loiter
herum·laufen* (sein) to run around; to walk around
(sich) herum·sehen* to look around
hervor·bringen* to produce
das Herz (-ens, -en) heart
herzlich cordially
heutig present, modern; today's
heutzutage nowadays
die Hierarchie (-n) hierarchy
hierher to here, right here
die Hilfe (-n) help
hilfreich helpful
das Hilfsmittel (-) aid
der Himalaja the Himalayas
hin there, that way
hinauf up, upward
hinaus out, outward

hinaus·gehen* (sein) to leave, to go out
hinein into
hinein·gehen* (sein) to enter
hin·fahren* (sein) to drive to (*a place*)
hin·fallen* (sein) to fall down
hin·gehen* (sein) to go there
sich hin·legen to lie down
hin·reißen* to enrapture, thrill
sich hin·setzen to sit down
hinten *adv.* behind, at the back
hinter (+ *acc. or dat.*) behind
hintergehen* (sein) to deceive
hinter·lassen* to leave behind
hinunter·gehen* (sein) to go down
hinzu·fügen to add
der Historiker (-), die Historikerin (-nen) historian
historisch historic
die Hitze heat
das Hobby (-s) hobby
hoch (höher, höchst-) high
die Hochburg (-en) stronghold
hochentwickelt highly developed
hochgeachtet highly regarded
das Hochhaus (¨er) high-rise building
die Hochschulausbildung university education
die Hochzeit (-en) wedding
die Hochzeitsreise (-n) honeymoon
der Hochzeitstag (-e) wedding day
der Hof (¨e) courtyard
das Hofbräuhaus *famous restaurant and brewery in Munich*
hoffen to hope
hoffentlich hopefully
höflich polite
die Höflichkeit politeness
die Höhe (-n) height
der Höhepunkt (-e) highlight, climax
holen to get, go for
honorieren to honor
der Hopfenmarkt hop market (*name of an open-air market in Hamburg*)
hören to hear
der Hörsaal (Hörsäle) auditorium
die Hose (-n) pants
das Hotel (-s) hotel
das Hotelfenster (-) hotel window
das Hotelpersonal hotel staff
das Hotelzimmer (-) hotel room
der Hot-Whirl-Pool hot tub
der Hubschrauber (-) helicopter
das Huhn (¨er) fowl, chicken
humanitär humanitarian
der Hund (-e), die Hündin (-nen) dog
die Hundeaugen dog eyes
das Hundeleben dog's life
der Hunger hunger

hungrig hungry
hüpfen to hop
husten to cough
der Hut (¨e) hat
die Hütte (-n) hut

I
ideal ideal
die Idee (-n) idea
identifizieren to identify; **sich identifizieren mit** to identify oneself with
die Identität (-en) identity
die Identitätsbildung formation of identity
der Idiot (-en, -en) idiot
ignorieren to ignore
illegal illegal
die Illusion (-en) illusion
die Illustrierte (*decl. adj.*) magazine
immer always; **immer mehr** more and more; **immer noch** still
die Immobilien *pl.* real estate
der Imperativ imperative
impfen to vaccinate
importieren to import
indem *conj.* while; by
der Indianer (-), die Indianerin (-nen) Indian, Native American (*person*)
indianisch Indian
Indien India
der Indikativ indicative
indirekt indirect
individuell individual
industrialisiert industrialized
die Industrie (-n) industry
die Industrienation (-en) industrialized nation
ineinander (into) one another; **verliebt ineinander** in love with each other
der Infinitiv infinitive
infolge (+ *gen.*) as a result of
die Informatik computer science
die Information (-en) information
informieren to inform
der Ingenieur (-e), die Ingenieurin (-nen) engineer
innerstädtisch inner-city
insbesondere particularly
die Inschrift (-en) inscription
das Insekt (-en) insect
insgesamt altogether
das Instrument (-e) instrument
intelligent intelligent
interessant interesting
das Interesse (-n) interest
sich interessieren für to be interested in

(die) **Interflug** *airline of former East Germany*

das **Internum (Interna)** *affair concerning only members of a particular group*

die **Interpretation (-en)** interpretation

interpretieren to interpret

das **Interview (-s)** interview

interviewen to interview

der **Interviewer (-)**, die **Interviewerin (-nen)** interviewer

das **Inventar (-e)** inventory

inventarisieren to take inventory

inwiefern to what extent

inzwischen meanwhile

(der) **Irak** Iraq

(der) **Iran** Iran

irgend any; some

irgendein any; a

irgend etwas anything, something or other

irgend jemand someone or other

irgendwann sometime

irgendwo somewhere

Irland Ireland

(sich) **irren** to err, be mistaken

die **Isar** *river in southern Germany and Austria*

Italien Italy

der **Italiener (-)**, die **Italienerin (-nen)** Italian (*person*)

italienisch Italian

J

ja yes; indeed

die **Jacke (-n)** jacket

der **Jägerhut (¨e)** hunting hat

das **Jahr (-e)** year

der **Jahresbeitrag (¨e)** annual fee

die **Jahreszeit (-en)** season

das **Jahrhundert (-e)** century

die **Jahrhundertwende** turn of the century

jährlich yearly

jährig *adj.* -year-old; **dreißig jährig** thirty-year-old

(der) **Januar** January

Japan Japan

japanisch Japanese

der **Jazz** jazz

das **Jazzkonzert (-e)** jazz concert

die **Jazzmusik** jazz music

je ever; each

jedenfalls in any case

jeder (der-word**)** each, every

jedermann everyone

jederzeit at any time

jedesmal every time

jedoch however

jemals ever

jemand someone; anyone

(der) **Jemen** Yemen

jener (der-word**)** that

Jericho *city in Jordan*

jetzt now

jiddisch Yiddish

der **Job (-s)** job

jodeln to yodel

joggen to jog

Jordanien Jordan

der **Journalist (-en, -en)**, die **Journalistin (-nen)** journalist

die **Jugend** youth

die **Jugenderziehung** early education

die **Jugendherberge (-n)** youth hostel

der/die **Jugendliche** *decl. adj.* young person

(der) **Juli** July

jung young

der **Junge (-n, -n)** boy; son

die **Jungfrau (-en)** maiden

(der) **Juni** June

die **Jura** law

der **Jurist (-en, -en)**, die **Juristin (-nen)** lawyer

K

das **Kabelfernsehen** cable television

die **Kaffeemaschine (-n)** coffee maker

das **Kaffeetrinken** coffee-drinking

das **Kaffeewasser** water for coffee

Kairo Cairo

der **Kaiser (-)**, die **Kaiserin (-nen)** emperor, empress

das **Kaiserreich (-e)** empire

das **Kalbsschnitzel (-)** veal cutlet

(das) **Kalifornien** California

kalifornisch Californian

die **Kalorie (-n)** calorie

kalt cold

die **Kamera (-s)** camera

der **Kamerad (-en, -en)**, die **Kameradin (-nen)** friend, buddy

der **Kamin (-e)** fireplace

kämmen to comb

kämpfen to fight

der **Kanadier (-)**, die **Kanadierin (-nen)** Canadian (*person*)

kanadisch Canadian

der **Kandidat (-en, -en)**, die **Kandidatin (-nen)** candidate

die **Kantate (-n)** cantata

der **Kanzler (-)**, die **Kanzlerin (-nen)** chancellor

die **Kapelle (-n)** band

der **Kapitalismus** capitalism

kapitalistisch capitalist

das **Kapitel (-)** chapter

kaputt broken

die **Karibik** Caribbean

kariert checkered

der **Karneval** Mardi Gras (*in northern Germany*)

der **Karnevalzug (¨e)** carnival parade

die **Karriere (-n)** career

die **Karrierechance (-n)** career opportunity

die **Karte (-n)** ticket; card; **Karten spielen** to play cards

das **Kartenspiel (-e)** game of cards

der **Kartoffelsalat (-e)** potato salad

die **Kasse (-n)** ticket office

der **Kasten (¨)** box, chest

der **Kasus** (grammatical) case

katastrophal catastrophic

katholisch Catholic

die **Katze (-n)** cat

kaufen to buy

das **Kaufhaus (¨er)** department store

der **Kaufhof** German *department store*

kaum hardly

das **KDW (Kaufhaus des Westens)** *large department store in Berlin*

kein (ein-word**)** no; not any; **keiner** nobody

der **Keks (-e)** cookie

kennen* to know, to be acquainted with

kennen·lernen to meet, to make the acquaintance of

die **Kenntnis (-se)** knowledge

die **Kernenergie** nuclear energy

die **Kernforschung (-en)** atomic research

die **Kernfusion** nuclear fusion

die **Kernkraft** nuclear power

das **Kernkraftwerk (-e)** nuclear power plant

die **Kerze (-n)** candle

der **Kerzenleuchter (-)** candlestick

die **Kette (-n)** chain

der **Kettendialog (-e)** chain dialogue

das **Kettenspiel (-e)** game involving a conversational chain

Kiel *capital of Schleswig-Holstein*

das **Kilo (-s)** kilogram

das **Kilogramm (-e)** kilogram

der **Kilometer (-)** kilometer

das **Kind (-er)** child

die **Kinderkrankheit (-en)** childhood disease

kinderreich *adj.* with many children

die **Kindersendung (-en)** children's program

die **Kindheit** childhood

die **Kindheitserinnerung (-en)** childhood memory

der **Kindheitsglauben (-ns,** *no pl.***)** childhood belief

das Kino (-s) movie theater; **ins Kino gehen*** to go to the movies
die Kirche (-n) church
der Kirchenchor (⸚e) church choir
der Kirchturm (⸚e) church tower
die Kiste (-n) box, case
die Klammer (-n) bracket; parenthesis
klar clear
die Kläranlage (-n) sewage treatment plant
die Klasse (-n) class; classroom
die Klassenarbeit (-en) test
das Klassenmitglied (-er) class member
der Klassennachbar (-n, -n), die Klassennachbarin (-nen) person next to one in class
die Klassenumfrage class opinion poll
das Klassenzimmer (-) classroom
klassisch classical
klatschen to clap
das Klavier (-e) piano
der Klavierunterricht (-e) piano lesson
der Klecks (-e) blot, blotch, splotch
das Kleid (-er) dress; (pl.) clothes
der Kleiderschrank (⸚e) clothes closet
die Kleidung clothing
das Kleidungsstück (-e) piece of clothing
klein small
Kleinasien Asia Minor
die Kleingruppe (-n) small group
die Kleinstadt (⸚e) small town
klettern (intr. sein) to climb
der Klient (-en, -en), die Klientin (-nen) client
das Klima (-s) climate
klingeln to ring
das Klischee (-s) cliché, stereotype
das Klo (-s) toilet
klopfen to knock; **es klopft** there's a knock at the door
der Klub (-s) club
klug (klüger, klügst-) clever, intelligent
die Klugheit intelligence
der km-Stand current mileage
das Knabberzeug snacks
der Knast jail, klink
die Kneipe (-n) tavern
knüpfen to form (a friendship)
knusprig crunchy
der Koch (⸚e), die Köchin (-nen) cook
das Kochbuch (⸚er) cookbook
kochen to cook
kochfähig capable of cooking
der Koffer (-) suitcase
der Kofferraum trunk (of a car)
die Kohle (-n) coal

der Kollege (-n, n), die Kollegin (-nen) colleague, co-worker
kollidieren (sein) to collide
Köln Cologne (town in Northrhine-Westphalia)
die Kombiimpfung multipurpose vaccination
die Kombination (-en) combination
kombinieren to combine
komfortabel comfortable; convenient
kommen* (sein) to come
der Kommandant (-en, -en), die Kommandantin (-nen) commander
kommentieren to comment
der Kommilitone (-n, -n), die Kommilitonin (-nen) fellow student
die Kommunikation (-en) communication
der Kommunist (-en, -en), die Kommunistin (-nen) communist
kommunistisch communist
die Komparatistik comparative literature
der Komparativ comparative
komplett (all) included
das Kompliment (-e) compliment
kompliziert complicated
komponieren to compose
der Komponist (-en, -en), die Komponistin (-nen) composer
das Kompositum (Komposita) compound word
der Konditionalsatz (⸚e) conditional sentence
die Konditorei (-en) pastry shop
der König (-e), die Königin (-nen) king, queen
der Königssee lake south of Salzburg in Austria
die Konjunktion (-en) conjunction
der Konjunktiv subjunctive
die Konkurrenz competition
können* to be able to, can; to know how to
die Konsequenz (-en) consequence
konservativ conservative
konstruieren to construct
der Kontakt (-e) contact
die Kontaktanzeige (-n) personal ad
kontextuell contextual(ly)
kontrastierend contrasting
die Kontrolle control
kontrollieren to control; to check
der Konversationskurs (-e) conversation course
der Konzern (-e) firm, corporation, conglomerate
das Konzert (-e) concert
der Konzertabend (-e) concert evening

der Konzertsaal (Konzertsäle) concert hall
der Kopf (⸚e) head
das Köpfchen intelligence, brains
das Kopfkissen (-) pillow
der Kopfschmerz (-en) headache
das Kopfweh headache; **Kopfweh haben*** to have a headache
das Körbchen (-) small basket
körperlich physical
die Körpersprache body language
die Körperverletzung bodily injury
korrigieren to correct
kosten to cost
kostenlos free of charge
köstlich tasty, delicious
das Kostüm (-e) costume
das Kostümfest (-e) fancy-dress party
der Krach noise
der Kraftraum (⸚e) weight room
krank sick
die Krankenversicherung health insurance
der Krankenpfleger (-), die Krankenpflegerin (-nen) nurse, nurse's aid
die Krankenschwester (-n) (registered) nurse
die Krankheit (-en) illness
der Kräutertee (-s) herbal tea
die Krawatte (-n) tie
kreativ creative
der Krebs cancer
die Kreditkarte (-n) credit card
der Kreislauf circulation
das Kreuz (-e) cross
der Krieg (-e) war; **Krieg führen** to wage war
der Kriegsfilm (-e) war film
der Krimi (-s) detective story
die Krise (-n) crisis
kritisieren to criticize
der Kudamm (Kurfürstendamm) famous commercial boulevard in Berlin
die Küche (-n) kitchen
der Kuchen (-) cake
der Küchenchef (-s), die Küchenchefin (-nen) chef
der Küchenplan menu planning
der Küchenschrank (⸚e) kitchen cupboard
der Kuchenteller (-) cake plate
die Küchentür (-en) kitchen door
der Kugelschreiber (-) ballpoint pen
die Kuh (⸚e) cow
der Kühlschrank (⸚e) refrigerator
der Kuli (-s) ballpoint (pen)
die Kultur (-en) culture
kulturell cultural

sich kümmern um to look after
der Kunde (-n, n), die Kundin (-nen) customer
kündigen (+ dat.) to fire, dismiss from a job
künftig adj. future
die Kunst (¨e) art
die Kunstgalerie (-n) art gallery
der Kunsthistoriker (-), die Kunsthistorikerin (-nen) art historian
der Künstler (-), die Künstlerin (-nen) artist
künstlich artificial
das Kunstmuseum (Kunstmuseen) art gallery
der Kunstunterricht art class
das Kunstwerk (-e) work of art
der Kurator (-en), Kuratorin (-nen) curator
der Kurort (-e) health spa, resort
der Kurs (-e) course
kurz (kürzer, kürzest-) short; a short time; vor kurzem recently
die Kurzgeschichte (-n) short story
kürzlich recently
der Kurztext (-e) short text
die Kusine (-n) female cousin
küssen to kiss

L
das Labor (-s) laboratory
lächeln to smile
lächelnd smiling
lackieren to varnish
laden* to load
der Laden (¨) store
lachen to laugh
die Lage (-n) situation
die Lampe (-n) lamp
der/das Lampion (-s) Chinese lantern
das Land (¨er) country; countryside; German federal state
landen (sein) to land
die Landkarte (-n) map
das Landleben country life
die Landschaft (-en) landscape, scenery
lang (länger, längst-) long
lange a long time; schon lange for a long time
die Langeweile boredom; Langeweile haben* to be bored
das Langlaufen cross-country skiing
langsam slow
längst for a long time
langweilig boring
sich langweilen to be bored
langwierig lengthy
der Lärm noise
lassen* to leave; to let; to have done

der Lauf (¨e) run
die Laufbahn (-en) running track
laufen* (sein) to run; to walk
laut loud
der Lautsprecher (-) loudspeaker
leben to live
das Leben life
lebendig lively
die Lebensbedingungen living conditions
das Lebensjahr (-) year of one's life
der Lebenslauf (¨e) résumé
die Lebensmittel pl. groceries
das Lebensmittelgeschäft (-e) grocery store
der Lebensstandard standard of living
der Lebensstil lifestyle
die Lebensversicherung life insurance
lecker delicious, yummy
das Leder leather
die Lederhose (-n) leather shorts
ledig single, unmarried
legen to lay; to put
die Lehre apprenticeship; eine Lehre machen to work as an apprentice
lehren to teach
der Lehrer(-), die Lehrerin (-nen) teacher
der Lehrling (-e) apprentice
der Leib (-er) body
die Leibesübung (-en) physical exercise
leiblich bodily
leicht easy, easily
das Leid no pl. pain, grief; es tut mir leid I'm sorry
leiden* to suffer
leider unfortunately
leihen* to lend
Leipzig town in Saxony
leise softly
sich (dat.) leisten to afford
die Leistungsfähigkeit efficiency, performance
die Lektüre reading
leiten to lead
lernen to learn; to study
lesen* to read; to lecture
die Leselust desire to read
der Leser (-), die Leserin (-nen) reader
die Leseratte (-n) bookworm
das Leseverhalten reading behavior
letzt- last, latest
die Leute pl. people
(der) Libanon Lebanon
liberal liberal
das Licht (-er) light
der Lichtschalter (-) light switch
lieb dear

die Liebe love
lieben to love
lieber rather, preferably
der Liebesfilm (-e) love story
der Liebling (-e) dear; favorite
Lieblings- favorite
Liechtenstein principality between Austria and Switzerland
das Lied (-er) song
der Liederabend (-e) song recital
liefern to deliver
die Lieferung (-en) delivery
liegen* to lie; to be situated
liegen·lassen* to leave (something)
die Limonade soda water
die Linie (-n) line; route
links left; nach links to the left
die Liste (-n) list
der, das Liter (-) liter
die Literatur literature
das Lob praise
locken to tempt, lure
der Löffel (-) spoon
logisch logical
logo (slang) you bet!
los off; was ist los? what's the matter?
lösen to solve
los·fahren* (sein) to depart
los·gehen* (intr. sein) to start (off)
los·lassen* to leave alone
die Lösung (-en) solution
die Lotterie (-n) lottery
das Lotto (-s) lottery
der Löwe (-n, -n), die Löwin (-nen) lion, lioness
Lübeck city in Schleswig-Holstein
die Lücke (-n) gap, blank
die Luft air
die Luftverschmutzung air pollution
die Luftverseuchung airborne contamination
die Luftzirkulation air circulation
die Lunge (-n) lungs
die Lungenbeschwerden (pl.) respiratory difficulties
der Lungenkrebs lung cancer
die Lungenuntersuchung (-en) lung examination
die Lust pleasure, joy; Lust haben* to feel like (it)
lustig funny
der Luxuswagen (-) luxury car

M
machen to make; to do; Aufnahmen machen to take pictures; gern machen to like to do; eine Party machen to throw a party; sich Sorgen machen to worry
das Mädchen (-) girl

die Mafia mafia
die Magd (⁻e) maid
Magdeburg *town in Saxony-Anhalt*
mähen to mow
die Mahlzeit (-en) mealtime
die Mahnung (-en) warning
(der) Mai May
der Main *river in western Germany*
mal once; just
das Mal (-e) time; **zum ersten Mal** for the first time
malen to paint
der Maler (-), die Malerin (-nen) painter
die Malerei (-en) painting
malerisch picturesque
der Manager (-), die Managerin (-nen) manager
mancher (der-*word*) many a; (*pl.*) many, some, quite a few
manchmal sometimes
der Mann (⁻er) man
die Mannschaft (-en) team
der Mantel (⁻) coat
das Manuskript (-e) manuscript
das Mäppchen (-) pencil case
das Märchen (-) fairy tale
märchenhaft fabulous, legendary
die Mark (-) German mark (*currency*)
die Marke (-n) brand, make
markieren to indicate, mark
der Markt (⁻e) market
der Marktplatz (⁻e) marketplace
die Marktwirtschaft market economy
die Marmelade jam; marmalade
(der) März March
die Maschine (-n) machine
die Maske (-n) mask
der Maskenball (⁻e) costume ball
die Massenmedien *pl.* mass media
die Maßnahme (-n) measure, action
das Material (-ien) material, equipment
(die) Mathe math
die Mathearbeit math test
die Mathematik mathematics
das Mathematikbuch (⁻er) mathematics book
der Mathematiker (-), die Mathematikerin (-nen) mathematician
mathematisch mathematical
die Mauer (-n) (outside) wall; **die Berliner Mauer** the Berlin Wall
die Maus (⁻e) mouse
die Medien (*pl.*) media
das Medikament (-e) medicine, medication
die Medizin (-en) medicine
der Mediziner (-), die Medizinerin (-nen) medical student

das Meer (-e) sea, ocean
das Mehl flour
mehr more; **nicht mehr** no longer
mehrere several
mehrmals often, several times
die Meile (-n) mile
meinen to mean; to think
die Meinung (-en) opinion; **meiner Meinung nach** in my opinion
meist- most
meistens usually
der Meister (-), die Meisterin (-nen) master (*craftsman*)
sich melden to register; **sich freiwillig melden** to volunteer
die Mensa (Mensen) student cafeteria, commons
der Mensch (-en, -en) human being, person
Mensch! man!
die Menschensprache (-n) human language
die Menschheit humanity
menschlich human
merken to notice
der Merkur Mercury
merkwürdig strange
das Messer (-) knife
die Metamorphose (-n) metamorphosis
der, das Meter (-) meter
die Methode (-n) method
Mexiko Mexico
die Miete rent
die Milch milk
mild mild, gentle
das Militär military
militaristisch militaristic
die Milliarde (-n) billion
die Million (-en) million
der Millionär (-e), die Millionärin (-nen) millionaire
die Mimik *no pl.* mimicry
mindestens at least
das Mineralwasser mineral water
der Miniaturpudel (-) miniature poodle
der Minidialog (-e) minidialogue
der Minirock (⁻e) miniskirt
die Minute (-n) minute
miserabel miserable
mißbilligen to disapprove, object to
der Mißbrauch abuse
die Mission (-en) mission
mißtrauen (*dat.*) to mistrust
mißverstehen* to misunderstand
mit·arbeiten to cooperate
der Mitbewohner (-), die Mitbewohnerin (-nen) roommate
mit·bringen* to bring along
miteinander together, with one another

mit·erleben to experience
mit·fahren* (sein) to ride along
mit·fliegen* (sein) to fly along
mit·gehen* (sein) to go along
das Mitglied (-er) member
mit·kommen* (sein) to come along
mit·machen to participate
der Mitmensch (-en, -en) fellow human being
mit·nehmen* to take along
mit·spielen to play together
der Mittag midday, noon
das Mittagessen lunch
mittags at noon
die Mittagspause (-n) lunch break
die Mitte middle
das Mittelalter middle ages
mittelalterlich medieval
Mitteleuropa central Europe
das Mittelmeer Mediterranean Sea
die Mitternacht midnight
(der) Mittwoch Wednesday
die Möbel (*pl.*) furniture
möbliert furnished
das Modalverb (-en) modal verb
die Mode (-n) fashion
die Modeberatung fashion advice
modebewußt fashion-conscious
die Modelleisenbahn model train
modern modern
modernisieren to modernize
das Mofa (-s) moped
mögen* to like; **ich möchte** I would like
möglich possible
die Möglichkeit (-en) possibility
der Moment (-e) moment
der Monat (-e) month
der Mond (-e) moon
das Mondlicht moonlight
die Mondscheinsonate *Moonlight Sonata*
(der) Montag Monday
der Montagmorgen (-) Monday morning
montags on Mondays
der Montagvormittag (-e) Monday before noon
morgen tomorrow; **morgen abend** tomorrow evening; **morgen früh** tomorrow morning; **morgens** in the morning, mornings
der Morgen (-) morning
die Morgengymnastik morning exercises
die Mosel Moselle (*river in Germany*)
der Moselwein (-e) *wine from the Moselle area*
Moskau Moscow (*capital of the USSR*)
motivieren to motivate

der Motor (-en) motor, engine
das Motorrad (⸚er) motorcycle
das Motto (-s) motto
müde tired
die Müdigkeit fatigue
die Mühe trouble, effort
der Müll garbage, trash
der Multimillionär (-e), die Multimillionärin (-nen) multimillionaire
München Munich (*capital of Bavaria*)
Münster *city in Northrhine-Westphalia*
das Museum (Museen) museum
die Musik music
musikalisch musical
der Musikant (-en, -en), die Musikantin (-nen) musician
der Musiker (-), die Musikerin (-nen) musician
das Musikinstitut music academy; music department
das Musikinstrument (-e) musical instrument
der Musiklehrer (-), die Musiklehrerin (-nen) music teacher
das Musikstück (-e) piece of music
der Musikunterricht music class
musizieren to play a musical instrument
der Muskel (-n) muscle
muskulös muscular
müssen* to have to, must
die Mutter (⸚) mother
der Mutterleib womb
die Mutti (-s) mom

N

na *int.* well, now
nach (+ *dat.*) to; after; according to; nach Hause gehen* to go home
nach·ahmen to imitate
nach·arbeiten (+ *dat.*) to copy, follow
der Nachbar (-n, -n), die Nachbarin (-nen) neighbor
die Nachbarschaft (-en) neighborhood
das Nachbarschaftstreffen neighborhood meeting
nachdem *conj.* after
nach·denken* to ponder, reflect on
nach·eilen (sein) (+ *dat.*) to pursue, hurry after
nach·fragen to ask, inquire
nachher afterward
der Nachhilfeunterricht tutoring
der Nachmittag (-e) afternoon
nachmittags in the afternoon, afternoons
der Nachname (-ns, -n) last name
nach·prüfen to check, verify
die Nachricht (-en) news, report

die Nachrichtensendung (-en) news program
nach·schlagen* to look up
nächst- next; nearest
die Nacht (⸚e) night
der Nachteil (-e) disadvantage
der Nachtisch (-e) dessert
das Nachtleben night life
nachts at night, nights
nackt naked
nah (näher, nächst-) near
die Nähe neighborhood, vicinity
nahezu almost, nearly
der Name (-ns, -n) name
die Namensliste (-n) list of names
nämlich namely, that is to say
nanu well; well, I never!
naß wet
die Nation (-en) nation
nationalistisch nationalistic
die Natur nature
der Naturfilm (-e) nature film
natürlich natural; of course
die Naturwissenschaft (-en) natural science
die Nazi-Zeit Nazi era
neben (+ *acc. or dat.*) next to, beside
nebenan next door
nebenbei (*adv.*) alongside, besides
nebeneinander side by side
das Nebenfach (⸚er) minor (subject)
der Nebensatz (⸚e) subordinate clause
der Neckar *river in Germany*
nee no
der Neffe (-n, -n) nephew
nehmen* to take
nein no
nennen* to name
nervös nervous
nett nice
das Netz (-e) net
neu new, recent; was gibt's Neues? what's new?
neulich recently
Neuschwanstein *castle in Bavaria*
die Nichte (-n) niece
der Nichtraucher (-), die Nichtraucherin (-nen) nonsmoker
nichts nothing
der Nichtstuer do-nothing, idler
das Nichtstun idleness, inaction
nie never; noch nie never before, never yet
nieder·brennen* (sein) to burn down
nieder·schießen* to shoot down
niedrig low
niemals never
niemand no one
der Nikolaus St. Nicholas

der Nikolaustag St. Nicholas' Day (December 6th)
nimmer never
nirgend (nirgendwo) nowhere
noch still; yet; in addition; noch ein another; noch einmal once more; noch nicht not yet; noch nie never before
nochmal once again
der Nominativ nominative
norddeutsch northern German
der Norden north
die Nordküste north coast
der Nordpol North Pole
die Nordsee North Sea
normalerweise normally
die Note (-n) grade
notfalls in an emergency
notieren to note down
nötig necessary
die Notiz (-en) note
die Notlösung (-en) emergency solution
notwendig necessary
(der) November November
null zero
nun now, well
die Nuß (Nüsse) nut
nutzen to use, make use of
nützlich useful

O

ob whether; als ob as if
obdachlos homeless
die Obdachlosigkeit homelessness
oben above; nach oben upstairs
obgleich although
obig above-mentioned
das Obst fruit
obwohl although
der Ofen (⸚) oven, stove, heater
offen open
die Offenbarung (-en) manifestation
offensichtlich apparently
öffentlich public
die Öffentlichkeit public
öffnen to open
die Öffnungszeit (-en) opening time
oft (öfter, öftest-) often, frequently
ohne (+ *acc.*) without
der Ohrring (-e) earring
ökonomisch economic
(der) Oktober October
das Oktoberfest *festival held in late September and early October*
das Öl oil
die Ölindustrie oil industry
der Ölwechsel oil change

die **Olympiastadt** *Olympic village in Munich*

die **Oma** (-s) grandmother, grandma

der **Onkel** (-) uncle

der **Opa** (-s) grandfather, grandpa

die **Oper** (-n) opera

die **Operette** (-n) operetta

die **Operndiva** (-s) opera star, opera diva

die **Opernpremiere** (-n) opera premiere

opfern to sacrifice

das **Orchester** (-) orchestra

ordentlich respectable

die **Ordinalzahl** (-en) ordinal number

ordnen to order; to arrange

die **Ordnung** order

die **Organisation** (-en) organization

organisieren to organize

der **Organist** (-en, -en), die **Organistin** (-nen) organist

die **Orgel** (-n) organ

das **Orgelkonzert** (-e) organ concert

das **Orgelstück** (-e) piece of organ music

originell original

der **Ort** (-e) place

die **Ortskrankenkasse** (-n) regional health insurance company

der **Ortsname** (-ns, -n) place-name

der **Ortswechsel** (-) change of location

der **Ostberliner** (-), die **Ostberlinerin** (-nen) resident of eastern Berlin

das **Ostblockland** (ẅer) East Bloc country

ostdeutsch East German

der/die **Ostdeutsche** *decl. adj.* East German (*person*)

der **Osten** east

das **Osterei** (-er) Easter egg

der **Osterhase** (-n, -n) Easter bunny

(das) **Ostern** Easter

Österreich Austria

der **Österreicher** (-), die **Österreicherin** (-nen) Austrian (*person*)

österreichisch Austrian

Osteuropa eastern Europe

östlich east, easterly

der **Ostsektor** eastern sector (*of Berlin*)

die **Ostzone** (-n) eastern zone (*in postwar Germany*)

P

das **Paar** (-e) pair, couple

das **Packeis** pack ice

packen to pack

das **Paket** (-e) parcel, package

das **Palasthotel** *large hotel in eastern Berlin*

panieren to coat with egg and breadcrumbs

der **Papa** (-s) dad

das **Papier** (-e) paper

der **Papierkorb** (ẅe) wastebasket

das **Papierprodukt** (-e) paper product

die **Papierschlange** (-n) paper streamer

das **Paradies** (-e) paradise

die **Paraphrase** (-n) paraphrase

paraphrasieren to paraphrase

der **Park** (-s) park

parken to park

die **Parkplatzsuche** search for a parking space

das **Parlament** (-e) parliament

die **Parole** (-n) slogan, motto

die **Partei** (-en) political party

die **Partikel** (-n) particle

das **Partizip** (-ien) participle

die **Partizipialgruppe** (-n) extended adjective

der **Partner** (-), die **Partnerin** (-nen) partner

die **Partnerarbeit** (-en) partner work

das **Partnerinterview** (-s) interview of a partner

das **Partnerspiel** (-e) game played with a partner

die **Party** (-s) party

der **Partymuffel** (-) party pooper

der **Paß** (**Pässe**) passport

der **Passagier** (-e), die **Passagierin** (-nen) passenger

passé passé, out-of-date

passen (+ *dat.*) to fit; **passen zu** to match

passend appropriate

passieren (**sein**) to happen

das **Passiv** passive voice

der **Passivsatz** (ẅe) passive sentence

der **Pastor** (-en), die **Pastorin** (-nen) pastor, minister

der **Patient** (-en, -en) die **Patientin** (-nen) patient

die **Patin** (-nen) godmother

pauken to cram, study hard

die **Pause** (-n) break, pause

das **Pech** bad luck

peinlich embarrassing

der **Pelzmantel** (ẅ) fur coat

die **Pension** (-en) guest house

das **Perfekt** present perfect tense

das **Pergamonmuseum** *museum in eastern Berlin*

die **Periode** (-n) period, spell

die **Perle** (-n) pearl

persisch Persian

die **Person** (-en) person

die **Personalien** (*pl.*) information in a résumé

das **Personalpronomen** (-) personal pronoun

persönlich personal

die **Persönlichkeit** (-en) personality

die **Pfandflasche** (-n) bottle with a deposit on it

die **Pfeife** (-n) pipe

der **Pfenning** (-e) penny, cent; 1/100 Mark

das **Pferd** (-e) horse

pflegen to tend, take care of

der **Pflug** (ẅe) plow

das **Pfund** (-e) pound

die **Philharmonie** philharmonic orchestra

der **Philosoph** (-en, -en), die **Philosophin** (-nen) philosopher

die **Philosophie** philosophy

phosphatfrei phosphate-free

die **Phrase** (-n) phrase, sentence

die **Physik** physics

der **Physiker** (-), die **Physikerin** (-nen) physicist

das **Physikgebäude** physics building

das **Picknick** picnic; **ein Picknick machen** to have a picnic

pillensüchtig dependent on pills

der **Pilot** (-en, -en), die **Pilotin** (-nen) pilot

der **PKW-Insasse** (-n, -n) car passenger

der **Plan** (ẅe) plan

planen to plan

der **Planet** (-en, -en) planet

die **Plastik** (-en) sculpture

Platon Plato

die **Platte** (-n) record

der **Plattenspieler** (-) record player

der **Platz** (ẅe) place; **der Rote Platz** Red Square

das **Plenum** plenum, full group

plötzlich suddenly

der **Plural** plural

die **Pluralform** (-en) plural form

plus plus

der **Pluto** Pluto

das **Podium** (**Podien**) podium

Polen Poland

die **Politik** politics

der **Politiker** (-), die **Politikerin** (-nen) politician

politisch political

die **Polizei** police

das **Polizeiauto** (-s) police car

der **Polizist** (-en, -en), die **Polizistin** (-nen) police officer

die Popmusik pop music
populär popular
die Popularität popularity
Porta Nigra *Roman ruins in Trier*
das Portemonnaie wallet, change
 purse
der Portier (-s) porter
die Portion (-en) portion, serving
positiv positive
das Possessivpronomen (-) possessive
 pronoun
die Post post office; mail
das Poster (-) poster
die Postkarte (-n) postcard
Potsdam *town just outside western Berlin*
praktisch practical, useful
die Präposition (-en) preposition
das Präsens present tense
der Präsident (-en, -en), die Präsiden-
 tin (-nen) president
das Präteritum simple past, preterite
der Preis (-e) price
preiswert *adj.* good value, reasonably
 priced
die Premiere opening night performance
die Presse press
die Pressefreiheit freedom of the press
die Pressestelle public relations office
der Prinz (-en, -en), die Prinzessin
 (-nen) prince, princess
privat private
der Privatunterricht private lessons,
 private tutoring
pro per; for; das Pro und Contra the
 pros and cons
probieren to try
das Problem (-e) problem
das Produkt (-e) product
produzieren to produce
professionell professional
der Professor (-en), die Professorin
 (-nen) professor
der Profi (-s) professional (player)
das Programm (-e) program
das Pronomen (-) pronoun
Prozent percent
die Prozentzahl (-en) percentage
der Prozeß (Prozesse) trial
prüfen to test, check
die Prüfung (-en) test
die Psychoanalyse psychoanalysis
der Psychologe (-n, -n), die
 Psychologin (-nen) psychologist
die Psychologie psychology
der Psychotherapeut (-en, -en), die
 Psychotherapeutin (-nen) psycho-
 therapist
das Publikum audience

der Pulli (-s) sweater
der Pullover (-) sweater
der Punkt (-e) point
pünktlich punctual(ly)
die Puppe (-n) doll
putzen to clean
die Putzfrau (-en) cleaning woman
das Puzzle (-s) puzzle, game

Q

der Quadratkilometer (-) square kilometer
der Quadratmeter (-) square meter
die Quadratwurzel (-n) square root
die Qualifikation (-en) qualification
die Qualität (-en) quality
das Quartal (-e) (academic) quarter
der Quatsch *coll.* nonsense, rubbish
die Quelle (-n) source

R

die Rache revenge
das Rad (¨er) bicycle; wheel
rad·fahren* (sein) to cycle, bike; er
 fährt Rad he bikes
das Radio (-s) radio
der Radler (-), die Radlerin (-nen)
 cyclist
der Radiorecorder (-) cassette-radio,
 boom box
der Rand (¨er) edge
die Rangliste (-n) ranking list
rasch quick(ly), hasty
rascheln to rustle
der Rasen (-) grass, lawn
der Rat advice
raten* to recommend; to advise
der Ratgeber (-), die Ratgeberin
 (-nen) adviser
das Rathaus (¨er) city hall
der Ratschlag (¨e) piece of advice
das Rätsel (-) puzzle, riddle
der Raubritter (-) robber knight
der Rauch smoke
rauchen to smoke
der Raum (¨e) room
raus out; get out!
reagieren to react
recht right; recht haben* to be right
das Recht (-e) law
das Rechteck (-e) rectangle
rechts (*adv.*) right; nach rechts to the
 right
der Rechtsanwalt (¨e), die Rechtsanwältin (-nen) lawyer
die Rechtslage (-n) legal position
recyceln to recycle
das Recycling recycling
der Redakteur (-e), die Redakteurin
 (-nen) editor

die Redaktion (-en) editorial office
die Rede (-n) speech
die Redefreiheit freedom of speech
reden to speak
der Redner (-), die Rednerin (-nen)
 speaker
das Referendum (Referenden *or* Ref-
 erenda) ballot initiative
das Reflexivpronomen (-) reflexive
 pronoun
die Reformation reformation
das Reformhaus (¨er) health-food
 store
die Reformkost health food
das Regal (-e) shelf
die Regel rule; in der Regel as a rule,
 usually
regelmäßig regular(ly)
der Regen rain
der Regenschirm (-e) umbrella
die Regie film direction
die Regierung (-en) government
der Regierungssitz seat of government
regnen to rain
regnerisch rainy
reich rich
das Reich (-e) empire, realm; das
 Heilige Römische Reich the Holy
 Roman Empire; das Dritte Reich
 the Third Reich
reichen to hand; das reicht that's
 enough
reif ripe
der Reifendruck tire pressure
die Reihe (-n) row
die Reihenfolge order, sequence
rein in; come in!
reinigen to clean
das Reinigungsmittel (-) cleanser,
 cleaner
die Reise (-n) trip; eine Reise machen
 to take a trip
der Reisebegleiter (-), die Reise-
 begleiterin (-nen) traveling companion
das Reisebüro (-s) travel agency
der Reisegefährte (-n, -n), die
 Reisegefährtin (-nen) traveling
 companion
die Reisegruppe (-n) tour group
der Reiseleiter (-), die Reiseleiterin
 (-nen) tour guide
reisen (sein) to travel; ins Ausland
 reisen to travel abroad
der/die Reisende *decl. adj.* traveler,
 tourist
der Reiseplan (¨e) travel plan
das Reisetagebuch (¨er) travel journal
die Reisewelle travel boom
die Reisezeit traveling time

reißen* to rip, tear
reiten* (sein) to ride (*a horse*)
der Reiz (-e) appeal, charm
reizen to attract, fascinate
reizend attractive, charming
die Reklame (-n) advertisement; **Reklame machen** to advertise
rekonstruieren to reconstruct
das Relativpronomen (-) relative pronoun
der Relativsatz (ⁱe) relative clause
die Religion (-en) religion
die Renaissance the Renaissance
rennen* (sein) to run, race
das Rennrad (ⁱer) racing bike
der Rennwagen (-) sports car
renoviert renovated
der Rentner (-), **die Rentnerin** (-nen) retired person, pensioner
die Reparatur (-en) repair; **in die Reparatur bringen*** to have repaired; **in der Reparatur** in the shop
reparieren to repair
der Reporter (-), **die Reporterin** (-nen) reporter
die Republik (-en) republic
reservieren to reserve
der Respekt respect
das Ressort (-s) department
das Restaurant (-s) restaurant
das Resultat (-e) results
retten to save
das Rezept (-e) recipe; prescription
der Rhein Rhine (*river in Germany*)
die Rheinreise trip on the Rhine
der Rhythmus (Rhythmen) rhythm
der Richter (-), **die Richterin** (-nen) judge
richtig right, correct
die Richtung (-en) direction
der Ring (-e) ring
das Ringen wrestling
der Ritter (-) knight
das Rittertum knighthood
das Ritual (-e) ritual
der Rock (ⁱe) skirt; rock music
das Rockkonzert (-e) rock concert
die Rockmusik rock music
der Rockstar (-s) rock star
roh raw
das Rohr (-e) pipe
die Rolle (-n) role
die Rollenerwartung (-en) expectation of one's role in society
das Rollschuhlaufen rollerskating
rollen (sein) to roll
der Roman (-e) novel
der Romantiker (-), **die Romantikerin** (-nen) romantic(ist)

der Römer (-), **die Römerin** (-nen) Roman (*person*)
römisch Roman
der Rosenmontag Monday before Ash Wednesday
rot (röter, rötest-) red; **das Rote Kreuz** Red Cross; **der Rote Platz** Red Square
der Rotwein (-e) red wine
der Rückblick (-e) look back, backward glance
der Rücken (-) back
der Rückflug (ⁱe) return flight
der Rucksack (ⁱe) backpack
der Rücksitz (-e) back seat
der Rudelführer (-) **die Rudelführerin** (-nen) leader of the pack
rufen* to call
die Ruhe quiet, peace, rest
ruhen to rest
der Ruheraum (ⁱe) small private room for rest and relaxation at a gymnasium
ruhig quiet
die Ruine (-n) *sing.* ruins
rund about, approximately; **rund um die Uhr** 24 hours a day
der Rundfunk radio
die Rundreise (-n) round trip
runter·laufen* (sein) to run down
der Russe (-n, -n), **die Russin** (-nen) Russian (*person*)
russisch Russian

S
die Sache (-n) thing, matter
die Sachertorte (-n) chocolate torte
Sachsen Saxony
der Safe (-s) safe
der Saft (ⁱe) juice
saftig juicy
sagen to say; to tell
die Sahne cream
der Sakko (-s) sports jacket
der Salat (-e) salad
das Salz salt
Salzburg city in Austria
sammeln to collect
die Sammlung (-en) collection
(der) Samstag Saturday
das Sanatorium (Sanatorien) sanitarium
die Sandburg (-en) sand castle
sanft gentle, soft
der Satz (ⁱe) sentence
das Satzelement (-e) part of a sentence; clause
das Satzpaar (-e) pair of sentences
der Satzteil (-e) clause; part of a sentence

sauber clean
sauer sour
der saure Regen acid rain
der Sauerstoff oxygen
saufen* to drink (*said of animals*), booze
saugen* to suck; **Staub saugen** to vacuum
die Sauna (-s) sauna
das Saxophon (-e) saxophone
(das) Schach chess
das Schachspiel (-e) chess game
die Schachtel (-n) box
schade! pity!
schaden (+ *dat.*) to damage, hurt
schädlich harmful, damaging
schaffen* to make, create; accomplish
die Schallplatte (-n) record
der Schalter (-) counter
sich schämen to be ashamed
der Schatten (-) shadow
schätzen to appreciate, to value
schauen to look; to watch
das Schaubild (-er) diagram, chart
der Schauer (-) rain shower
der Schaufensterbummel (-) window-shopping
der Schauspieler (-), **die Schauspielerin** (-nen) actor, actress
der Scheck (-s) check
sich scheiden lassen* to get a divorce
die Scheidung (-en) divorce
die Scheidungsrate divorce rate
der Schein appearance
scheinen* to appear, seem; to shine
schenken to give
schick chic
schicken to send
der Schiedsrichter (-), **die Schiedsrichterin** (-nen) referee
schießen* to shoot; **ein Tor schießen** to score a goal
das Schiff (-e) ship
der Schiffer (-) sailor, skipper
die Schiffsfahrt (-en) boat cruise
die Schiffsreise (-n) boat trip, cruise
das Schild (-er) sign
der Schirm (-e) umbrella
das Schläfchen (-) nap
schlafen* to sleep
schläfrig sleepy
der Schlafsessel (-) recliner
die Schlaftablette (-n) sleeping pill
das Schlafzimmer (-) bedroom
der Schlag (ⁱe) blow, hit
schlagen* to hit, strike; to beat
der Schläger (-) racket
schlank slim
schlau smart
schlecht bad, poor; **uns ist schlecht** we are sick

der Schleichweg (-e) secret path, shortcut
schließen* to close
schließlich finally, in the end; after all
schlimm unfavorable, poor
das Schloß (Schlösser) castle
der Schluß conclusion, end; zum Schluß finally
der Schlüssel (-) key
der Schlußverkauf (¨e) end-of-season sale
schmecken to taste; (+ dat.) to taste good; es schmeckt mir it tastes good to me
der Schmerz (-en) pain
schmerzlich painful
schmieren to spread
schmökern to browse, pore over books
der Schmuck jewelry
schmücken to decorate
die Schmutzarbeit (-en) dirty work
schmutzig unclean, dirty
der Schnee snow
der Scheemann (¨er) snowman
schneiden* to cut; sich die Haare schneiden lassen to have one's hair cut
der Schneider (-), die Schneiderin (-nen) tailor, seamstress
schneien to snow
schnell quick, fast
die Schnelligkeit speed
das Schnitzel (-) cutlet
die Schnitzelbank carpenter's workbench
schockiert shocked
die Schokolade (hot) chocolate
die Schokoladentorte (-n) chocolate torte, cake
schön beautiful, pretty; pleasant
die Schönheit beauty
der Schoß lap
die Schrägschrift italics
der Schrank (¨e) cupboard
schreiben* to write
der Schreiber (-), die Schreiberin (-nen) writer; clerk
die Schreibkraft (¨e) clerk
die Schreibmaschine (-n) typewriter
der Schreibtisch (-e) desk
schreien* to scream, shout
die Schrift (-en) script, writing
schriftlich written
der Schriftsteller (-), die Schriftstellerin (-nen) author, writer
der Schritt (-e) step
schüchtern shy
der Schuh (¨e) shoe
der Schuhverkauf selling shoes

die Schule (-n) school
das Schulfach (¨er) area of study
die Schulferien pl. school vacation, holidays
das Schuljahr (-e) school year
die Schunkelmusik rhythmic music to sway to
schunkeln to link arms and sway from side to side
schütteln to shake
schützen to protect
schwach (schwächer, schwächst-) weak
der Schwager (¨), die Schwägerin (-nen) brother-in-law, sister-in-law
die Schwangerschaft pregnancy
schwänzen to skip (class), play hooky
schwarz (schwärzer, schwärzest-) black
der Schwarzwald the Black Forest
Schweden Sweden
schweigen* to be silent
die Schweiz Switzerland; in die Schweiz to Switzerland
schwer heavy; difficult
schwerfällig dull, slow
die Schwester (-n) sister
die Schwiegermutter (¨) mother-in-law
der Schwiegersohn (¨e) son-in-law
die Schwiegertochter (¨) daughter-in-law
der Schwiegervater (¨) father-in-law
schwierig difficult
die Schwierigkeit (-en) difficulty
das Schwimmbad (¨er) (public) swimming pool
das Schwimmbecken (-) indoor swimming pool
schwimmen* (sein) to swim
das Schwitzen sweating
der See (-n) lake
die See (-n) sea
der Seeblick sea view
das Seeeis pack ice
segeln to sail
sehen* to see; to watch
sein* (sein) to be
seit (prep. + dat.) since; for; seit fünf Jahren for the past five years
seit (seitdem) conj., adv. since (then), ever since
die Seite (-n) page
der Sekretär (-e), die Sekretärin (-nen) secretary
der Sekt champagne
selber one's self
selbst one's self; even
selbständig independent
die Selbstkritik self-criticism

selbstverständlich of course, naturally
selten rare
das Semester (-) semester
die Semesterarbeit (-en) term paper
das Seminar (-e) seminar
die Seminararbeit (-en) class paper, seminar paper
die Seminarnotizen class notes, seminar notes
das Seminarprogramm (-e) syllabus for a seminar
die Semmelbrösel pl. bread crumbs
senden* to send; to broadcast
die Sendung (-en) broadcast, program
der Senf mustard
sensationell sensational
(der) September September
die Serie (-n) television series
servieren to serve
die Serviette (-n) napkin
der Sessel (-) easy chair
setzen to set, put; sich setzen to sit down
sicher surely, certainly; safe, secure
die Sicherheit security
sicherlich certainly
sichern to secure
die Sicht (-en) view
der Sieg (-e) victory
das Signal (-e) sign
die Silbe (-n) syllable
(das, der) Silvester New Year's Eve
die Silvesterparty New Year's Eve party
singen* to sing
der Singsang sing-song
der Singular singular
die Singularform (-en) singular form
die Sippe (-n) clan, family, relatives, kin
die Sitte (-n) custom
die Situation (-en) situation
sitzen* to sit
sitzen·bleiben* to repeat a class, grade
der Sitzplatz (¨e) seat
der Skat popular German card game
das Skatspielen playing Skat
der Ski (-er) ski
Ski fahren* (sein) to ski
der Skihalter (-) ski-rack
Ski laufen* (sein) to ski
der Smog smog
sobald as soon as
die Socke (-n) sock
soeben just, a moment ago
das Sofa (-s) couch
sofort immediately
die Software (computer) software
sogar even
sogenannt so-called

die Sohle (-n) sole
der Sohn (-̈e) son
solange as long as
das Solarium (Solarien) solarium
solcher (der-*word*) such
der Soldat (-en, -en), die Soldatin
(-nen) soldier
sollen to be supposed to; to be said to;
to have to; ought to; should
der Sommer summer
die Sommerferien *pl.* summer vacation
die Sommerreisesaison high season
der Sommertag (-e) summer's day
die Sonate (-n) sonata
das Sonderangebot (-e) special offer,
sale
der Sonderausschuß (Sonderaus-
schüsse) special committee
sondern but, on the contrary
(der) Sonnabend Saturday
die Sonne (-n) sun
die Sonnenenergie solar energy
der Sonnenschein sunshine
sonnig sunny
(der) Sonntag Sunday
der Sonntagmorgen (-) Sunday morning
der Sonntagnachmittag (-e) Sunday
afternoon
sonst otherwise
sich sorgen to worry
die Sorge (-n) worry; sich um etwas
Sorgen machen to worry about
something
die Sorgfalt carefulness, diligence
sorglos carefree
der Soundso (-s) so-and-so
soviel so much, many
sowieso in any case
sowjetisch Soviet
die Sowjetunion the Soviet Union
die Soziologie sociology
die Spalte (-n) column
Spanien Spain
der Spanier (-), die Spanierin (-nen)
Spaniard
spanisch Spanish
sparen to save
der Spaß fun; es macht Spaß it is fun;
zum Spaß for fun
spät late; wie spät ist es? what time is
it?
spazieren·gehen* (sein) to go for a
walk
der Spaziergang (-̈e) walk; einen
Spaziergang machen to go for a
walk, take a walk
speichern to store
die Speise (-n) food, dish
spenden to donate

speziell special, particular
der Spickzettel (-) cheat sheet
der Spiegel German news magazine
spiegeln to reflect
das Spiel (-e) game
spielen to play
der Spieler (-), die Spielerin (-nen)
player
das Spielfeld (-er) playing field
der Spielfilm (-e) feature film
der Spielkamerad (-en, -en), die
Spielkameradin (-nen) playmate
der Spielplatz (-̈e) playing court; play-
ground
die Spielregeln *pl.* playing rules
das Spielzeug (-e) toy
spinnen* to spin; du spinnst you're
crazy
der Sport sports; Sport treiben* to do
sports
die Sportart (-en) type of sport
das Sportflugzeug (-e) sports plane
die Sporthalle (-n) gymnasium
der Sportler (-), die Sportlerin (-nen)
athlete
sportlich athletic
die Sportsendung (-en) sports program, broadcast
der Sporturlaub (-e) vacation including sporting activities
der Sportverein (-e) sports club
die Sprache (-n) language
das Sprachgefühl feel for a language
die Sprachschule (-n) language school
die Spraydose (-n) spray can
sprechen* to speak
springen* (sein) to jump
der Sprit gasoline; alcohol, spirits
die Spritze (-n) injection
der Sprößling (-e) son, kid
der Spruch (-̈e) saying, proverb
sprühen to spray
die Spule (-n) spool
spülen to wash; das Geschirr spülen
to wash the dishes
die Spur (-en) trace
der Staat (-en) state
staatlich owned or supported by the
government; public
das Stadion (Stadien) stadium
die Stadt (-̈e) town, city
das Städtchen (-) small town
der Stadtbewohner (-), die Stadt-
bewohnerin (-nen) city inhabitant
der Stadtpark (-s) city park
die Stadtregierung (-en) city government
die Stadtrundfahrt (-en) tour of the
city
der Stadtverkehr city traffic

der Stamm (-̈e) tribe, line
stammen to originate, to come (from);
sie stammt aus Deutschland she is
from Germany
der Stammtisch (-e) table reserved for
regular guests
ständig constantly
der Standpunkt (-e) point of view,
standpoint
der Star (-s) star, famous person
stark (stärker, stärkst-) strong
der Starnberger See *lake in southern
Bavaria*
der Start start
die Station (-en) station (*especially bus
or subway*)
statt (+ *gen.*) instead of
stattdessen instead of that
statt·finden* to take place
der Staubsauger (-) vacuum cleaner
staunen to be surprised
der Stau (-s) traffic jam
die Steckdose (-n) electrical outlet
stecken to put, place
der Stephansdom *cathedral in Vienna*
stehen* to stand; to be; wie stehen
Sie zu . . . ? what is your opinion of
. . . ? auf etwas stehen to like
something
stehen·bleiben* (sein) to stop; to remain standing
die Stehlampe (-n) floor lamp
stehlen* to steal
steigen* (sein) to climb; to rise
die Stelle (-n) job, position; an
deiner Stelle in your shoes
stellen to put; eine Frage stellen to
ask a question
das Stellenangebot (-e) want ad
die Stellung (Stellen) position, job;
Stellung nehmen* zu to give one's
opinion on
stemmen to lift weights
sterben* (sein) to die
sterblich mortal
die Stereoanlage (-n) stereo set
das Sternchen (-) small star
das Stichwort (-̈er) catchword
der Stich: im Stich lassen* to leave in
the lurch, abandon
der Stiefel (-) boot
die Stieftochter (-̈) stepdaughter
der Stift (-e) pencil; pen
die Stiftung (-en) foundation, endow-
ment
still quietly, still
die Stimme (-n) vote
stimmen to be correct; das stimmt
that's true, correct
stinken* to stink

der Stock (⸚e) cane; floor, story; **erster Stock** second floor; **im ersten Stock** on the second floor

der Stoffwechsel metabolism

stolz proud

stoppen *tr.* to stop

stören to disturb

stoßen* to push; to kick

die Strafe punishment

die Straffreiheit immunity (from criminal proceedings)

das Strafrecht criminal law

strafrechtlich with respect to criminal law

strahlen to shine, radiate

der Strand (⸚e) beach

die Straße (-n) street, road

die Straßenbahn (-en) streetcar

die Straßenkarte (-n) street map

der Straßenmusikant (-en, -en), **die Straßenmusikantin** (-nen) street musician

der Straßenverkehr traffic

der Strauch (⸚er) shrub

streichen* to paint

streng strict; harsh

der Streß stress

stricken to knit

die Struktur (-en) structure

das Stück (-e) piece (*also in reference to art*); play

der Student (-en, -en), **die Studentin** (-nen) student

das Studentenheim (-e) student dormitory

das Studentenwohnheim (-e) student dormitory

das Studienfach (⸚er) subject of study

die Studiengebühren *pl.* tuition

der Studienplan (⸚e) course of study

die Studienreise (-n) educational trip

studieren to study a subject at a university

das Studium (Studien) post-secondary school study

studiumbezogen related to one's studies

der Stuhl (⸚e) chair

das Stühlchen (-) little chair

die Stunde (-n) hour

stundenlang for hours

der Stundenplan (⸚e) schedule

der Sturm (⸚e) storm

stürzen (sein) to fall

das Substantiv (-e) noun, substantive

suchen to look for

(das) Süddeutschland southern Germany

der Süden south

südeuropäisch southern European

südlich southerly, south

südwestlich southwesterly, southwestern

die Summe (-n) amount

super super, great

der Superlativ (-e) superlative (degree)

der Supermarkt (⸚e) supermarket

die Suppe (-n) soup

die Süßigkeit (-en) candy

(das) Swahili Swahili

das Symbol (-e) symbol

symbolisieren to symbolize

sympathisch likable, congenial

die Symphonie (-n) symphony

T

die Tabelle (-n) table, chart

das Tablett (-e) tray

die Tablette (-n) tablet, pill

die Tafel (-n) blackboard; board

der Tag (-e) day

das Tagebuch (⸚er) journal, diary

der Tagesablauf daily routine

die Tageszeitung (-en) daily paper

täglich daily

tagsüber during the day

das Talent (-e) talent

talentiert talented

tanken to fill up

die Tankstelle (-n) gas station

die Tanne (-n) fir tree

der Tannenbaum (⸚e) fir tree

die Tante (-n) aunt

der Tanz (⸚e) dance

die Tanzmusik dance music

der Tanzabend (-e) evening's dancing

tanzen to dance

der Tänzer (-), **die Tänzerin** (-nen) dancer

die Tanzfläche dance floor

der Tanzlehrer (-), **die Tanzlehrerin** (-nen) dance teacher

das Tanzstudio (-s) dance studio

die Tasche (-n) bag; pocket

die Tasse (-n) cup

die Tat act; **in der Tat** in fact

tätig active, busy

die Tätigkeit (-en) activity

die Tatsache (-n) fact

tatsächlich really

tauchen to dive

das Taxi (-s) taxi

der Taxifahrer (-), **die Taxifahrerin** (-nen) taxi driver

die Technik technical engineering; technology

technisch technical

technologisch technological

der Teddybär (-en, -en) teddy bear

die Teeküche (-n) kitchenette

der Teenager (-) teenager

der Teil (-e) part

teilen to divide; to share

teil·nehmen* **an** (+ *dat.*) to participate in

der Teilnehmer (-), **die Teilnehmerin** (-nen) participant

die Teilzeitarbeit (-en) part-time work

die Teilzeitstelle (-n) part-time job

das Telefon (-e) telephone

telefonieren to phone

telefonisch by phone

die Telefonverbindung (-en) phone connection

der Teller (-) plate

das Tempo speed, pace

das Tempus (Tempora) (grammatical) tense

das Tennis tennis

das Tennismatch tennis match

der Tennisball (⸚e) tennis ball

der Tennislehrer (-), **die Tennislehrerin** (-nen) tennis instructor

die Tennismannschaft (-en) tennis team

der Tennispartner (-), **die Tennispartnerin** (-nen) tennis partner

der Tennisschläger (-) tennis racket

der Tennisschuh (-e) tennis shoe

das Tennisspielen playing tennis

der Teppich (-e) carpet

der Termin (-e) appointment

der Terminus (Termini) expression

die Terrasse (-n) terrace

der Test (-s) test

testen to test

teuer expensive, dear

texanisch Texan

der Text (-e) text, passage

die Theaterkarte (-n) theater ticket

das Theaterstück (-e) play

das Thema (Themen) topic, theme

der Thron (-e) throne

Tibet Tibet

die Tiefe depth, abyss

das Tier (-e) animal

die Tierart (-en) species of animal

der Tiergarten (⸚) zoo

der Tip (-s) hint, tip

tippen to type

der Tisch (-e) table

die Tischdecke (-n) tablecloth

der Toaster (-) toaster

die Tochter (⸚) daughter

der Tod death

tödlich fatal, deadly

die Toilette (-n) toilet

toll great

der Ton tone

das Tonband (⸚er) tape

das Tonbandgerät (-e) tape recorder
das Tor (-e) gate; goal; **ein Tor schießen*** to score
die Torlinie (-n) goal line
der Torpfosten (-) goalpost
die Torte (-n) torte, cake
tot dead
total totally, completely
der Tourist (-en, -en), die Touristin (-nen) tourist
die Touristenattraktion (-en) tourist attraction
die Touristenstraße (-n) streets visited by tourists
die Touristenwelle (-n) tourist boom
die Tradition (-en) tradition
traditionell traditional
tragbar portable
tragen* to carry; to wear
der Trainer (-), die Trainerin (-nen) coach
trainieren to train
der Transporter (-) van
trauen (+ *dat.*) to trust
der Traum (¨e) dream
träumen to dream
das Traumhaus (¨er) dream house
traurig sad
treffen* to meet; **eine Wahl treffen** to make a choice; **eine Entscheidung treffen** to make a decision
treffend appropriate
treiben* to practice; **Sport treiben** to do sports
trennbar separable
trennen to divide
die Treppe (-n) staircase, stairs
treten* (sein) to step; to walk
treu faithful, loyal
Trier *town in the Rhineland-Palatinate*
trinken* to drink
das Trinkgeld tip
trocken dry
trocknen *tr.* (*intr.* sein) to dry
die Trompete (-n) trumpet
trotz (+ *gen.*) in spite of
trotzdem nevertheless
trotzen to defy
die Tschechoslowakei Czechoslovakia
Tschernobyl Chernobyl
tun* to do; to act; **weh tun** to hurt
die Tür (-en) door
die Türkei Turkey
die Türklinke (-n) doorhandle
der Turm (¨e) tower
das Turmspringen high diving (*swimming*)
der Turmspringer (-), die Turmspringerin (-nen) diver
turnen to do gymnastics

das Turnier (-e) tournament
die Tüte (-n) (*usually* plastic) bag
der Typ (-en) type, guy
typisch typical

U
das Übel evil
üben to practice
über (+ *acc. or dat.*) above; over; (+ *acc.*) about
überall everywhere
der Überblick (-e) overview
überdenken* to consider, think over
überdies besides, moreover
überein·stimmen to be in agreement with
überfallen* to come over; to attack
überfliegen* to skim, read; to overfly
über·fließen* (sein) to overflow, flood
überflüssig unnecessary
überfordert overtaxed
überfüllt overfilled, crowded
überhaupt at all
das Überleben survival
überlegen to consider, think about
übermorgen the day after tomorrow
übernachten to stay overnight
übernehmen* to take over
überraschen to surprise
überreden to persuade
überreichen to hand over
überrollen to overwhelm
übersetzen to translate
über·setzen to ferry across
die Übersetzung translation
die Überstunden *pl.* overtime; **Überstunden machen** to work overtime
übertragen* to broadcast
übertreffen* to surpass
übertreiben* to exaggerate, overdo
übervölkert overpopulated
überwiegend predominantly
überwinden* to overcome
überzeugen to convince
üblich customary
übrig left over, remaining
übrigens by the way
die Übung (-en) exercise; practice
das Ufer (-) riverbank, shore
die Uhr (-en) clock; watch; o'clock
um (+ *acc.*) about; at; around; for; **um sieben Uhr** at seven o'clock; **um . . . zu** in order to
umarmen to hug
um·bauen to remodel
um·bilden to retrain
die Umfrage (-n) survey, opinion poll
die Umfragegruppe (-n) survey group
die Umgebung (-en) environment, area

um·gehen* (sein) mit to handle, manage, get along with
der Umkleideraum (¨) changing room, locker room
um·rechnen to convert (*numbers*)
der Umschlag (¨e) envelope
um·schreiben* to rewrite
um·schulen to retrain, re-educate
der Umstand (¨e) circumstance
umständlich involved
um·steigen* (sein) to change (trains or buses); to transfer
um·stellen to rearrange
die Umwelt environment
umweltbewußt environmentally conscious
das Umweltbewußtsein environmental consciousness
umweltfreundlich ecologically sound, friendly to the environment
die Umweltkatastrophe (-n) environmental catastrophe
die Umweltkonferenz (-en) conference about the environment
die Umweltpolitik environmental politics
das Umweltproblem (-e) environmental problem
die Umweltsünde (-n) environmental offense
die Umweltverschmutzung pollution
um·ziehen* (sein) to move, change residence
der Umzug (¨e) move, change of residence
unbedingt without fail, unconditionally
unbehaglich uneasy, uncomfortable
unbekannt unknown
unbestimmt indefinite
unerwünscht unwanted
der Unfall (¨e) accident
unfreundlich unfriendly
ungebildet uneducated
ungefähr about, approximately
ungenau inexact
ungewohnt unusual
unhöflich impolite
die Uni (-s) university
die Universität (-en) university
die Universitätsstadt (¨e) university town
das Universum universe
die Unizeitung (-en) university paper
die Unkosten *pl.* costs, expenses
unmenschlich inhuman
unmöbliert unfurnished
unmöglich impossible
unpraktisch impractical
unregelmäßig irregular

unsportlich unathletic
unten *adv.* below
unter (+ *acc. or dat.*) under; among
unter·bringen* to accommodate
unterbrechen* to interrupt
unterentwickelt underdeveloped
unter·gehen* (sein) to be lost; to perish
sich unterhalten* to converse
die Unterhaltung (-en) conversation
unternehmen* to undertake
die Unternehmung (-en) undertaking, project
unternehmungslustig venturesome
der Unterricht (-e) class, instruction
unterrichten to teach
unterscheiden* to distinguish
der Unterschied (-e) difference
unterschiedlich different(ly)
unterstützen to support
die Unterstützung (-en) support
untersuchen to examine
die Untersuchung (-en) examination
unterwegs on the way, en route
untrennbar unseparable
unverletzt uninjured
das Unverständnis lack of comprehension, lack of sympathy
unwahrscheinlich improbable
uralt ancient
die Urgroßmutter (ʺ) great-grandmother
der Urlaub vacation; Urlaub machen to go on vacation; in (auf) Urlaub sein* to be on vacation
die Urlaubsreise (-n) vacation trip
der Urlaubstyp type of vacation
der Ursprung (ʺe) origin
usw. (und so weiter) etc.

V
der Valentinstag Valentine's Day
die Vase (-n) vase
der Vater (ʺ) father
der Vati (-s) dad
der Vegetarier (-), die Vegetarierin (-nen) vegetarian
vegetarisch vegetarian
Venedig Venice
sich verabreden to make an appointment
die Verabredung (-en) appointment
verabschieden to pass (a law); sich verabschieden to say good-bye
veränderlich changeable
verändern to change, alter
veranstalten to organize
die Veranstaltung (-en) event
verantwortlich responsible
die Verantwortung responsibility
das Verb (-en) verb

verbessern to improve
die Verbesserung (-en) improvement
verbinden* to join
die Verbindung (-en) connection
verbleit leaded
verboten forbidden
verbrauchen to burn, use (*fuel*)
das Verbrechen crime
verbrennen* to burn
verbringen* to spend (*time*)
die Verbzeit (-en) (grammatical) tense
verderben* *tr.* (*intr.* sein) to spoil, ruin; to be spoiled, ruined
verdienen to earn
der Verdienst (-e) wages
der Verein (-e) club, association
vereinigen to unify
die Vereinigten Staaten the United States
das Verfahren treatment, procedure
sich verfahren* to lose one's way
verfilmen to film
die Verführung seduction
vergangen *adj.* past
die Vergangenheit past
vergeben* to forgive
vergessen* to forget
die Vergessenheit oblivion; in Vergessenheit geraten* (sein) to fall into oblivion
die Vergewaltigung (-en) rape
vergleichen* to compare
verhaften to arrest
das Verhalten behavior
sich verhalten* to behave
verhandeln to negotiate
(sich) verheiraten (mit) to marry (get married to)
sich verheizen to wear oneself out
verhören to interrogate
verhungern to starve, die of hunger
verkaufen to sell; zum Verkauf for sale
der Verkäufer (-), die Verkäuferin (-nen) salesperson
der Verkehr traffic
verkehrsgünstig close to transportation
das Verkehrsmittel (-) means of transportation
der Verkehrsstau (-s) traffic jam
sich verkleiden to dress up in a costume
verkleinern to reduce, diminish
die Verkleinerung (-en) reduction
der Verlag (-e) publishing house
verlangen to demand
sich verlaufen* to get lost
verleben to pass, spend (*time*)
verletzen to injure

sich verlieben in (+ *acc.*) to fall in love with
verlieren* to lose
sich verloben to get engaged
der/die Verlobte *decl. adj.* fiancé(e)
verloren·gehen* (sein) to get lost
vermeiden* to avoid
vermissen to miss
vermitteln to mediate; to organize
die Vermittlung (-en) agency
vermutlich presumably
die Vernachlässigung neglect
veröffentlichen to publish
verpassen to miss (*a train, bus*)
verreisen (sein) to go on a trip
verrückt crazy
die Versammlung (-en) collection
versäumen to miss (*an appointment*)
verschaffen to get, obtain
verschieben* to postpone
verschieden different
sich verschlimmern to take a turn for the worse
verschmutzen to pollute
die Verschmutzung pollution
verschreiben* to prescribe
die Verschwendung waste
verschwinden* (sein) to disappear
versetzen to transfer, remove
verseucht contaminated
versorgen to care for, take care of
sich verspäten to be late
versprechen* to promise
die Versprechung (-en) promise
verstauchen to sprain
verstecken to hide
verstehen* to understand
versuchen to try
verteidigen to defend
verteilen to distribute
die Verträglichkeit tolerance
vertreiben* to while away (*time*)
vertreten* to represent
sich vertun* to go wrong, make a mistake
verursachen to cause
verurteilen to sentence
verwandt mit related to
der/die Verwandte *decl. adj.* relative
die Verwandtschaft *sing.* relatives, relations
verweht blown away; *Vom Winde verweht* Gone with the Wind
verwenden* to use
verwirklichen to realize, put into action
verwitwet widowed
verwöhnen to spoil, pamper
verzichten auf (+ *acc.*) to relinquish, do without

der Vetter (-n) (male) cousin
das Videospiel (-e) video game
der Videofilm (-e) videotaped movie, video
die Videokamera (-s) video camera
der Videorekorder (-) video cassette recorder, VCR
das Vieh cattle, livestock
viel (mehr, meist-) much, many; vielen Dank thank you very much
vielleicht perhaps
viert- fourth; zu viert in fours
das Viertel (-) quarter
der Viktualienmarkt *public market in Munich*
das Visum (Visa) visa
der Vogel (¨) bird
die Vokabeln *pl.* vocabulary items
das Volk (¨er) people
der Völkerkundler (-), die Völkerkundlerin (-nen) ethnologist
das Volksfest (-e) traditional festival
das Volkslied (-er) folk song
die Volkspolizei *police force of former East Germany*
voll full
vollenden to complete
der Volleyball volleyball
die Volleyballmannschaft (-en) volleyball team
völlig completely, fully
vollkommen completely
vollständig complete
voll·tanken to fill up (the car with gas)
die Vollwertnahrung complete nutrition
das Vollwort (¨er) whole word
von (+ *dat.*) by; from; of; about
voneinander from each other, apart
vor (+ *acc. or dat.*) in front of; before, from; vor allem above all; vor kurzem recently; vor zehn Jahren ten years ago
vorbei past, over
vorbei·kommen* (sein) to come by
vor·bereiten to prepare
die Vorbereitung (-en) preparation
die Vorfahren ancestors
der/die Vorgesetze *decl. adj.* superior, senior
vorgestern day before yesterday
vor·haben* to plan (*to do*)
vorhanden present, existent
der Vorhang (¨e) curtain
vorher before, previously
vorig previous
vor·lesen* to read out loud
die Vorlesung (-en) lecture
der Vormittag morning

der Vorname (-ns, -n) first name
vorne *adv.* front, in front
vorsätzlich deliberately, intentionally
der Vorschlag (¨e) suggestion
vor·schlagen* to suggest
die Vorsicht caution, care
vorsichtig carefully
der Vorteil (-e) advantage
der Vortrag (¨e) recital, talk
vor·stellen to introduce
sich *dat.* vor·stellen to imagine
das Vorurteil (-e) prejudice
vor·werfen* (jemandem etwas) to reproach (*someone for something*)
der Vorwurf (¨e) reproach, blame
vor·ziehen* to prefer
der Vorzug (¨e) merit, advantage
der Vulkan (-e) volcano

W
die Waage (-n) balance, scales
wach awake
die Wache (-n) guard, watch
wachsen* (sein) to grow
die Waffe (-n) weapon
der Wagen (-) car
die Wahl (-en) choice; eine Wahl treffen* to make a choice
wählen to choose; to elect
wahr true; nicht wahr? isn't it?, isn't that so?
während (*prep.* + *gen.*) while, during
während *conj.* while, whereas
der Wahrsager (-), die Wahrsagerin (-nen) fortune-teller
wahrscheinlich probably
die Waise (-n) orphan
der Wald (¨er) forest, woods
das Waldsterben destruction of the forests through pollution
der Walzer (-) waltz
die Wand (¨e) wall
wandern (sein) to hike; to wander, roam
der Wanderer (-) hiker, wanderer
die Wandtafel (-n) blackboard
wann when
der Wannsee *lake in Berlin*
die Ware (-n) product; *pl.*: goods, commodities
warm (wärmer, wärmst-) warm
warm·laufen* (*intr.* sein) to warm up
warten (auf + *acc.*) to wait (for)
die Wartezeit (-en) waiting time
die Wäsche laundry
waschen* to wash
die Waschmaschine (-n) washing machine
das Waschmittel (-) laundry detergent
das Wasser water

der Wasserfall (¨e) waterfall
der Wasserkrug (¨e) pitcher, water-jug
der Wasserski (-er) water ski
Wasserski laufen* (sein) to water ski
die Wasserverschmutzung water pollution
das WC (-s) toilet
der Wechsel (-) change; exchange
wechseln to change; to exchange
wecken to waken
der Wecker (-) alarm clock
weder . . . noch neither . . . nor
der Weg (-e) way; road
weg away
wegen (+ *gen.*) because of, on account of
weg·fahren* (sein) to leave, drive away
weg·gehen* (sein) to leave, go away
weg·geben* to give away
weg·machen to take away
weg·nehmen* to take away
die Wegstrecke (-n) route
weh tun* to hurt; sich weh tun to hurt oneself
die Weiberfastnacht *Thursday before Ash Wednesday*
(die) Weihnachten *pl.* Christmas; zu Weihnachten at Christmas
der Weihnachtsbaum (¨e) Christmas tree
das Weihnachtsfest Christmas
das Weihnachtsgebäck Christmas cookies, pastry
das Weihnachtsgeschenk (-e) Christmas present
der Weihnachtsmann (¨er) Santa Claus
die Weihnachtszeit Christmas (time)
weil because
der Wein (-e) wine
weinen to cry
die Weinernte harvest of grapes used in making wine
das Weinfest (-e) wine festival
das Weinglas (¨er) wineglass
das Weinlokal (-e) wine bar
der Weinmarkt (¨e) wine store
die Weinstube (-n) wine bar
die Weise (-n) manner, way
die Weisheit (-en) wisdom
weiß white
der Weißwein (-e) white wine
weit far; wide
weiter further
weiter·arbeiten to continue working
weiter·lesen* to continue reading
weiter·sparen to continue saving
weiter·spielen to continue playing
weiter·sprechen* to continue speaking

welcher (der-*word*) which

die Welt (-en) world; die Dritte Welt the Third World

die Weltanschauung philosophy of life, worldview

weltberühmt world-famous

der Weltkrieg (-e) world war; der erste Weltkrieg First World War; der zweite Weltkrieg Second World War

die Weltreise (-n) world tour

die Weltsprache (-n) world language

wenden* to turn; sich wenden an (+ *acc.*) to consult

wenig little, few

wenigstens at least

wer who

werben* to enlist; advertise

die Werbesendung (-en) broadcast advertisement

der Werbetext (-e) text of an advertisement

die Werbung advertising

werden* (sein) to become

werfen* to throw

das Werk (-e) work (*of art*)

die Werkstatt (¨e) workshop

das Werkzeug (-e) tool

der Wert (-e) value; Wert auf etwas legen to put stock in something, put value on something

wertvoll valuable

wessen whose

Westberlin West Berlin

der Westberliner (-), die Westberlinerin (-nen) resident of West Berlin

westdeutsch *adj.* western German

der Westen west

Westfalen Westphalia (*region in western Germany*)

die Westküste the West coast

westlich western

der Westsektor (-en) western sector (*of Berlin*)

die Westzonen *the three western zones of Germany after the second world war that were controlled by the Americans, the British and the French*

der Wettbewerb (-e) competition

das Wetter weather

wichtig important

wider (+ *acc.*) against

widerlich repugnant, repulsive

wider·spiegeln to be reflected

widersprechen* (+ *dat.*) to contradict

widmen to dedicate

wieder again

wieder·geben* to return, give back

wiederholen to repeat

die Wiederholung (-en) repetition

wieder·kommen* (sein) to come again, come back

wieder·sehen* to see again; auf Wiedersehen good-bye

wiederum on the other hand

die Wiedervereinigung reunification

das Wiegenfest birthday celebrations

Wien Vienna

die Wiese (-n) meadow

wieso why

wieviel how much; how many; der wievielte ist heute? what's the date today? wieviel Uhr ist es? what's the time?

wild wild

wimmeln to swarm

der Wind (-e) wind

die Windschutzscheibe (-n) windshield

der Winter winter

winzig tiny

wirken to have an effect

wirklich really

die Wirtschaft economy

wirtschaftlich economic

das Wirtschaftssystem (-e) economic system

wissen* to know

die Wissenschaft (-en) science

der Wissenschaftler (-), die Wissenschaftlerin (-nen) scientist

wissenschaftlich scientific

wissenswert worth knowing

die Witwe (-n) widow; *Die lustige Witwe The Merry Widow*

der Witwer (-) widower

der Witz (-e) joke

wobei through what

die Woche (-n) week

der Wochenendablauf weekend routine

das Wochenende (-n) weekend

der Wochenplan (¨e) weekly plan

wöchentlich weekly

wodurch how

wofür for what

woher from where

wohin to where

wohl perhaps; probably

wohnen to live

die Wohnfläche dwelling space

die Wohngegend (-en) neighborhood

die Wohngemeinschaft (-en) (WG) cooperative house

die Wohnung (-en) apartment

die Wohnungsanzeige (-n) apartment advertisement

der Wohnungstausch apartment exchange

die Wohnverhältnisse *pl.* living conditions

das Wohnzimmer (-) living room

wollen* to want; to intend to

womit with what

womöglich if possible, possibly

woran about what

worauf for what

das Wort (¨er) word

die Wortgruppe (-n) group of words

die Wortkombination (-en) combination of words

der Wortschatz vocabulary

die Wortschatzliste (-n) vocabulary list

die Wortstellung word order

worüber about what

worum about what

wovor of what

wozu what for, why

das Wunder (-) miracle

wunderbar wonderful

sich wundern to be amazed

wunderschön very beautiful

der Wunsch (¨e) wish, desire

wünschen to wish

die Wunschsätze sentences expressing wishes

der Wunschzettel (-) wish list

der Wurf (¨e) throw

der Wurm (¨er) worm

die Wurst (¨e) sausage

das Würstchen (-) little sausage

das Würstlein (-) little sausage

würzig spicy

die Wut rage, fury

X

x-mal a thousand times

Y

der Yuppie (-s) yuppie

Z

die Zahl (-en) number, figure

zählen to count

der Zahn (¨e) tooth

der Zahnarzt (¨e), die Zahnärztin (-nen) dentist

der Zahnarzttermin (-e) dentist appointment

die Zahnschmerzen *pl.* toothache

das Zahnweh toothache

der Zauberer (-), die Zauberin (-nen) magician

Die Zauberflöte The Magic Flute

das Zeichen (-) sign

die Zeichnung (-en) drawing

zeichnen to draw

zeigen to show; to point

die **Zeit** (-en) time; **ach du liebe Zeit!** oh my goodness; **in den alten Zeiten** in the olden days; **in letzter Zeit** recently; **zur Zeit** at the moment

das **Zeitalter** (-) age, period of history

die **Zeitangabe** (-n) exact date and hour

die **Zeitmaschine** (-n) time machine

die **Zeitschrift** (-en) magazine

die **Zeitung** (-en) newspaper

die **Zeitungsannonce** (-n) newspaper announcement

der **Zeitungsartikel** (-) newspaper article

das **Zelt** (-e) tent

zelten to go camping

zensieren to censor

die **Zensur** censorship

das **Zentrum** (Zentren) center

zerbrechen* *tr.* (*intr.* **sein**) to smash, shatter

zerreißen* to tear up

zerstören to destroy

der **Zettel** (-) little sheet of paper; prescription

der **Zeuge** (-n, -n), die **Zeugin** (-nen) witness

das **Zeugnis** (-se) grade report

ziehen* to pull; (*intr.* **sein**) to move

das **Ziel** (-e) goal

ziemlich fairly, rather

der **Zigarettenrauch** cigarette smoke

das **Zigarettenrauchen** cigarette smoking

der **Zirkus** circus

die **Zitronenscheibe** (-n) slice of lemon

der/die **Zivilangestellte** *decl. adj.* civilian employee

die **Zone** (-n) zone

der **Zoo** (-s) zoo

zubereiten to prepare

züchten to raise, grow

der **Zucker** sugar

zuerst first; at first; first of all

zufrieden satisfied

zufrieden·stellen to content, satisfy

der **Zug** (⸚e) train

zu·geben* to admit

die **Zugspitze** *mountain in the Alps*

zu·hören (*dat.*) to listen to

der **Zuhörer** (-), die **Zuhörerin** (-nen) listener; member of the audience

die **Zukunft** future

die **Zukunftsangst** fear of the future

zu·lassen* to allow

zuletzt finally

zuliebe (+ *dat.*) for the sake of

zu·machen to close

zunächst for the time being

zu·nehmen* to gain weight

zunehmend increasing

zu·ordnen to assign

sich **zurecht·finden*** to find one's way around

zurecht·kommen* (**sein**) to manage

Zürich *Swiss city*

zurück back

zurück·bleiben* (**sein**) to stay back, stand back

zurück·bringen* to bring back

zurück·fahren* (**sein**) to travel back, return

zurück·führen to lead back

die **Zurückhaltung** reserve, restraint

zurück·kehren (**sein**) to return

zurück·kommen* (**sein**) to return, come back

zusammen together

zusammen·bringen* to bring together, join

zusammen·fallen* (**sein**) to collapse

zusammen·fassen to summarize

die **Zusammenfassung** (-en) summary

zusammen·halten* to hold together

der **Zusammenhang** connection, association

zusammen·legen to combine

das **Zusammenspiel** teamwork

zusätzlich additional

der **Zuschauer** (-), die **Zuschauerin** (-nen) spectator

der **Zustand** condition

die **Zuständigkeit** competence

das **Zustandspassiv** statal passive

zu·stimmen to agree, consent

die **Zustimmung** consent

zu·treffen* to be true

zuviel too much

zwar indeed, to be sure

zweitens secondly

am zweitwichtigsten second most important

die **Zwillinge** *pl.* twins

zwischen (+ *acc. or dat.*) between

INDEX

Note: The appendix provides a grammatical overview of the declension of articles, **der**-words and **ein**-words, pronouns, nouns, and adjectives; a list of prepositions indicating cases governed; conjunctions; verb conjugations; and the principal parts of strong and irregular verbs.

Capitalization:
  of adjectives, 250
  of pronouns in letters, 95
Cardinal numerals, 357–358
Case:
  accusative, 67
  in apposition, 77–78
  dative, 70–75
  genitive, 76
  nominative, 66–67
-chen (-lein) (neuter noun suffix), 132, 135
Cities, gender of, 132
Clauses. *See also* Word order
  main (independent), 18, 350
  subordinate (dependent), 17–18, 347–350
Commands. *See* Imperative
Comparison of adjectives and adverbs, 241–247
Complements, nominal. *See* Predicate complement
    nouns
Compound nouns, gender, 132–133
Compound subjunctive:
  alternate forms (= "subjunctive I," past tense),
    283–284
  of modal verbs, 264
  normal forms (= "subjunctive II," past tense), 259,
    263–264, 270–273
Conditional sentences, 268–273
  omission of result clause, 271
  real conditions, 268–269
  unreal conditions, 268–269
  würde + construction, 269
Conjunctions:
  coordinating, 18, 345–346
  subordinating, 17–18, 273, 347–350
  two-part, 346–347
Contractions, 166
Contrary-to-fact conditions, 268–271
Coordinating conjunctions, 18, 345–346
Correlatives (two-part conjunctions), 346–347
could have, with dependent verb, 246
Countries:
  gender, 80, 132
  use of definite article with, 80, 160

da:
  as adverb, 220, 348
  as subordinating conjunction, 348
da-compounds, 303–307
damit:
  as da-compound, 303–304
  as subordinating conjunction, 348
danke, 350
das sind (waren), 313
daß:
  omission of, 348–349
  as subordinating conjunction, 18, 347–348
Dates, 161, 362

Dative, 70–76, 95, 101, 308
  as the case most commonly used with prepositions, 166
  endings. *See* Declension; Verbs
  in expressions of time, 85
  to express *from* with **nehmen** and **stehlen,** 73
  to express indirect object, 70–75, 101
  to express possession, 74
  prepositions with dative, 159–163
  prepositions with dative or accusative, 148–152
  used with adjectives, 74
  verbs of communication with, 72–73
  verbs requiring dative objects, 72–74, 210–211
day, in time expressions, 362
Declension:
  of adjectives, 232–237
  of demonstrative pronouns, 312–313
  of **der**-words, 120–121
  of **ein**-words, 124–125
  of interrogative pronouns, 300–302
  or irregular weak nouns (**Name, Wille, Herz,** etc.),
    139–140
  of nouns, 67, 70, 76, 138
  of personal pronouns, 95–96
  of reflexive pronouns, 101
  of relative pronouns, 308–309
  of weak nouns (**en**-masculines), 138
Definite article:
  contractions, 166
  declension of, 66–67, 70–71, 76–79, 120
  uses of, 80–81, 84, 132
dein. *See* **ein**-words
Demonstrative pronouns, 312–313
denken an, contrasted with **denken über,** 156
denn:
  as coordinating conjunction, 345
  as particle, 354–355
Dependent clauses. *See* Subordinate clauses
der/das/die:
  as definite article, 79, 119–120
  as demonstrative, 312–313
  as relative, 307–309
deren/dessen, 309
derselbe, 313
der-words, 119–123, 232–233
dieser. *See* **der**-words
Diminutives, 132, 135
Direct discourse, contrasted with indirect discourse, 98–
    99, 280, 287, 289
Direct object, 67–68, 73, 101, 103, 111, 324
  contrasted with quasi-prefixes, 69
  position of, 70–71
Direct vs. indirect statements, 280
Direction and location, adverbs of, 220–224, 348
doch:
  as coordinating conjunction, 345
  as particle, 354–355
Doch! (contradictory response), 26–27, 350
doch mal. *See* Particles

Herz, 139
hin, 220–221
hoch/hoh-, 238, 242
Hortatory subjunctive (subjunctive I in wishes and directions), 293
hundert used without indefinite article, 82

-ie (feminine noun suffix), 131
-ieren, verbs ending in, 43
ihr, as personal pronoun, 95–96
ihr (Ihr), as possessive adjective. *See* ein-words
-ik (feminine noun suffix), 131
immer:
    wer (was) auch immer, 310
    with comparative, 245–246
Imperative, 21–25
    expressed by infinitive, 24
    expressed by lassen, 23
    formation, 21–24
    in indirect discourse, 98, 292
    of sein, 23
    of separable verbs, 22, 211
Imperfect indicative. *See* Simple past indicative
Impersonal verbs, 109–112
in contrasted with zu, 161
in contrasted with nach with place names, 160, 163
-in (feminine derivative suffix), 131, 134
Indefinite adjectives, 313–316
Indefinite article:
    endings, 66–67, 70–71, 76–79, 84
    omission of, 82
    used as pronoun, 125–126
Indefinite adjectives, 313–316
Indefinite pronouns, 313–316
Indefinite time, 84
indem, 349
Indicative. *See also* Subjunctive
    conditional sentences with, 268–269
    contrasted with subjunctive, 259–260
    future, 177–178
    future perfect, 179
    in indirect discourse, 280, 291–292
    past perfect, 35–36, 57–59
    present perfect, 35–36, 41, 53–57, 103–104
    present tense, 8–16
    simple past, 36–41, 47
Indirect commands, 98, 292
Indirect discourse. *See* Indicative; Subjunctive
Indirect object, 70–73. *See also* Dative
    position of, 71–72, 85–86, 101
Indirect questions, 291–292
Indirect statements, 280, 291
Infinitives:
    anticipated by da-compounds, 304
    as commands, 24
    double, 189–192, 264
    in future (werden +), 177

    with modal auxiliaries, 181–189, 331
    as neuter nouns, 132
    position of, 177, 184–186, 189–192
    with prepositions ohne, um, and (an)statt, 196–197
    sein zu +, 333
    of separable verbs with zu, 212
    würde +, 262, 281, 288
    with zu, 196–197, 212, 304
    without zu, 190–192
Inseparable prefixes. *See* Prefixes
Inseparable verbs, past participles of, 43
Instrument (durch), 325
Intensive pronouns (selbst, selber), 108–109
Interrogative:
    adjectives, 300–302
    pronouns, 300–302
    as subordinators, 291–292
Intransitive verbs, 151, 154
    conjugated with sein, 53–54
Inverted word order, 17, 49, 111–112, 211, 271, 273, 327, 348, 350
    with als for als ob, 273, 348
    in main clause after subordinate clause, 271, 350
    with omission of wenn, 271
    position of personal pronouns, 97–98
    See also Word order
-ion (feminine noun suffix), 131
irgend, 315–316
Irregular nouns, 138–140
Irregular weak verbs, 11, 36, 42, 261
    past participle, 42
    past stem, 36
it, various translations of, 95–97, 111–112

ja:
    as particle, 354–355
    as sentence adverb, 350
ie, 26, 359
jeder, 314. *See also* der-words
jener. *See* der-words
jemand, 314
jetzt, contrasted with nun, 351

kein, 25–26, 123–126, 314. *See also* ein-words
    contrasted with nicht, 25–26
    as pronoun, 125–126, 314
-keit (-heit) (feminine noun suffix), 131
kennen/können/wissen, 223–224
kommen + infinitive, 192
können, 181, 223–224, 332–333. *See also* Modal verbs
könnte, contrasted with konnte, 263

lassen:
    in double infinitive construction, 190–191, 289
    with sich, 190, 332–333
    in substitute construction for imperative, 25, 191
    in substitute construction for passive, 332–333
    without zu, 190, 193, 213

CREDITS